BESTSELLER

Cristina Morató (Barcelona, 1961) estudió periodismo y fotografía. Desde muy joven ha recorrido el mundo como reportera, realizando numerosos artículos y reportajes. Tras pasar largas temporadas en países de América Latina, Asia y África –donde trabajó para la Cooperación Sanitaria Española en la actual República Democrática del Congo–, en 2005 viajó por primera vez a Oriente Próximo y visitó Siria y más tarde Jordania. Durante esos años alternó sus viajes con la dirección de programas de televisión, trabajo que decidió abandonar para dedicarse a escribir sobre la vida de las grandes viajeras y exploradoras olvidadas por la historia. En busca de sus rastros, recorrió más de cuarenta países. Los documentos, libros y datos encontrados durante el camino le permitieron escribir *Viajeras intrépidas y aventureras* (2001), *Las reinas de África* (2003), *Las damas de Oriente* (2005) y *Cautiva en Arabia* (2009). Su fascinación por las mujeres excepcionales la ha llevado también a escribir sobre una serie de mujeres de leyenda en *Divas rebeldes* (2010) y en *Reinas malditas* (2014). A su vez, en *Divina Lola* (2017) se adentró en la historia de una de las figuras femeninas más fascinantes del siglo XIX. Todas sus obras han sido acogidas con extraordinario éxito de crítica y público, y han sido traducidas a varios idiomas. En la actualidad tiene una columna de opinión en la revista *Mujer Hoy*. Además, es miembro fundador y vicepresidenta de la Sociedad Geográfica Española, y pertenece a la Royal Geographical Society de Londres.

Para más información, visite la web de la autora:
www.cristinamorato.com

También puede seguir a Cristina Morató en Facebook:
Cristina Morató

Biblioteca

CRISTINA MORATÓ

Divina Lola

DEBOLS!LLO

Papel certificado por el Forest Stewardship Council®

Primera edición en Debolsillo: marzo de 2018

Travessera de Gràcia, 47-49. 08021 Barcelona

Printed in Spain – Impreso en España

ISBN: 978-84-663-4309-1 (vol. 559/7)
Depósito legal: B-306-2018

Compuesto en Revertext, S. L.

Impreso en Liberdúplex
Sant Llorenç d'Hortons (Barcelona)

P 343091

Penguin
Random House
Grupo Editorial

Lola Montez

A Pilar Latorre por su amistad, apoyo y complicidad

Índice

Lolita mía, el mundo te odia y te persigue; pero por mucho que se esfuercen tus enemigos para desunirnos, mi corazón se estrechará más cada vez con el tuyo. Cuanto más te odian, más amada eres, y más firmemente adquieres lo que desearían quitarte; jamás me separaré de ti.

Carta del rey Luis de Baviera
a Lola Montes
(Munich, 6 de julio de 1847)

Tiene mal de ojo y traerá mala suerte a todo hombre que una su destino al de ella.

Alejandro Dumas, París, 1846

Si todo lo que se ha escrito sobre mí fuera cierto, merecería ser enterrada viva.

Lola Montes, *Autobiografía*, 1858

1

La pequeña salvaje

Habían pasado trece años desde que se despidió de ella por última vez y, sin embargo, la noticia de su muerte le afectó profundamente. En todo ese tiempo el rey Luis I de Baviera no había podido olvidar a su amada Lola Montes, la hermosa bailarina española que una soleada mañana de otoño irrumpió como un torbellino en su gabinete de palacio. Cómo no recordar aquel 8 de octubre de 1846 cuando la vio elegantemente ataviada con un vestido negro de terciopelo que resaltaba su espléndida figura y la palidez de su piel. Se enamoró de ella al instante; le cautivó su belleza, su fogosidad y su arrebatadora personalidad.

Durante los meses siguientes se entregó a ella con una devoción enfermiza, sin importarle su pasado ni la mala fama que la precedían. En la conservadora corte de Baviera se rumoreaba que el soberano había perdido la cabeza por una mujer marcada por el escándalo que pretendía interferir en los asuntos de Estado. Luis, ajeno a las críticas, accedió a todos sus caprichos. La colmaba de regalos, le concedió el título de condesa, le ofreció una generosa pensión y compró para ella una palaciega mansión donde la visitaba a diario. Ahora, ya anciano, recordaba con una sonrisa en los labios aquella época feliz en la que se sintió rejuvenecer. Aún se estremecía al rememorar las tardes en las que leían el *Quijote* frente a la chimenea y dejaban pasar las horas soñando con una vida juntos lejos de la aburrida corte de Munich. Es cierto que sentía debilidad por las mujeres hermosas y había sido un incorregible conquistador, pero Lola, tan distinta a las demás, fue su gran amor. Aunque por ella perdió el trono y el respeto de sus súbditos, no le guardaba ningún rencor. Siempre había estado al tanto de las aventuras de su amante, obligada a abandonar Baviera como una fugitiva y convertida pronto en toda una celebridad. Su embajador en París le hacía llegar los recortes de prensa que hablaban de sus escándalos, sus amoríos y de los éxitos que cosechaba como actriz y bailarina en sus giras por Estados Unidos y Australia.

Sin duda Lola Montes había sido una mujer poco convencional. Podía ser amable, generosa, considerada y hasta dócil, pero también la más temeraria, violenta y salvaje. Cabalgaba como una amazona, fumaba cigarrillos, era diestra con el revólver y se defendía a golpe de fusta de los hombres que se atrevían a contradecirla. En una época en la que las mujeres se dedicaban a las tareas domésticas, ella había dado la vuelta al mundo y actuado en los más importantes escenarios teatrales desde Londres hasta Sidney, aunque su talento como bailarina dejaba mucho que desear. El rey conservaba celosamente cientos de cartas que le había escrito a lo largo de su tormentosa relación y los poemas que le inspiró siendo su musa y amante. También guardaba como una reliquia el pie de Lola esculpido en mármol que antaño besaba todas las noches antes de acostarse. Pero el día que recibió esta carta procedente de Nueva York, le embargó de nuevo la nostalgia:

> Señor:
>
> Durante mi primera infancia, fui compañera de colegio en Escocia de una niña que nunca pensé que me llamaría a su lado en su lecho de muerte para pedirme que escribiera a Su Majestad. A menudo me hablaba de Su Majestad, y de su amabilidad y benevolencia, que ella sentía en lo más profundo de su ser. Me rogó que le contara que había cambiado de vida y compañías.
>
> Así, ahora cumplo la promesa que le hice a la difunta señora Lola Montes, a quien yo conocí como Eliza Gilbert, y añadiré que me pidió que le hiciera saber que mantuvo una estima sincera por su inmensa amabilidad hasta el fin de su vida.
>
> Falleció como una auténtica penitente, y acudió a Su Salvador en busca de perdón y aceptación, para triunfar únicamente en Su gloria.
>
> He tenido el honor de ser la obediente y humilde servidora de Su Majestad,
>
> MARIA E. BUCHANAN

Luis se quedó un instante pensativo y los ojos se le humedecieron: «Lolita mía, ¿alguna vez me amaste?».

Nada hacía imaginar que la pequeña que acababa de venir al mundo aquel día frío y ventoso de febrero de 1821 en el pueblo de Grange, Irlanda, se convertiría en una de las mujeres más famosas de su época. Era una niña saludable y risueña de hermosas facciones, muy parecida a su madre. De su padre, Edward Gilbert, alférez del ejército británico, heredaría su valor y sed de aventuras. El apuesto oficial había llegado al condado de Cork con el 25.º Regimiento de Infantería para aplacar la rebelión en los dominios irlandeses del rey Jorge III de Inglaterra. Alto, robusto y vigoroso, lucía unas pobladas patillas rubio claro y un fino bigote que le daban un aire varonil. Entre todas las chicas irlandesas solteras hubo una que atrajo especialmente su atención. Se llamaba Eliza Oliver, tenía catorce años —ocho menos que él— y trabajaba como aprendiz de sombrerera aunque pertenecía a una buena familia. Era una hermosa muchacha de profundos ojos negros, tez pálida y largo cabello rizado. Lo que Eliza vio en aquel apuesto militar, de carácter alegre y de espléndida figura enfundado en su uniforme rojo, fue el sueño de escapar de una vida triste y anodina.

Los Oliver formaban una conocida y poderosa familia protestante de terratenientes del condado de Cork. La joven se sentía orgullosa de sus raíces, aunque todos sabían que era hija ilegítima. Su padre, Charles Silver Oliver, era miembro del Parlamento y un personaje muy influyente en su comunidad. Antes de contraer matrimonio a los cuarenta años había tenido cuatro hijos con su amante Mary Green. La pareja residía en Castle Oliver, una antigua y solariega mansión familiar situada en la campiña, al sur del condado de Limerick. Allí vino al mundo Eliza en 1805, el mismo año en que su padre tomó por esposa a una dama de la buena sociedad. Aunque de aquel matrimonio nacieron siete herederos legítimos, el señor Oliver no abandonó a sus bastardos. Eliza, Mary y sus hermanos John y Thomas también llevaban el apellido de un padre que se preocupó de su manutención.

Tras la muerte de su madre, los chicos entraron a trabajar como aprendices de tenderos y las dos hermanas con la señora Hall, una sombrerera de Cork que les enseñó el oficio. Cuando el distinguido señor Charles Oliver falleció de manera inesperada en 1817, les dejó como herencia la considerable suma de 500 libras a cada uno, que recibirían al cumplir los veintiún años.

En la primavera de 1820 el alférez Edward Gilbert y su bella prometida hacían planes para contraer matrimonio. El suyo fue un noviazgo fugaz, pues muy pronto el regimiento del novio debía abandonar Cork para mantener la seguridad en una región del norte amenazada por los rebeldes. Ante la inminente partida la pareja se casó el 29 de abril en la iglesia de Cristo, en presencia de algunos de los miembros más destacados de la alta burguesía protestante de la ciudad. Comenzaba para Eliza una vida itinerante junto a un esposo que cambiaría con frecuencia de destino. Cuando se enteró de que estaba embarazada tenía quince años y ya no podía seguir a Edward por los abruptos y polvorientos caminos de la campiña irlandesa. A mediados de invierno la pareja se instaló en una sencilla casa de piedra gris junto al mar azotada por la lluvia y el viento en el pueblo de Grange, en el condado de Sligo. En este remoto rincón del norte de Irlanda vino al mundo su única hija, Elizabeth Rosanna Gilbert, más conocida como Lola Montes.

Tras el nacimiento de su hija, Edward buscó un nuevo destino mejor pagado y con mayores posibilidades de ascenso. Un año más tarde intercambió su puesto en el condado de Sligo con el de un recién graduado en la Academia Militar de Sandhurst, cuyo regimiento se encontraba camino de la India. En aquella época el comercio con este país era monopolio de la Compañía Británica de las Indias Orientales, que, creada en 1600 por un grupo de hombres de negocios, operaba en nombre del gobierno en las regiones de dominio británico. Eliza se alegró de poder dejar atrás la lúgubre y fría Irlanda donde nada la retenía. La idea de comenzar una nueva vida en un lugar tan remoto y exótico le parecía una tentadora aventura. Imaginaba la India como un paraíso en el que podría vivir como una auténtica *memsahib*, las esposas de los oficiales británicos, en una mansión colonial con balaustradas y rodeada de una nube de sirvientes. Soñaba con poder asistir a deslumbrantes fiestas y conocer a algún marajá, aquellos príncipes indios vestidos con trajes bordados con hilo de oro y tocados con turbantes de seda que parecían sacados de un cuento oriental.

Aunque Edward sabía que el viaje era arriesgado para su hija pequeña, no estaba dispuesto a separarse de ella. En aquellos tiempos eran muy pocos los oficiales británicos que tuvieron la fortuna de vivir en la India con sus esposas, pues el trayecto desde Europa resultaba largo y temerario y ponía en peligro «la frágil naturaleza de la mujer». De nada sirvió que amigos y familiares intentaran disuadirle para que Lola se quedara a su cuidado en Irlanda. Ni el clima insano ni las epidemias que causaban estragos entre los europeos le harían cambiar de opinión. Allí los salarios eran elevados y el bajo coste de la vida le permitiría disfrutar de un lujo imposible de alcanzar en su país. A Eliza, de temple aventurero, tampoco le preocupaban los peligros ni las incomodidades. Los Gilbert hicieron el equipaje, se despidieron de sus seres queridos y viajaron a Londres, donde compraron su pasaje en un majestuoso velero a vapor de la Compañía de las Indias Orientales.

La mañana del 14 de marzo de 1823 Edward y su familia zarpaban del bullicioso puerto de Gravesend, en la orilla sur del río Támesis, rumbo a lo desconocido. La modesta paga de alférez no les permitió ocupar un camarote de primera clase como hubieran deseado, pero la pareja pudo compartir con otros oficiales las animadas veladas nocturnas en el salón principal y disfrutar en la cubierta superior de las impresionantes puestas de sol en el mar Arábigo. En aquellos días, antes de la construcción del canal de Suez, el trayecto a la India duraba cuatro largos meses, con apenas una o dos escalas para repostar agua y provisiones. Lola era solo una niña de dos años, pero absorbía aquel mundo nuevo de aromas, colores y sonidos con enorme avidez. Debió de marearse como casi toda la tripulación en un viaje incómodo y tedioso donde eran habituales las fuertes tormentas tras doblar el cabo de Buena Esperanza. Cuando finalmente el barco atracó en el muelle de Diamond Harbour, lo peor estaba aún por llegar. Nada más poner el pie en tierra firme, el oficial Gilbert fue informado de que su unidad ya había partido a la guarnición de Dinapore, cerca de la frontera con Nepal, y debía alcanzarlos lo antes posible. Sin apenas tiempo para descansar y contrariado por el cambio de planes, le comunicó a su esposa que debían proseguir.

—Querida, lo lamento, pero debemos partir de inmediato, mi regimiento ya se encuentra de camino y si retraso mi llegada no lo podré justificar ante mis superiores.

—Pero estamos agotadas —protestó nerviosa y al borde de las lágrimas—, necesitamos reponer fuerzas.

—Lo sé, Eliza, sé que ha sido un viaje duro, pero debo cumplir las órdenes. Pronto llegaremos a nuestro destino y podrás descansar. Te pido que confíes en mí, pero ahora debemos volver a embarcar con los demás. —Y reanudaron el viaje.

No quería preocupar a su mujer, pero la travesía sería dura. Edward sabía muy bien que para los europeos la vida en la India suponía una lucha diaria contra el clima y las enfermedades. Su unidad se encontraba cerca de Patna, a unos seiscientos kilómetros aguas arriba del Ganges, y para llegar a su destino tenían que proseguir en pequeñas y primitivas barcas de vela triangular a merced del viento. Era verano y los monzones provocaban lluvias torrenciales que lo inundaban todo y no cesaban hasta finales de septiembre. El calor sofocante, la humedad y el hedor de las pestilentes marismas del delta los acompañarían durante todo el recorrido.

Los Gilbert se unieron a las últimas compañías del regimiento que abandonaban Calcuta, la capital de la India británica. La comitiva se desplazaba durante las horas de luz y solo podía navegar una media de quince kilómetros diarios a través de las traicioneras corrientes y los bancos de arena. Pese al calor aplastante, los insectos, la escasez de comida y el lento avance de las embarcaciones, el espectáculo resultaba fascinante. El Ganges alcanzaba en algunos tramos una anchura de casi cinco kilómetros y en sus fértiles orillas crecía una abundante vegetación. Los espesos bosques tropicales plagados de monos grises chillones daban paso a extensos pastos, humeantes aldeas y ruinas de antiguos fuertes. En ocasiones, entre la maleza descubrían pequeñas manadas de búfalos de agua que al atardecer se acercaban a la ribera a beber. Los nativos que trabajaban de sol a sol en los campos de arroz a ambos lados del majestuoso río no mostraban ninguna simpatía hacia ellos y se limitaban a venderles alimentos con gran reticencia.

Las primeras impresiones de la India quedarían para siempre grabadas en la pequeña Lola durante aquella dura travesía por el pantanoso delta. Acurrucada junto a su madre, contemplaba absorta el luminoso cielo y el verdor que estallaba ante sus asombrados ojos. El alférez Gilbert iba preparado para combatir el tedio y en uno de sus pesados baúles llevaba diez volúmenes del *Nuevo teatro británico*, tres tomos con obras de su admirado poeta Alexander Pope y una gramática francesa. También aprovechó el tiempo para sacar sus pinceles y plasmar escenas de la vida cotidiana en el Ganges. Por las tardes, para regocijo de Lola, entretenía a los pasajeros con alguna melodía que tocaba con su flauta de boj con incrustaciones de plata.

Tras veinte días de navegación, llegaron al destacamento de Dinapore, un remoto y escarpado puesto de avanzada en medio de la jungla. Era un lugar desolado y alejado de la civilización. En lo alto de un promontorio se distinguían los bungalows de los oficiales semiocultos por la frondosa vegetación tropical. Desde el pequeño embarcadero, un camino de tierra rojiza conducía a los viejos barracones donde se hacinaban los soldados rasos. Edward Gilbert no pudo disfrutar de la cálida bienvenida que le dispensaron sus compañeros de guarnición ni de la música que tocó la banda militar en su honor. Era apenas una sombra de sí mismo; pálido y ojeroso, había perdido mucho peso y no podía sostenerse en pie. A la altura del mercado fluvial de Patna había comenzado a sufrir vómitos y diarrea, los primeros síntomas del cólera. Cuando el médico militar confirmó la gravedad de su estado, Eliza sintió que la tierra se hundía bajo sus pies. Estaba sola en un lugar extraño donde no conocía a nadie y con una hija de corta edad expuesta a correr la misma suerte que su padre.

A pesar del peligro de contagio y de las advertencias del médico no se separó ni un instante del lecho donde yacía su esposo demacrado y macilento, casi irreconocible. Un día en que sintió que su fin estaba próximo, Edward tomó su mano y, con un hilo de voz, le dijo:

—Eliza, tienes que ser valiente, por ti y por nuestra hija; cuando yo me vaya, busca a un buen marido. No puedes quedarte aquí sola, prométemelo. —Las palabras le dejaron sin fuerzas.

—Tranquilo, descansa —le susurró mientras le refrescaba las sienes con un paño húmedo—; no hables más, seguro que te recuperas y…

—No, mi amor, lo siento —le interrumpió—, teníamos tantos sueños…

Aquellas fueron sus últimas palabras. Edward cerró los ojos y su nombre vino a sumarse a una larga lista de compatriotas que como él habían visto truncadas sus esperanzas en ese remoto puesto del Ganges. En el cementerio contiguo a la sencilla iglesia, fue enterrado tras una solemne ceremonia donde se le rindió los últimos honores. Las numerosas lápidas recordaban las historias de los valientes funcionarios, misioneros y soldados del Imperio que habían encontrado allí la muerte. Pero lo que a Eliza más le impresionó fueron las pequeñas sepulturas donde yacían los niños que no habían llegado a conocer la Inglaterra de sus padres. Dinapore era considerada «la tumba del hombre blanco» debido a su insano clima y a las frecuentes epidemias de cólera, malaria y fiebre amarilla. Entre los europeos la mortalidad era muy alta y la mayoría de las valientes mujeres que habían seguido a sus maridos lo habían pagado con su vida.

A los dieciocho años Eliza era una joven viuda, sola, con una hija y en un país desconocido. En aquella asfixiante y cerrada sociedad británica de las colonias no había sitio para una mujer como ella salvo que se volviera a casar. Aunque hubiera querido abandonar de inmediato aquel espantoso lugar donde abundaban los mosquitos, la suciedad y no paraba de llover, por el momento debía esperar pues no existía un servicio regular de pasajeros por el río. Un mes después de la muerte de su esposo, el regimiento subastó todos sus efectos personales, incluida su apreciada flauta de boj. La cantidad recaudada, junto con el resto del dinero que se le debía al difunto oficial, fueron 60 libras que le entregaron a Eliza. Con este dinero, y una exigua pensión de viudedad, podían vivir varios meses en la India, aunque no les alcanzaba para pagar un pasaje de regreso a Inglaterra. Pero a pesar de los contratiempos, la afligida señora Gilbert no estaba dispuesta a darse por vencida. Si quería salir adelante debía encontrar cuanto antes un marido, y no le faltarían pretendientes. Era la mujer más bella y deseada de la guarnición.

En noviembre Eliza y su pequeña abandonaron Dinapore rumbo a Calcuta. Tras visitar una última vez la tumba de su esposo y depositar en ella unas flores, embarcaron en una vieja barcaza junto a una docena de pasajeros. Durante la travesía Eliza conoció al teniente escocés Patrick Craigie, miembro del 19.º Regimiento de Infantería Nativa de la Compañía Británica de las Indias Orientales y compañero de armas de su difunto esposo. El joven militar, natural de Montrose, tenía veinticuatro años y llevaba cinco en la India. Acababa de ser destinado a Calcuta tras forjarse un nombre como agente político de la Compañía en el tribunal de Jaipur y en ese momento se encontraba de paso en Dinapore. Patrick gozaba de las simpatías de los demás oficiales y sus superiores lo tenían en muy alta estima. Durante el viaje y para animar a la hermosa viuda, le contó asombrosas historias de su estancia en aquel país. En Jaipur había conocido la India más romántica y exótica, y le describió con todo detalle un mundo de cacerías de tigres, marajás cubiertos de joyas, elefantes ricamente engalanados en oro y suntuosas fiestas en mansiones al pie del Himalaya en la capital estival de Simla. Para Eliza aquella realidad nada tenía que ver con su propia experiencia. De los meses que pasó en Dinapore solo recordaba la humedad pegajosa, los mosquitos, el olor a moho de las habitaciones, las ratas de considerable tamaño, los caminos convertidos en lodazales y los soporíferos tés de las cinco en compañía de estiradas damas que la miraban con compasión. Tampoco olvidaría el impacto que le causó la visita a las aldeas cercanas de chozas de adobe con techo de hojas de palma ni el penetrante olor a pescado ahumado que se mezclaba con la pestilencia del agua putrefacta y el olor a leña. Pueblos sucios y malolientes donde los niños desnudos chapoteaban en aguas negras a un paso de los limpios bungalows en los que residían los blancos. Eliza le abrió su corazón al joven oficial.

—Desde mi llegada a este país solo he conocido dolor y sufrimiento... Todos mis sueños se han desvanecido... —le confesó con cierta desilusión.

—Es natural, acaba de perder a su esposo, está sola, con una niña a su cargo... Pero le aseguro que en Calcuta su vida será muy diferente y tendrá más alicientes.

—Así lo espero. En Dinapore me angustiaba pensando que mi hijita podía caer enferma y morir como su padre, me he sentido abandonada. Solo deseo olvidar el pasado y comenzar una nueva vida.

Eliza aún no había cumplido los veinte años y su hija se había convertido en una pesada carga. Pronto se desinteresó de ella dejándola al cuidado de criados nativos. De repente pensó que del brazo de un hombre educado y respetado como el teniente Craigie, con una impecable hoja de servicios y un futuro prometedor, podría entrar en el reducido círculo de la alta sociedad británica de Calcuta. Patrick, tan apuesto y caballeroso, le atrajo desde el primer instante. Era alto y corpulento, con el rostro curtido por el sol, lucía gruesas patillas de color castaño y se cubría la cabeza con un salacot blanco. El romance entre el militar escocés y la viuda Gilbert floreció en aquel viaje por los manglares y ciénagas del delta del Ganges ante las miradas indiscretas del resto de los pasajeros. Aunque ambos sentían una atracción mutua, Eliza tenía que respetar los meses de luto. No podía permitir que su reputación se viera comprometida y supo mantener las apariencias.

Hacia 1823 Calcuta era una ciudad vibrante y cosmopolita en pleno desarrollo que ofrecía las comodidades necesarias para que un europeo se sintiera como en casa. Construida en torno al imponente Fuerte William, erigido para albergar a las tropas británicas, contaba con calles pavimentadas, un hospital, una prisión, una mezquita, espléndidos edificios gubernamentales, palacios de mármol, cuidados jardines, varios campos de críquet y un hipódromo. Eliza se alojó en la tranquila zona residencial a orillas del río Hugli, un gueto dorado donde vivían los militares británicos y sus familias separados de los nativos. Acostumbrada al aburrimiento del campo irlandés, su nuevo entorno le resultaba de lo más excitante. Era joven e inexperta, pero en poco tiempo aprendió algunas normas básicas indispensables para ser una respetada *memsahib*: no mostrar demasiada familiaridad con sus criados nativos, mantener unas estrictas normas de limpieza, higiene y obediencia en su hogar y no prescindir nunca del corsé a pesar del insoportable calor y la humedad. Embelesada por los relatos de algunas damas inglesas, soñaba con asistir a deslumbrantes bailes amenizados por grandes orquestas, cenas de exquisito lujo oriental y pasear al atardecer por la orilla del Ganges en un elegante cabriolé. Pero sobre todo ansiaba que su nombre fuera incluido en la muy selecta lista de invitados a la residencia del nuevo gobernador general de la India, lord Amherst.

Lola apenas veía a su madre, que disfrutaba de una intensa vida social y no le prestaba mucha atención. En la India, las familias inglesas vivían separadas: los más pequeños estaban al cuidado de sus ayas o niñeras nativas que los mimaban en exceso; a los mayores los enviaban a algún internado en Inglaterra lejos del peligro de las epidemias que azotaban el país. Lola, como la mayoría de los niños británicos, fue criada por un aya que le cantaba melodiosas nanas, inventaba juegos y toleraba todos sus caprichos. Se llamaba Denali (en hindi, «aquella que es grande»), era una joven del Punjab, de carácter alegre y muy cariñosa. Fue ella quien le enseñó algunas palabras del bengalí y le descubrió todo un mundo de sensaciones. «Cuando mi madre salía a cenar, asistía a algún baile o recepción y no regresaba hasta la madrugada, yo me quedaba con mi querida aya y eso siempre era una fiesta. Me sentaba en su falda y me contaba mágicas historias hasta que me dormía en su regazo. Fue un gran consuelo para mí y nunca la olvidaría», recordaría años después.

Nada aquí se parecía a lo que había visto antes. El verdor del follaje, la luz cegadora, las violentas tormentas, las aves de llamativos plumajes, las deliciosas frutas, la música, las danzas rituales..., todo despertaba su curiosidad. Aquellos olores penetrantes a especias, incienso y tierra mojada quedarían para siempre grabados en su memoria. Las esbeltas mujeres indias envueltas en sus ceñidos saris con los brazos cubiertos de pulseras de plata le parecían princesas de cuento.

En ocasiones, de la mano de Denali, se adentraba en la «ciudad negra», un dédalo de callejuelas estrechas, polvorientas y sucias que nunca pisaban los europeos. Allí vivían los nativos en un caos y un bullicio que a Lola le resultaban de lo más estimulantes. No le temía a nada, ni a los encantadores de serpientes, ni a los escuálidos faquires, ni a los santones indios de pobladas barbas que cubrían sus cuerpos desnudos con ceniza... Pero su mayor aventura era el día que acompañaba a su aya al templo dedicado a la diosa Kali, patrona de la ciudad de Calcuta. En su interior, apenas iluminado por la tenue luz de las lámparas de aceite, destacaba sobre el altar su sobrecogedora imagen, toda en mármol negro a excepción de los ojos y la lengua, pintados de oro y rojo sangre. Antaño sus devotos adoradores le ofrecían sacrificios humanos, ahora solo la sangre de gallinas y cabras negras. Las leyendas de las poderosas diosas Kali y Durga, protectoras de la verdad y destructoras del mal, inflamaban la imaginación de la pequeña y la transportaban a un mundo mágico e irreal.

Dos veces a la semana se bañaba al atardecer en las sucias aguas del río Hugli, aunque su madre se lo tenía prohibido por miedo a las picaduras de serpiente. A medida que crecía Lola ganaba en belleza, pero se volvía cada vez más salvaje y temeraria. Iba casi siempre descalza, trepaba a los árboles, mascaba betel hasta que la boca se le teñía de un rojo brillante y jugaba con los niños harapientos entre boñigas de vaca.

Nunca olvidaría aquellas tardes cuando el calor era tan intenso que no se podía salir a la calle y se tumbaba en su cama cubierta por un vaporoso mosquitero dejándose llevar por el rítmico susurro del *punkah*, un ventilador de tela colgado en el techo que un niño nativo movía tirando de una cuerda a cambio de unos peniques al día.

No había transcurrido un año de la muerte de Edward cuando su viuda aceptó contraer matrimonio con el teniente Patrick Craigie. El oficial había sido destinado al acantonamiento de Daca, en el centro de Bangladesh. Allí se casaron el 16 de agosto de 1824 en una íntima y sencilla ceremonia civil. La ciudad era un próspero y activo puesto comercial de la India británica a orillas del río Buriganga. Aunque tenía más comodidades que Dinapore, en verano el calor resultaba mortífero. Al estar al nivel del mar en la época de los monzones había grandes inundaciones que arrasaban aldeas enteras. Tras la boda, Eliza y su hija se instalaron en un agradable bungalow cercano al cuartel militar. Daca era un lugar menos civilizado para los europeos que la vibrante Calcuta, pero la casa era amplia, rodeada de un bonito jardín, y tenían una docena de sirvientes. En el centro de la ciudad había varias tiendas bien abastecidas, un parque público, un banco, una iglesia con su campanario, una pequeña escuela y un club donde al atardecer se reunían los oficiales a tomar un whisky y leer algún ejemplar atrasado del *Times*. Lola tenía ahora un padrastro al que recordaría siempre con gran afecto. Aunque se refería a ella como «la hija de la señora Craigie», se mostraba cariñoso y se preocupaba por su bienestar. Por desgracia, sus obligaciones en el frente le obligaban a pasar largas temporadas fuera de casa.

Cuando Lola cumplió cinco años su padrastro tomó una

decisión que acabó con sus felices e indolentes días en la India. El clima tropical no era el más apropiado para una niña y su indulgente Denali la había mimado en exceso. Convencido de que la pequeña necesitaba más disciplina, una tarde sugirió a su esposa que debían enviarla a Escocia para vivir con su anciano padre y asistir a la escuela en Montrose. En aquel tiempo se creía que los niños ingleses criados en la India se convertían en ovejas descarriadas y Lola no iba a ser la excepción.

—Será bueno para ella —le dijo con firmeza—, la India no es su hogar, debe regresar y recibir una buena formación. Aquí está expuesta a las enfermedades y su educación no es la más adecuada.

—Supongo que tienes razón —admitió Eliza con cierto pesar—, pero me preocupa cómo se lo tomará, se la ve tan feliz aquí…

—Ella es demasiado pequeña para entender que lo que hacemos es por su bien —añadió el teniente Craigie al ver el rostro de preocupación de su esposa—. Estará al cuidado de mi familia en Montrose, es un pueblo tranquilo donde todos se conocen.

Al enterarse de que en menos de un mes la mandaban de regreso a Inglaterra, Lola se encerró en su cuarto y no paró de llorar. Se sentía profundamente dolorida y traicionada por la inesperada noticia. Odiaba a su madre porque creía que la idea había sido suya para librarse de su molesta presencia y poder continuar con su vida. Nunca se lo perdonaría y desde aquel instante algo se rompió para siempre entre ellas. En el invierno de 1826 su padrastro fue nombrado asistente delegado del general adjunto en el regimiento destacado en Meerut, al nordeste de Delhi. Al mismo tiempo, su antiguo comandante, el teniente coronel William Innes, decidió retirarse a Inglaterra con su familia. Fue una oportuna coincidencia porque los Innes aceptaron cuidar de la niña durante la travesía. Patrick Craigie dispuso que su hijastra regresara con ellos a Londres y desde allí la pequeña se iría a vivir a la casa de su padre en Montrose.

Aquellas fueron sus últimas Navidades en familia y Lola las recordaría como las más tristes de su vida. A finales de diciembre se despedía de sus padres y embarcaba en el *Malcolm* con su pequeña maleta a cuestas. Desde la cubierta, oculta entre la multitud de pasajeros que hacía volar sus pañuelos al aire, contemplaba cómo se retiraba el puente y se desplegaban las inmensas velas. Se sentía expulsada del paraíso y rumbo a un lugar extraño donde no conocía a nadie. Dejaba atrás una infancia llena de recuerdos mágicos, y a su cariñosa Denali, a quien siempre llevaría en su corazón.

Para el teniente coronel Innes y su esposa no fue fácil lidiar con una chiquilla caprichosa y desobediente durante más de cuatro interminables meses. Fue un viaje especialmente duro y accidentado desde el mismo instante en que levaron anclas. El *Malcolm* realizó una parada de avituallamiento en Madrás y a continuación atravesó el océano Índico sorteando violentas tormentas. El agua estaba racionada, la alimentación era mala y escasa, y la llegada del monzón dificultó aún más la vida a bordo. Parte de la bodega se inundó y se mojaron algunas pacas que contenían víveres, por lo que hubo que racionar más incluso la comida entre los pasajeros. A la altura del cabo de Buena Esperanza ya habían fallecido dos soldados que regresaban de permiso a casa, y un mes antes de avistar tierra el tercer oficial murió de forma repentina. Por fortuna, cuando alcanzaron el puerto de la remota isla de Santa Elena pudieron repostar y el resto del trayecto fue algo más tranquilo.

Lola se sentía muy infeliz, a pesar de que la señora Innes fue afable y paciente con ella. La mayor parte del viaje lo pasó acurrucada tras la cortina que protegía su litera sin querer ver a nadie. A medida que el barco se acercaba a las costas inglesas le invadió una sensación de angustia e inquietud. El 19 de mayo de 1827, el *Malcolm* atracó en Blackwall, al este de la Torre de Londres, y el equipaje fue desembarcado bajo una intensa lluvia. En el muelle se despidió con frialdad de los Innes y se marchó con un pariente de su padrastro que acudió a recogerla para llevarla a Escocia.

Acostumbrada al exotismo de Calcuta, el pueblo de Montrose le pareció un lugar frío, húmedo y gris como un cementerio. Estaba situado entre Dundee y Aberdeen en un estuario que formaba una ensenada y lo protegía de las fuertes tormentas del mar del Norte. Los ricos comerciantes habían construido algunas lujosas mansiones en su calle principal, pero el resto de los edificios carecían de encanto. Su abuelo, que también se llamaba Patrick Craigie, como su padrastro, había sido alcalde de esta localidad durante un cuarto de siglo y era un hombre respetado que disfrutaba de su jubilación. Él y su esposa Mary habían tenido nueve hijos y el menor apenas tenía siete años más que Lola. En un lugar como Montrose donde nunca pasaba nada relevante, la presencia de aquella niña llegada de las Indias Orientales causó una gran expectación. Su singular forma de vestir, sus modales y la familiaridad con la que trataba a los extraños provocaron todo tipo de comentarios.

En contra de lo que esperaba, sus abuelos se mostraron cariñosos con ella. Sin embargo, la vieja gobernanta de la casa que había criado a la numerosa prole de los Craigie intentó sin éxito reformar a la pequeña díscola. Lola era muy diferente a las demás niñas de su edad. Ya entonces tenía un gran afán de notoriedad y era en extremo fantasiosa. Le gustaba contar que en la India un rico marajá de Jaipur quiso casarla con su hijo y ofreció a su padre una fortuna en oro por ella. Los que la trataron en aquellos días la recordaban como una niña muy traviesa y vivaz que durante la misa de los domingos en la iglesia del pueblo se entretenía poniendo flores en las pelucas de los ancianos caballeros sentados delante de ella. En estos verdes y brumosos paisajes de la campiña escocesa pasaría los siguientes cuatro años de su infancia. Lola aprendió a montar a caballo y a diario galopaba por los extensos prados que rodeaban la finca de su abuelo. Aunque en todo este tiempo escribió a su padrastro varias cartas rogándole que le permitiera regresar a la India, este no atendió a sus ruegos.

Cuando Lola cumplió diez años, la hermana mayor de su padrastro, Catherine Rae, y su esposo William se mudaron a Durham, en Inglaterra, donde abrieron un internado de señoritas en Monkwearmouth. El abuelo Patrick, consciente de que la niña tenía pocas posibilidades de hacer un buen matrimonio o una carrera de provecho si se quedaba con ellos, decidió que su nieta los acompañara. A pesar de su difícil carácter, sentía afecto hacia ella y le preocupaba su porvenir. Una tarde se lo planteó a Lola:

—Mi pequeña —le dijo con dulzura—, ya eres casi una mujer y aquí no puedes seguir. Sabes que te queremos y que formas parte de esta familia, pero en el internado aprenderás modales y estarás con niñas de tu edad...

—Abuelo, desde que nací he ido de aquí para allá —se

lamentó muy compungida—. Nunca he tenido amigas y lo único que quiero es regresar a la India con mis padres, a los que echo mucho de menos.

—Pero eso ahora es imposible, no puedes vivir con ellos en la India. Tus padres desean lo mejor para ti y, aunque sé que los añoras, tienes que ser fuerte. Ya está decidido, mi niña, no lo hagas más difícil.

A tan corta edad ya sabía lo que era la soledad y el desarraigo. Había tenido que abandonar sucesivamente su Irlanda natal, su primer hogar en Dinapore y la casa de Calcuta donde era feliz; dejó atrás a sus seres queridos, vio morir a su padre, se separó de su querida Denali y ahora se vería privada del cariño de sus abuelos. La decisión ya había sido tomada y solo le quedaba hacer de nuevo su equipaje.

La estancia de Lola en el internado de Monkwearmouth duró apenas un año, pero su presencia no pasó inadvertida. Su profesor de dibujo, el señor Grant, la recordaba rebelde, excéntrica y muy terca: «Era por aquel entonces una niña muy bella, de porte elegante, pero su encanto se veía empañado por una obstinación indomable. Tenía la tez rosada y sus ojos eran de un azul intenso, y lo recuerdo claramente, de llamativa belleza. En conjunto, resultaba imposible mirarla durante un tiempo prolongado sin acabar convencido de que era en extremo caprichosa y problemática».

A finales de 1830 su padrastro fue ascendido a capitán y matriculó a la niña en un colegio de mayor prestigio que le recomendó su compañero de división, el general sir Jasper Nicolls. Este veterano oficial destacado en la India planeaba regresar a Inglaterra con un permiso de dos años y Craigie le pidió que cuidara de ella hasta que comenzaran las clases. A mediados de septiembre de 1832, Lola y la señora Rae realizaron un largo viaje en coche de caballos desde Durham hasta Reading, al oeste de Londres, donde se encontraba la residencia de sir Jasper. El general, un hombre de rígida disciplina acostumbrado a dar órdenes y que estas se cumplieran, vivía con su esposa y sus ocho hijas. Desde el primer instante estuvo convencido de que de aquella chiquilla alocada nunca saldría nada bueno. Lola se quedó unas semanas en la residencia de los Nicolls y pudo disfrutar de un confort y un lujo desconocidos para ella. Después fue enviada a Bath, donde proseguiría sus estudios.

Su nuevo colegio era un distinguido y muy caro internado femenino dirigido por las hermanas Aldridge, en el condado de Somerset. Estaba situado en Camden Place, un gran complejo residencial de estilo georgiano en forma de media luna donde se encontraban las mansiones más codiciadas de la ciudad. La elegante academia ocupaba un edificio de dos plantas con la fachada de piedra de estilo neoclásico decorada por esbeltas columnas corintias que le otorgaban un aire palaciego. El internado contaba con quince alumnas, de entre diez y dieciocho años, pertenecientes a familias ricas y de buena reputación. El intenso programa de estudios incluía las disciplinas femeninas habituales como danza, bordado, dibujo, canto y piano, pero también aprendían francés y latín. A las chicas solo les estaba permitido hablar inglés los domingos y quien rompiera esta norma debía pagar una multa que se requisaba del dinero destinado a sus gastos personales.

En aquel tiempo Bath era una elegante ciudad balneario de moda entre la alta sociedad británica por la calidad de sus aguas termales, pero Lola poco pudo disfrutar de su animado ambiente. En el internado de Aldridge las normas resultaban muy severas y a sus alumnas solo las dejaban salir en muy contadas ocasiones bajo una estricta vigilancia. Los domingos asistían a misa en la capilla de la iglesia de Walcot cercana al colegio en compañía de sus profesoras, que ejercían de carabinas. Aunque nunca recibía la visita de un familiar, Lola siempre recordó su estancia en Bath como unos años felices donde por primera vez tuvo amigas con las que compartir secretos y travesuras. La educación que recibió fue bastante completa para una chica de su época. En Aldridge se preparaba a las jóvenes no solo para ser buenas esposas y diligentes amas de casa, sino para cultivar su mente y su espíritu. Allí permanecería cinco años. Nunca en su vida volvería a estar tanto tiempo seguido en un mismo lugar.

Aunque sir Jasper Nicolls admiraba al capitán Craigie y lo consideraba uno de sus mejores oficiales, no sentía ninguna simpatía por su esposa. Habían pasado dieciocho meses desde que Lola había quedado a su cargo y en todo este tiempo Eliza no había mostrado el menor interés por la educación de su hija. «Al menos hemos tenido noticias de la señora Craigie —escribió el militar en su diario el 14 de febrero de 1834—, a la que supongo le debe de haber resultado un enorme esfuerzo responder a las seis cartas que le he enviado hasta la fecha. Viendo su descuidada actitud, me arrepiento de haber aceptado con tanta facilidad y buena disposición una tarea tan desagradable como la que me encomendó su esposo y por la que no he recibido ninguna muestra de agradecimiento. En mi opinión, esta mujer es como una tortuga que entierra sus huevos en la arena para después dejarlos abandonados al sol y a su suerte.»

En el otoño de 1836 Eliza le escribió una escueta carta a su hija donde le comunicaba que en breve se reuniría con ella en Bath para regresar juntas a la India. Lola pronto cumpliría dieciséis años y tendría que abandonar la escuela. El anuncio de su llegada la llenó de temor e inquietud. Apenas recordaba su rostro y sus sentimientos hacia ella eran contradictorios. Había sido una madre ausente, pero aún la necesitaba.

La señora Craigie abandonó Calcuta en el vapor *Orient* rumbo a Inglaterra para encontrarse con su hija, a la que hacía once años que no veía. En ese momento era la esposa de un hombre muy importante en la Compañía de las Indias, un capitán respetado y admirado por sus superiores que no tardaría en convertirse en comandante. A diferencia de su primer viaje a la India cuando era una joven soñadora y romántica a quien no le importaban las incomodidades, ahora viajaba como una gran dama, con un voluminoso equipaje y en un camarote de primera clase. Su marido le había asignado una elevada suma de dinero para hacer frente a cualquier imprevisto que pudiera surgir. Fue un viaje especialmente incómodo debido al fuerte oleaje y las tormentas.

A bordo del barco, Eliza conoció a Thomas James, un teniente al servicio de la Compañía que regresaba a su Irlanda natal con una baja por enfermedad. Tenía veintinueve años, dos menos que ella, y era un hombre delgado y esbelto, de ojos azules y cabello castaño. Las aventuras amorosas resultaban muy comunes en estos largos trayectos y el apuesto oficial no dudó en cortejarla. Thomas provenía de una familia de terratenientes protestantes del condado de Wexford, pero no contaba con títulos ni grandes riquezas. Durante los cinco meses que duró la travesía, Eliza flirteó con él sin importarle las miradas severas de los demás pasajeros. Un día le contó el motivo de su viaje a Inglaterra tras una larga ausencia:

—Mi hija se encuentra interna en un colegio en Bath y voy a buscarla. Me quedaré con ella hasta que acabe las clases. Quizá podrías visitarnos, seguro que sus aguas termales te serían muy beneficiosas, y podríamos pasarlo bien.

—No te prometo nada, querida, aunque me encantaría volver a verte y conocer a tu hija.

La mañana que Eliza cruzó con paso firme el vestíbulo de la academia Aldridge, sentía latir con fuerza su corazón. Estaba nerviosa y llevaba días imaginando cómo sería aquel momento. Se había despedido de Lola cuando tenía cinco años y ahora su pequeña se había convertido en toda una mujer. El encuentro fue desastroso. La muchacha se abalanzó al cuello de su madre y esta la besó con frialdad en la frente. Lola era casi tan alta como ella y más hermosa de lo que suponía.

—¡Hija mía! —exclamó mirándola de arriba abajo—. Has cambiado tanto que casi no te reconozco. Llevas un peinado horrible y poco favorecedor.

—Bienvenida, madre —se limitó a responder.

—Vamos, coge tu maleta y despídete de tus amigas. Tenemos que ponernos al día, ha pasado mucho tiempo, ¿verdad? Tienes que contarme tantas cosas...

Lola no sabía cómo reaccionar. Aquella mujer elegante y bien parecida era una completa extraña para ella. A pesar del tiempo transcurrido no había cambiado y se mostraba distante, incapaz de expresar sentimiento alguno. Tras una breve entrevista con los profesores de su hija, abandonaron juntas la academia. La señora Craigie había alquilado unas lujosas habitaciones en Camden Place para pasar un tiempo a solas con Lola mientras finalizaba su curso escolar en el internado de Aldridge.

Eliza trató de ser amable con su hija y por las tardes salieron de compras y recorrieron algunas conocidas tiendas de moda. Lola estaba sorprendida por la repentina generosidad de su madre, que no reparó en gastos a la hora de comprarle vestidos, corsés, medias de seda, chales, botines y hasta un favorecedor traje de amazona del que se encaprichó perdidamente. También pasearon juntas por los jardines botánicos a orillas del río Avon y visitaron la gran atracción turística de Bath, sus antiguas termas romanas que daban merecida fama a la ciudad. Por un instante pareció que entre ambas cedían las tensiones y Lola agradeció a su madre las atenciones que tenía con ella y los regalos con los que la obsequiaba.

Pero aunque se mostrara encantadora a Eliza la exultante belleza de su hija la irritaba porque le recordaba mucho a ella en su juventud. A sus treinta y dos años seguía siendo una mujer hermosa, pero las penalidades y el clima insano de la India le habían pasado factura. No podía negar que su pequeña se había transformado en una beldad que causaba admiración allá por donde iba. Era esbelta, de fino talle y bien proporcionada, tenía unos magníficos ojos azules enmarcados en unas pestañas largas y espesas, y unos labios rojos carnosos. Pero lo que llamaba más la atención era su larga melena rizada azabache. Podía pasar por una gitana o una muchacha andaluza. Eliza hubiera deseado una hija más dócil pero desde su más tierna infancia Lola había sido para ella una fuente constante de problemas. Un día al llegar a casa, y tras una acalorada discusión, le pidió que se sentara a su lado y le dijo:

—Sé que me odias porque te has sentido muy abandonada, pero lo he hecho todo por ti. Ahora quiero que me prestes atención, tengo algo importante que decirte.

—No te odio, madre —balbuceó—, pero han pasado muchos años y ni siquiera contestabas mis cartas, cómo no iba a sentirme abandonada, era solo una niña cuando me separaste de ti y…

—Olvídate del pasado y ahora escucha: estás en edad de casarte, eres hermosa y tienes estudios… y hay un hombre importante en la India que desearía conocerte. Ha visto tu retrato y se ha enamorado de ti… Es un buen partido, créeme.

Y de repente Lola lo entendió todo. Su madre había venido a buscarla desde tan lejos porque había concertado su matrimonio con un hombre rico y distinguido. El elegido era el general de división sir James Lumley, un anciano viudo respetable y adinerado. El militar, que tenía dos hijos solteros de la edad de Lola, estaba destinado en el regimiento de Bengala y era el oficial superior del capitán Patrick Craigie. Cuando escuchó la propuesta de su madre estalló en cólera. No podía creer que quisiera casarla con un viejo cincuenta años mayor que ella al que no conocía ni amaba. Ahora comprendía por qué le había regalado todos esos vestidos preciosos. Después de aquello, la relación entre ambas se volvió insostenible. Intentaba pasar el menor tiempo posible con su madre, una mujer «sofisticada, superficial e irresponsable» por la que no sentía ningún afecto.

Así estaban las cosas cuando el teniente James apareció por sorpresa aquel cálido verano de 1837 en Bath para visitar a su amiga, la señora Craigie. A Lola, que había tenido poco contacto con el sexo opuesto, le pareció un hombre mayor —aunque solo tenía treinta años—, de trato agradable, caballeroso y muy protector con su madre. Lo que más le llamó la atención fue su atractiva sonrisa y «su brillante y blanca dentadura», una rareza en aquella época. Thomas, desde el primer instante, se sintió atraído por la inocente frescura de aquella colegiala de la que tanto había oído hablar. Su gracia y encanto eclipsaban a su madre, que a su lado aparentaba mayor edad. Poco a poco trató de ganarse su confianza y la acompañaba durante el trayecto desde su casa en Camden Place hasta la academia. En ausencia de su padrastro y sin tener a quien abrir su corazón, aquel desconocido se convirtió en su amigo y confidente. Un día le confesó afligida los planes de su madre para casarla en contra de su voluntad con un anciano general viudo destacado en la India. Thomas, que a estas alturas ya no sentía el menor deseo por Eliza y se había encaprichado de su hija, comenzó a reflexionar sobre su futuro. Pronto debería regresar a Calcuta para incorporarse a su regimiento y hacerlo del brazo de una joven y bella esposa encajaba muy bien en sus planes. De repente le hizo una inesperada proposición:

—Querida, no permitiré que tu madre arruine tu vida; si te casas con el hombre que ella ha elegido, serás muy infeliz...

—Dentro de unas semanas me obligará a partir con ella —musitó Lola resignada—, no tengo elección.

—Sí la tienes, huyamos juntos sin que nadie lo sepa y nos casaremos en Irlanda.

—Pero si apenas nos conocemos y, además, mi madre jamás lo consentirá y no dará su autorización.

—No temas a tu madre —añadió Thomas mientras cogía sus manos entre las suyas—; la conozco bien, ella no desea un escándalo y acabará cediendo.

Lola no esperaba algo así de Thomas, que en aquellos días había sido como un padre para ella. Le pareció sincero en sus sentimientos y dispuesto a ayudarla para cambiar su suerte. No estaba enamorada de él, pero esta excitante aventura era un plan perfecto para fastidiar a su madre. Eliza, tan segura y firme en sus convicciones, la trataba aún como a una niña sin tener en cuenta sus opiniones ni sus sentimientos. Antes de partir le escribió una breve nota que dejó en su mesita de noche junto a la cama:

> Madre, sé que nunca me perdonarás pero no puedo seguir a tu lado. Me voy con Thomas, que me ama y cuidará de mí. No soporto la forma en que me tratas ni tus sucias intrigas. Me niego a desperdiciar mi vida, soy aún muy joven y debo pensar en mi felicidad. Tu hija.

Cuando al día siguiente hizo a escondidas su equipaje no era consciente del daño que su huida causaría en su reputación. Era solo una chiquilla romántica e ingenua de dieciséis años que acababa de salir de un internado. Entrada la noche y a la hora fijada, el teniente James llegó puntual en un carruaje a la residencia de la señora Craigie. Lola salió en silencio a su encuentro llevando una maleta con las escasas pertenencias y partieron juntos por la empinada carretera de Bristol. «No mires atrás, ahora me tienes a mí, pronto seré tu esposo. Te amo y te deseo tanto, pequeña», le susurró Thomas mientras la estrechaba entre sus brazos. Lola se dejó llevar por la pasión, pero en su interior le angustiaba pensar en la reacción de su madre. Ya no había marcha atrás. Pronto descubriría que había cometido un error del que se arrepentiría toda la vida.

2

Un matrimonio roto

Un caluroso día de julio Lola Montes y el teniente Thomas James se casaron en la pequeña iglesia de piedra de Rathbeggan, a las afueras de Dublín. El hermano mayor del novio, el reverendo John James, ofició la ceremonia a la que asistieron como únicos invitados la esposa del vicario, su sobrino y algunos curiosos. La joven, que esperaba una boda alegre con música y ramos de flores decorando el altar, se sintió desencantada. Echó de menos a su padrastro y por un instante pensó en el disgusto que le causaría la noticia de su huida y su precipitado matrimonio. La escandalosa aventura de Lola llegó pronto a oídos de sir Jasper Nicolls en Inglaterra, que anotó en su diario: «No soy un mal profeta en lo concerniente al papel que los jóvenes desempeñarán en la vida. Siempre predije que la vanidad y las mentiras de esta niña solo traerían disgustos. Sus comienzos han sido en extremo desafortunados puesto que, tras abandonar la escuela en junio, se ha casado con un oficial de la Compañía que no tiene un penique. Me temo, además, que no se puede exculpar del todo a su madre».

Cuando al día siguiente Eliza leyó la nota que le había dejado su hija y descubrió que se había fugado con su amante, se enfureció. Abandonó de inmediato Bath y se instaló en un apartamento en Londres para reflexionar sobre lo ocurrido y decidir qué hacer. Como era un asunto muy delicado fue a visitar a la esposa del señor Nicolls para pedirle consejo.

—¡Cómo ha podido hacerme esto a mí! —se lamentó Eliza mientras trataba de reprimir las lágrimas—. ¡La muy ingrata!

—Querida señora —le dijo lady Nicolls tratando de consolarla—, su hija es muy impulsiva, pero pronto se arrepentirá de lo que ha hecho. Espere que le escriba, pero no confíe en ella hasta saber sus verdaderas intenciones.

—Qué voy a hacer, hay que evitar a toda costa que mi esposo, el capitán Craigie, se vea perjudicado por un escándalo, él solo desea lo mejor para mi hija.

—Tranquilícese, verá como pronto tendrá noticias de ella y buscará su perdón. En el fondo no es mala muchacha...

Sir Jasper también le aconsejó que por el momento olvidara lo ocurrido y cuidara de su salud porque tenía por delante un largo viaje de regreso a Calcuta. Lamentó esta desagradable situación y el daño que la noticia le causaría a su buen amigo el capitán Craigie. Aunque siempre había criticado duramente a Eliza por abandonar a su suerte a su única hija, ahora sentía cierta lástima por ella. «Esta ingrata y sucia mocosa ha echado a perder su vida con el primer hombre que ha conocido y ha causado un terrible disgusto a su madre. Sin duda el día de su castigo está más cerca que nunca», pensó mientras se despedía de ella.

Tras la boda, los recién casados viajaron a Dublín, donde alquilaron una habitación en el centro de la ciudad y allí pasaron su luna de miel. Unos días después, la flamante señora James llegaba en una diligencia al hogar familiar de su esposo en el condado de Wexford, Ballycrystal, un vetusto caserón de muros de piedra situado en una suave ladera del monte Leinster rodeado de campos y pequeñas granjas. El suegro de Lola, un viudo que también se llamaba Thomas James, era un poderoso terrateniente y miembro respetable de la alta burguesía protestante local. La noticia de su presencia corrió de aldea en aldea y algunos parientes se acercaron para conocer a la recién casada. La joven pronto descubrió que había cambiado la monotonía del internado por una tediosa vida en la campiña irlandesa. Aunque sus cuñadas le parecían agradables, los días eran lúgubres y deprimentes, siempre rodeada de extraños que no le demostraban ningún afecto. Desde su llegada no había dejado de llover y la única comodidad que ofrecía aquella vieja mansión eran dos monumentales chimeneas en el salón que permanecían siempre encendidas. Le agobiaba la rutina, una sucesión de cacerías, opíparas comidas familiares y reuniones para tomar el té con viejas parroquianas. Aunque de vez en cuando montaba a caballo y galopaba por los prados hasta caer rendida, no era feliz. Su matrimonio naufragaba, apenas tenían privacidad y en el pueblo había pocas distracciones para unos recién casados. Confinada en aquella casona fría y húmeda, donde no paraba de llover, se sentía morir.

—No soporto vivir así, Thomas —estalló al fin Lola—. Siempre lo mismo: cazar, comer, cazar, comer y esas ridículas reuniones para tomar el té siempre a la misma hora, en el mismo salón y rodeada de caras largas, me sacan de quicio.

—Lamento que no estés cómoda —le respondió su esposo,

molesto por su reacción—. Mi familia te ha recibido con los brazos abiertos y no deberías hablar así.

—Pero si no existo para ellos, me miran de reojo como si fuera una extraña, ni una palabra amable, ni una sonrisa... Quiero marcharme de aquí cuanto antes.

—No seas absurda, no tienes a donde ir. Esta es mi casa y nos quedaremos aquí, te guste o no. —Y salió dando un portazo.

Thomas se había vuelto huraño, discutía mucho con su esposa y en ocasiones le pegaba cuando estaba ebrio. La diferencia de edad supuso desde el principio un problema. Lola era una chiquilla terca y voluble y él no estaba dispuesto a soportar sus constantes caprichos. Añoraba su antigua vida de oficial y se refugiaba en la bebida para ahogar las penas. Había llegado muy joven a la India y pronto fue enviado junto a sus compañeros a un puesto apartado de la civilización donde no había telégrafos, luz eléctrica ni carreteras. Habían sido años duros de muchas privaciones y sintiendo la muerte de cerca. Varios compañeros suyos habían fallecido de terribles enfermedades y añoraba a sus fieles cipayos, los soldados indios reclutados en las filas del ejército británico. En aquellos sombríos días Lola no pudo evitar pensar en su madre. En la distancia se acordaba de ella y sentía cierta lástima por el daño que le había causado. A finales de noviembre, decepcionada por el comportamiento de su hija, Eliza había vuelto sola y humillada a Calcuta.

Meses más tarde, el matrimonio James regresó a Dublín y alquiló una modesta vivienda en la céntrica Westmoreland Street. Por fin estaban solos y Lola tenía su propio hogar. Aquel cambio de aires mejoró por un tiempo la relación entre ambos. Por la noche salían a cenar, iban al teatro y recibían amigos. Lola había cambiado mucho. Era coqueta, le gustaba arreglarse y sabía sacar partido a su esbelta figura. Su exótica belleza atraía la mirada de los hombres y se sentía muy a gusto siendo el centro de atención. Una noche asistieron a un elegante baile de etiqueta en el castillo de Dublín y el apuesto lord Normanby, por entonces virrey de Irlanda, no dudó en cortejarla sin importarle la presencia de su esposo. Cuando regresaron a casa, Thomas le montó una escena de celos a las que ya estaba acostumbrada:

—Me has puesto en evidencia delante de todo el mundo —le reprochó mientras se servía una copa—, olvidas que eres mi mujer y debes comportarte con decencia.

—No he hecho nada malo —respondió Lola molesta por su tono autoritario—, él era el anfitrión y no podía negarme a bailar con él. Me ha parecido un hombre educado y galante, no como tú, que estás siempre malhumorado y la pagas conmigo.

—Decididamente me equivoqué al casarme contigo —añadió Thomas dando por zanjada la discusión.

Lola fingió no escuchar este comentario y se encogió de hombros. Cuando la insultaba o se enfurecía con ella prefería ignorarlo. Se había casado impulsivamente siendo casi una niña con la romántica idea de que aquel hombre apuesto y maduro era un príncipe azul que cuidaría de ella hasta el final de sus días. Ahora no podía engañarse, su matrimonio había sido un error, ya irreparable. Estaba sola sin nadie en quien poder confiar y tenían serios problemas económicos.

Un día de primavera, el teniente Thomas James recibió una carta en la que se le informaba de que debía incorporarse a su puesto en la India. En otoño se cumplirían dos años desde que abandonara el país y si no regresaba ponía en peligro su carrera militar y un posible ascenso en la Compañía. La noticia de la inminente partida alegró a Lola, que ansiaba más que nunca abandonar Irlanda. Era joven, tenía ganas de viajar y ya no soportaba aquel mundo tan provinciano y cerrado en el que había vivido tras su boda.

—Me siento tan feliz, Thomas —suspiró aliviada—. Cuento los días para zarpar...

—No te hagas ilusiones —la desanimó Thomas—. La vida que yo puedo ofrecerte en la India no es la que imaginas, viviremos sin lujos y en algún puesto remoto lejos de Calcuta...

—No me importa —le respondió ella exultante—, estoy convencida de que mi padrastro nos ayudará. Le escribí hace meses una carta contándole mi boda con un valiente teniente de la Compañía, seguro que se alegrará de verme.

El 18 de septiembre de 1838, Lola y su esposo partieron del puerto de Liverpool a bordo del vapor *Bland* rumbo a Calcuta. La joven llevaba varios baúles y un par de sombrereras. Un popular manual de viaje de la época publicado por la señorita Emma Roberts enumeraba la lista de pertenencias indispensables para una dama en su viaje a la India. La autora, gran trotamundos y escritora de éxito, aconsejaba incluir setenta y dos camisas, setenta pañuelos de bolsillo, treinta pares de calzones, quince combinaciones, sesenta pares de medias, cuarenta y cinco pares de guantes, al menos veinte vestidos distintos, veinte chales, dos sombrillas, tres sombreros, quince saltos de cama, galletas y conservas y una docena de cajas de pastillas laxantes. También recomendaba llevar seis pares de corsés franceses que eran los de mejor calidad y más resistentes para el clima tropical. Esta cantidad exagerada de ropa tenía su explicación, pues durante el viaje no habría muchas oportunidades de poder lavar las prendas ya que el agua a bordo era un bien escaso. Lola no tenía un guardarropa tan extenso, pero su madre le había regalado en Bath elegantes vestidos y hasta un completo ajuar para deslumbrar al viejo general Lumley con quien entonces pretendía casarla.

La travesía duró cuatro meses con una única escala en la isla de Santiago, en Cabo Verde. A Lola se le hizo interminable y la relación con su esposo empeoró: «El mar marea a las mujeres y vuelve a los hombres muy desagradables. Aquí no hay intimidad; en la cama, tan estrecha, estás constantemente dando tumbos de un lado a otro, no puedes darte la vuelta sin tener que abrazar a la otra persona aunque no te apetezca». Las desavenencias eran continuas y aunque compartían su camarote, durante el día hacían vidas separadas. Thomas intentaba olvidarla porque ya no soportaba sus exigencias y arrebatos infantiles. Le gustaba reunirse con otros oficiales que, como él, regresaban de permiso con su regimiento; jugar a las cartas, beber cerveza negra y echarse largas siestas en la cubierta superior. Lola se entretenía charlando con otros pasajeros, escuchando las fabulosas historias sobre las excentricidades de los marajás y asistiendo a los bailes que se celebraban todas las noches en el gran salón. Durante el viaje tuvo tiempo para reflexionar. No se arrepentía de haberse fugado con Thomas, de quien nunca estuvo enamorada, pero temía la reacción de su madre. Eliza nunca le perdonaría aquella afrenta y estaba segura de que la castigaría por ello. A medida que se acercaban a la desembocadura del Ganges el aire cálido y la humedad la devolvieron al pasado. Se sentía nerviosa y emocionada.

Tras once años en Gran Bretaña, guardaba borrosos recuerdos de su niñez en Calcuta. Lo que no había olvidado eran las dulces nanas que le cantaba al acostarse su aya Denali y el cuidado con el que cada mañana trenzaba sus largos cabellos con aceites aromáticos. ¿Volvería a verla? ¿La reconocería? Seguramente no. Como esposa de un oficial de la Compañía ya no podría disfrutar de su amistad ni tendría la misma libertad que entonces. Era impensable que una mujer blanca se paseara sola por los bazares o se adentrara en la ciudad negra donde vivían los nativos. Los ingleses se consideraban una raza superior y vivían separados de la población.

Lola ignoraba qué le depararía el futuro. Tendría que acostumbrarse a la aburrida compañía de las estiradas damas británicas que pasaban sus días dedicadas a hacer visitas, a leer las revistas de moda que llegaban de Europa y a los chismorreos como único tema de conversación. Cuánto llegaría a detestar la insípida comida inglesa, el pudin de pavo, el té de las cinco y las engorrosas cenas de etiqueta. Debería aprender a llevar una casa, a contratar sirvientes y, por encima de todo, a mantener las apariencias en una sociedad donde los escándalos estaban a la orden del día. No le resultaría fácil porque, a diferencia de su madre, nunca le había preocupado lo que los demás pensaran de ella.

A finales de enero de 1839, el *Bland* atracó en el puerto de Diamond Harbour en la desembocadura del río Hugli. En el mismo muelle donde Lola se había despedido con enorme tristeza de su padrastro doce años antes reinaba ahora una febril animación. La llegada de cualquier barco era todo un espectáculo y atraía a multitud de curiosos. Algo aturdida por el griterío, sofocada por el calor y el polvo, la joven se abrió paso entre un torbellino de gentes de todas las razas y religiones. Había mujeres envueltas en saris de brillantes colores, ingleses con impolutos trajes blancos de lino, harapientos intocables y orgullosos hombres del Punjab con sus turbantes rojo escarlata y sus largas barbas. Los sudorosos porteadores, vestidos apenas con un paño alrededor de la cintura, cargaban los pesados baúles y maletas de los pasajeros al grito de: «¡*Memsahib*! ¡Equipaje! ¡Equipaje!». Los penetrantes olores, el sudor que se pegaba a su piel y aquella luz cegadora le resultaron familiares.

—Nadie ha venido a buscarnos —observó decepcionada Lola mientras intentaba reconocer algún rostro entre la multitud—, me temo que mi madre no quiere saber nada de mí.

—Tarde o temprano tendrá que recibirnos, es cuestión de tiempo —respondió Thomas mientras tomaba del brazo a su esposa y descendían por la pasarela.

Cuando el teniente James se presentó ante sus superiores le dieron la orden de unirse de inmediato a su regimiento, que se encontraba en Karnal, al norte de Delhi y a más de mil quinientos kilómetros de distancia. Para Lola fue una tremenda desilusión. Calcuta, a pesar de la suciedad, el caos y los desagradables olores, le parecía un destino fascinante. Le hubiera gustado instalarse con su esposo en el tranquilo barrio residencial de los europeos, en una bonita casa con amplias verandas y vistas al río; asistir a cenas, bailes hasta el amanecer y disfrutar un tiempo de los atractivos de esta ciudad embellecida con nuevos edificios públicos, plazas y jardines. Pero la realidad era otra y muy pronto Lola tendría que remontar el río siguiendo el mismo y fatídico trayecto que hizo de niña. Entonces comenzó a temer que también ella acabaría sus días en un lugar horrible como Dinapore, donde su padre encontró prematuramente la muerte. Había soñado tanto tiempo con este regreso que ahora se sentía perdida y obligada a seguir a un hombre al que no amaba. Por un instante pensó que nada podría hacer por cambiar su destino: «Es un castigo; estoy condenada a sufrir como mi madre, a no encontrar nunca la felicidad, a ser una peregrina sin rumbo».

Tras unos días en Calcuta visitando a los viejos amigos y ultimando los preparativos, el matrimonio James partió de madrugada en una comitiva formada por varias barcazas cargadas con víveres y municiones. Los acompañaban algunos oficiales de su guarnición con sus familias, que regresaban tras unos días de permiso en la ciudad. De aquella penosa travesía Lola solo recordaría el sudor que empapaba sus ropas y las constantes riñas con su esposo. Thomas había comenzado a anotar en un pequeño cuaderno todas las faltas que ella cometía y después la reprendía en público por sus errores. Navegaban muy lentamente solo durante el día y a merced de los vientos. La ruta los llevó en dirección a Patna y cuando llegaron a la altura del muelle de Dinapore a Lola se le saltaron las lágrimas. Allí, en el pequeño cementerio inglés, se hallaba enterrado su padre, al que apenas recordaba.

Se avecinaba la estación de lluvias, el calor era bochornoso y no había forma de protegerse de los mosquitos. Lola se sentía cansada y trataba de evitar a Thomas. No eran felices juntos pero estaba dispuesta a resistir y a representar ante la sociedad su papel de virtuosa esposa. Solo la mágica visión de la ciudad santa de Benarés, con sus escalinatas de piedra descendiendo hasta la orilla del río sagrado, la sacó de su sopor. Hombres, mujeres, ancianos y enfermos realizaban sus rezos y abluciones matinales en un espectáculo cargado de colorido y espiritualidad. Más allá, el Ganges no era apto para la navegación, los caminos resultaban impracticables para los caballos y los pasajeros debieron proseguir en palanquín llevados a hombros por cuatro nativos.

Durante las siguientes horas Lola disfrutó de algo de privacidad oculta tras la cortina de su litera, dejándose llevar por los cánticos monótonos y rítmicos que entonaban sus porteadores. Varias carretas tiradas por bueyes se abrían paso por empinadas sendas transportando muebles y baúles. El paisaje era verde y frondoso, atravesaron ríos caudalosos, campos de caña de azúcar y aldeas desiertas. Por la noche acampaban y dormían en las tiendas militares en torno a las fogatas que se encendían para ahuyentar a los tigres que merodeaban en las proximidades. Era difícil conciliar el sueño. La humedad, los sonidos de la jungla y los gritos penetrantes de los monos mantenían en vilo a los viajeros.

Llegaron al atardecer a Karnal, una pequeña y remota guarnición al pie de las montañas del Himalaya. El puesto militar se extendía en una polvorienta llanura, rodeado por un conjunto de míseras chozas de adobe, puestos callejeros y un animado bazar repleto de tenderetes. Era un lugar insalubre de extensos pantanos que daban algo de verdor al paisaje pero estaban infestados de mosquitos portadores de la malaria que causaban estragos entre los soldados. Su nuevo hogar era un sencillo y rústico bungalow de reducidas dimensiones con las paredes de madera pintadas de blanco y una agradable terraza llena de plantas. Por el momento la exigua paga del ejército no les daba para vivir mejor.

—¡Qué decepción! ¡Esto es deprimente! —exclamó Lola mientras echaba un vistazo al interior—. Imaginaba algo más confortable, espero que pasemos aquí poco tiempo.

—No te quejes —le reprochó Thomas—, es todo un lujo en comparación con los miserables barracones donde se alojan mis hombres. Ya te advertí que no iba a ser una vida nada fácil.

Lola contrató a varios sirvientes y decoró las habitaciones con los escasos muebles que habían traído desde Calcuta. Aunque aquí lucirían poco los vaporosos vestidos de seda que su madre le había comprado, estaba dispuesta a destacar por su belleza y elegancia. No iba a ser difícil porque en Karnal vivían unas pocas decenas de oficiales británicos y sus esposas le doblaban la edad. Aquellas damas que formaban una comunidad cerrada y muy unida no hacían ningún esfuerzo por integrarse o aprender algo de hindi. Se sentían superiores y despreciaban a los indios, a los que consideraban unos ignorantes, sucios y salvajes. Aquí la vida estaba marcada por las convenciones sociales y las mujeres europeas apenas tenían libertad. Lola no podía salir sola a pasear, ir al bazar o montar a caballo por los alrededores. Sus funciones se limitaban a ejercer de ama de casa y a cuidar de su esposo. Era la clase de existencia que tanto había odiado en Irlanda, pero por el momento no tenía elección.

Con los primeros monzones su casa permanecía siempre inundada, abundaban los insectos y los fuertes vientos levantaban nubes de polvo. A veces la lluvia caía sin cesar durante siete días y siete noches como una auténtica plaga. Unas semanas después de su llegada Lola enfermó. Tenía fiebre alta, escalofríos y fuertes jaquecas que la obligaban a guardar cama. El médico militar le diagnosticó malaria y fue tratada con grandes dosis de quinina que la dejaron muy debilitada. Aunque se recuperó, arrastraría toda su vida las secuelas de esta dolencia. Fue entonces cuando recibió una carta de su madre desde Calcuta; en ella le decía que en breve partiría a la ciudad de Simla para pasar allí la estación cálida y la invitaba a reunirse con ella. Enseguida se lo hizo saber a su marido.

—Thomas, tengo noticias de mi madre, nos invita a su residencia de verano en Simla. ¿Qué te parece? —le anunció muy ilusionada.

—Te irá bien para recuperar la salud, el clima es fresco y ya es hora de que visites a tus padres. Pediré un permiso y te acompañaré.

—Sí, necesito salir de este lugar, pero me angustia tanto ver a mi madre... —dijo Lola con cierta inquietud y gesto preocupado—. Seguro que aún me odia.

Aunque era desgraciada con su esposo, en público trataban de mantener las apariencias. «Los días llegan a ser siglos cuando estás atrapada en un matrimonio infeliz», le confesaría en una carta a una amiga. Ya no se peleaban como antes porque Thomas pasaba mucho tiempo fuera de casa con su regimiento y bebiendo en la cantina junto a sus hombres. Pero el viaje a Simla la animó y comenzó a preparar su equipaje eligiendo con esmero su vestuario. Quería deslumbrar a su madre, y aunque su matrimonio había sido un error, no estaba dispuesta a reconocerlo. Thomas y ella hacían una buena pareja y nadie intuía los problemas que tenían.

Lo que Lola ignoraba era que en Simla se esperaba su llegada con gran expectación. Entre las chismosas damas británicas de Calcuta había corrido la voz de que la hijastra del honorable comandante Patrick Craigie era una auténtica belleza. A estas alturas todas conocían los detalles de su romántica huida con el teniente Thomas James, al que definían como «un pobre oficial sin título ni fortuna». Se rumoreaba que el atractivo caballero la había seducido siendo apenas una colegiala de dieciséis años y que se habían fugado de noche para casarse en Irlanda. Sentían lástima por la señora Craigie y comprendían su natural disgusto ante el comportamiento tan incorrecto de su única y muy querida hija. La gran dama de la alta sociedad de Simla, lady Emily Eden, hermana del gobernador general de Bengala, lord Auckland, esperaba ansiosa conocer a la hermosa y rebelde joven de la que tanto había oído hablar. También ella había contribuido con sus sabios consejos a que su buena amiga, Eliza, hiciera las paces con su hija y olvidaran por unos días el pasado.

Tras los penosos meses aislada en Karnal, a Lola la ciudad de Simla, encaramada a dos mil metros de altitud, le pareció un espejismo. El aire cristalino, los frondosos bosques de coníferas y las altas montañas le hicieron olvidar todas las privaciones que había padecido desde su llegada a la India. Durante cinco meses este reducto de civilización se transformaba en la capital estival de los británicos que huían del calor abrasador de la llanura. Era un lugar agradable, tranquilo y muy limpio, sin apenas carruajes, con una amplia avenida que cruzaba de un extremo a otro la población donde se sucedían elegantes tiendas, salones de té, una oficina de correos y en el centro destacaba la catedral anglicana. En cuanto llegaban los terribles calores, el virrey, los extravagantes marajás, los embajadores extranjeros, los altos funcionarios de la administración, los oficiales militares y una larga lista de damas de la alta sociedad inglesa irrumpían con sus legiones de criados, doncellas y pilas de baúles. En aquella época Simla era prácticamente inaccesible en carruaje y el último tramo transcurría por una escarpada y sinuosa carretera a través de precipicios y desfiladeros de vértigo. Esta dura ascensión solo podía hacerse a pie, a lomos de un caballo o en silla de mano. Un ejército de porteadores, los culis, seguían a los viajeros cargando sobre sus hombros los pesados baúles y las cajas con todo tipo de provisiones.

Desde el primer instante Eliza trató de mostrarse atenta y cariñosa con su hija. Para darle la bienvenida le envió un elegante palanquín con porteadores uniformados con librea naranja y marrón que la condujeron hasta la puerta de su residencia en lo alto de una colina. A su lado el teniente James, vestido con un brillante chaleco rojo de terciopelo y ajustados pantalones de montar, la acompañaba en un magnífico caballo. Muchos curiosos se acercaron hasta el Mall, la avenida principal, para presenciar la llegada de la célebre pareja. Eliza sabía que todas las miradas estaban puestas en ella y, aunque aún le guardaba rencor a su hija, decidió dejar a un lado las diferencias. Lola, por su parte, tampoco deseaba defraudar en su primera presentación en sociedad y fue muy correcta y amable con todos. Lo único que no pudo evitar fue mentir acerca de su edad, y por coquetería se quitó dos años.

La residencia de verano del comandante Craigie era una espectacular mansión colonial de dos plantas con balaustradas y columnas encaramada en lo alto de un montículo rocoso junto a verdes laderas. Los grandes ventanales daban a un jardín que era el orgullo de su esposa con sus cuidadas rosaledas, parterres de lirios y tulipanes, un lago artificial y un manto de fino césped. En su interior, una nube de sirvientes revoloteaban por los amplios salones ricamente decorados con enormes arañas de cristal que colgaban del techo y por la noche se iluminaban con velas. Aunque estaba muy nerviosa y cansada, el encuentro con su padrastro fue muy emotivo. Al ver a Lola la abrazó con fuerza y la besó en las mejillas como cuando era una chiquilla.

—¡Cuánto tiempo ha pasado, hija mía! Pero qué hermosa eres. ¡Deja que te mire bien! —exclamó mientras la hacía girar sobre sí misma.

—Querido padre, te presento a mi esposo el teniente James del que tanto te he hablado en mis cartas.

—Bienvenido, me alegra al fin conocerte. Ya tendremos tiempo para conversar, ahora necesitáis descansar y recuperar las fuerzas. La doncella os mostrará vuestra habitación. Quiero que os sintáis en vuestra propia casa.

Emily Eden organizó una espléndida cena en la residencia del gobernador general en Simla e invitó al joven matrimonio James. Esta dama, emparentada con las familias más ilustres de Inglaterra y que se movía a sus anchas en los selectos círculos sociales, había abandonado su confortable mansión londinense para seguir a su hermano hasta la India cuando fue nombrado gobernador general. Como lord Auckland era soltero, ella tuvo que asumir desde el primer día el fastidioso papel de primera dama. Aunque tenía el aspecto de una mujer frágil y enfermiza, resultaba engañoso. Detrás de aquella mujer bajita y delgada, de vivaces ojos negros y rostro muy pálido se escondía un auténtico torbellino. Lola, tan joven, natural y desenvuelta, le gustó desde el primer instante. Le pareció una irlandesa de la cabeza a los pies, apasionada, temperamental y rebelde. Su esposo Thomas también pasó la prueba y le resultó encantador e inteligente. Emily, que era una aguda y perspicaz observadora, en una de sus cartas a su familia escribió acerca de Lola:

Martes, 10 de septiembre de 1839

> Ayer celebramos una cena. La señora James es sin duda muy hermosa, y una chica alegre y natural. Ahora solo tiene diecisiete años y ni siquiera aparenta esa edad, y cuando una piensa que está casada con un joven teniente del ejército

indio, quince años mayor que ella, y que reciben un sueldo de 160 rupias mensuales, y que van a pasar toda su vida en este país, no me extraña que la señora Craigie se muestre resentida ante el hecho de que su hija abandonara la escuela.

Lola, a la que entonces todos llamaban señora James, causó muy buena impresión en Simla. Sus rasgos exóticos, su gracia natural y su simpatía deslumbraron en todas las fiestas y bailes a los que acudió del brazo de su esposo. La joven nunca había visto cenas tan espléndidas y refinadas como las que se celebraban en la India imperial. Los hombres vestían de frac y las mujeres lucían elegantes trajes de noche en seda de alta costura y valiosas joyas. En las mesas no faltaban los centros de rosas frescas, la cubertería de plata, vajilla de fina porcelana y copas de cristal de Bohemia sobre manteles de lino blanco bordados con hilos de oro. Detrás de cada comensal permanecía en pie un sirviente con túnica de muselina blanca realzada por un fajín rojo y un turbante a juego. Emily Eden ejercía de perfecta anfitriona y sabía muy bien cómo agasajar a sus invitados. Ella misma elaboraba los menús y enseñó a su cocinero a preparar deliciosos postres, como el sorbete de fresas, que era su preferido. Tras la cena los hombres se reunían en la fresca veranda para fumar y conversar mientras las mujeres disfrutaban en un saloncito anexo de una velada musical. Aunque en estas cenas no se hablaba de política, la preocupación por una posible guerra con Afganistán flotaba en el ambiente. La amenaza de una invasión de la India por parte de los rusos a través de Asia Central acaparaba toda la atención de lord Auckland.

Ajena a los rumores de una contienda inminente, Eliza organizó en honor a Lola un baile de disfraces que fue el acontecimiento de la temporada. La cena se serviría en una gran tienda blanca montada en el centro del jardín tapizado de césped. Numerosos sirvientes uniformados se afanaban en decorar las mesas con hermosos centros de flores recién cortadas y candelabros de plata. Deseaba mostrarle a Lola todo lo que había alcanzado, un mundo de poder, lujo y privilegios que su hija nunca tendría por no haberse casado con el hombre adecuado. Ella, la niña ilegítima, la humilde aprendiz de sombrerera de Cork, se había convertido en la admirada esposa de uno de los hombres más importantes de Bengala. Tenía una posición, joyas, lujosas residencias y un marido enamorado que la colmaba de atenciones.

Cuando Lola apareció en la fiesta disfrazada de gitana con un ceñido traje rojo de generoso escote y volantes, despertó un murmullo de admiración. Llevaba su largo cabello ensortijado recogido en un moño con una peineta de nácar. Estaba deslumbrante y muy seductora. Cubría sus hombros con un precioso mantón de Manila y de su cuello colgaban llamativos collares de cuentas. Su madre, absorta en los preparativos, al verla se acercó a ella y en voz baja le advirtió:

—Espero que no me pongas en ridículo delante de todas mis amistades y que te comportes con decencia.

—Madre, he venido a divertirme como todo el mundo y no pienso quedarme sentada. Tengo ganas de bailar y hace una noche tan maravillosa…

—No tienes remedio, siempre has de llamar la atención. Parece que hayas venido al mundo para fastidiarme —murmuró al alejarse de ella.

Tras la animada cena, unos músicos indios ataviados con grandes turbantes comenzaron a tocar una vibrante melodía al son de los tamboriles y los crótalos. El jardín, iluminado con antorchas, parecía el decorado de *Las mil y una noches*. Lola se descalzó y se acercó hasta ellos dejándose llevar por la magia de aquel instante. Contoneándose con movimientos sensuales, siguiendo aquel ritmo hipnótico, pronto se vio rodeada por un grupo de jóvenes oficiales que, dando palmas, la animaban a seguir danzando. Desde el otro extremo del jardín, sentada a su mesa, Eliza la observaba avergonzada, sin decir palabra. A su lado el señor Craigie estaba embelesado: «Qué criatura tan deliciosa, qué bien baila y qué hermosa está Lola». Una vez más, su hija le había arrebatado todo el protagonismo.

Simla en aquellos días era una sucesión de bailes, recepciones, carreras de caballos, torneos de tenis, subastas benéficas y fiestas de disfraces. Un lugar muy propicio para las aventuras amorosas, ya que muchas mujeres iban allí sin sus maridos y muchos oficiales sin sus esposas, si es que las tenían. Un buen día, Emily Eden, que se había percatado de lo mucho que a Lola le gustaba coquetear, le advirtió sobre los peligros que la acechaban:

—Querida, sé que no soy quien para darle consejos, pero debo advertirle de que en Simla mirar a un hombre durante un segundo más de lo debido denota interés, y bailar con él más de una vez equivale a una declaración de compromiso. No lo olvide.

—Agradezco su interés, pero soy joven y quiero divertirme. Mi vida en Karnal es muy aburrida y estoy harta de tantas privaciones.

—La comprendo bien, cuando yo llegué a Calcuta el mundo se hundió a mis pies. Me pareció un lugar horrible, con un clima espantoso y muy pocos alicientes. Además, mis compatriotas se me antojaban todas mujeres feas, sin modales ni clase, y solo les interesaban los chismes. Pero usted es muy distinta...

—Cómo me gustaría quedarme a su lado... —suspiró apenada—. Quizá volvamos a vernos pronto.

Los dulces días en Simla tocaron a su fin y Lola tuvo que regresar al destacamento con su esposo. Emily Eden le prometió que pasaría a visitarla cuando acabara la temporada estival. Fue una despedida triste, por primera vez en mucho tiempo había sido feliz. Sentía un gran aprecio por lady Eden y esperó con ansias su visita. Cómo olvidar aquellos impresionantes paisajes de cumbres nevadas, los divertidos picnics junto al río, los partidos de polo y las cenas principescas en suntuosas residencias donde se degustaba una cocina que en nada tenía que envidiar al mejor restaurante de París. Cuánto iba a echar de menos aquel ambiente alegre, frívolo y desenfadado.

Un mes y medio más tarde lord Auckland y su séquito abandonaron de madrugada Simla para continuar su viaje. A estas alturas Emily Eden ya se había acostumbrado a la vida nómada de acampada que tanto detestaba y a todos los tipos de transporte imaginables, desde el caballo al elefante o camello, al palanquín, la hamaca o la silla de manos. Se había convertido en una viajera de raza y ya no se dejaba intimidar por los mosquitos, el calor ni los animales salvajes que los acechaban durante la noche. Llevaba fuera de Calcuta más de un año y temía que aún le quedaran por delante largos meses de exilio involuntario. Su hermano había decidido organizar una gran expedición tierra adentro para recorrer algunas provincias fronterizas de la India fuera del dominio británico y conseguir apoyos de los príncipes para intervenir en Afganistán junto a las tropas británicas. Lord Auckland viajaba con una espléndida comitiva formada por más de doce mil personas, una pequeña ciudad ambulante que a diario tenía que desmantelarse para continuar su marcha.

En el puesto de Karnal fueron recibidos con todos los honores por un desfile del destacamento militar. Pese a que el viaje había sido agotador, lady Eden se sentía muy animada y risueña. Enseguida mandó llamar a la señora James y la acogió con grandes muestras de afecto. La encontró algo desmejorada, con el semblante más serio y el rostro bronceado por el sol.

—¡Qué alegría verla de nuevo! —exclamó Lola abrazándola efusivamente—. Llevo semanas esperando este momento, no sabe cuánto la he añorado. Tiene que contarme tantas novedades...

—Ya lo creo, querida. Estaremos aquí cinco días y quiero que lo pase estupendamente; además, tengo una sorpresa para usted.

—¿De qué se trata?

—Ábralo usted misma —le dijo mientras le entregaba una caja de cartón anudada con una exquisita cinta.

Lola desató nerviosa la cinta y en su interior, protegido por papel de seda, encontró un bonito vestido de muselina rosa con encajes. Aquel inesperado regalo la trasladó a los felices días de Simla. Recordó emocionada los bailes hasta el amanecer, la deliciosa cena en la residencia de lord Auckland a la luz de los candelabros, y los rododendros rojos en flor del jardín de su padrastro. Se le humedecieron los ojos, pero Emily no estaba dispuesta a dejar que la joven se entristeciera y la invitó a visitar el lugar donde se alojaba. Aunque con su habitual ironía la había bautizado como Misery Hall (Casa Miseria), su tienda de campaña privada impresionó a Lola.

Era muy espaciosa y estaba decorada con mullidas alfombras persas y robustos muebles victorianos.

—¡Qué hermosura! Siempre he soñado con tener un elegante tocador como el suyo, y una gran cama con dosel y mosquitera… ¡Y hasta posee su propio vestidor! —exclamó Lola, admirando todos los detalles.

—Esto no es todo, querida. Venga conmigo —añadió lady Eden mientras la cogía de la mano—, le voy a mostrar la tienda que utilizamos para las cenas oficiales donde celebramos bailes y recepciones.

Emily organizó varios entretenimientos, entre ellos una cena de gala exclusivamente para caballeros, carreras de ponis y un gran baile al que Lola asistió luciendo el precioso vestido que le había regalado su amiga y que acentuaba su seductora silueta. Le gustaba ser el centro de atención y sin duda era la más joven y arrebatadora de entre todas las mujeres del regimiento.

El día antes de su partida, lady Eden la invitó a pasar el día con ella. Dieron una larga caminata por los alrededores del campamento, tomaron el té con algunas damas que habían conocido en Simla y la joven disfrutó jugando con el travieso spaniel de su anfitriona. Al atardecer y viendo a Lola afligida por la despedida, le ofreció su elefante para que recorriera los kilómetros que los separaban de la guarnición. Sentía lástima por ella, pronto su belleza y frescura se marchitarían en aquel lugar perdido. En su diario Emily Eden, adelantándose a los acontecimientos, escribió:

Sábado, 16 de noviembre de 1839

Cuando el día llegó a su fin, la joven regresó a Karnal con mi elefante y el señor James, su esposo, sentado detrás. La joven nunca había montado en este animal y le pareció una experiencia encantadora. Es muy hermosa, y una chiquilla adorable, aparentemente, pero la pareja es muy pobre, y ella es muy joven y animada, y si se junta con malas compañías, pronto se verá metida en apuros innecesarios. En este momento marido y mujer parecen muy encariñados, pero una chica que se casa con quince años apenas sabe lo que le gusta.

Aquella mañana, muy temprano, Lola corrió al campamento para decir su último adiós a su buena amiga. Emily, pese a que detestaba madrugar, ya se encontraba a la cabeza de la impresionante comitiva subida a lomos de su elefante. Al verla la saludó con la mano y exclamó:

—Debo irme, querida, pero no quiero verla triste, así que prométame que se cuidará mucho…

—¿Volveremos a vernos? —le preguntó Lola mientras sorteaba la nube de polvo rojizo que levantaban los animales.

—Claro que sí, mi querida niña; en unos meses espero regresar a Calcuta. Sabe dónde encontrarme y sea paciente, nos veremos pronto.

Su marcha le dejó un doloroso recuerdo. No solamente se había ido una mujer cariñosa y entrañable a la que hubiera deseado tener como madre, sino que con ella se esfumaban todos sus sueños y proyectos. En lo mejor de la vida estaba atada a un hombre al que no quería y sin posibilidad de escapar, a miles de kilómetros de la civilización. Sin embargo, no se dejó vencer por la añoranza ni por el mortal aburrimiento. Cada día, como le sugirió lady Eden, se arreglaba frente a su espejo como si viviera en Calcuta. Ordenaba a su doncella que peinara y trenzara su largo cabello ensortijado, se ponía uno de sus vaporosos vestidos de muselina y elegía sus mejores joyas para reunirse en la casa de alguna otra esposa y tomar el té. Tanta inactividad la mataba, pero no podía dejarse llevar por aquel entorno tan lúgubre y deprimente. Hacía ya tiempo que Lola había descubierto que para mantener la cordura en esas latitudes era indispensable reunirse con sus vecinas, aunque no le cayeran bien ni tuvieran nada de qué hablar.

Cuando ya había perdido toda esperanza llegó la noticia de que el batallón de su esposo iba a ser transferido a un puesto más al interior, cerca de la frontera con Nepal. El comandante Craigie había influido para que Thomas James, al que ya consideraba como de la familia desde su matrimonio con Lola, fuera nombrado oficial al mando del centro de reclutamiento de Bareilly, a más de trescientos kilómetros al sudeste de Karnal. En este lejano puesto los oficiales se encargaban de alistar y preparar a los nativos que formaban las tropas de los ejércitos de la Compañía. James iba a ejercer labores administrativas y sería el único oficial inglés al mando de los cipayos. Al principio la joven se sintió aliviada ante la idea de abandonar Karnal y emprender una nueva aventura. Le habían dicho que los paisajes eran majestuosos y Cachemira, un lugar mágico. Comenzó a preparar ilusionada el equipaje, a embalar sus escasas pertenencias y a elegir los muebles que viajarían con ella en una carreta tirada por bueyes.

A finales de febrero de 1840, tras un viaje agotador a lomos de caballos por abruptos caminos de tierra, la comitiva del teniente James llegó a su destino. Era un puesto militar aún más pequeño y desolador que Karnal situado a orillas del caudaloso Ramganga. Un lugar remoto y uno de los campamentos más impopulares de la India. Aunque los alrededores no estaban plagados de mosquitos, las condiciones de vida resultaban muy precarias. Los edificios destinados a la vivienda de los oficiales se encontraban muy deteriorados y casi ocultos tras la tupida vegetación. A lo lejos se divisaban unas chozas apiñadas, algunos puestos callejeros y los viejos barracones. Al estar a mayor altitud el calor no era tan asfixiante como en Karnal, pero la humedad era más pesada debido a la cercanía de la selva tropical. Había pocas diversiones en Bareilly. Al finalizar las maniobras y ejercicios, los soldados y oficiales bebían cerveza en la cantina, jugaban al tiro al blanco o salían de caza. En las cercanías se encontraban con facilidad tigres, búfalos de agua, antílopes, aves y jabalíes. Lola se quejaba de que estaba más sola y aislada que nunca y que salvo su vecina, la viuda señora Palmer, no había ninguna otra mujer europea. De nuevo la monotonía y el aburrimiento se adueñaron de su vida. La primera visión de los soldados cipayos de rostro sucio y cabello grasiento, con sus casacas rojas deslucidas y sus bombachos azules raídos, la estremeció.

—¡Es horrible! Nunca puedo hablar con nadie, es como estar muerta. ¿Cómo has podido hacerme esto? ¿Tan poco te importo? —se quejó Lola a punto de derrumbarse.

—No soy yo quien elige los destinos —le replicó Thomas en tono seco—. Aquí el clima es más sano y tengo un trabajo mejor remunerado, pero tú solo piensas en ti misma.

—No creo que pueda vivir aquí, no lo soportaré. ¿Adónde puedo ir? —murmuró, ya sin que su esposo escuchara sus lamentos.

Miraba decepcionada a su alrededor. El idílico paisaje de lagos cristalinos y verdes campos de té que tapizaban las colinas no podía ocultar la crudeza y la miseria existentes. Allí, en el norte de la India, había estados medievales y bárbaros en los que la vida de un ser humano no valía nada. En aquellas aldeas aisladas donde la presencia de un europeo era una rareza, los hombres asesinaban a sus esposas con total impunidad, las mujeres vendían a sus hijas por un puñado de arroz y las viudas se inmolaban en la pira funeraria de su esposo en señal de lealtad. Lola sabía cómo se aplicaba la ley en estas regiones por los relatos de su amiga Emily Eden, que había sido testigo de estas salvajes prácticas. Ella le había contado una noche en Simla que amarraban a los criminales a las patas traseras de un elefante y los arrastraban por las calles como castigo. Si de esta manera no fallecían, los remataban apoyando su cabeza sobre una piedra y el propio elefante se encargaba de aplastarla con su peso. Le costaba dormir pensando en estas atrocidades y muchas noches sufría terribles pesadillas.

En Bareilly la pareja tenía pocas oportunidades de escapar el uno del otro y la convivencia se hizo insoportable. Sus continuas peleas eran la comidilla y diversión del campamento. Thomas comenzó a beber en exceso y se volvió más agresivo. En la mayoría de los regimientos el alcohol y el opio ayudaban a los soldados a soportar el rigor del clima y el duro aislamiento. Un día que su esposo regresó a casa malhumorado y ebrio discutieron acaloradamente y este le pegó. No era la primera vez que lo hacía, pero en esta ocasión Lola no aguantó más. Tras meses de insultos y amenazas, de repente lo vio todo claro. Aquel mismo día abandonó su casa con lo puesto y buscó la protección de su vecina, la señora Palmer.

Esta anciana viuda de un veterano militar de la Compañía que la había ayudado a instalarse a su llegada era su única amiga y estaba al tanto de las tensiones de la pareja.

—¡Mi pobre chiquilla! —exclamó al verla—. Esto tenía que acabar mal; si denuncias a tu esposo ante un tribunal militar, será un escándalo y salpicará a tu padrastro, el comandante Craigie. Hay que mantener las apariencias.

—Ya lo he pensado y solo deseo abandonar cuanto antes este lugar, le pido que me aloje aquí unos días hasta mi partida.

—Puedes quedarte conmigo si así lo deseas. Escribiremos juntas a tu madre, ella lo entenderá y te acogerá en Calcuta.

—Gracias, señora Palmer, no sé qué hubiera sido de mí sin su apoyo —balbuceó Lola, temerosa por la reacción de su esposo al no encontrarla en casa.

Thomas no volvió a molestarla y al cabo de unos días Lola pudo marcharse de aquel horrible lugar. El viaje a bordo de una desvencijada barcaza le resultó mucho más placentero que los anteriores. Ella también había cambiado, se sentía más segura de sí misma y libre de ataduras. Gracias a la bonanza del río y al fuerte viento tardó apenas dos semanas en alcanzar el puerto, donde reinaba una caótica actividad. De nuevo estaba en Calcuta, la ciudad de los mil palacios bañada por las aguas sagradas del Ganges, pero su situación ahora era muy distinta. Ya no llegaba orgullosa del brazo de su esposo, sino sola y decidida a divorciarse de un hombre al que deseaba borrar de su vida. Lo peor era que se había visto obligada a pedir ayuda a su madre y a reconocer que su matrimonio había sido un error. La señora Craigie no sentía la más mínima compasión por su hija y no estaba dispuesta a que una vez más la pusiera en evidencia. Por desgracia, su amiga y protectora Emily Eden se encontraba aún de viaje en Agra con su hermano el gobernador y tardaría más de un año en regresar a la capital. En aquel difícil momento de su vida hubiera necesitado de sus sabios consejos y de su comprensión.

Los primeros días en Calcuta a Lola le resultaron muy agradables en comparación con la espartana vida que había llevado en los últimos meses. Su madre la había alojado en una luminosa y bonita habitación que disponía de una gran cama con baldaquín y vistas a un hermoso jardín inglés de plantas aromáticas. Estaba decorada con muebles de teca, espejos de nácar y alfombras orientales de un gusto refinado. Aunque se mostraba amable no deseaba exhibir a su hija entre sus conocidos. Ya había corrido el rumor de su repentino regreso a casa y una vez más Lola era el tema de conversación entre las chismosas damas inglesas.

Eliza quería evitar a toda costa un nuevo escándalo y apartó a su hija de toda actividad social. Una mujer separada quedaba excluida automáticamente de todas las fiestas y bailes de la alta sociedad, donde las apariencias eran importantes. Mientras sus padres asistían al teatro o a las carreras en el hipódromo, ella permanecía recluida en casa. A punto de cumplir los veinte años, ya tenía un pasado que su madre intentaría por todos los medios ocultar.

La señora Craigie contó a sus amigas del Bengal Club, con las que se reunía todos los martes, que Lola se encontraba convaleciente debido a una grave lesión de espalda. La joven, que era una valiente amazona, había sufrido un aparatoso accidente en Meerut cuando su caballo resbaló y al perder el equilibrio la lanzó al suelo. Los médicos esperaban que mejorara pero no descartaban que tuviera que continuar su recuperación en Inglaterra. Era una excusa perfecta porque, si algo tuvo claro Eliza desde el principio era que su hija no se quedaría a vivir con ella. Un día irrumpió en su dormitorio y con tono autoritario le pidió que la escuchara atentamente:

—No voy a echarte nada en cara, pero si me hubieras hecho caso ahora no estarías así. Te casaste con él solo para hacerme daño y ahora tienes tu propio castigo —le reprochó con dureza.

—Madre —repuso Lola intentando controlar su mal genio—, sé que disfrutas con esta situación, pero en cuanto pueda me instalaré en mi propia casa en Calcuta, mi padrastro me ayudará.

—No, querida, ya he hablado con él de este asunto y los dos estamos de acuerdo en que no tienes elección —una ligera sonrisa afloró en su rostro—: o regresas con tu esposo o vuelves a Inglaterra. Piénsalo bien y dame cuanto antes una respuesta.

Se sentía como una prisionera y al borde de la desesperación. Una vez más su madre, tan fría y pragmática, se deshacía de ella para evitar problemas. Aunque en un principio su padrastro estaba dispuesto a comprarle una casa para que pudiera vivir de manera independiente y recibiera a sus amistades, su esposa le quitó la idea de la cabeza. Eliza le advirtió de los graves peligros a los que se hallaba expuesta, porque conocía bien a su hija. Era joven, bella y seductora; podría tener un amante o varios y quedarse embarazada, incluso dar a luz un hijo bastardo. La buena reputación del comandante Patrick Craigie estaba en juego y un escándalo de estas proporciones podría poner en peligro su brillante carrera militar.

Lola no tuvo que pensarlo mucho y aceptó a regañadientes regresar a Europa. La idea de pasar sus mejores años enterrada viva en un perdido puesto militar del interior de la India, junto a un hombre al que no amaba, le resultaba insoportable. En los primeros días de agosto el teniente James pidió una baja de tres meses para viajar a Calcuta y llevarle a Lola sus pertenencias. A pesar de las diferencias con su esposa y su mal comportamiento, se prestó a ayudarla para el viaje. Se había decidido que la joven viviría en Escocia con la familia del comandante Craigie. Su padrastro escribió a su hermana, la señora Catherine Rae, y a sus amigos en Londres para que la recibieran allí hasta que pudiera encontrar un barco a vapor que la llevara a Escocia. Lola se instalaría en la casa que su hermano, el doctor Thomas Craigie, poseía en la localidad de Leith, a las afueras de Edimburgo. A familiares y amigos se les comunicó que la señora James regresaba a casa porque no se había recuperado bien de su lesión de espalda y el clima de la India no le era propicio.

El comandante Craigie sentía un gran afecto por Lola y siempre la trató como si fuera su propia hija. Aunque estaba convencido de que la decisión tomada era la mejor, en el fondo de su corazón sentía que iba a perderla para siempre. La noche anterior a su partida quiso despedirse a solas de ella y tras la cena la invitó a quedarse un rato en el salón.

—Sé que estás enfadada conmigo —le dijo con semblante triste—, pero aquí no puedes seguir y lo sabes. Tu madre está muy nerviosa y disgustada, y tú tienes que comenzar una nueva vida lejos de este país.

—Nadie me ha preguntado mi opinión, padre; sé que tú me quieres, pero ya no soy una niña y mi vida está aquí, en Calcuta, con vosotros, que sois mi única familia.

—No, la India no está hecha para ti —sentenció—, en Escocia podrás vivir con mi hermano y su familia. Hazme caso, sabes que siempre me he ocupado de ti y te deseo lo mejor.

Eliza consiguió un pasaje para su hija en el vapor *Larkins* y el día anterior a su partida el teniente James subió a bordo para inspeccionar el camarote en el que viajaría su esposa. Dio la casualidad de que una pareja americana a la que conocía, Henry Sturgis y su esposa Mary, originarios de Boston, también iban en el barco y les rogó que cuidaran de Lola durante la travesía.

El 3 de octubre de 1840 se despedía de su madre con un frío beso en la mejilla. Eliza, sin perder la compostura, le deseó buen viaje y le pidió que le escribiera. Su padrastro y el teniente James la acompañaron en un carruaje hasta el muelle atestado de vendedores, pasajeros y curiosos. Antes de separarse, el comandante le entregó un sobre con un cheque de 1.000 libras.

—Hija mía —le dijo muy emocionado—, esto es para ti; si lo administras bien te dará para vivir una temporada, no malgastes tu vida.

—Gracias, padre, te añoraré mucho. Espero que pronto volvamos a vernos y escríbeme con frecuencia. ¿Me lo prometes? —añadió con un nudo en la garganta al tiempo que le estrechaba entre sus brazos.

—Claro que sí, es una separación temporal, sabes que eres mi tesoro, pero no nos pongamos tristes, anda, debes embarcar. Vete ya, mi pequeña. —Y la besó en la frente.

Thomas ayudó a Lola con su equipaje y la acompañó durante un tramo por el Ganges antes de despedirse de ella. Después se subió a una barca que le acercaría hasta la costa. Apoyada en la barandilla de la cubierta superior contemplaba con semblante triste cómo la silueta de los delicados palacios y templos de Calcuta, recortados en el horizonte, desaparecían en medio de la bruma matinal. Pasó un buen rato absorta en sus pensamientos, deseando retener en su memoria todos aquellos aromas, colores y sensaciones que dejaba atrás para siempre. Había sido terriblemente desdichada junto a su esposo; sin embargo, ahora se sentía más fuerte y segura que nunca. Siempre estuvo convencida de que ella merecía algo mejor. «Recuerdo que fue la despedida más triste y desgarradora de mi vida. Me partía el corazón separarme de mi padre y temía no volver a verle. Aquel día supe que estaba sola en el mundo pero que no iba a darme por vencida.»

3

La bella española

El vapor *Larkins*, con sus dos altas chimeneas humeantes, surcaba las aguas del Índico sorteando tormentas y un fuerte oleaje. A mediados de octubre la temperatura aún resultaba agradable y Lola se distraía en cubierta contemplando los albatros que sobrevolaban el barco. Si cuando era una niña se mareaba y buscaba temerosa cobijo junto a su madre, ahora le encantaba sentir en su rostro las ráfagas de viento. Tenía por delante varios meses de navegación, pero en esta ocasión no pensaba quedarse encerrada en su camarote atrapada por la nostalgia. Por primera vez en mucho tiempo se sentía libre de ataduras y dispuesta a olvidar el pasado.

Diez días después de haber zarpado del puerto de Calcuta, el *Larkins* hizo una breve escala en Madrás y uno de los pasajeros que subió al barco llamó su atención. Se trataba de un apuesto oficial de buena planta, maneras elegantes y sonrisa seductora. El teniente George Lennox, del regimiento de caballería de Madrás y ayudante de cámara del gobernador general de Bombay, había pasado tres años en la India y regresaba por primera vez a casa. Tenía veinte años y era sobrino del duque de Richmond, uno de los miembros más ricos e influyentes de la aristocracia británica. Amante de los placeres y las bellas mujeres, la presencia de Lola tampoco le pasó inadvertida. La atracción fue mutua y se los veía a todas horas cogidos de la mano y compartiendo confidencias. A medida que pasaban las semanas, el apasionado romance de la joven pareja era motivo de escándalo entre los pasajeros. Ingram, el capitán del *Larkins,* hombre estricto y de rígida moralidad, advirtió consternado que Lola se comportaba de manera indecorosa y frívola. A pesar de las miradas de desaprobación, no dudaba en visitar a solas el camarote de su amante y se quedaba a dormir con él. Cuando le indicaron que su actitud resultaba impropia de una dama, ella respondió que la cabina del teniente Lennox tenía más luz y era más amplia que la suya, dando por zanjado el tema. Mary Sturgis, la dama americana que había recibido el encargo del teniente James de cuidar de su esposa, intentó hacerla entrar en razón:

—Señora James, se está poniendo en evidencia delante de todos los pasajeros. ¿Qué van a pensar de usted? —le advirtió con gesto severo.

—No soy ninguna niña —le respondió malhumorada—, y le pediría que a partir de ahora no se metiera en mis asuntos.

—Pero tiene un esposo que se preocupa por usted. ¿Cómo puede ser tan irresponsable? —le reprochó la señora Sturgis.

—Disculpe, señora, pero mi marido está muerto para mí y no necesito a ninguna institutriz.

Lola continuó con su provocativa conducta hasta que al capitán Ingram se le acabó la paciencia. Nunca en todos sus años de servicio había visto un comportamiento tan desvergonzado en una mujer casada. Una soleada mañana de domingo, cuando los pasajeros y la tripulación se reunían en cubierta para asistir a misa, Lola y su amante se retiraron con discreción al camarote de ella mientras sonaban los cánticos. Los Ingram habían ordenado a su criada Caroline que vigilara la cabina de la señora James, pues en ocasiones el zarandeo del barco abría su puerta involuntariamente. Su curiosidad se vio recompensada y la sirvienta pudo observar a la pareja besándose en los labios y, en una ocasión, a George abrochando el corsé de su amante. Tras estos sucesos quedó muy clara la naturaleza de la relación y el matrimonio Ingram les retiró el saludo. Así se vio excluida de la celebración de Navidad y Año Nuevo en la mesa del capitán. Pero semejante sanción no afectó a su conducta y ella siguió mostrándose igual de insinuante.

Tras la partida de Lola, el comandante Craigie había escrito a su familia para organizar todos los detalles de su traslado a Leith. En la carta que les mandó insistió en que la señora James «no debía instalarse en Londres sino viajar de inmediato a Escocia», quizá temiendo las tentaciones que le esperaban si se quedaba sola en la capital. Sarah Watson, una hermana viuda del teniente James que vivía en el condado de Kent, a las afueras de Londres, se puso de acuerdo con Catherine Rae, la hermana del comandante. Esta se desplazó desde Edimburgo y permaneció junto a la señora Watson para esperar la llegada de Lola y acompañarla a Escocia. Pero durante la travesía la joven había cambiado de opinión y no estaba dispuesta a recluirse una vez más en una casa de la campiña escocesa, rodeada de extraños y aislada del mundo. Ahora ya no era una niña desvalida y el dinero que le había dado su padrastro le permitiría vivir con comodidad en Londres. Los acontecimientos se precipitaron cuando dos semanas antes de alcanzar las costas inglesas el teniente Lennox le hizo una tentadora proposición:

—Querida —empezó—, no permitiré que te vayas a Escocia. Tengo excelentes contactos en Londres y dinero para complacer todos tus caprichos; lo pasaremos bien juntos.

—No pensaba ir a Leith —le confesó Lola en tono vacilante—, pero tampoco deseo depender de nadie. Alquilaré mi propio apartamento y...

—Tonterías —la interrumpió George—. Te buscaré una bonita casa en Mayfair, tendrás tu propio coche de caballos, hermosos vestidos y te presentaré a influyentes amigos. ¿Qué me dices?

Lola se quedó meditando. No tenía un hogar, ni marido, ni ingresos, y sin la ayuda de un protector no podría salir adelante. Con las recomendaciones adecuadas, tal vez consiguiera encontrar un trabajo como institutriz o dama de compañía. Pero la idea no era muy apetecible ya que en aquel tiempo a una señorita que quisiera trabajar en Londres para una buena familia solo se le ofrecía «un hogar confortable» pero no un salario.

George le gustaba y solo pensaba en disfrutar al máximo de su compañía. El joven era un codiciado soltero de oro, un dandi algo excéntrico y vividor, que se movía a sus anchas entre los miembros más distinguidos de la alta sociedad. La idea de vivir juntos en Londres, conocer a gente importante y asistir a fiestas y teatros le pareció muy sugerente. Cuando el 20 de febrero de 1841 el *Larkins* atracó en el muelle de Portsmouth, Lola descendió orgullosa por la pasarela del brazo de su amante ante la mirada de desaprobación del capitán Ingram. Tras pasar el control de equipajes, y como se había hecho muy tarde para continuar viaje a Londres, la pareja se alojó en un hotel cercano al paseo marítimo. Para mantener las apariencias Lennox reservó una suite de dos dormitorios con un pequeño salón compartido. Pero una vez en la capital inglesa dejaron a un lado los formalismos y, al registrarse en el Hotel Imperial, junto a Covent Garden, pidieron una habitación con cama de matrimonio, encargaron que les subieran la cena y pasaron la noche juntos.

A la mañana siguiente George recogió su equipaje, pagó la cuenta del hotel y alquiló un carruaje para visitar a su familia en el condado de West Sussex, en el sur de Inglaterra. Sus padres lo esperaban ansiosos en su residencia de Bognor, una ciudad balneario de moda en la costa donde pasó unos días con ellos. Mientras, Lola abandonó el hotel y alquiló un apartamento en el número 7 de Great Ryder Street, donde esperaba reunirse con él. Aunque desde su llegada no se había preocupado en ponerse en contacto con los familiares que habían acudido a buscarla, ellos la localizaron. Una tarde, al regresar a casa, se encontró a su cuñada Sarah Watson esperando en el salón. La dama no era una mojigata y estaba al tanto de su relación con Lennox. El motivo de su visita era advertirla sobre las graves consecuencias que podría acarrear su irresponsable comportamiento y más cuando legalmente aún no estaba divorciada. Lola conocía a su cuñada de su estancia en Ballycrystal y le caía bien, pero no iba a aceptar que nadie le diera lecciones de moralidad.

—No he venido a regañarte ni estoy enfadada contigo, pero quiero advertirte de que estás poniendo en peligro tu futuro, tienes que entrar en razón —le suplicó Sarah.

—Quiero vivir mi propia vida, tú no sabes lo que he sufrido en la India, ni cómo me ha tratado tu hermano. Por favor, vete, no necesito tu ayuda.

—Está bien, no puedo obligarte, pero acabarás lamentándolo; aún eres una mujer casada, no lo olvides —sentenció su cuñada.

La señora Watson no se dio por vencida y unos días más tarde regresó al apartamento de Lola, esta vez acompañada de Catherine Rae. La joven, al reencontrarse con la hermana mayor de su padrastro, no pudo evitar emocionarse. Aquella mujer había sido como una madre para ella cuando, con apenas diez años, dejó atrás Montrose y se la llevó al internado que abrió con su esposo en Durham. Pero la señora Rae tampoco consiguió convencerla. Lola se sentía independiente por primera vez en su vida, estaba enamorada y le encantaba la ciudad. Ambas damas se marcharon derrotadas y lamentando que Lola fuera tan terca e inconsciente. Tras esta visita Sarah escribió a su querido hermano, el teniente James, una dolorosa carta donde le informaba de los tristes acontecimientos y de la vida disoluta que su esposa llevaba en Londres.

George Lennox visitaba a diario a su amante, pagaba el alquiler de su casa y se quedaba con ella desde las nueve de la mañana hasta muy entrada la noche. La joven se había convertido en un personaje de cierta fama en la sociedad londinense, se dejaba ver con regularidad por los sitios de moda y le gustaba pasear por Hyde Park montada en un elegante faetón tirado por una pareja de ponis grises. Había llegado a pensar que se divorciaría del teniente James y se convertiría en la señora Lennox. A su nueva casera le confesó que estaba muy enamorada y que pronto la pedirían en matrimonio.

Pero aquellos días felices llegaron a su fin. George pronto se cansó de ella y regresó junto a sus padres. A finales de julio, el romance acabó y se vio obligada a mudarse de su bonita casa en el barrio de Mayfair a un piso más pequeño y menos elegante. Fue un duro golpe para la joven, que de nuevo tuvo que tragarse el orgullo y reconocer que se había equivocado. Se cambió de residencia en varias ocasiones y a finales del verano vivía en una modesta casita en el barrio de Islington, a las afueras de la ciudad. El dinero de su padrastro se había evaporado y tuvo que enfrentarse a la cruda realidad.

Lola no volvió a tener noticias de su amante pero no le guardó ningún rencor. Gracias a sus contactos iba a conocer a gente importante que le abriría las puertas del teatro. Después supo por la prensa que George Lennox había regresado a la India para unirse a su regimiento en Madrás y apenas un año más tarde falleció víctima de unas fiebres durante una marcha militar cerca de Hyderabad, al sur del país. Tenía veintitrés años y fue el primero de la lista de amantes que perdieron la vida en plena juventud.

A los dos meses hizo las maletas y se subió a un carruaje que la llevaría a Edimburgo para vivir con Catherine Rae. Su situación era bastante desesperada; sin apenas dinero, llevó una vida anónima y respetable los largos y fríos meses de invierno en Escocia. Pero a mediados de marzo de 1842 un caballero desconocido apareció en la residencia de la señora Rae preguntando por ella. Sin mediar palabra, le entregó en mano una citación: Lola debía presentarse ante el tribunal eclesiástico de Londres para defenderse contra la acusación de adulterio. El teniente James, sintiendo que su honor había sido ultrajado, había pedido el divorcio y pensaba acusar públicamente a su esposa de adúltera, único motivo válido para romper un matrimonio. La posibilidad de encontrar un trabajo decente acababa de esfumarse y no podría seguir viviendo con la señora Rae.

Regresó a Londres y pudo salir adelante gracias a algunos hombres influyentes y de buena posición social que se prestaron a ayudarla con sus gastos a cambio de su compañía. En una ciudad tan cara necesitaba un protector que pagara sus facturas y le permitiera seguir con el lujoso tren de vida al que estaba acostumbrada. Entonces, por primera vez, pensó en convertirse en actriz y triunfar sobre los escenarios. Ya en su niñez se había sentido atraída por la danza y la interpretación. Cuando vivía en Calcuta recordaba una noche de luna llena en la que Denali la llevó a un templo de las afueras de la ciudad y allí conoció a unas jóvenes bayaderas formadas desde niñas para interpretar danzas religiosas y sagradas. A Lola le fascinaban estas exóticas bailarinas que lucían en la cabeza elaborados tocados de oro y piedras y vestían ricas telas de seda en torno a los hombros, el torso, y de la cintura caían hasta los pies. Iban descalzas, con los brazos llenos de pulseras y su ligero atuendo apenas las cubría. Sus movimientos sensuales y cautivadores, a la luz de las antorchas, quedarían para siempre grabados en su memoria.

Un amigo de Lennox le habló de la famosa actriz Fanny Kelly y se ofreció a presentársela para que le pidiera consejo. Tras una larga y brillante carrera en el Drury Lane Theatre daba clases a jóvenes aspirantes a actrices. Para Lola era un sueño conocer a esta gran dama de la interpretación y empresaria teatral que durante más de treinta años había cosechado importantes éxitos sobre las tablas. Fanny era un animal escénico y gracias a su gran talento dramático había podido representar a todas las heroínas de Shakespeare. Retirada de los escenarios, había montado con sus ahorros una academia de arte dramático «solo para señoritas» en la parte trasera de su casa en el Soho. En aquella Inglaterra puritana de 1842 en la que a las novias victorianas se les decía que en la noche de bodas su único deber era «yacer, estarse muy quietas y pensar en el Imperio», las actrices eran consideradas mujeres de mala vida. Fanny quería cambiar esta mentalidad y que cobraran un salario digno para poder vivir sin tener que recurrir a la ayuda de protectores que pagaban sus facturas a cambio de sus favores sexuales.

Una tarde Lola visitó a la artista en el número 73 de Dean Street, donde vivía con sus gatos y rodeada de recuerdos. Una doncella le abrió la puerta y la invitó a pasar a un gran salón con pesados cortinajes de terciopelo, muebles de estilo oriental, biombos chinos laqueados y mullidas alfombras. En las paredes, tapizadas de exquisita tela, colgaban dos enormes espejos cornucopias y algunos retratos de la actriz en su juventud. Fanny la recibió envuelta en un vistoso batín de seda.

—Buenas tardes, querida, siéntate junto a mí —le indicó señalando un canapé junto a la chimenea—. Así que quieres ser actriz, ¿tienes alguna experiencia?

—No, señora Kelly, no tengo experiencia, pero desearía recibir clases en su escuela, aprender de alguien como usted, soy ambiciosa y necesito ganarme la vida.

—Comprendo, pero para ser una buena actriz hay que tener talento. Lo cierto es que posees un físico admirable y unos rasgos muy exóticos. No te prometo nada, pero estoy dispuesta a darte unas clases.

—Entonces ¿me acepta?

—Sí, comenzaremos mañana mismo; pero no me des las gracias, este es un oficio duro que requiere mucho sacrificio y para el que no sirve cualquiera. No pienses que va a ser fácil.

Lola acudió muy ilusionada al estudio de Fanny durante las siguientes semanas dispuesta a dar lo mejor de sí. Era una profesora exigente que no perdonaba ni un fallo, pero también podía ser tierna y cariñosa con sus alumnas. El invierno era húmedo y gris y la joven pasaba las tardes en su casa, absorta, estudiando textos clásicos, memorizando los diálogos y tratando de meterse en la piel de sus personajes.

—Lola, concéntrate, desnuda tu alma; tus gestos y tu voz tienen que ser capaces de transmitir sentimientos y emociones... Ahora eres Desdémona y estás atrapada por la paranoia de Otelo, por sus celos enfermizos.

—No lo conseguiré jamás, está perdiendo el tiempo conmigo.

—Tienes razón, quizá no has nacido para ser actriz, pero mírate, eres preciosa, posees un cuerpo proporcionado, unas piernas largas y bien moldeadas... Deberías probar con la danza.

—Tengo veintiún años, creo que soy demasiado mayor para iniciarme en la danza clásica. —Y se desplomó en el sofá entristecida.

—No, querida, hablo de aprender danza española; está muy de moda y tú misma pareces andaluza, y es una disciplina menos dura que el ballet —la animó Fanny.

Había sido muy franca con su alumna. En el escenario Lola se movía de manera torpe, le costaba memorizar los textos y su dicción no era buena. Pero la posibilidad de convertirse en bailarina española la atrajo desde el primer instante. Tenía orgullo, nervio y sensualidad, cualidades que se adaptaban a este tipo de danza cuyos orígenes se perdían en la antigüedad. En aquel tiempo, el sur de España ejercía una gran fascinación entre el público inglés. Los relatos de los viajeros románticos que habían recorrido Andalucía ofrecían una visión muy pintoresca de sus gentes. Las lecturas de aquellos libros despertaron el interés por una tierra de bandoleros, gitanos, toreros y fogosas mujeres morenas. Las grandes bailarinas de danza clásica del momento, como la austríaca Fanny Elssler o la sueca Marie Taglioni, introducían con éxito boleros, cachuchas y fandangos en sus repertorios.

Fanny Kelly le presentó a un maestro de danza española que había bebido de las fuentes del flamenco y la escuela bolera. Durante cuatro meses Lola aprendió a ejecutar los pasos y movimientos básicos, a zapatear y a tocar las castañuelas. Con el pelo recogido en un gracioso moño, vestida con una bata de cola y una mantilla, se dejaba llevar por los acordes de la guitarra. Los ensayos eran agotadores y se requería mucha disciplina. Debía mantener la pose, la cabeza erguida, la espalda arqueada y los brazos curvados hacia arriba. Como su maestro le hablaba en español, Lola aprendió algunas palabras e incluso se aficionó a fumar y a liar cigarrillos. Al finalizar sus clases pagó a su casera el alquiler que le debía de su apartamento y abandonó inesperadamente Londres. A sus amigos les dijo que se iba a España para seguir con sus clases de baile y perfeccionar la técnica. Pero aquello era otra de sus mentiras.

Lola atravesaba una profunda crisis. Se sentía engañada y utilizada por los hombres, necesitaba tiempo para pensar en su futuro. Había dado un paso importante al estudiar danza flamenca, pero la competencia era muy grande y no estaba a la altura de las demás artistas. Si quería ganarse la vida sobre los escenarios debía ofrecer al público algo distinto, convertirse en un personaje fascinante lleno de romanticismo y misterio que cautivara a la prensa. Fanny le había dicho en más de una ocasión que por su físico parecía una auténtica española. Y fue en ese instante de su vida cuando decidió llamarse Lola Montes. Pero no solo cambiaría su nombre sino que además se inventaría un pasado de grandeza y penurias en España. Sería una bella y orgullosa andaluza, nacida en Sevilla en el seno de una familia de rancio abolengo, que se vio obligada al exilio y acabó en la ruina debido a la guerra carlista. «Elizabeth Gilbert James ha muerto para siempre. Ya nunca más dependeré de nadie, soy un espíritu libre. He sufrido mucho, pero todas las penalidades habrán valido la pena porque llegaré más lejos de lo que nadie pueda imaginar», pensaba con una sonrisa en los labios mientras abandonaba Londres rumbo a lo desconocido.

Durante un año nada se supo de ella, pero el 14 de abril de 1843 reapareció como Lola Montes dispuesta a iniciar su carrera artística. Se la vio en el puerto de Southampton con su equipaje y allí se subió a un tren con destino a Londres. En aquel breve trayecto conoció a un nuevo protector, el hombre que la ayudaría a debutar como artista. Se llamaba James Howard Harris, conde de Malmesbury, era un destacado aristócrata y político conservador británico de treinta y seis años, estaba casado, y poseía una gran fortuna. Lola se sentó junto a él y tardó muy poco en contarle la triste historia de su vida. Profundamente afligida, durante el viaje le confesó que era la viuda de don Diego de León, que había sido ejecutado al verse involucrado en un frustrado intento de golpe de Estado contra la reina Isabel II y la regente María Cristina y que cuando la conspiración fue descubierta, su esposo se negó a huir y fue fusilado al amanecer.

—Ya ve, señor —suspiró Lola mientras se enjugaba las lágrimas con un pañuelo—, soy una joven viuda obligada a abandonar mi patria, España, para ganarme la vida, ya que lo he perdido todo.

—Mi querida Lola, su historia es conmovedora, su esposo fue un héroe, un hombre muy valiente. Intentaré ayudarla en lo que pueda, cuente conmigo.

—Es usted todo un caballero, le estaré siempre agradecida —añadió Lola, feliz por su nueva conquista.

El conde de Malmesbury fue el primero de los muchos hombres importantes a los que Lola embaucó con sus mentiras a lo largo de su vida. No solo organizó un concierto benéfico en su mansión de Strafford Place, donde la joven bailó un bolero y vendió mantillas andaluzas y abanicos de encaje entre los invitados, sino que al enterarse de que buscaba trabajo como bailarina le presentó a Benjamin Lumley, el poderoso gerente del Teatro de Su Majestad en Londres. El conde era un patrocinador eminente de esta institución que revolucionó la escena introduciendo las óperas italianas de Verdi o Donizetti. El empresario no dudó en recibir a esta artista desconocida en su despacho de Haymarket Street. Acostumbrado a los caprichos y exigencias de las grandes estrellas de la danza clásica como la Taglioni, engreída e insoportable, la naturalidad y juventud de Lola le cautivaron.

Lumley, de origen judío y abogado de profesión, llevaba dos años al frente del teatro y tenía fama de ser un astuto hombre de negocios. Apuesto, bien vestido, con una cuidada barba y penetrantes ojos negros, le gustaba la notoriedad y codearse con la nobleza. Enseguida se dio cuenta de que Lola no era una bailarina al uso, pero su belleza racial, su pasión y provocativa sensualidad suponían una mezcla explosiva que podía darle buenos beneficios. Gratamente impresionado por los encantos de la «bella española», programó su debut para el

3 de junio de aquel 1843 en una representación de gala de *El barbero de Sevilla*. Lola bailaría «El Olé» entre los dos actos de la famosa ópera de Rossini. En realidad se trataba de una cachucha, una variante andaluza del bolero acompañada por la guitarra y las castañuelas a la que ella había incorporado su *Danza de la araña* que se haría célebre en todo el mundo. Era un número alegre y picante donde la artista fingía buscar entre su ropa una araña que intentaba picarle y el baile alcanzaba su clímax cuando conseguía aplastarla con el pie. La joven entraba por la puerta grande porque aquella representación se hacía en honor al tío de la reina Victoria, el anciano rey Ernesto Augusto I de Hannover, en visita de Estado para ver a su sobrina. El monarca ocuparía el palco principal acompañado de importantes personalidades. Se esperaba que a esta función especial asistiera la flor y nata de la sociedad inglesa.

Para asegurar el éxito del debut de Lola Montes, el señor Lumley invitó a uno de sus buenos amigos, el crítico cultural del *Morning Post*, para que presenciara uno de los ensayos y la conociera. El periodista acudió al teatro y tras ver la actuación pudo quedarse a solas en el camerino de la joven artista de quien no tenía ninguna referencia. Consciente de la importancia de aquella entrevista, Lola desplegó todos sus encantos y artes de seducción. Al crítico le quedó claro desde el primer instante que no era una buena bailarina pero había algo misterioso en ella; poseía una sorprendente belleza muy exótica, un curioso acento extranjero y una figura admirable. Pero lo que más le llamó la atención fue su ingenio, agudeza y brillante conversación. Acostumbrado a tratar con actrices y bailarinas que intentaban parecer eruditas para ganarse su aprobación, le sorprendió su apasionada elocuencia. Tras contarle diversas anécdotas de su vida en España y fumarse un cigarrillo, algo escandaloso en su época, el crítico se comprometió a hacer todo lo que estuviera en su mano para ayudarla. Sin embargo, antes de irse, se vio en la obligación de advertirle sobre su más cercana rival en la escena.

—Imagino, Lola, que habrá visto actuar a Marie Taglioni en *La Sílfide* —dijo mientras esperaba su reacción—. Ha revolucionado la escena con su baile en puntas, y debo reconocer que su gracia, poesía y suavidad etérea la han convertido en una figura de culto.

—He oído hablar de ella —respondió desdeñando su talento—, pero mi arte es diferente, la Taglioni es sueca y cuando interpreta una danza de mi país, un bolero o un fandango, no lo hace con la misma pasión. El flamenco es un arte y se lleva en la sangre.

—Sin duda, pero no podrá evitar las comparaciones; además, ella tiene unos seguidores incondicionales. En una ocasión un grupo de admiradores consiguió robar una de sus zapatillas y se la comieron con devoción en un suculento banquete, le aseguro que no es una broma. Le deseo mucha suerte. —Y se despidió de ella convencido de que esta joven de encendido carácter daría mucho de qué hablar.

La mañana de su debut Lola pudo leer con satisfacción el extenso artículo que su nuevo admirador le dedicaba en las páginas centrales del *Morning Post*:

> Doña Lola Montes, que debuta esta noche en el escenario, presentará por primera vez la danza española al público inglés. La bailarina francesa ejecuta sus pasos únicamente con los pies, las piernas y las caderas. La española baila con el cuerpo, los labios, los ojos, la cabeza, el cuello y el cora-

> zón. Su danza es la historia de una pasión. Lola Montes es una bailarina puramente española. En persona es una auténtica española —su estilo es categóricamente el de la bailarina española—. «El Olé» es, como la cachucha —no la que bailan Duvernay, Elssler o Cerrito—, un baile intensamente idiosincrático, y a la mayoría de los ojos ingleses le resultará tan nuevo como (esperamos) hermoso. La variedad de pasiones —la languidez, el abandono, el amor, el orgullo, el desdén— que abarca en uno de los pasos, llamado *muerte a la araña* (uno de los favoritos del país y símbolo de la poesía misma del desprecio vengativo), resulta insuperable. La cabeza levantada y echada hacia atrás, la mirada viva y el pie que asoma fiero tras aplastar al insecto constituyen un motivo pictórico difícil de olvidar.

No podía quejarse; con semejante publicidad su debut prometía ser un rotundo éxito. El interés que despertó el artículo animó a numeroso público a descubrir a esta «exótica bailarina del sur» y las localidades muy pronto se agotaron. En la cálida noche del 3 de junio, mientras el vestíbulo del Teatro de Su Majestad se iba llenando de gente refinada —banqueros, diplomáticos, ministros y aristócratas—, en su camerino Lola trataba de calmar los nervios fumando un cigarrillo tras otro. En este elegante escenario inaugurado en 1705, donde se habían estrenado las óperas más famosas y habían actuado artistas de renombre internacional, Lola se disponía a conquistar a los ingleses con su baile pasional. Era muy consciente de sus limitaciones y sabía que el público sería muy exigente. No podía competir con las grandes estrellas del momento como Fanny Elssler, la reina del ballet romántico y eterna rival de la Taglioni, que bailaba la cachucha con mucha velocidad y precisión técnica, justo lo que le faltaba a Lola.

Trató de tranquilizarse y mientras se vestía pensó que sus rivales carecían de la pasión y el fuego que ella podría imprimir a su danza. Había elegido un corpiño de satén blanco que ceñía su busto y una amplia falda de terciopelo granate que dejaba al descubierto sus bonitas piernas cubiertas con unas mallas de color carne. Al finalizar el segundo acto de *El barbero de Sevilla* se preparó para salir a escena. El decorado imitaba una sala de columnas mozárabe de la Alhambra de Granada y estaba iluminado con una tenue luz. Cuando sonaron los primeros compases de guitarra, Lola apareció en el centro del escenario envuelta en una mantilla negra de encaje. A una señal del director, lanzó al aire la mantilla y comenzó a bailar levantando los brazos con gran flexibilidad al ritmo de las castañuelas mientras daba saltos y se contoneaba por el escenario. No dominaba los pasos, pero imprimía a su baile una gracia y picardía poco habituales mientras fingía buscar la araña oculta en algún rincón de su cuerpo. Así lo describió un periodista en una de sus crónicas:

> La plena perfección de su figura se reveló cuando ella giró con gracia en el centro del escenario y se detuvo un momento. Ella fingía que se había enredado en los filamentos de la tela de una araña. En un paso de baile aún más difícil, imaginaba que los hilos de la tela de araña se enredaban en sus tobillos. La música fue más despacio cuando descubrió una araña en su enagua, de la que ella trató de soltarse; entonces descubrió otras arañas, y al examinar su falda encontró todavía más. La lucha contra las arañas se volvió cada vez más agitada, mientras bailaba con abandono y

pasión a la vez, y al final lograba sacudirse todas las arañas de encima y las aplastaba contra el suelo; la audiencia lo celebró entre hechizada y aterrorizada, y cuando terminó el baile el aplauso fue atronador y llovieron ramos de flores a sus pies.

Acabada su actuación, el público guardó silencio. Nunca habían visto nada semejante y no sabían cómo reaccionar. Sus pasos y movimientos no tenían nada que ver con ningún estilo de baile. Pero entre los espectadores había muchos admiradores de Lola y comenzaron a aplaudir puestos en pie, contagiando su entusiasmo al resto de los asistentes. Mientras hacía una reverencia, una lluvia de ramos de flores cubrió el suelo del escenario. Cuando se bajó el telón y aún se oían los vítores, Lola supo que había triunfado y que tenía el público a sus pies. Entusiasmado por el inesperado éxito de su joven promesa, Lumley se acercó a felicitarla. El empresario se frotaba las manos pensando en los beneficios que le iba a reportar esta belleza española que acababa de sorprender con su extraño baile a una audiencia culta y exigente.

Lola causó sensación y los principales periódicos de Londres se hicieron eco de su triunfo. Fueron muchos los admiradores que tras la función se acercaron hasta su camerino para felicitarla y agasajarla con flores. Hacía años que no se sentía tan dichosa y admirada. Todos coincidían en que su forma de bailar era completamente nueva y ofrecía un espectáculo cargado de drama y pasión. Al día siguiente la prensa no escatimó en elogios hacia la joven artista, a la que auguraban un futuro muy prometedor. Como era de esperar, el periodista del *Morning Post* fue el más entusiasta, y en su crónica escribió:

> Su silueta, maravillosamente flexible, adoptó posturas y movimientos muy audaces pero siempre conservando intacta una línea de belleza. De pronto se inclinaba hasta el suelo y movía las manos como si recogiera rosas de un parterre, y al momento siguiente se levantaba y alzaba los brazos por los aires con aire juguetón, como si estuviera esparciendo las flores sobre la cabeza de su amado. Su baile representaba en un instante seducción y súplica, y en el siguiente, repentinamente, golpeaba sus pies contra el suelo, colocando una mano en la cadera con una mirada de orgullo y desafío...

Lola no daba crédito a las críticas y le parecía estar viviendo un sueño. El *Morning Herald* resaltaba que «la joven dama entró, vio y venció», y el influyente *Times* se mostraba agradecido por haber visto al fin «una danza española de la mano de una española, ejecutada a la manera de su país». *The Age* también le dedicó una columna entera y su crítico concluía: «El único fallo que le encontré a la danza de la bailaora es que fue demasiado breve». De todas ellas la que más le gustó fue la que le brindó el periodista del *Evening Chronicle*, que destacaba la originalidad de su arte genuino, así como el fuego y la irresistible pasión que imprimía a su danza.

Había asumido con total naturalidad su nueva identidad. Era una impostora, pero su aspecto físico coincidía con el arquetipo de la mujer andaluza: morena, ardiente y liberal. Su extraño acento y fogosidad daban credibilidad a su historia. Elizabeth Gilbert James ya no existía, era el pasado o así lo creía. La bailarina enamoraba a los periodistas con su belleza y artes de seducción. A cada uno le contaba una versión distinta de su vida en España y del origen de su familia.

Pero su momento de gloria sería efímero. Ignoraba que tras su actuación un grupo de caballeros se reunió con el empresario Benjamin Lumley para informarle de que la artista Lola Montes no solo era una adúltera sino una estafadora. Al parecer alguien entre el público había reconocido a la hermosa señora James, esposa de un oficial de la Compañía de las Indias Orientales nacida en Irlanda. Al director no le preocupó tanto la mala reputación de la bailarina como el hecho de que no fuera española. Este escándalo ponía en entredicho su profesionalidad y si salía a la luz podía suponer el fin de su carrera al frente del Teatro de Su Majestad. Con enorme pesar y muy avergonzado, Lumley aseguró a los caballeros que, de confirmarse tal acusación, tomaría las medidas oportunas. Antes quiso conocer la versión de Lola y al día siguiente la convocó en su despacho.

—Lamento comunicarle que pesan sobre usted graves acusaciones —le dijo Lumley muy contrariado—. Al parecer no es usted española sino irlandesa. Me ha mentido no solo a mí sino a todo el público londinense, que la ha tratado como a una gran estrella.

—Señor —respondió con calma la bailarina—, estoy segura de que todo es un malentendido. Algún admirador despechado se ha inventado esta historia para hundir mi carrera.

—No puede negar los hechos —replicó el empresario—, varios caballeros dicen que es usted la señora James, esposa de un oficial de la Compañía, y que su marido le ha pedido el divorcio por adulterio. ¡Es una vergüenza! —añadió cada vez más encendido.

—Me siento muy ofendida con estas acusaciones. Por supuesto que soy española, no tiene más que mirarme —se defendió Lola poniéndose en pie—, y es humillante que duden de una pobre mujer que solo desea trabajar y ganar dinero dignamente. Voy a poner este asunto en manos de mi abogado.

—Señora Montes, mientras yo sea el director de este teatro usted no volverá a pisar este escenario —sentenció Limley, y la conminó a salir del despacho.

En los días siguientes Lola intentó mantener la calma, pero se encontraba en una difícil situación. Su sueño de triunfar como bailarina en Londres se había desvanecido. Las acusaciones de Lumley eran ciertas. El 15 de diciembre de 1842 su esposo había conseguido el divorcio. Aunque ella no se presentó ante el tribunal eclesiástico donde se celebraba el juicio público, sí lo hicieron varios testigos que confirmaron su inapropiado comportamiento a bordo del *Larkins*. Por la sala desfilaron desde Caroline, la doncella que espió todos sus movimientos durante la larga travesía, hasta Anne Ingram, la beata esposa del capitán, que reconoció no haber visto jamás una conducta tan escandalosa en una mujer casada. El juez, satisfecho con las pruebas, ordenó que se dictara sentencia. Lola era una mujer divorciada pero en realidad se trataba de una separación, pues ninguno de los cónyuges podría contraer matrimonio mientras el otro viviera. Al haber sido descubierta, por primera vez pensó que no le iba a resultar tan fácil dejar atrás su pasado.

Cuando la noticia de su falsa identidad saltó a los periódicos, comenzó un ataque contra ella orquestado por *The Age*. Al leer en las páginas de este semanario que «la señorita que pretende engañar a los crédulos abonados a la ópera es un personaje que recibió en tiempos pasados el nombre de señora James, y que, aunque se trata de una mujer notablemente hermosa, conoce mejor los barrios de moda londinenses que el Teatro Real de Sevilla», Lola montó en cólera.

Dispuesta a salvar su honor, envió varias cartas a los directores de los principales periódicos donde mostraba su indignación ante tales acusaciones. En la que escribió al *Morning Post* el 12 de junio de 1843, desmentía con vehemencia lo que se decía de ella:

> Estimado señor director:
>
> Nací en Sevilla, y en 1833, cuando contaba diez años de edad, fui enviada a educarme con una mujer católica a Bath, donde permanecí siete meses antes de regresar con mis padres a España. Desde ese instante hasta el pasado 14 de abril, momento en el que desembarqué en Inglaterra, nunca puse un pie en este país y nunca en mi vida había visitado Londres. El imperfecto inglés que hablo lo aprendí gracias a mi estancia en Bath y a una niñera irlandesa que sirvió muchos años en mi familia. Las desgracias sobrevenidas tras los sucesos políticos en mi país me han forzado a buscar un medio de vida fuera del mismo, y esperaba que mis bailes nativos fueran apreciados aquí, particularmente aquellos que resultan nuevos para el público inglés...
>
> Su humilde y entregada servidora,
>
> LOLA MONTES

Casi todo lo que describía en la carta al *Morning Post*, salvo su estancia en Bath, era mentira. Lola se limitaba a repetir la biografía del personaje que se había inventado para sobrevivir.

Pero la cosa no acabó ahí. También se plantó sin avisar en la redacción de *The Age*, donde esperó cuatro horas fumando un cigarrillo tras otro y pidiendo ser atendida por algún responsable. Este incidente no hizo más que empeorar su situación porque el semanario amenazó con publicar la lista de los nombres de las altas personalidades que se relacionaban con ella y Lola temió un escándalo mayor que le cerrara definitivamente todas las puertas. Tenía a toda la opinión pública en su contra y no le quedaba otra elección que abandonar Londres durante una temporada. Había debutado y triunfado en el teatro más prestigioso de Inglaterra, pero ahora era una mujer marcada.

Tras unas semanas en las que tuvo tiempo para pensar sobre su futuro, un nuevo encuentro fortuito la ayudó a recuperar la alegría y a pagar sus deudas. Un antiguo conocido, lord Arbuthnot, que también viajaba en el vapor *Larkins*, le había presentado en una fiesta a un príncipe alemán, Enrique de Reuss-Lobenstein, un hombre soltero, poco apuesto y rico. El soberano rondaba los cincuenta años y gobernaba un pequeño territorio alemán. Era pariente de la reina Victoria y estaba de visita de Estado en Londres. Cuando Lola lo conoció conversó animadamente con él en francés y el príncipe cayó rendido bajo el embrujo de la bella andaluza. Antes de separarse, en tono cortés y sujetando su mano le susurró al oído: «Madame Montes, si alguna vez visita Alemania, búsqueme».

A finales de julio de 1843 Lola abandonó Londres y comentó a sus amistades que se embarcaba en una gira por Europa y que tenía previsto llegar a Rusia en otoño, donde pensaba actuar en el Teatro Imperial de San Petersburgo. Pero la realidad es que no tenía ningún contrato ni actuación en perspectiva. Huyendo del escándalo, se subió a un barco que la llevó a la pequeña ciudad de Hamburgo, donde permaneció poco tiempo. En comparación con Londres, la ciudad germana le pareció un lugar provinciano y aburrido sin grandes espectáculos. Entonces recordó la invitación del príncipe Enrique y decidió escribirle unas líneas anunciándole su inminente partida a Leipzig.

El príncipe alemán acababa de llegar a su palacio cuando recibió una carta firmada por una tal señora Montes. Al principio no recordó de quién se trataba, pero enseguida vino a su mente la imagen de Lola, la exuberante joven española, e ilusionado ante su pronta llegada, se dispuso a darle una calurosa bienvenida. Enrique era el amo y señor de un pequeño principado con apenas veinte mil súbditos. Su vida plácida transcurría entre cacerías, inspecciones de sus tierras y copiosos ágapes. Como por tradición todos los hombres de su familia tenían que llamarse Enrique, un número señalaba su orden de nacimiento y lo distinguía de los demás varones de la dinastía Reuss. Su alteza Enrique LXXII no recibía muchas visitas; sin embargo, dispuesto a impresionar a su invitada, ordenó que se arreglaran los jardines y se plantaran flores nuevas en su honor. También mandó un lujoso carruaje tirado por seis caballos blancos para recoger a la bailarina y hacer el trayecto hasta Ebersdorf, la capital del principado.

Los criados encargados de escoltar a Lola pronto descubrieron que su comportamiento era del todo inapropiado. Aburrida por la larga y tediosa travesía, les pidió que se sentaran junto a ella para poder hablar en francés y compartir algún chisme de la corte. En un momento dado incluso quiso tomar las riendas del carruaje y subió hasta el pescante dispuesta a conducirlo. Cuando el cochero vio sus intenciones se negó en rotundo a cederle su puesto. Lola, furiosa, se quitó uno de los guantes, le abofeteó en la cara y regresó indignada al interior del vehículo. El viaje continuó sin más sobresaltos hasta que llegaron a las puertas del palacio residencial de Ebersdorf, donde el príncipe, vestido con su uniforme blanco de gala, salió a su encuentro mientras un redoble de tambores indicaba a la guardia de honor que presentara armas. Lola descendió del vehículo con porte majestuoso y le saludó haciendo una exagerada reverencia.

—Mi querida madame Montes, es un placer para mí que nos visite y espero que pase unos días inolvidables entre nosotros —exclamó el príncipe mientras le besaba la mano.

—Me siento muy honrada —respondió Lola muy cortés, pues no imaginaba semejante recibimiento.

—Venga conmigo —la tomó del brazo galantemente—, le presentaré a los miembros más distinguidos de la corte y luego comeremos juntos en palacio.

La señora Montes causó a todos una magnífica impresión. Aquella misma tarde, en una recepción, apareció muy elegante con un vestido de seda marfil escotado adornado con volantes y el cabello recogido en un moño alto dejando caer unos rizos sobre la frente, a la última moda de París. Se mostró encantadora y sonriente respondiendo en perfecto francés a todas las preguntas sobre su exitoso debut como bailarina en el Teatro de Su Majestad. Al principio se sintió sorprendida por la educación y amabilidad de la gente. También tuvo oportunidad de montar a caballo y disfrutó galopando por los frondosos bosques colindantes. Sin embargo, enseguida la excéntrica artista y el príncipe empezaron a tener desavenencias. A Lola su anfitrión le parecía un noble de opereta, ridículo y vanidoso, además de aburrido. Se hacía llamar el Serenísimo y sus aires de grandeza provocaban las burlas de su invitada. Lola comenzó a contar chistes de mal gusto sobre él que los miembros de la corte escuchaban estupefactos. Su único entretenimiento era jugar con Turk, el enorme san bernardo de Enrique, y juntos salían a pasear entre los parterres de flores. Un día, para matar el tiempo, se dedicó a cortar con su fusta unos tulipanes con los que confeccionó una guirnalda para el cuello del caballo del soberano. A este la broma no le hizo ninguna gracia y, harto de las excentricidades de su invitada, solo deseaba perderla de vista.

Pero delante de sus súbditos, Enrique debía mantener las apariencias y organizó para la dama una visita a su encantador pabellón de caza en Weidmannsheil, donde les servirían un desayuno rústico y podrían pasar una agradable jornada en la campiña. Lola fue invitada a sentarse a una mesa bajo un gran roble con el resto de los comensales. Todo se desarrolló con normalidad hasta que una banda de música local formada por guardas forestales y rudos mineros comenzó a tocar una serenata desafinando alguna nota. Lola, en lugar de disimular, se puso a hacer muecas y a taparse los oídos con las manos. Cuando un coro de niños se sumó a la banda para entonar una canción folclórica, no pudo más:

—¡Oh, por favor, esto es insoportable! ¡Que alguien haga callar a estos mocosos! —gritó poniéndose en pie.

—Señora, le ruego que se calme; yo amo esta música y soy muy querido por mi pueblo.

—Entonces yo soy la querida… —replicó Lola con sorna.

Aquel comentario tan desafortunado provocó que el príncipe se excusara y se levantara al instante de la mesa. Pidió a los presentes que no le acompañaran y que continuase el programa de actos previsto. Lola se disculpó y empezó a contar divertidas anécdotas de su vida como artista, consiguiendo que el resto de los asistentes olvidaran lo ocurrido. Pero quien no estaba dispuesto a ignorar el grave incidente era Enrique, harto de su excéntrica invitada. A su regreso a palacio convocó una reunión urgente con sus asesores para buscar una salida a tan desagradable situación. Alguien sugirió que Lola Montes solo se marcharía del principado si se le ofrecía un buen contrato artístico. El soberano, que conocía a Karl Reissinger, maestro de capilla en el teatro de la corte del rey de Sajonia en la cercana Dresde, pensó que este podría ayudarle. Enrique redactó de su puño y letra una carta de recomendación para el músico que le fue entregada a Lola aquella misma tarde por uno de sus ayudantes. El sobre iba dirigido a la señora James, algo que ella pasó por alto. La bailarina le regaló al asistente del príncipe un par de castañuelas diciendo: «Tenga, un recuerdo de mi visita a este rincón del mundo».

Tras una semana en el principado de Reuss-Ebersdorf, Lola hizo el equipaje y se subió a un carruaje menos elegante que la llevaría a Dresde. La bailarina llegó a la ciudad a principios del mes de agosto y se alojó en el Hotel de Viena. Con la carta de recomendación en mano se presentó ante el maestro Reissinger, quien accedió a contratarla. Al igual que el empresario Lumley, el músico pensó que un número interpretado por una auténtica bailarina española podía amenizar los entreactos y gustar al público. Lola debutó de nuevo con «El Olé», que tanto éxito había cosechado en Londres. Pero al público de Dresde, acostumbrado a Wagner, no le interesaban demasiado los boleros y era incapaz de entender aquella extraña danza donde la artista fingía aplastar con su pie una araña. La opinión estaba muy dividida, pero en general su belleza cautivó más que su talento artístico. Ella sabía que debía conseguir buenos contactos y hacerse con un nutrido grupo de admiradores que la aclamaran desde el patio de butacas. De nuevo intentó ganarse a la prensa y concedió varias entrevistas donde se inventó nuevas mentiras. Por entonces decía llamarse doña María Dolores Montes, bailarina española en el Teatro de Su Majestad que se encontraba de camino a San Petersburgo. Le gustaba contar que había triunfado en los escenarios de Londres y que no solo se codeaba con la nobleza, sino que además fue recibida en el palacio de Buckingham por la propia reina Victoria. Precisó que tras tomar el té con la soberana esta le pidió que actuara para ella en una función privada y Lola cantó por bulerías al compás de una guitarra española. Todas estas anécdotas e historias aparecieron publicadas en los más prestigiosos medios del país, despertando el interés del público por esta extravagante y desconocida artista.

Lola Montes se despidió de Dresde con una última actuación en la que representó por primera vez «Los Boleros de Cádiz» con escaso éxito. Había ensayado esta danza andaluza en Londres, pero al verse interrumpida su carrera artística no había llegado a estrenarlos. En una semana consiguió un nutrido grupo de jóvenes admiradores que arrojaban ramos de flores desde los palcos y la aplaudían con entusiasmo. Pero la realidad es que la ópera era el mayor divertimento en los escenarios de Dresde y una bailarina como ella no tenía hueco en aquella sociedad. Una vez más hizo su equipaje y se lanzó a una nueva aventura. Gracias a sus influyentes amistades había obtenido importantes cartas de presentación y puso rumbo a Berlín dispuesta a proseguir su carrera artística.

Su llegada a Berlín coincidió con un dramático incidente que conmocionó a la opinión pública. La noche del 18 de agosto de 1843 el majestuoso edificio de la ópera fue destruido por un incendio y convertido en cenizas. Era uno de los monumentos más admirados de la ciudad, una joya arquitectónica que mandó construir el rey de Prusia, Federico II el Grande, y en cuyos escenarios habían debutado los artistas más célebres del momento. Las actuaciones programadas para la temporada fueron trasladadas al Teatro de Berlín. Las cartas de recomendación que llevaba consigo dieron enseguida sus frutos. A los pocos días fue contratada como solista invitada en el teatro real. Como de costumbre, pronto se rodeó de un nutrido grupo de simpatizantes y periodistas que no dudaron en publicar buenas reseñas sobre su arte y belleza.

La bailarina debutó una vez más con «El Olé», pero en esta ocasión tampoco convenció. Un crítico escribió: «Si se dice de la Taglioni que escribe la historia del mundo con los pies, entonces se puede decir de doña Montes que escribe las memorias de Casanova con el cuerpo entero». El público recibió su interpretación con frialdad e indiferencia. Al parecer la actuación de Lola duró apenas diez minutos e iba acompañada de una monótona melodía. Como siempre se ensalzó su belleza y voluptuosidad, pero quedó en entredicho su talento. Aquella noche Lola lució radiante con un ajustado corpiño de terciopelo negro, una falda de raso a cuadros, un sombrero cordobés sujeto a la nuca y el cabello adornado con camelias blancas y rojas. En los días siguientes interpretó otras piezas de su repertorio como «La Sevillana» y «Los Boleros de Cádiz», pero no despertó mucho interés porque el público se quejaba de que todos sus bailes parecían iguales. Sin embargo, su popularidad no disminuyó en los círculos de la corte y una noche bailó de nuevo «sus danzas españolas» pero en esta ocasión ante el rey de Prusia, Federico Guillermo IV, en el teatro de la ciudad alemana de Potsdam. Durante la función, el soberano fue informado de que su cuñado, el zar Nicolás I de Rusia, había llegado a Berlín en visita oficial y marchó de inmediato hacia la capital para recibirle.

La visita de Su Majestad imperial el zar de Rusia fue todo un acontecimiento y en su honor se organizaron maniobras y desfiles militares, banquetes y actividades culturales. El rey ofreció un almuerzo de gala en el suntuoso palacio de Sanssouci, en Potsdam, e invitó a un reducido grupo de personalidades y miembros de la corte. Tras el ágape, Nicolás y el rey Federico Guillermo, seguidos de su comitiva, cruzaron un frondoso parque sorteando estatuas y fuentes de mármol hasta el Nuevo Palacio mandado construir por Federico II el Grande. En el ala sur de este inmenso conjunto de edificios palaciegos se levantaba un teatro de estilo rococó. Aquel día tuvo lugar una representación memorable de la ópera de Donizetti *La hija del regimiento*. Cuando acabó el primer acto, Lola apareció deslumbrante en el escenario para interpretar «Los Boleros de Cádiz» ante el zar de Rusia, el rey de Prusia y algunos miembros de la corte. «Es una mujer capaz de hacer perder la cabeza a cualquier hombre, por muy emperador que sea», comentó uno de los asistentes sin poder disimular la grata impresión que le causó la artista. Tras la función, Lola deleitó a las enjoyadas damas con chistes picantes y divertidas anécdotas de su paso por los escenarios londinenses.

Sin embargo, en los días siguientes la artista sería la protagonista de un nuevo escándalo. Durante su estancia en Berlín había alquilado un brioso caballo negro y le gustaba galopar por las afueras de la ciudad. El 17 de septiembre el zar de Rusia y el rey tenían que presidir un gran desfile militar en Friedrichsfelde, donde las tropas prusianas iban a mostrar todo su poderío. Había muchos controles para mantener la seguridad y evitar que el público invadiera la zona reservada para el cortejo real y demás personalidades. Lola llegó a lomos de su caballo vestida con un favorecedor traje de amazona y un sombrero de copa alta con velo. Al ver la multitud de gente allí concentrada, intentó colarse para estar más cerca de la tribuna de autoridades. Un oficial prusiano, al descubrir sus intenciones, se acercó al galope y detuvo su caballo sujetando las bridas.

—¡Cómo se atreve! Usted no sabe quién soy yo —protestó Lola al tiempo que se defendía golpeándole con su fusta.

—¡Señora, deténgase! —exclamó perplejo ante la violenta reacción de la dama—. Aquí las órdenes las doy yo. Haga el favor de seguirme.

—Le juro que se arrepentirá, esto llegará a oídos de Su Majestad el rey, a quien conozco personalmente —replicó envalentonada.

De nada sirvieron sus gritos y quejas. Lola se vio obligada a retirarse a la fuerza entre las risas y silbidos del público que presenció el incidente. Al día siguiente, un agente judicial llamó a la puerta de su habitación y le hizo entrega de una citación para declarar en el juzgado. Según algunos testigos, ella montó en cólera, rompió el documento y pisoteó los trozos de papel. Este comportamiento le valió una nueva acusación, esta vez por desacato al tribunal. El asunto era muy serio porque podía enfrentarse a una pena de entre cinco y trece años de prisión. Sin embargo Lola no fue detenida ni su caso llegó nunca a los tribunales. Gracias a sus amistades, el suceso no pasó a mayores, pero fue una magnífica e inesperada publicidad para la bailarina. La historia de su ataque al militar se difundió con rapidez por la prensa extranjera y tuvo una gran repercusión en las principales capitales europeas. Numerosos periódicos publicaron en sus portadas una caricatura de Lola donde se la veía, fusta en mano, agarrando del brazo a un oficial prusiano como si fuera un niño. Tras lo ocurrido y para evitar los cargos que pesaban sobre ella, tomó la decisión de abandonar Berlín. A sus admiradores les comentó que debía proseguir viaje a San Petersburgo, donde tenía varias actuaciones programadas. Una mañana, sin despedirse de nadie, se subió a un carruaje y partió rumbo a Varsovia.

Fue hacia esa época cuando el padrastro de Lola, el comandante Craigie, que había sido ascendido a general adjunto en funciones del ejército, recibió la orden de abandonar Calcuta para ayudar a establecer un nuevo cuartel general en Allahabad. Eliza y su esposo se pusieron en marcha y remontaron el Ganges en una pequeña comitiva. A los pocos días de travesía el militar comenzó a encontrarse mal y se detuvieron en Dinapore para que le atendiera el médico de la guarnición. Eliza tuvo que desembarcar de nuevo en aquel lugar fatídico donde hacía veinte años se había quedado viuda en la flor de la vida. Patrick Craigie no corrió mejor suerte y falleció el 8 de octubre de 1843. Tenía cuarenta y cuatro años, y fue enterrado con honores militares en el mismo cementerio en el que descansaban los restos del oficial Edward Gilbert. Lola no se enteraría de su muerte hasta unos meses más tarde y la noticia la afectaría profundamente. Su padrastro era el único vínculo afectivo que mantenía con un pasado que le resultaba cada vez más lejano.

Lola llegó a Varsovia a finales de octubre y se alojó en el Hotel Roma. Como de costumbre, llevaba consigo varias cartas de presentación que le abrirían las puertas del mundo del espectáculo. El país atravesaba un período muy convulso y vivía bajo una terrible dictadura. Los rusos habían invadido Polonia y su destino estaba en manos del zar Nicolás I, que actuaba como soberano. En 1831 había tenido lugar un levantamiento protagonizado por un grupo de jóvenes oficiales polacos que fue reprimido con gran brutalidad. El territorio se encontraba gobernado por el virrey del zar, el príncipe Iván Fiódorovich Paskévich, el general que aplastó con su ejército a los insurgentes. Un siniestro y cruel personaje que aplicaba con mano de hierro las órdenes que le llegaban de San Petersburgo. Los nobles polacos habían sido desterrados a Siberia y a los estudiantes que se manifestaban se los deportaba a los Urales. En las calles el ambiente era muy tenso, pero la gente acudía a los teatros para distraerse y olvidar por unas horas tanto dolor.

A los pocos días, ya contaba con un círculo de fieles admiradores entre los que se encontraban personajes tan influyentes como el banquero y empresario Piotr Steinkeller o el editor de la *Gaceta de Varsovia*, Antoni Lesznowski. Al igual que hizo en Londres, la bailarina supo seducir a la prensa con su belleza, descaro y natural simpatía. Un periodista enumeró en un artículo «las veintiséis excelencias de Lola Montes». Las nombraba una tras otra, incluso sus rodillas, que el periodista comparaba con «los travesaños de la escala de Jacob que conducen al paraíso». La mañana de su debut el *Courrier* publicó un extenso artículo donde ensalzaba el arte de la bailarina: «María de los Dolores Montez es una joven andaluza de dieciocho años perteneciente a una noble familia española; una artista del ballet de Sevilla cuyo nombre y talento son bien conocidos en todas las capitales europeas donde ha actuado. Esta hermosa y apasionada andaluza consigue con su arte hechizar al público y transportarlo a su país natal, España, en un espectáculo mágico y único».

Con semejante publicidad no es de extrañar que la gente estuviera ansiosa por conocer «a la célebre artista del Teatro Real de Sevilla y bailarina del Covent Garden de Londres» que se encontraba en Varsovia con motivo de una gira que la llevaría a San Petersburgo. Lola firmó un primer contrato por cinco representaciones en el Gran Teatro de Varsovia, uno de los más espectaculares del mundo. El director era el coronel Abramowicz, un antiguo compañero de armas del virrey y jefe de policía de la ciudad. Este hombre de cincuenta años, pobladas patillas e imponente figura, era un apasionado de la ópera y de la danza, también de las mujeres hermosas. Lola le convenció enseguida con sus encantos y debutó como artista invitada con una cachucha en el intermedio de *El barbero de Sevilla*. Moviendo las caderas con gracia y levantando su falda con picardía al ritmo de las castañuelas, consiguió salvar la actuación. Pero el idilio entre el militar y la bailarina sería muy breve.

La noche de su debut él se ofreció a acompañarla al hotel en su carruaje. Durante el corto trayecto se le insinuó de manera indecorosa y Lola mandó detener el vehículo y le obligó a bajarse.

—Pero ¡qué se ha creído! ¡Soy una artista! —le gritó fuera de sí—. Le juro que si vuelve a ser grosero conmigo no dudaré en denunciarle y acudiré a la prensa.

—Ha perdido usted el juicio, no sabe con quién está hablando; puedo hacer que la detengan ahora mismo y la expulsen del país sin miramientos. Se arrepentirá, se lo aseguro —exclamó el militar, enfurecido y perplejo.

—Cochero, siga rápido a mi hotel —le ordenó Lola sin mirar atrás.

En medio de una fuerte tormenta de nieve el coronel

Abramowicz había sido expulsado de su propio vehículo y tuvo que regresar a casa caminando bajo un frío glacial. Las consecuencias de este incidente, que se extendió con rapidez por toda Varsovia, no se hicieron esperar. Lola actuó en las funciones previstas y aunque el público más entendido consideró que su estrafalaria danza era un insulto al buen gusto, su ardiente personalidad y puesta en escena levantaron los aplausos de todos. Ilusionada y un tanto ingenua, pensó que le renovarían su contrato y podría quedarse algún tiempo más en esta ciudad donde se sentía a gusto y tenía buenos amigos dispuestos a apoyarla.

Mientras la señorita Montes debía ofrecer su última actuación programada en Varsovia interpretando otras danzas españolas de su repertorio, Abramowicz solo pensaba en cómo deshacerse de ella. Esta mujer descarada e irreverente le había humillado en público y tampoco le gustaban sus opiniones políticas ni la camarilla de jóvenes polacos de ideas revolucionarias que frecuentaba. En las entrevistas que concedía a los medios manifestaba estar en contra de la opresión rusa y ensalzaba el coraje del pueblo polaco que había perdido todas sus libertades. Además, Lola había pedido a sus protectores que contrataran una claque para que la aplaudieran con entusiasmo en todas sus funciones, y las noches que actuaba, Steinkeller enviaba al teatro a los trabajadores de una de sus fábricas y Lesznowski a un nutrido grupo de tipógrafos de su periódico, todos con la orden de vitorear a la bailarina.

El director del teatro preparó una sutil venganza contra ella. El martes 14, cuando Lola Montes finalizó «La Sevillana», una parte del público soltó una gran ovación que fue respondida con los silbidos y abucheos de los hombres pagados por Abramowicz. En el segundo acto continuó bailando «Los Boleros de Cádiz» como si no hubiera pasado nada hasta que cayó el telón. Entonces reapareció en medio del escenario con el rostro indignado y pidió a la orquesta que cesara la música. En francés, agradeció a los que habían aplaudido su actuación y le habían dado la bienvenida en Varsovia. A continuación Lola señaló con el dedo el palco donde estaba sentado Abramowicz con otras autoridades, y exclamó: «Damas y caballeros presentes, la humillación que he recibido es obra solo de un hombre. Ahí lo tienen, un granuja que ha querido vengarse de una pobre mujer que se negó a sus sucias proposiciones».

Un silencio se adueñó de todo el patio de butacas y tras su dramática confesión el público estalló en aplausos mientras algunos gritaban: «¡Bravo, Lola, así se hace!». Si el director del teatro había querido hundir a la artista, había logrado el efecto contrario. La noticia de la denuncia de la bailarina a la máxima autoridad de la ciudad recorrió todo el país. El coronel, a quien Lola había conseguido sacar de sus casillas, debía expulsar a aquella mujer antes de que se convirtiera en un símbolo de lucha para los jóvenes nacionalistas polacos y como primera medida dictó su arresto domiciliario. Siempre que se veía acorralada, Lola reaccionaba con violencia y entonces amenazó con su puñal al oficial asignado frente a la puerta de su habitación que le impedía salir. Cuando el virrey Paskévich se enteró de lo ocurrido, ordenó su expulsión inmediata aunque advirtió a sus hombres: «Recuerden que es española, esas mujeres siempre llevan un puñal oculto en la liga».

El poderoso virrey también tenía sus motivos para querer perderla de vista. La noche del estreno la había invitado a un reservado para tomar una copa de champán y seducirla.

A ella este hombre sexagenario, calvo, poco agraciado y desdentado le pareció repulsivo y soez. Tras examinarla como si fuera un caballo, exclamó en voz alta: «Bueno, no tiene nada de especial». Ofendida por el comentario, le respondió sin inmutarse: «Su Excelencia, si se cree que me acaba de decir algo nuevo, se equivoca. Ya lo he escuchado antes en Londres y en Berlín». Paskévich no se dio por aludido y al día siguiente se presentó de nuevo en su camerino con un ramo de flores y un estuche de piel que contenía un magnífico collar de perlas. Ella rechazó el obsequio y le pidió en tono enérgico que se marchara de su camerino. Acababa de despedir al hombre más poderoso y temido de Polonia. El virrey no olvidaría el incidente y tampoco se lo perdonaría.

En un primer instante Lola se negó a abandonar la habitación del hotel, pero más tarde reflexionó y decidió cumplir la orden de expulsión por miedo a que la encarcelaran. En la fría mañana del 22 de noviembre fue escoltada en un carruaje por el oficial Rospopov hasta la frontera prusiana en Posen. Incluso este joven que tenía instrucciones estrictas de no dirigir la palabra a su detenida, sucumbió a su simpatía y encanto. En sus memorias la recordaría extasiado: «Lola Montes era la belleza misma, la perfección personificada. Tenía los ojos azules con espesas pestañas negras, las cejas finamente arqueadas, el cabello negro y abundante con reflejos azulados y una flexible figura. Además, era alegre, amable, seductora y llena de encanto, y al mismo tiempo, inocente como una niña». Algunos admiradores que se enteraron de su partida la siguieron unos kilómetros corriendo tras su carruaje y vitoreando su nombre. A pesar de lo ocurrido siempre recordaría con cariño su estancia en Polonia y se identificaría con la lucha de su valiente pueblo. Lola no fue la única víctima de las represiones que siguieron a su escándalo. La policía detuvo a un gran número de personas que la habían aplaudido en el teatro y a sus influyentes protectores, el banquero Steinkeller y el periodista Lesznowski. El coronel Abramowicz no podía permitir que nadie le desafiara y pusiera en entredicho su autoridad.

A principios de 1844, Lola proseguía su gira rumbo a San Petersburgo, donde pensaba actuar ante los zares. El 4 de enero llegó a la ciudad fortificada de Königsberg, lugar en el que antiguamente se coronaban los reyes de Prusia. Su fama la precedía y en todas sus actuaciones consiguió un lleno absoluto con sus danzas españolas, poco conocidas en estas latitudes. Una reseña publicada en un periódico local tras su debut da una idea de la grata impresión que causó: «Lola Montes nos ha conquistado. Königsberg no debe avergonzarse de rendir homenaje a la bella bailarina del ardiente sur, o de que estos ojos meridionales hayan brillado con más fuerza al contemplarla y le hayan ofrecido el ramo de flores de la más completa aprobación. Es lo que merece esta hija predilecta de la ágil Terpsícore». Desde esta localidad viajó en carruaje a través del gélido y nevado invierno del Báltico, soportando unas temperaturas a las que no estaba acostumbrada. Aún le quedaban por delante mil kilómetros hasta llegar a San Petersburgo. En la capital del Imperio ruso de nada sirvieron sus cartas de recomendación. No tenía amigos ni protectores a quien acudir. El zar Nicolás I, uno de los hombres más poderosos y ricos del mundo, era un autócrata que dominaba su vasto territorio con mano férrea. Antes de que Lola llegara a la ciudad ya tenía noticias del escandaloso comportamiento de la artista española en Varsovia, de donde había sido expulsada por el virrey. Aunque la había visto actuar en Berlín y admiró su gracia y belleza, no estaba dispuesto a que organizara una revolución en sus dominios.

Lola Montes nunca debutó, como era su deseo, en los escenarios del legendario Teatro Bolshói de Moscú. Tampoco fue invitada a la corte del zar, la más lujosa y opulenta de toda Europa. La prensa, sometida a una dura censura, no mencionó su paso por la capital. Sentía una enorme frustración. En Rusia, la gran Marie Taglioni había conseguido un fabuloso éxito como primera artista del Ballet Imperial y cobraba un alto caché por cada actuación. Muy abatida, tuvo que reconocer que su viaje había sido un completo fracaso. «Me siento humillada por el trato que me han dispensado en Rusia. Creía que el zar Nicolás, amante de la ópera, sería un hombre más sensible con las artistas. Los Romanov no saben de buenos modales ni tienen educación.»

El regreso a Berlín fue agotador y la monótona visión de las inmensas llanuras cubiertas por un manto de nieve y azotadas por el fuerte viento le resultó deprimente. Durante un mes y medio tuvo que hacer cerca de dos mil kilómetros en lentos carruajes y detenerse en un sinfín de míseras posadas que había a lo largo de la ruta. Eran pocas las mujeres que se aventuraban solas por este territorio, en parte inexplorado y lleno de peligros. Pasó mucho frío porque no iba equipada para un clima tan extremo y no siempre pudo comer un plato caliente o dormir en una buena cama. En aquellos interminables y grises días tuvo tiempo para reflexionar. «Debo aprender a controlarme y ser más prudente. Mi reputación está arruinada, pero aún me queda ambición. Hay muchos caballeros dispuestos a pagar mis facturas y no pienso darme por vencida. Nunca.» Muy pronto iba a sumar a su lista de amantes a un genio de la música aclamado en toda Europa.

4

La leona de París

Recostada en la cama, mientras fumaba lentamente un cigarrillo, a Lola le invadió la nostalgia. Cuando se sentía sola cerraba los ojos y se trasladaba a los mágicos escenarios de su niñez en la India. Cómo añoraba en momentos así el cariño de Denali, su dulce voz y sus caricias. No había olvidado el olor a humo y a tierra mojada, el viento cálido del monzón, la humedad que se pegaba a su piel y aquellos paisajes exuberantes donde creció libre y despreocupada. A estas alturas su madre ya se había enterado por la prensa de que era bailarina y su reacción no se hizo esperar. Se vistió de riguroso luto y anunció a todas sus amistades de Calcuta que su hija había muerto. No volverían a verse ni mantendrían ningún contacto. Lola odiaba en lo más profundo a aquella mujer egoísta y superficial que nunca la había querido. Aún recordaba las duras palabras que le susurró al oído en la deslumbrante fiesta de Simla donde ella acaparó todas las miradas: «Has venido al mundo para fastidiarme».

Habían pasado casi cuatro años desde que dejara la India y le parecía una eternidad. Imaginó cómo habría sido su vida si no hubiera abandonado a su esposo Thomas, si se hubiera resignado a ser la perfecta esposa de un oficial de la Compañía de las Indias Orientales con una prometedora carrera militar por delante. Pero ella no era como las demás y se alegraba de haber dejado atrás aquella vida tan vacía. Aunque su comportamiento había provocado dolor y rechazo a los suyos, no se arrepentía de nada. En aquella época las mujeres fuertes, independientes y apasionadas eran un peligro, una provocación.

Acababa de llegar a Dresde y aún no se había recuperado de la larga y humillante gira que la había llevado hasta San Petersburgo. Apenas le quedaba dinero, justo para pagar unos días la habitación de su hotel, pero conservaba algunas joyas obsequio de sus amigos y protectores. Herida en su orgullo por el desaire del zar Nicolás, pensaba en cómo continuar con su carrera artística. Tenía veintitrés años, estaba en la plenitud de su belleza y había actuado en los más importantes escenarios teatrales, pero no conseguía el triunfo soñado. Se sentía abatida y frustrada porque la prensa se hacía más eco de sus escándalos y amoríos que de su talento como bailarina. Tras los últimos acontecimientos en Varsovia le precedía una fama de mujer indómita y violenta que no la beneficiaba. Mientras hojeaba el periódico, un día leyó que el famoso compositor y pianista húngaro Franz Liszt se encontraba de gira y próximamente daría un concierto en la ciudad alemana de Dessau. Pensó que debía conocerle y que quizá él la ayudaría a dar el gran salto.

Lola había apuntado muy alto porque el hombre que deseaba conquistar era toda una celebridad y el músico mejor pagado de Europa. Liszt tenía treinta y dos años y se hallaba en la cúspide de su carrera. Recibía honores, sus giras atraían a un público entregado y la realeza competía por agasajarlo. Aquel niño prodigio, enclenque y pálido, que apenas se sostenía en lo alto de un taburete cuando dio su primer concierto a los nueve años, se había convertido en el mejor pianista de todos los tiempos. Un hombre que además de tocar con un virtuosismo nunca visto, era compositor, director de orquesta y benefactor de otros artistas que comenzaban a despuntar, como Richard Wagner. A su talento se unía un irresistible atractivo físico que levantaba pasiones. Delgado, bien vestido, de elegantes maneras, con su aire melancólico y media melena lisa de color rubio, parecía un príncipe de cuento. Lola conocía su fama de seductor y su debilidad por las aristócratas hermosas e inteligentes. Las damas de la alta sociedad se peleaban por conseguir uno de sus pañuelos de seda o de sus guantes de piel de cabritilla que conservaban como una reliquia. Algunas se desmayaban en sus conciertos, lanzaban flores a su paso y le gritaban piropos. Lola había oído que, en San Petersburgo, un grupo de exaltadas mujeres llegó a rodear su carruaje y tuvo que intervenir la policía para que pudiera llegar sano y salvo al teatro.

El 24 de febrero de 1844 Lola acudió con unos amigos al recital que Liszt ofrecía en Dessau y pudo comprobar la histeria colectiva que despertaba. Sentada en un palco del teatro, abarrotado de público, esperaba ansiosa la aparición del artista del que todos hablaban maravillas. Liszt cuidaba al detalle sus puestas en escena y saludó al auditorio con una majestuosa reverencia recibida entre vítores y aplausos. El músico tenía una memoria prodigiosa y era capaz de recordar cualquier partitura, por compleja que fuera. Mientras interpretaba sus apasionadas melodías, lanzaba miradas arrebatadoras a las damas sentadas en las primeras filas. Su magnetismo resultaba tan irresistible que sus más fieles admiradoras le arrojaban joyas al escenario y gritaban fuera de sí.

Lola quedó profundamente impresionada al oír aquella tarde a Liszt tocar su nueva versión del *Pater Noster.* Nunca había sentido nada igual en su vida. Sus conciertos eran auténticos espectáculos donde el músico brillaba como una gran estrella. Tras la actuación el público estalló en una enorme ovación. Al finalizar la velada, la bailarina fue presentada al genio por un amigo común y, cuando sus miradas se cruzaron, sintieron una mutua atracción. Liszt, siempre sensible a la belleza femenina, se mostró muy galante con la dama española. Lola estaba irresistible con un vestido de terciopelo verde esmeralda muy escotado y los hombros al descubierto. Llevaba su largo cabello recogido a la moda con la raya en medio y dos rodetes a ambos lados que le daban un aire muy juvenil.

—Monsieur Liszt, tiene usted un gran talento —le confesó Lola emocionada.

—Me halaga que haya disfrutado de mi concierto, ha sido una noche muy especial para mí, el público estaba entregado —le dijo sin dejar de mirarla.

—Tengo entendido que pronto iniciará una gira por mi país, quizá le resulte interesante conocer las costumbres españolas. Con gusto yo podría contarle algunas cosas.

—Me interesa mucho la música española, será para mí un placer poder conversar con usted. Ya sabe dónde encontrarme, madame Montes —dijo mientras le besaba la mano.

Liszt, que no frecuentaba los mismos ambientes que Lola, desconocía los escándalos y la reputación que la precedían. Para él no era más que otra admiradora con la que divertirse y dar rienda suelta a sus pasiones. Al día siguiente la bailarina fue a su encuentro en el teatro y dieron un largo paseo en calesa por los bosques. Entrada la noche, compartieron una romántica cena en un albergue y Lola le contó la historia de su vida. Fue desgranando, uno a uno, los recuerdos de su feliz infancia en Sevilla y cómo aprendió a bailar flamenco de la mano de una gitana. Sus mentiras eran tan convincentes y las contaba de manera tan real que en ningún momento el músico dudó de ella. Ambos se sentían muy a gusto y pasaron juntos el resto de la noche. Tras los malos modales de su esposo Thomas, hombre rudo y violento, y su breve relación con George Lennox, que la exhibía como un trofeo entre sus amigos de la alta sociedad, la sensibilidad y el refinamiento del músico la cautivaron.

A los pocos días Lola se dejaba ver en actitud cariñosa junto a Liszt sin importarle las miradas de la gente. Se había convertido en su nueva conquista y pronto la prensa de toda Europa se hizo eco del romance entre la bailarina andaluza y el genial compositor. Siempre tan impulsiva, le propuso que unieran sus caminos artísticos y él accedió a que la acompañara en su gira europea. Lola se instaló con todas sus pertenencias en una habitación contigua a la del maestro en el Hotel de Sajonia, su hospedaje preferido en Dresde. «Quiero que me ames. Quiero que no ames a nadie más que a mí. Como las mujeres de mi raza, ignoro lo que es la compasión», le escribió abriéndole su corazón.

Liszt atravesaba un delicado momento personal. La relación con su amante y compañera, la condesa Marie d'Agoult, se había enfriado. En 1835 esta hermosa aristócrata de cabellos rubios y tez de porcelana abandonó a su esposo y a su familia por seguir al joven músico del que estaba embarazada. Durante diez años vivieron su apasionado y tormentoso romance entre Suiza e Italia, donde pasaban largas temporadas. Tuvieron tres hijos, pero Marie, cansada de sus largas ausencias y de sus infidelidades, lo dejó y regresó a París con los pequeños. Hasta la fecha ella había sido su gran amor y su relación más estable. Lola había oído hablar de la condesa y le tenía una cierta simpatía. Esta mujer audaz, liberal y culta —publicaba sus libros bajo el seudónimo de Daniel Stern— le recordaba en algo a ella. No le importó renunciar a un buen matrimonio ni a su posición social para correr a los brazos de su enamorada.

Mientras se encontraban en Dresde, Lola acompañaba a Liszt a sus ensayos y asistió con él a un recital memorable del maestro donde interpretó a Beethoven. Como de costumbre, al finalizar su actuación el compositor se vio rodeado de admiradoras que le pedían autógrafos. En público se mostraba altivo y distante, nunca besaba la mano de las damas porque esperaba que ellas lo hicieran. Por primera vez en su vida la joven no era el centro de atención, nadie se fijaba en ella y se había convertido en la sombra del genio; una situación a la que no estaba acostumbrada y que comenzaba a resultarle incómoda. «Le adoran como a un dios, nunca he visto nada igual. No sé lo que siente por mí, es tan enigmático y callado, pero lo que sí sé es que hasta la fecha ningún hombre ha despertado en mí semejante pasión. Le amo y desearía que solo fuera mío», le confesó a una amiga.

El 29 de febrero Liszt invitó a Lola a que le acompañara a ver la gran ópera *Rienzi* de Wagner que se representó en su honor. Había coincidido con el compositor alemán en varias ocasiones, admiraba su talento y era su principal promotor. A Lola aquella obra ambientada en la Italia medieval se le hizo interminable y a punto estuvo de quedarse dormida. La música era potente, abundaban las procesiones, las marchas militares y los ballets, pero la joven no entendía el alemán y la obra duraba más de cinco horas. En uno de los intermedios, la pareja abandonó el palco para felicitar al tenor por su excelente interpretación en el papel principal. En su camerino se encontraron con Wagner y Liszt alabó conmovido su gran obra operística. En su biografía, el célebre maestro recordaba aquel encuentro y escribiría: «El curioso estilo de vida de Liszt en aquella época, que lo llevaba a estar constantemente rodeado de fastidiosos elementos de distracción, evitó que en esta ocasión pudiéramos mantener una conversación productiva». El elemento de distracción era Lola, que iba colgada del brazo del virtuoso pianista y a la que Wagner definió como «un ser demoníaco y sin corazón».

Unos días más tarde, Liszt ofreció un concierto benéfico para su buen amigo el tenor italiano Luigi Pantaleoni en el salón del hotel. Lola le acompañó y de nuevo fue testigo de la pasión que el músico suscitaba. El tenor no convenció porque tenía una voz pobre y utilizaba demasiado el falsete, pero Liszt brilló con su arte. Ella, que nunca había sido celosa, ahora no soportaba que aquellas pesadas admiradoras lo siguieran hasta el hotel y que le escribieran cartas de amor que él leía y luego arrojaba al fuego de la chimenea de su habitación. Lola también sentía celos por la condesa d'Agoult. Creía que él todavía la amaba y esperaba una reconciliación. Aunque no habían hecho muchos planes, la bailarina deseaba abandonar cuanto antes Dresde y continuar viaje con su amante rumbo a Leipzig, donde debía dar otro concierto. Pero la convivencia comenzó a deteriorarse. Los dos eran altivos y apasionados, tenían un fuerte temperamento y no estaban acostumbrados a recibir órdenes de nadie. Para Liszt resultaba normal que las mujeres se sometieran a su voluntad y ocuparan un discreto segundo plano. La agresiva personalidad de su amante y sus cambios de humor le desconcertaban. Comenzó a echarle en cara que cada día regresaba más tarde al hotel y pasaba poco tiempo con ella.

Durante su estancia en Dresde un grupo de destacados miembros de la sociedad organizó un gran almuerzo en honor de Liszt. Aunque Lola no estaba invitada, consiguió convencer al músico para que la dejara acompañarle. Al llegar al restaurante, la bailarina se dio cuenta de que tampoco habían invitado al tenor Pantaleoni e insistió en que lo mandaran a buscar. Cuando llegó a la reunión, parecía muy alterado y molesto de que se hubieran acordado de él en el último momento. Comenzó a insultar a todos los presentes e incluso llegó a las manos con Gottfried Semper, el arquitecto que había diseñado el Teatro de la Ópera de Dresde. Lola se quedó tan escandalizada por su mal comportamiento que le reprendió en voz alta. El hombre la miró con desdén y dijo:

—Señora, no se equivoque conmigo, yo no soy un policía prusiano como los que usted acostumbra a intimidar.

—Lamento sus modales, está usted muy alterado y no sabe lo que dice… —le respondió ignorando sus palabras.

—¡Lola Montes! Quizá mi buen amigo Liszt no la conozca, pero yo sé que la han expulsado de varias ciudades europeas por su escandaloso comportamiento. ¿Se cree usted que puede darme lecciones a mí?

—Si pudiera darle lecciones, serían de música. Porque usted no tiene ni voz ni presencia —añadió ella en tono burlón. Y no contenta con el desafortunado comentario que acababa de hacer, se acercó a él y le abofeteó con su guante.

Pantaleoni no se quedó callado y le replicó con un gesto tan grosero que Lola estuvo a punto de desmayarse. Los invitados no daban crédito a lo que estaba ocurriendo, se levantaron indignados y la reunión se dio por terminada. El músico presenció la disputa sin intervenir y guardó silencio. No quiso poner a Lola en evidencia delante de sus amigos, pero aquel desagradable incidente le abrió los ojos. Liszt era un hombre demasiado libre e independiente y Lola le asfixiaba con sus exigencias. Tampoco se sentía dispuesto a comprometerse con una mujer de carácter tan inestable que además ponía en peligro su ascendente carrera.

Al día siguiente, el músico se levantó muy temprano, hizo su equipaje en silencio y al salir cerró con llave la puerta de la habitación mientras Lola aún dormía. Temiendo su violenta reacción, llamó al director del hotel y le puso en antecedentes.

—Deseo pedirle un favor. Tome este dinero y no abra la puerta a la señora Montes hasta la hora del almuerzo —le dijo mientras ponía en sus manos la llave y unos billetes.

—Señor Liszt, por favor, no quiero su dinero. Haré lo que usted me diga, nos conocemos hace tiempo.

—No me entiende —insistió él—. Cuando mi amada descubra que la he abandonado, montará en cólera y me temo que destrozará algunos muebles. Este dinero es un adelanto por los daños causados.

—Comprendo, suba a su carruaje y no se preocupe. Ya sabe que soy un hombre discreto. —Y el músico se marchó.

Unas horas más tarde Lola se despertó y comprobó que las pertenencias de Liszt no estaban y que la había encerrado en su propia habitación. Desesperada, golpeó la puerta y trató de saltar por la ventana. Tal como el compositor había imaginado, Lola descargó su furia en el mobiliario y estrelló contra el suelo todo lo que encontró a mano, incluidos varios jarrones. Nada podía calmar la rabia que sentía en aquel instante. Entre sollozos culpaba a Liszt de haberse comportado como un cobarde. Ahora no sabía qué hacer ni a dónde dirigir sus pasos.

Cuando se tranquilizó, descubrió encima del escritorio un sobre a su nombre. Dentro había una buena cantidad de dinero y unas cartas de presentación firmadas por Liszt para sus influyentes amigos de la prensa en París. Además, el músico le prometía organizar su debut en el Teatro de la Ópera cuando regresara a la capital francesa a principios de abril.

Aunque durante un tiempo Lola no le perdonó que no se despidiera de ella, ninguno de los dos habló mal del otro. Franz Liszt en sus memorias recordaba a Lola con estas palabras: «¡Tenéis que verla! ¡Es siempre nueva, siempre cambiante, constantemente creativa! ¡Es una auténtica poetisa! ¡El genio mismo del encanto y el amor! ¡Todas las demás mujeres palidecen a su lado!». Lola no quiso quedarse ni un día más en esta ciudad donde había sufrido la mayor humillación de su vida amorosa. Al día siguiente compró un pasaje en la diligencia que la llevaría a París y abandonó Dresde sin mirar atrás.

Lola llegó a la capital francesa a mediados de marzo y le pareció bulliciosa y monumental, pero aún no tenía el esplendor que alcanzaría durante el Segundo Imperio. Reinaba entonces Luis Felipe I y era una ciudad caótica y maloliente con cerca de un millón de habitantes que se hacinaban en barrios miserables. No había alcantarillado ni agua potable y la mayoría de la población vivía en condiciones de extrema pobreza. Las calles estaban mal pavimentadas y un fuerte hedor se adueñaba de todos los rincones. En la Île de la Cité las casas aún eran de adobe y sus callejuelas tan estrechas que sus tejados rozaban entre sí. Las epidemias de tifus y cólera eran frecuentes y causaban estragos. A pesar de este sombrío escenario, París era la meca de la danza y el centro cultural de Europa. Artistas, bohemios e intelectuales llegados de todos los rincones del mundo acudían en busca de fortuna y diversión. También era la capital del placer y sus más célebres cortesanas reinaban en fiestas, bailes y tertulias.

En un primer momento Lola se alojó en un modesto hotel del boulevard des Italiens, cercano a la iglesia de Notre-Dame de Lorette. Se trataba de un barrio de casas antiguas y muy húmedas frecuentado por prostitutas —apodadas «lorettes»— donde residían conocidos artistas. En el número 54 de la calle del mismo nombre tenía su apartamento y estudio el pintor Eugène Delacroix, y no muy lejos de allí vivía en una buhardilla la escritora George Sand con su amante, el pianista Chopin. Lola no perdió el tiempo y enseguida acudió a entregar las cartas de presentación de Liszt a los periodistas y hombres del mundo del teatro. Pronto iba a descubrir que en París a una mujer bella, atrevida y seductora como ella le resultaba muy fácil hacer amigos.

La primera entrevista fue con Jules Janin, el temido y poderoso crítico del *Journal des Débats* y gran amigo del compositor. Como siempre, se preparó para causar buena impresión al periodista y eligió uno de sus vestidos más seductores. Jules, fascinado por su arrebatadora personalidad, se ofreció a escribir una columna halagadora para presentar a la bailarina española en sociedad. En su nota publicada el 18 de marzo, y sin haberla visto actuar, no dudó en ensalzar «su inigualable talento artístico».

Lola sabía que en París la competencia era muy grande y en los escenarios triunfaban las más consagradas bailarinas clásicas. El público todavía se rendía al encanto y la sensibilidad de Marie Taglioni, que en 1832 debutó en la Ópera de París con *La Sílfide*. Fue una auténtica revelación, la primera que bailó en puntas y, sin quererlo, se convirtió en un modelo a seguir. Las damas distinguidas adoraban su palidez y frágil apariencia, se peinaban como ella, «a la Sílfide», y su vestido de baile, de corpiño blanco y faldas transparentes —precursor del clásico tutú—, se puso muy de moda. Cuando acudían al teatro o al baile, las mujeres se envolvían en nubes de gasas y tules para parecer ninfas o hadas. La Taglioni tenía cuarenta años, y aunque se prodigaba poco, aún encarnaba un mito para sus fieles seguidores.

Pero la gran diva del momento era Carlotta Grisi, apodada «la dama de los ojos violeta». Esta bella y elegante bailarina italiana tenía la misma edad que Lola y había conseguido un rotundo éxito con el ballet *Giselle*. Muy pocas podían competir con su gracia y sus proezas técnicas. Aunque las danzas españolas que Lola ofrecía en su repertorio despertaban el interés, nada podía compararse con la puesta en escena de los grandes ballets románticos. Además, en aquella época causaban furor otros bailes populares. La polca estaba en su pleno apogeo y el cancán, un baile frenético y atrevido donde las chicas enseñaban su ropa interior levantando las faldas mientras gritaban y daban patadas al aire, escandalizaba a las damas respetables. Lola, que sobre los escenarios suplía su falta de talento con sus artes de seducción, ahora tenía que competir con hermosas mujeres que bailaban ligeras de ropa y mostraban sin pudor sus portaligas.

A pesar de las muchas distracciones que ofrecía la ciudad, Lola se centró en su carrera y se preparó para triunfar como bailarina. Comenzó a recibir clases de Hippolyte Barrez, un coreógrafo del prestigioso Teatro de la Ópera de París. Jules

Janin le había prometido que movería todos los hilos para conseguir una audición con su director, Léon Pillet. Mientras tanto, y gracias a su encanto personal y a sus cartas de recomendación, pudo conocer a otros hombres influyentes, algunos de ellos miembros del célebre Jockey Club, una elitista sociedad de caballeros ricos tan aficionados a las carreras de caballos como a las mujeres hermosas. Estos hombres pertenecientes a la alta aristocracia eran mecenas habituales de los teatros y la ópera y apoyaban con entusiasmo a sus bailarinas favoritas, muchas de las cuales eran sus amantes. Lola, una excelente amazona aunque no podía permitirse el lujo de tener su propio caballo, asistía como espectadora a las animadas carreras que el club organizaba en el Bois de Boulogne, donde acudía la flor y nata de la sociedad parisina.

Joseph Méry, novelista, poeta y dramaturgo de la élite literaria, fue uno de sus grandes apoyos. Lola nunca había conocido a un hombre tan erudito y brillante como él. Resultaba un placer escucharle porque «lo sabía todo», tenía una memoria prodigiosa y una imaginación desbordante. Dio la casualidad de que él sí conocía algo del pasado de Lola porque había sido testigo en Varsovia del incidente con el oficial prusiano. Fue Méry quien la introdujo en los círculos artísticos e intelectuales de la capital y en sus inicios la ayudó a pagar las facturas. Estaba ansioso por presentarle a su íntimo amigo Alejandro Dumas. El célebre y prolífico novelista era todo un personaje del París mundano y literario. Excesivo, simpático, derrochador y con un portentoso talento, reinaba en los salones de moda. Su última novela, *Los tres mosqueteros*, le haría famoso y rico. Dumas, que sentía debilidad por las bellas mujeres, pronto se convirtió en su amigo y en uno de sus protectores.

Una noche Méry la invitó a cenar al Café de París donde se reunían todas las semanas. Situado en la esquina de la rue Taitbout, ocupaba todo el inmueble y era el cuartel general de los personajes del *Tout-Paris*. El local, famoso por la calidad de su comida, contaba entre sus fieles clientes con príncipes, artistas, millonarios, aristócratas y políticos relevantes. Para una ocasión tan especial Lola eligió un llamativo vestido negro de seda de escote cuadrado con volantes, y adornó su maravilloso cabello oscuro con dos claveles rojos. Como complemento llevaba su inseparable abanico y un vistoso chal de seda china sobre los hombros. La joven hizo su entrada triunfal del brazo de su inseparable Méry y enseguida atrajo todas las miradas. Allí estaban, además de Dumas, los autores más leídos e influyentes del momento: Théophile Gautier, Alfred de Musset, Honoré de Balzac y George Sand, entre otros.

—Queridos amigos, aquí está la amiga de Liszt de quien ya os he hablado, la famosa Lola Montes. ¡Pido para ella un aplauso! —exclamó Méry mientras la invitaba a sentarse con el grupo.

—Tengo entendido que es usted una dama de carácter de lo más intrépida… —comentó Dumas mientras la escrutaba de arriba abajo.

—Mi querido Dumas —le respondió Méry—, aquí tienes a una mosquetera de verdad. En Varsovia esta bella dama española se enfrentó a un oficial prusiano a golpe de fusta, y desafió al gobernador ruso en el teatro, delante de todo el público.

—Ya veo, madame Montes, que valor no le falta. Pero si lo que desea es triunfar en la Ópera —añadió el famoso crítico Théophile Gautier—, deberá estar a la altura de las grandes damas de la danza clásica... Tengo mucho interés en verla actuar.

Lola nunca olvidaría aquella divertida cena donde pudo codearse con algunos de los autores más célebres de París. De entre todos los presentes quien más llamó su atención fue George Sand. La famosa escritora —su verdadero nombre era Aurore Dupin— sentía un profundo cariño por Liszt y se mostraba muy atenta con ella. Por aquel entonces tenía cuarenta años y vivía con Chopin, un joven enfermizo y de carácter difícil cuyo talento comenzaba a despuntar en Europa. A Lola le pareció «una mujer grande, masculina y de rasgos toscos» y lo que más le chocó es que vistiera como un hombre. Llevaba una levita larga ajustada a la cintura mediante un grueso cordel dorado, chaleco de lana, pantalones, corbata de seda y sombrero de fieltro de ala ancha. Era atractiva y pasional, de enormes ojos negros y con el cabello corto «a lo *garçon*», que resultaba muy seductora a ambos sexos. Se había divorciado de su marido y su larga lista de amantes suponía la comidilla de todo París. Al igual que a ella, le gustaba fumar cigarrillos y era una excelente amazona. Apenas pudieron charlar un rato pero resultaba inevitable que se llevaran bien. Ambas eran liberales y transgresoras, nunca aceptaron los límites impuestos a las mujeres en la época que les tocó vivir. Ya entrada la noche, y tras beber varias copas de champán, Lola se atrevió a preguntarle por qué usaba prendas masculinas.

—No es un disfraz, querida —respondió ella con una sonrisa en los labios—, es una actitud ante la vida. Resulta más barato y fácil vestir así. Además, puedo pasar desapercibida y frecuentar ambientes vetados a las mujeres. Deberías probarlo algún día, las ropas masculinas son muy cómodas y los corsés no dejan respirar, nos asfixian.

—Ahí te doy la razón, pero las bailarinas debemos sacrificarnos por estar bellas. Yo seduzco a mi público con mi físico y creo que la mayoría de los hombres prefieren que lleve faldas.

—Tú seduces con tu personalidad, Lola; tienes coraje y sabes defenderte, eres una auténtica leona y pronto París se rendirá a tus pies —aventuró la escritora.

En aquel ambiente frívolo y alegre Lola se sentía a sus anchas y se ganó las simpatías de todos. Al finalizar la velada agradeció emocionada a los presentes la cálida bienvenida que le habían dado. Allí mismo sus anfitriones se comprometieron a ayudarla a conseguir un contrato en el teatro. Antes de despedirse, Alejandro Dumas le susurró al oído: «En tres meses la aplaudiremos en el Teatro de la Ópera, no lo dude». George Sand alzó su copa para brindar por ella y toda la mesa gritó al unísono su nombre: «Por Lola Montes, la leona de París». Su presentación había sido un éxito y pronto daría sus frutos.

Los admiradores de la bailarina eran ahora los miembros más distinguidos de la élite cultural de París. Sus nuevos amigos enseguida comenzaron una campaña para presionar desde los periódicos a Pillet, que se negaba en rotundo a contratar en el escenario más prestigioso del mundo a una artista sin aptitudes cuyo único valor era su exótica belleza. El 24 de marzo, el joven periodista Pier-Angelo Fiorentino, un rendido admirador de Lola, publicó en *Le Corsaire* un artículo donde se quejaba de que «aunque Lola Montes baila los boleros más voluptuosos y es probablemente la única mujer que puede representar esta danza gitana con toda su ardiente pasión», le estaban negando la posibilidad de actuar. Ese mismo día, el *Journal des Théâtres* declaraba: «No hay esperanzas de ver bailar a Lola Montes en la Ópera, pero ¿acaso es este el único escenario en el que el público más ilustrado de Europa puede aplaudir a un talento que merece admiración?». Por su parte, Alejandro Dumas también movió algunos hilos y le pidió a Rosine Stoltz, mezzosoprano de la Ópera y amante de Pillet, que intercediera por ella. Esta cautivadora artista de voz prodigiosa tenía amistad con los hombres más poderosos del momento y se mostró encantada de poder hacer un favor al novelista.

Apenas unos días más tarde, el propio Méry le dio a Lola la noticia que tanto esperaba. Muy ilusionado y nervioso, le anunció que el miércoles 27 de marzo, tras la representación nocturna de *El cazador furtivo* en la Ópera de París, el coreógrafo había introducido un divertimento para que ella bailara sus danzas españolas. Se titulaba *El baile de don Juan* y era una pieza corta que le permitiría lucir su gracia y picardía. Llevaba en la ciudad apenas dos semanas, era una perfecta desconocida pero estaba a punto de debutar en el gran templo de la danza.

La noche de su estreno Lola sintió auténtico pánico escénico. El teatro era grande y suntuoso, con capacidad para más de mil espectadores y una excelente acústica. Su interior se hallaba lujosamente decorado, con palcos revestidos de seda y asientos de terciopelo rojo y una enorme araña de cristal que colgaba de lo alto de su bóveda. Aunque sus amigos habían contratado los servicios del famoso Auguste Levasseur, el «jefe de la claque» de la Ópera de París, que garantizaba los aplausos a los artistas, temía la reacción de los admiradores de la Elssler y la Taglioni que permanecían al acecho. Había muchos teatros en la ciudad, pero Lola había elegido actuar en el más prestigioso ante un público exigente e implacable. Si fracasaba, sería el fin de su carrera como bailarina.

En su camerino, intentó relajarse tomando una copa de champán mientras se maquillaba frente al espejo. La suerte estaba echada y ya no había marcha atrás. Aquella velada el lleno era total y entre el numeroso público que abarrotaba el auditorio se encontraban sus fieles amigos del Café de París y los juerguistas caballeros del Jockey Club ansiosos por ver en directo a la sensual artista. Cuando apareció en medio del escenario, con un ceñido corpiño rojo y una falda blanca con reflejos dorados por encima de la rodilla, la orquesta tocó los primeros compases de la cachucha. Lola se colocó en posición y comenzó a moverse y a saltar al ritmo de las castañuelas. Desde el primer instante notó la frialdad del público y las sonrisas de algunos señores de la primera fila, lo que interpretó como una burla a su arte. En un momento de su actuación, sintiendo que no la tomaban en serio, se paró en seco y con un ágil movimiento se quitó una de las ligas y la lanzó a los espectadores de manera despectiva. Un joven caballero, Alfred de Bellemont, la cogió al vuelo entre las risas de sus compañeros de butaca y la mostró en alto como un preciado trofeo. Aunque este incidente provocó un enorme revuelo en platea, Lola continuó bailando como si nada hubiera ocurrido.

Cuando regresó al escenario para interpretar «Los Boleros de Cádiz», fue recibida con escaso entusiasmo y algunos pitidos. En realidad el público prefería la polca que iban a bailar monsieur Coballi y mademoiselle Marie como número final. Aquella danza era el último grito en París y había irrumpido en el escenario del gran teatro solo dos días antes con enorme éxito. Si Lola deseaba llamar la atención lo había conseguido, pero su comportamiento resultaba inaceptable en un teatro de esta categoría. Al finalizar la función, Méry acudió al camerino donde la encontró llorosa y abatida.

—Querida, has estado divina y nos has conquistado a todos —dijo para animarla.

—No me engañes, Méry —le interrumpió Lola—. Este público arrogante y estúpido me ha dado la espalda desde el principio; he visto sus muecas, sus rostros sonrientes... Se burlaban de mí. Les he dado lo que se merecían.

—Debes calmarte, sabías que podía ocurrir algo así. Pero no te lamentes, otras puertas se abrirán, hay más teatros en París que seguro apreciarán tu arte.

—La prensa me atacará sin piedad, no quiero ni pensar en lo que mañana dirán de mí...

—Lola, en París lo importante es que hablen de uno, aunque sea mal.

Tal como ella temía, todos los periódicos se hicieron eco del incidente. *Le Siècle* destacaba cómo Lola Montes había conseguido de manera muy singular entrar en la historia de la Ópera de París: «La señorita Lola avanzó hacia las candilejas, agitando entre sus dedos la liga que acababa de quitarse de la pierna y, sacando fuerzas de su espíritu rebelde, la lanzó a los espectadores. La señorita Fanny Elssler se limita a enviar besos al público cuando baila la cachucha, pero la señorita Elssler solo es una española de Berlín; la señorita Lola Montes, que es una española de pura sangre, arroja su liga a los admiradores, en un estilo completamente diferente». Otro crítico señalaba: «La hermosa y ágil mujer de mirada viva fue calurosamente recibida, pero fue rechazada como bailarina y Lola Montes no aparecerá nunca más en la Ópera». Solo Fiorentino, periodista de *Le Corsaire* y uno de sus mejores amigos en París, declaró: «El estreno de la señorita Lola Montes estuvo a la altura de su brillante y multifacética reputación, que ha precedido hasta aquí a esta excepcional bailarina que ha maravillado y sorprendido al público».

A pesar del escándalo, Léon Pillet mantuvo en cartel la actuación prevista de la «célebre bailarina andaluza Lola Montes». Dos días más tarde reaparecía en el estreno de la ópera *Le Lazzarone* al que asistirían los más eminentes críticos teatrales. En esta ocasión se mostró más sensata y profesional, bailando con destreza las danzas españolas de su repertorio. No hubo ningún incidente y tras su actuación saludó con una reverencia y abandonó la escena con porte altivo. Pero el público esta vez no disimuló su descontento y en el patio de butacas se oyeron gritos como «no sabes bailar, viva la Grisi» y «dedícate al cancán, tienes piernas bonitas». Las críticas también fueron implacables y algunas se burlaban de su escaso talento: «La señorita Lola Montes es una persona muy hermosa dotada de una adorable silueta y con los ojos más bellos del mundo. Si eso fuera suficiente, su éxito habría sido total. Desgraciadamente, la señorita Montes no sabe bailar ni conoce los rudimentos más básicos de la coreografía».

Ni Alejandro Dumas ni el bueno de Méry pudieron frenar la avalancha de comentarios negativos. Tampoco la reseña de su amigo Théophile Gautier, que conocía bien sus danzas folclóricas porque en 1840 había viajado por España, fue halagadora. El célebre novelista estaba enamorado en secreto de la bailarina Carlotta Grisi y aprovechaba cualquier ocasión para hundir a sus imitadoras. Lola le parecía una impostora que manchaba el buen nombre del gran Teatro de la Ópera y le dedicó una dura crítica:

> La señorita Lola Montes no tiene de andaluza más que un par de magníficos ojos negros. Habla un castellano muy mediocre, apenas domina el francés y su inglés solo es pasable. ¿De qué país viene realmente? He ahí la cuestión. Podríamos decir que la señorita Lola tiene un pie pequeño y unas piernas hermosas. Asunto distinto es la forma en que las utiliza. Hay que reconocer que la curiosidad generada por los varios encontronazos de la señorita Lola con la policía del norte y sus conversaciones a golpe de fusta con los gendarmes prusianos no se ha visto satisfecha. Tras haber oído hablar de sus proezas ecuestres, sospechamos que la señorita Lola se encuentra más a gusto sobre un caballo que sobre los escenarios.

Cuando Franz Liszt llegó a París el 5 de abril tras su exitosa gira europea, no imaginaba el escándalo que Lola había protagonizado en su debut en la Ópera. Sus amigos de la prensa enseguida le pusieron al corriente de lo sucedido y el compositor nada pudo hacer por evitar su fracaso. Durante su estancia intentó no coincidir con ella, temía su reacción y no deseaba que su nombre se viera relacionado con el de una artista tan polémica. El 16 de abril dio un recital de piano en el Teatro de los Italianos, pero Lola Montes no figuraba en la lista de sus invitados. Tras una larga ausencia, Liszt tenía que afrontar asuntos más serios. Su amante y compañera Marie d'Agoult, que vivía con sus hijos en un lujoso apartamento de la avenida des Champs-Élysées, conocía su romance con la bailarina española. Los celos siempre la habían atormentado pero ahora era diferente. Al enterarse de que la artista iba a debutar en los escenarios de la prestigiosa Ópera de París se sintió traicionada. Cuando Liszt fue a visitarla tuvieron una violenta discusión y Marie rompió definitivamente con él.

—Qué desfachatez la tuya —le reprochó—, no solo te acuestas con esta mujer vulgar y de pésima reputación, sino que la presentas a nuestros amigos. Me has humillado delante de todos.

—Marie, cálmate, solo traté de ayudarla porque no conocía a nadie en París, y le di unas cartas de recomendación. Esta escena de celos ya la hemos tenido otras veces…

—Sí, pero esta será la última vez. Lo dejé todo por ti, por seguirte, pero ahora quiero recuperar mi libertad. Nunca me importó ser tu amante, pero ya no seré una más. No quiero volver a verte.

Para Liszt aquella ruptura fue un duro e inesperado golpe. Aún estaba enamorado de Marie y creía que podía salvar su relación. Había sido la mujer más importante de su vida; su musa, su compañera y la madre de sus tres hijos. Cuando Lola se enteró de que la condesa se había marchado precipitadamente de París con los niños, lo lamentó por él. Marie nunca le perdonaría. Más tarde y cuando ya era una reconocida escritora, se vengaría de él publicando su novela autobiográfica *Nélida* con el seudónimo de Daniel Stern. La obra, que causó un enorme escándalo, estaba basada en su tormentosa relación con el músico y su protagonista masculino era un pintor llamado Guermann. Un artista brillante y seductor pero sentimentalmente inmaduro que inspiraba, al igual que Liszt, mucho más amor del que él mismo era capaz de sentir.

Lola no abandonó la idea de volver a actuar en los escenarios parisinos aunque las críticas le habían hecho mucho daño. Méry tenía razón, las puertas de la Ópera se habían cerrado para ella, pero había espectáculos para todos los gustos que cada noche se llenaban de un público menos estirado y ansioso por divertirse. Estaba el Ambigu-Comique, donde actuaban los mejores humoristas del momento, el Teatro de Variedades, el Vaudeville, el Gymnase y la Porte Saint-Martin. En este popular teatro se representaban cada noche con enorme éxito comedias ligeras que intercalaban números musicales y espectáculos de mimo, magia y acrobacia. Mientras, Lola asistía a clases de danza y se reunía en los cafés con sus amigos periodistas esperando que el gran público se olvidara del escándalo. Gracias a la generosidad de Méry, que ganaba mucho dinero y lo prestaba a todo el mundo, pudo llevar una buena vida. Pero en julio de 1844 su nombre volvió a aparecer en los periódicos, debido a su habilidad con las pistolas: «La señorita Lola Montes ha dejado un cartón en la galería de tiro de Lepage completamente perforado por balas de pistola, disparada en veloces tiros dobles. Los más famosos tiradores de París se declaran vencidos por la habilidad de la hermosa andaluza».

Los meses siguientes Lola disfrutó de una libertad hasta entonces desconocida. Sin un amante fijo ni un contrato a la vista, se dedicó a perfeccionar su francés y continuó con sus clases de baile. También se dejaba ver en los locales de moda, siempre bien acompañada del brazo de algún conocido escritor o periodista. Aprendió a vestirse y a peinarse para estar a la altura de las mujeres con las que se codeaba. En aquella sociedad lo importante no era el rango social, sino saber vestir bien. Si deseaba acudir a las carreras de caballos, al teatro, a la Ópera o frecuentar los restaurantes más exclusivos, debía tener un extenso guardarropa y cambiar de modelo al menos cuatro veces al día. En estos lugares las mujeres lucían espléndidos trajes y brillantes joyas, y se examinaban mutuamente de arriba abajo. Lola no podía competir con ellas pero llamaba la atención «por sus extravagantes y atrevidos vestidos que lucía con estilo» y su belleza natural y salvaje. Aún conservaba una tez blanca de un tono rosado, los ojos azul intenso, unos labios carnosos, un cabello oscuro brillante y una silueta bien proporcionada gracias al ejercicio diario. Cuando acudía a las terrazas de los cafés o paseaba sola por los bulevares, envuelta en sus vistosos chales de cachemira, los hombres la observaban con admiración y deseo.

A finales de verano comenzaron a circular rumores de que la señorita Lola Montes iba a reaparecer en Porte Saint-Martin con un divertido vodevil especialmente escrito para ella. El mes de agosto, y a pesar de que la mayoría de sus amigos habían huido del insoportable calor de la capital, lo pasó ensayando para su estreno. Pero la competencia era muy grande y los directores no querían comprometerse con una artista con fama de problemática. Aún tendrían que pasar varios meses hasta que consiguiera pisar de nuevo un escenario. Mientras, Lola se había convertido en un personaje muy conocido del mundo artístico y literario parisino. Frecuentaba las tertulias de los cafés, acudía con Alejandro Dumas a los más selectos salones literarios y se había hecho un hueco en aquella sociedad mundana de dandis esnobs y juerguistas. Fue en una de esas reuniones a las que se hizo asidua en el Café de París donde conoció a Alexandre Dujarier. Se lo presentó un amigo común, el periodista y colaborador de *La Presse*, Gustave Claudin, otro admirador de Lola. En sus memorias, recordando aquellos vibrantes años en París, la describe como una aventurera de singular belleza que «posee un algo provocativo y voluptuoso que hace perder la cabeza a los hombres pero sin ningún talento como bailarina». En aquella concurrida velada también estaban presentes Joseph Méry, Théophile Gautier y Eugène Sue, el autor francés de moda.

El joven y apuesto Dujarier —al que sus amigos llamaban Henri— era el editor cultural y copropietario de *La Presse*, el periódico más influyente de París. De origen modesto, había entrado muy joven en el mundo de las finanzas y gracias a su astucia pronto se hizo rico. Antes de cumplir los veinticinco años había ganado una inmensa fortuna y llevaba un tren de vida fastuoso. En 1839 se convirtió en socio de Émile de Girardin, una de las grandes figuras del periodismo francés. Dujarier invirtió parte de su dinero en reflotar el periódico, que se encontraba en la bancarrota. Uno de sus aciertos fue contratar en exclusiva a los escritores más conocidos de la época, como Dumas y Balzac, y publicar sus novelas por entregas.

Henri se enamoró perdidamente de Lola desde el instante en que la vio. De carácter tímido y algo reservado, el periodista apenas habló con ella pero le pareció una criatura bella y rebelde, muy distinta a las demás. «Un espíritu bravo e indomable», pensó. Lola también se sintió atraída por aquel hombre alto, delgado y bien vestido, con finas patillas y cabello oscuro revuelto. Durante toda la noche cruzaron miradas cómplices y al despedirse él se ofreció a acompañarla a su casa en su carruaje.

—Veo que has hecho buenos amigos en París y que cuentas con muchos admiradores; no es de extrañar, eres una mujer difícil de olvidar, seductora, misteriosa… —le dijo mientras recorrían las calles desiertas.

—Eres muy amable —respondió Lola— y agradezco tus cumplidos. *La Presse* siempre me ha tratado bien, aunque ahora lo que necesito es un contrato.

—Cuenta conmigo; esta es una ciudad dura para una artista, pero yo sé a qué puertas hay que llamar y tal vez pueda ayudarte.

Tras el desplante de Liszt, no quería comenzar una nueva

aventura amorosa, pero con Dujarier fue diferente. Al poco tiempo de conocerle se instaló en un apartamento próximo al suyo en el número 39 de la rue Laffitte. Lola se convirtió así en la amante de uno de los periodistas más conocidos y admirados de la capital. Ahora residía en un magnífico barrio muy cerca de los locales y tiendas de moda preferidos de la sociedad parisina. Tenía varios sirvientes, cocinero, un magnífico carruaje, una yunta de finos caballos y un hombre entregado a ella. Ejercía de anfitriona en casa del periodista y le acompañaba a los animados cafés literarios donde se reunía a diario con sus amigos y compañeros de la prensa. Alguna noche salían a cenar a la Maison Dorée, el mejor restaurante de París. Situado a poca distancia de su apartamento, su interior era suntuoso, con pinturas murales, grandes espejos dorados y sus famosos *cabinets* o privados donde los ricos llevaban a sus amantes y cortesanas para disfrutar de una cena íntima. Luego ponían rumbo a los Campos Elíseos y se acercaban a los jardines del popular Bal Mabille, donde la célebre cortesana Céleste Mogador escandalizaba con su provocativa forma de bailar la polca levantando la pierna hasta una altura nunca vista. Hacía tiempo que Lola no se sentía tan feliz junto a un hombre que la quería y no le negaba nada. Era la clase de vida que siempre había soñado.

De la mano de Henri Dujarier conoció a los personajes de la alocada bohemia parisina. No tenía celos y veía normal que su amante cenara con modelos de pintores, *lorettes*, bellas aspirantes a actriz y célebres cortesanas. Lo aceptaba porque formaba parte del oficio de periodista. En ocasiones le acompañaba a estas desenfadadas reuniones donde las artistas de variedades se dedicaban a coquetear y a despellejarse entre ellas, mientras los caballeros discutían de política.

Una noche en el Café de París le presentaron a la famosa cortesana francesa Marie Duplessis, cuya vida inspiró a Alejandro Dumas hijo para escribir su novela *La dama de las camelias*. Era muy bella, de mirada melancólica, aunque llamaba la atención la palidez de su rostro y sus ojeras ligeramente azuladas. Estaba enferma de tuberculosis pero no había perdido ni un ápice las ganas de vivir y divertirse. A pesar de su juventud, su lista de amantes ricos y nobles era de lo más extensa. Uno de sus protectores, el anciano conde Von Stackelberg, había alquilado para ella un lujoso entresuelo en el boulevard de la Madeleine donde organizaba cenas y tertulias literarias a las que concurría lo más selecto de la élite intelectual del momento. En una de aquellas veladas, ambas mujeres intercambiaron confidencias.

—He oído hablar mucho de ti, Lola, y deseaba conocerte. Hay que tener mucho valor para hacer lo que hiciste en la Ópera delante de todo el mundo —le dijo Marie con una sonrisa pícara.

—Tengo sangre española, soy orgullosa y no tolero que se burlen de mí —respondió Lola, encendiendo un cigarrillo.

—Creo que nos parecemos, hemos luchado mucho y nada nos asusta. Mírame a mí, muchos me daban por muerta y aquí estoy. Vivo mi vida y no le tengo miedo a nada.

Marie Duplessis había vivido desde niña la pobreza y la explotación y ahora era una de las mujeres más elegantes de la ciudad. Lola la había visto pasear en su precioso cupé azul tirado por caballos purasangre por el Bois de Boulogne. Su última conquista, antes de morir a los veintitrés años, sería precisamente Liszt, a quien conocería en noviembre de 1845. Su romance duró poco y el músico, al igual que a Lola, la abandonaría sin despedirse.

El 6 de marzo de 1845, Lola debutó en el popular Teatro de la Porte Saint-Martin en una representación de *La Dansomanie* de Pierre Gardel. Era un divertido ballet cómico donde se contaba la vida de un torpe burgués de provincias apasionado de la danza. La obra permitía a Lola lucirse ejecutando una cachucha y varios boleros. Su reaparición despertó un gran interés porque se llevaba meses anunciando. Había pasado casi un año desde su desafortunada actuación en el Teatro de la Ópera y se sentía nerviosa ante la perspectiva de enfrentarse de nuevo al público parisino. Pero las circunstancias ahora resultaban distintas. Lola contaba con el apoyo de Dujarier, que desde *La Presse* podía ejercer su influencia para garantizar el éxito de su amada. También en estos últimos meses había logrado encandilar con sus encantos a algunos críticos y contaba con buenos amigos en los periódicos. La Porte Saint-Martin no era un teatro elegante y se encontraba en pleno declive. En el pasado sus ballets superaban en calidad a los de la Ópera y se habían representado obras dramáticas de Victor Hugo, Honoré de Balzac, Dumas o George Sand. Ahora alternaban números de baile y mimo con piezas teatrales algo vulgares y de baja calidad. El público, popular y poco exigente, venía a pasárselo bien. Aquella fría tarde del estreno el teatro estaba abarrotado. Cuando Lola apareció en el centro del escenario vestida con un entallado traje español de seda negra, con una larga mantilla de encaje que le caía desde lo alto de la peineta, la gente aplaudió entusiasmada. Antes de que hubiera finalizado su actuación el escenario se hallaba cubierto por un manto de flores y Lola apenas tenía espacio para bailar.

La señorita Montes se ganó al público de la Porte Saint-Martin pero no convenció a los críticos. Aunque se mostraron algo más indulgentes que el año anterior, la mayoría destacaron más su vistoso y original vestuario que la calidad de sus danzas españolas. El crítico del *Rabelais* fue el más positivo, pero ponía en duda su capacidad como bailarina: «Hay algo lascivamente atractivo y voluptuosamente tentador en las poses que adopta, y además es guapa, muy guapa, extremadamente guapa, y lanza besos con tal pasión que uno aplaude al instante, solo para preguntarse después si había sido correcto o no aplaudir. Vayan a verla: es única, es divertida y entretenida». Théophile Gautier, que un año antes había dudado de su origen español y le había sugerido que se limitara a montar a caballo, ahora describía con entusiasmo su forma de interpretar la cachucha:

> Las baila con una audacia desenfrenada, con un loco ardor y un brío salvaje que sin duda asombrará a los amantes clásicos de las piruetas y los *ronds de jambes*; pero ¿acaso la danza es un arte tan serio que no permite la invención o el capricho? ¿Debe quedar constreñida por una corrección inamovible, o acaso no basta que una mujer sea hermosa, joven, ágil y grácil? Los más rigurosos afirmarán que le falta estudio y que se permite lujos prohibidos por las normas. ¿Y qué?

No fue un triunfo absoluto pero el público apreció su novedoso y genuino arte español.

Lola había encontrado en Dujarier al compañero ideal. Junto a él vivía un amor estable y sereno que no había conocido. Gracias a sus influencias y posición económica había conseguido regresar a los escenarios y ser respetada en su exclusivo círculo de amistades. Era un hombre bueno y generoso y un periodista brillante a quien no le importaba su pasado y la aceptaba como era. Además, estaba muy enamorado de ella. Una noche, cuando regresaban paseando a casa tras una romántica cena en el Café Riche, le susurró al oído:

—Has estado maravillosa, Lola, y creo que el público te adora..., como yo... Deberías ir pensando en tu vestido de novia porque un día de estos me pondré de rodillas y te pediré en matrimonio.

—Déjate de bromas —le respondió ella en tono serio, rechazando un beso—, somos muy felices así, no tenemos que firmar ningún papel. Además, no creo que le guste a tu madre, seguro que piensa que su hijo único merece algo mejor.

—Tonterías, cuando te conozca le encantarás. Dumas y Méry me han dado el visto bueno y podríamos ir los cuatro de luna de miel a España, ¿qué te parece?

Lola no dijo nada aunque él insistió en fijar una fecha para pasar por el altar. De repente imaginó el daño que le causaría si descubriera quién era en realidad y que no podía volver a casarse aunque su anterior marido se encontrara a miles de kilómetros. Una vez más su pasado se interponía en su felicidad. El periodista había dejado de lado las malas compañías y su pasión por el juego para pasar el mayor tiempo posible con la mujer que ahora ocupaba su corazón. Sin embargo, aquella noche se sintió rechazado y dolido, pero pensó que Lola solamente necesitaba más tiempo y cambiaría de opinión.

Al día siguiente Dujarier fue invitado a una cena en el restaurante Les Trois Frères Provençaux, situado bajo los arcos del Palais Royal. Lola quiso acompañarle pero él se negó poniendo como excusa que no iba a sentirse a gusto en una reunión de viejos amigos libertinos. En realidad era Anaïs Lievenne, una conocida actriz del teatro de Vaudeville, quien organizaba aquella velada para sus amigos de la prensa y compañeras de profesión. Entre los invitados se encontraba la joven Alice Ozy, artista de comedia, modelo de pintores y «amiga de todos los hombres», célebre por haber sido la amante del príncipe Enrique de Orleans, hijo del rey Luis Felipe. Tras la copiosa y animada cena, en un salón privado prepararon una mesa con fichas para jugar al lansquenete, un antiguo juego de naipes alemán que estaba muy de moda en París. La bella Anaïs había cometido el error de sentar a la misma mesa a Henri Dujarier y al periodista Jean-Baptiste Rosemond de Beauvallon. Este atractivo criollo de veintiséis años era crítico del periódico rival *Le Globe*. Los dos se odiaban y durante toda la velada se lanzaron miradas de desprecio y comentarios desagradables. Dujarier perdió mucho dinero pero continuó jugando a la espera de una buena racha. Eran las seis de la mañana cuando salió dando tumbos del restaurante ayudado por su amigo el novelista Roger de Beauvoir. En aquel instante, ebrio y satisfecho por haber recuperado su dinero, no imaginaba los problemas que le traerían sus provocaciones a Beauvallon.

Aquella misma tarde Dujarier, cansado y aún con resaca, acudió a trabajar a su despacho de *La Presse*. Dos elegantes caballeros preguntaron por él y se presentaron como el conde de Flers y el vizconde d'Ecquevilly.

—Señores, estoy muy ocupado. ¿Qué desean? —les preguntó con impaciencia.

—Venimos de parte de monsieur de Beauvallon, que exige disculpas o una reparación por las armas por los insultos proferidos ayer —respondieron muy serios.

—No pienso rectificar nada de lo que dije —contestó tajante Dujarier—. Mañana mismo dos amigos míos se pondrán en contacto con ustedes; hasta entonces, salgan de mi despacho. —Y entonces pensó que no tendría más remedio que enfrentarse a un duelo.

Para un hombre de su posición, rehusar el desafío equivalía al ostracismo social. La idea le angustió porque, a diferencia de Lola, él no había cogido un arma en su vida. Lo ocurrido era en realidad un ajuste de cuentas entre *Le Globe* y *La Presse*, que había aumentado su tirada y obtenía cada vez mayores beneficios para descontento de sus rivales. Dujarier tenía veintinueve años, era dueño de un periódico que suscitaba muchos rencores e inmensamente rico. Beauvallon, que poseía fama de ser un excelente duelista, había encontrado la excusa perfecta para matar a su eterno rival. Cuando Dujarier le comentó a su buen amigo Alejandro Dumas la situación, este se quedó preocupado. Era un asunto muy serio y le aconsejó que aceptara la propuesta de batirse a espada porque estaba convencido de que este se contentaría con desarmarle. Pero Dujarier, por no ceder ante su adversario, se decidió por las pistolas. Nombró padrinos al barón Pierre-Charles-Benoît de Boigne, periodista, y a Arthur Bertrand, uno de los miembros fundadores del Jockey Club.

Desde el primer momento Henri intentó ocultar a Lola los problemas que tenía, pero ella adivinó lo que tramaba. Aunque sabía que iba a batirse en duelo, desconocía los detalles. De nada sirvió que le montara una escena y se echara a llorar implorando que no pusiera en peligro su vida. Él le aseguró que todo saldría bien y que era una pelea entre caballeros. El duelo quedó fijado para el 11 de marzo a las diez de la mañana en un claro del Bois de Boulogne. La noche anterior Lola actuaba en la Porte Saint-Martin. Dujarier se excusó y le dijo que no podía acompañarla pero que desayunarían juntos. Por la tarde, a solas en su despacho, el editor de *La Presse*, presintiendo lo peor, redactó su testamento y escribió una carta para su madre donde le explicaba las razones del duelo y se despedía de ella con estas palabras: «El honor lo es todo; si derramas lágrimas, mi buena madre, preferirás derramarlas sobre un hijo con honor igual al tuyo, que sobre un cobarde». Las siguientes líneas le costó más escribirlas porque iban dirigidas a su amada y sabía el daño que le causarían:

> Mi querida Lola:
>
> Me voy a batir en duelo a pistola. Esto explica por qué quería dormir solo y también por qué no he ido a verte esta mañana. Necesito toda la calma posible y debo evitar las emociones que al verte se podrían despertar en mí. A las diez todo habrá acabado y correré a tus brazos, a menos que... Mil caricias, mi querida Lola, mi mujercita adorada a quien amo y estará siempre en mis pensamientos.
>
> H. D. Martes por la mañana.

Aquella noche Lola apenas durmió porque presentía que algo terrible estaba a punto de ocurrir. A las siete de la mañana ordenó a su doncella que fuera a buscar a Henri para que pasara a verla antes de irse. La criada encontró al periodista ya vestido de riguroso negro y tomando una sopa caliente. No tuvo el valor de despedirse de ella, cogió su abrigo, una botella de vino y abandonó en silencio la casa. Antes le encargó a su sirviente Gabriel que le entregara a Lola la carta que le había escrito con un nudo en el estómago.

Dujarier partió en su carruaje acompañado por sus dos padrinos, el barón de Boigne y Arthur Bertrand, y un médico hacia un lugar conocido como *le chemin de La Favourite* en el Bois de Boulogne. Había nevado toda la noche y aún caían algunos copos sobre París. Las reglas del duelo ya habían sido fijadas el día anterior. Los adversarios se encontrarían uno frente al otro a treinta pasos de distancia. A la señal convenida de tres palmadas, cada uno podía avanzar cinco pasos y disparar. Cuando el primero hubiera abierto fuego, el otro debía detenerse y responder de inmediato. La comitiva llegó al lugar de la cita a la hora pactada pero no había señales de Beauvallon ni de sus testigos. Dujarier procuró vencer el frío de aquella funesta mañana paseando de un lado a otro por el bosque y bebiendo unos vasos de vino de Madeira. Absorto en sus pensamientos, murmuró: «Qué extraño ir a pelear a muerte y no saber por qué». Pese a que sus padrinos le informaron de que ante la ausencia de su contrincante podía regresar con honor a la ciudad, decidió esperar. Beauvallon y su séquito aparecieron una hora más tarde disculpándose y ofreciendo todo tipo de absurdas excusas. Aunque Boigne intentó reconciliar a los dos jóvenes para evitar la pelea, ambos determinaron seguir adelante.

Todo ocurrió muy rápido y como era inevitable. Dujarier, muy pálido y tiritando de frío tras la larga espera, disparó el primero. Apenas podía mantener firme la pistola debido al temblor de su mano y la bala se desvió varios metros de su objetivo. En este instante, en lugar de ponerse de perfil o protegerse la cara, se quedó paralizado a la espera del siguiente disparo. Entonces Beauvallon alzó su brazo y apuntó a su oponente, que le ofrecía un blanco perfecto. Una detonación rompió el silencio y la bala impactó en el rostro de

Dujarier, que cayó de espaldas desplomado. Sus padrinos corrieron hasta él, lo alzaron, le desabrocharon el abrigo y le desanudaron la corbata. El periodista aún seguía con vida pero el médico advirtió consternado que la herida era mortal. Unos segundos más tarde los ojos se le nublaron y expiró. Entre todos consiguieron subir su cuerpo inerte al carruaje que partió a toda velocidad en dirección a la rue Laffitte.

Tras leer la carta de su amante, Lola abandonó precipitadamente su casa y fue en busca de Dumas para averiguar dónde iba a tener lugar el duelo. El novelista tenía que saber lo que estaba ocurriendo porque era uno de sus mejores amigos. Cuando estuvo frente a él, mirándole a los ojos le dijo:

—Le pido que no me mienta, solo quiero saber a quién se va a enfrentar.

—A Beauvallon, él es su rival —respondió Dumas con gesto serio.

—Entonces no hay nada que hacer, va a morir —exclamó ella entre sollozos.

—No diga eso, hay que ser cautos, quizá se hayan reconciliado en el último momento...

Lola regresó a su apartamento a la espera de noticias. Estaba desesperada, no podía hacer nada por él ni tenía a quien recurrir. Durante largas horas no dejó de acercarse a la ventana aguardando ver aparecer su carruaje en cualquier momento. Seguía nevando, el cielo de París estaba gris y encapotado. Fumaba un cigarrillo tras otro mientras paseaba impaciente por el salón. Al mediodía oyó el chirrido de las ruedas de un coche que se detenía frente a su puerta. Reconoció la berlina negra de Henri y a su cochero. Lola se precipitó escaleras abajo para ir a su encuentro. Ya en la calle, ella misma abrió la portezuela del carruaje y se halló el cadáver ensangrentado de su amado. Con un grito aterrador se agarró a él y le cubrió de besos mientras el médico intentaba separarla. Ordenó a los sirvientes que instalaran su cuerpo sin vida en su lecho y que avisaran a su madre. Dos horas más tarde unos policías se personaron en su domicilio para abrir una investigación sobre el asesinato de Alexandre Dujarier.

El funeral tuvo lugar el jueves 13 de marzo en la iglesia de Notre-Dame de Lorette, abarrotada de amigos y personalidades del mundo artístico y literario de París. Una carroza fúnebre tirada por cuatro caballos negros ricamente engalanados seguida de un largo cortejo atravesó los grandes bulevares en dirección al cementerio de Montmartre. Sus amigos Balzac, Dumas, Méry y Émile de Girardin portaron su féretro. No muy lejos de allí, Lola oyó el repicar de las campanas en señal de duelo por el periodista fallecido. De pie, junto al gran ventanal del salón, contemplaba la calle con la mirada perdida. Sentía que la bala que había matado a su amante le había arrebatado también su vida. No había podido asistir a las exequias por respeto a la madre y la hermana de Dujarier. Sentía lástima por aquella mujer anciana, tan unida a su hijo, que lo había perdido demasiado joven y en un duelo absurdo. Para su familia Lola no era más que la última de sus muchas amantes, una bailarina de vida alegre y pasado escandaloso de la que nada querían saber.

Tras la muerte de su amante, Lola no se encontraba en condiciones de cumplir su contrato para volver a actuar, ni se vio con ánimos de ensayar su papel en *La Biche au Bois*, un divertido vodevil con el que pensaba debutar en unas semanas. Sin la influencia ni el apoyo económico de Henri Dujarier, el director del teatro no estaba interesado en mantenerla en cartel. Apenas diez días después de su funeral el periódico *Le Corsaire-Satan* anunció que la bailarina española Lola Montes ya no formaba parte de la compañía de la Porte Saint-Martin. Una vez más su carrera artística se veía truncada, pero lo que más le preocupaba ahora era la falta de dinero. Lola tenía que hacer frente a muchos gastos y pagar a los acreedores. En su testamento el editor dejó su bien más preciado, su participación en *La Presse*, a su querida madre y a su sobrino de corta edad. Su amigo Alejandro Dumas heredaría la mayor parte de sus bienes personales, incluidos sus magníficos caballos y el lujoso mobiliario de su apartamento. A ella le dejaba únicamente las diecisiete acciones del Teatro del Palacio Real, que valían menos de mil francos. Esta cantidad era mejor que nada y a principios de abril acudió a los tribunales para intentar cobrar la parte de su herencia. Sin embargo, el juez decretó que la ley concedía a su cuñado y albacea del testamento más tiempo para repartir sus bienes. La bailarina tuvo que abandonar su vivienda de la rue Laffitte y se trasladó a un pequeño hotel junto al boulevard des Italiens. Como de costumbre, se las ingenió para sobrevivir y echó mano de algún rico protector que, a cambio de su compañía, pagaría el alquiler de su habitación.

Se la veía vestida muy elegante en el hipódromo, en los restaurantes más lujosos y en un palco de la Ópera, siempre en buena compañía. Aunque intentaba mostrarse risueña y despreocupada en público, Lola ya no era la misma. Hasta la fecha había conseguido salir airosa de todos los avatares, pero ahora su carrera había terminado. Las puertas de los teatros se habían cerrado para ella y sin el amor de Dujarier era solo una bailarina caída en desgracia. Su salud se resintió, volvieron las migrañas y se sentía muy sola y aislada. Sus amigos intelectuales y artistas la rechazaron, ya no la invitaban al

Café de París ni a las tertulias donde brillaba con luz propia. Los que antes brindaban por ella y la llamaban «la leona de París» ahora habían olvidado hasta su nombre. Ella intentaba ignorar los desaires pero le dolían profundamente los crueles rumores que circulaban a sus espaldas. Se decía que había enviado a la muerte a su rico amante para cobrar su herencia. Otros la señalaban como una viuda negra, una joven bella y pasional que con sus artes de seducción arrastraba a sus amantes a la perdición. El propio Alejandro Dumas, muy afectado por la muerte de su amigo, llegó a comentar que Lola era una *femme-fatale* que solo traía mala suerte y desdicha a los hombres. Por primera vez creyó que había tocado fondo, pero sacó fuerzas para asistir como testigo al juicio contra Beauvallon por el asesinato de Dujarier.

En la cálida mañana del 26 de marzo de 1846 Lola Montes se presentó puntual en el Palacio de Justicia de la ciudad de Ruan, en el noroeste de Francia, donde se celebraba la vista. En los alrededores de este monumental edificio gótico se congregaba numeroso público ansioso por ver desfilar a los famosos testigos —entre ellos Alejandro Dumas y Honoré de Balzac—, las célebres cortesanas y las estrellas del espectáculo de variedades que iban a declarar. Vestida con un vaporoso traje de seda negro y un tupido velo cubriendo su rostro, Lola eclipsó a todos los asistentes. Un testigo que presenció el juicio declaró: «A pesar de que la sala estaba repleta de las más altas personalidades del mundo de la literatura y el arte en París, nadie llamó más la atención que ella. Hasta el austero presidente del tribunal y sus asesores la contemplaban con la boca abierta. Iba vestida de luto, aunque no del todo, porque lucía suaves sedas y encajes, y cuando levantó su velo y se quitó el guante para prestar juramento, un murmullo de admiración se extendió por toda la sala. Había hecho un largo viaje desde París hasta Ruan, pero ciertamente había obtenido su recompensa».

Cuando le tocó el turno a Lola declaró que tenía veintiún años —se quitó cuatro— y que su profesión era «artista del baile». Visiblemente emocionada, comentó que le hubiera gustado asistir a la cena con Henri en Les Trois Frères Provençaux, pero que este no se lo permitió. El presidente del tribunal le pidió entonces la carta de despedida que le escribió Dujarier y ella introdujo la mano en su escote y se la entregó para que la leyera y constara en acta. Al escuchar de nuevo las últimas palabras de su amante, no pudo soportarlo y se echó a llorar. El público sintió compasión por ella y a la vez quedó impresionado de su valor cuando en voz alta dijo: «Les aseguro a todos ustedes que me hubiera gustado ocupar el lugar de mi amado en el duelo, porque a diferencia de él, yo sí tengo muy buena puntería con la pistola». De haber sabido que el duelo iba a ser con Beauvallon hubiera llamado a la policía, afirmó.

También comentó que las últimas semanas el periodista se relacionaba con amigos de dudosa reputación y se le veía nervioso y malhumorado. Fue entonces cuando el abogado de la acusación, Léon Duval, en representación de la madre y el cuñado de Dujarier, preguntó a la testigo por qué no había mencionado estos detalles un año antes cuando fue interrogada. Lola, sintiendo que la acusaba de ocultar información, exclamó:

—No podía hablar de ello, estaba enferma, en la cama, rodeada de médicos y policías. Dudo que comprenda por lo que pasé. Fui yo, señor, la que recogió su cuerpo ensangrentado. Yo abrí la puerta del carruaje... Durante los últimos días presentí que iba a participar en un duelo pero no me dijo nada y yo veía que por las noches se juntaba con gente poco fiable...

—¿Y quiénes eran esas malas compañías? —insistió el letrado.

—¡Por Dios! Señor, le repito que yo abrí la puerta y cayó rígido entre mis brazos. Estaba muerto, una bala le había destrozado el rostro, y usted me pregunta por las malas compañías... No tiene piedad. —La bailarina se cubrió el rostro con el velo y abandonó el estrado con gesto afligido.

El desfile de testigos duró dos días más y aunque estaba convencida de que Beauvallon pagaría por lo que hizo, no conocía las leyes del país. Los jurados en Francia nunca aplicaban el grado de asesinato a un duelo a menos que el combate no hubiera respetado el código tradicional. El domingo, ya entrada la noche y con una sala atestada de gente, Lola escuchó el veredicto de inocencia. El jurado había tardado apenas diez minutos en absolverle.

Tras el juicio regresó a París triste y amargada por la victoria del hombre que había asesinado a su amante y destrozado su vida. Solo pensaba en irse cuanto antes de la ciudad y comenzó los preparativos. Puso en venta algunos objetos personales, mantillas, abanicos de encaje y vestidos pasados de moda. De nuevo acudió al albacea de Dujarier con la esperanza de poder cobrar la parte de su herencia, pero este le puso toda clase de excusas para retrasar la entrega de las acciones. Sin dinero y con los acreedores llamando a su puerta, la mejor opción era marcharse. Aún no podía creer que en un instante los meses de felicidad que había compartido con Dujarier se hubieran desvanecido. No tenía muy claro a dónde dirigir sus pasos, pero entonces conoció a Francis Leigh, un joven oficial inglés del Real Regimiento de Húsares que se encontraba de permiso en París. El atractivo militar, de cabello rubio, ojos azul oscuro y esbelta figura, la invitó a realizar un largo circuito por los balnearios europeos y pasar juntos un verano divertido. En junio se acababa de inaugurar el ferrocarril que unía París con Bruselas y su nuevo amante compró dos pasajes en primera clase.

Una vez más viajaba a lo grande con varios baúles, sombrereras y un cofre donde guardaba su único capital, las joyas que le habían regalado sus ricos admiradores. La pareja iba acompañada por una sirvienta y Zampa, el perro faldero de la bailarina. Durante las siguientes semanas visitaron Ostende y disfrutaron de las tranquilas playas del mar del Norte. A finales de julio abandonaron Bélgica rumbo a los destinos más elegantes de Alemania. Pero sus caminos pronto se separaron.

Lola fue vista en Heidelberg en compañía de un aristócrata ruso, el barón Georges Meller-Zakomelsky, quien le presentó a un nuevo e influyente admirador, Robert Peel, un diplomático que trabajaba como secretario del embajador británico en Suiza. El joven de veintitrés años —heredero al título de barón— era el hijo mayor del primer ministro británico, sir Robert Peel, recién retirado de la vida política. Apuesto y brillante, pero muy inmaduro, era la oveja negra de la familia. Después de trabajar dos años en la embajada británica en Madrid, acababa de ser trasladado a Berna, donde llevaba una vida aburrida y monótona. Cuando conoció a la alegre y desinhibida Lola le pareció un regalo caído del cielo. Pasaron unas semanas juntos y a mediados de agosto ella viajó sola a Bad Homburg, una tranquila ciudad balneario al norte de Frankfurt. La prensa anunció que la famosa bailarina española Lola Montes actuaría dentro del programa de festejos estivales. Pero, el 29 de agosto y para sorpresa de todos, la artista hizo las maletas y se marchó antes de la representación. Peel la había invitado a reunirse con él en Stuttgart para asistir a las fiestas que iban a durar todo el mes. El rey de Wurtemberg estaba preparando una espléndida celebración para recibir a su hijo, el príncipe heredero Carlos, que regresaba de Rusia con su nueva esposa, la gran duquesa Olga. Si Lola quería conocer a gente importante y codearse con príncipes y nobles, eran el lugar y el momento adecuados.

Pasó el mes de septiembre de fiesta en fiesta en esta ciudad alemana rodeada de suaves colinas y campos de viñedos. En compañía de Robert Peel acudió a bailes, recepciones, banquetes y pudo cabalgar por sus frondosos bosques. El clima cálido y las aguas termales la ayudaron a recuperar la salud. Se divirtió a lo grande y consiguió por un instante olvidar todas sus desdichas. Pero cuando comenzó el otoño su relación con el diplomático se enfrió. Estaba harto de las extravagancias de su amante, de su carácter violento y de sus caros caprichos. Por su parte, la bailarina pensaba en retomar cuanto antes su carrera artística y, finalizado el verano, los teatros buscaban nuevos espectáculos para la temporada. Fue entonces cuando planeó probar suerte en los escenarios de Viena, la ciudad consagrada a la música y la danza. Antes haría una parada breve en Munich, donde por esas fechas se celebraba la popular Oktoberfest, la fiesta de la cerveza. Como siempre, el destino le reservaba una inesperada sorpresa. Mientras preparaba su equipaje para salir temprano en la diligencia, no imaginaba que estaba a punto de protagonizar un escándalo que cambiaría el rumbo de la historia.

5

La amante del rey

Tras un agotador viaje en diligencia, Lola Montes llegó a Munich el 5 de octubre de 1846. Como era su costumbre se instaló en uno de los mejores hoteles del centro de la ciudad, el Bayerischer Hof. Cargada con su voluminoso equipaje y su inseparable perro Zampa, alquiló una habitación con vistas a una plaza sombreada por frondosos árboles. Desde su ventana podía contemplar la hermosa catedral de ladrillo rojo con sus dos altas torres coronadas por cúpulas. Era un soleado día otoñal y Munich le sorprendió por sus espléndidos edificios y cuidados jardines de flores. En las calles había una gran animación, las terrazas y las tabernas donde se servía la famosa cerveza bávara se encontraban abarrotadas de gente llegada de todos los rincones de Baviera para asistir a la Oktoberfest, que duraba dos semanas. La pequeña y tranquila ciudad estaba renaciendo gracias al empeño de su extravagante rey, Luis I de Baviera, un enamorado de la belleza y del mundo clásico. El monarca soñaba con edificar una urbe perfecta y monumental inspirada en la Roma y la Grecia antiguas. El visitante que paseaba por sus avenidas y recoletas plazas se topaba con arcos de triunfo, obeliscos, estatuas y grandes edificios neoclásicos decorados con frisos y columnatas. El año en que Lola llegó a Munich se palpaba una intensa actividad; en todos los barrios se construían iglesias, mansiones, palacios, rotondas, museos de arte, bibliotecas, jardines públicos y teatros. Pero contaba con otros alicientes: era una ciudad muy barata, tenía una animada vida cultural y se comentaba que el rey Luis, además de poeta y amante de las artes, sentía debilidad por las mujeres hermosas.

A diferencia de París, Lola no tenía cartas de recomendación, pero aquella misma tarde se dirigió al Teatro de la Corte situado en la emblemática Max-Joseph-Platz. Quería solicitar cuanto antes un contrato como artista invitada. A Lola le impresionó el magnífico edificio inspirado en un templo griego, con sus esbeltas columnas corintias, capiteles y frisos. En su gran auditorio se habían estrenado algunas de las óperas más famosas. Con su habilidad para seducir a los hombres poderosos estaba convencida de que muy pronto su nombre se anunciaría en el cartel. El director general de los teatros reales era el coronel y barón August von Frays, hombre de confianza del monarca. A pesar de ser un veterano militar curtido en mil batallas, amaba la ópera y se vanagloriaba de contratar en su teatro solo a grandes estrellas. Lo que Lola ignoraba es que los permisos para las actuaciones de artistas visitantes no se daban con facilidad y la última palabra la tenía siempre el rey. Cuando abandonó indignada el teatro al no haber sido recibida por su director, se dio cuenta de que no iba a ser fácil conquistarle con su belleza y que podían pasar varios meses hasta que le dieran una respuesta. Tenía que buscar la manera de llegar directamente al monarca saltándose el engorroso protocolo.

Al día siguiente Lola se cruzó con el barón Heinrich von Maltzahn, un antiguo admirador al que había conocido en París y que se alojaba en su mismo hotel. Este aristócrata, hombre rico y bien relacionado, había sido chambelán de la corte de Baviera. Tenía cincuenta y tres años y era un atractivo viudo de cabello canoso, elegante y cortés, amante de los placeres. Fue un feliz encuentro para ella, porque Maltzahn no visitaba muy a menudo su ciudad natal. Propietario de una lujosa mansión en la rue Madeleine de París, prefería la vida más liberal y alegre que llevaba en la capital francesa con sus amigos del Jockey Club. El rey Luis sentía simpatía por él y, aunque se prodigaba poco por Munich, siempre era bien recibido en palacio. Lola le comentó muy disgustada que el antipático señor Von Frays se había negado a recibirla y el barón, dispuesto a ayudarla, accedió a escribir una carta de presentación al rey Luis solicitándole que recibiera a su amiga en una audiencia privada.

Lola estaba ansiosa por conocer al monarca que todos describían como un hombre afable, inteligente, sensible, bueno en exceso y adicto al trabajo. El rey Luis I pertenecía a la Casa de Wittelsbach, una antigua y poderosa dinastía alemana que gobernó Baviera durante siete siglos. Había nacido en Estrasburgo en 1786 y era ahijado del rey Luis XVI de Francia y la desdichada María Antonieta. Accedió al trono a la edad de treinta y nueve años, tras la muerte de su padre el rey Maximiliano. Durante su juventud Luis viajó a Grecia e Italia y antes de su coronación ya soñaba con convertir su ciudad en una nueva Atenas. En octubre de 1810 se casó por razones políticas con Teresa de Sajonia, considerada «la princesa más bella de Europa». Los festejos de la boda gustaron tanto al pueblo que se repitieron en el aniversario de la pareja real, lo que dio origen a la famosa Oktoberfest, que todavía hoy se celebra en Munich. Teresa tuvo nueve hijos y era una esposa devota y abnegada dedicada en cuerpo y alma a hacer feliz a su marido. Desde el primer momento Luis le dejó claro que necesitaba libertad para satisfacer sus caprichos románticos. En realidad eran muy distintos; él era brillante, erudito y tenía alma de artista, mientras que ella había recibido una escasa educación. No estaba a la altura intelectual de su esposo ni era la musa que necesitaba a su lado. A pesar de sus constantes infidelidades, que Teresa aceptaba con resignación, la pareja seguía unida. La reina aún recordaba con emoción las sinceras palabras que le había escrito su esposo cuando celebraron sus bodas de plata: «No he conocido a otra a quien yo pueda amar más que a ti, ni a nadie a quien prefiera tener como esposa... Tú me perteneces. Y yo sería feliz si pudiera pertenecerte. Solo a ti. Pero mi naturaleza es inflamable. Quiera Dios que esta condición natural mía no destruya tu felicidad». Aquella semana cumplían treinta y seis años de matrimonio y asistieron del brazo a los bailes y a las carreras de caballos que se organizaban durante la Oktoberfest en una gran explanada conocida como el Prado de Teresa, en honor a la soberana.

Tres días después de su llegada a Munich, Lola iba a entrevistarse con el rey de Baviera, que concedía las audiencias privadas a última hora de la mañana. Dispuesta a ofrecer al monarca la imagen de una auténtica dama de la nobleza andaluza, eligió un atuendo de lo más austero. Tras varias pruebas se decantó por un sobrio vestido de terciopelo negro y recatado cuello de encaje blanco que resaltaba su figura. Recogió su cabello con un sencillo moño sujeto por una redecilla dorada que dejaba a la vista su estilizado cuello y se cubrió la cabeza con una mantilla negra. No se olvidó de su inseparable abanico ni de perfumarse con unas gotas de esencia de jazmín, su fragancia preferida. Aunque el hotel se encontraba a poca distancia del palacio y podía haber ido caminando, alquiló un coche de caballos. La Residencia, el palacio oficial de los reyes de Baviera desde hacía cuatro siglos, era un enorme complejo de edificios y palacios barrocos con cerca de doscientas habitaciones. Estaba rodeado de diez grandes patios abiertos y jardines italianos de diseño geométrico salpicados de hermosas fuentes de bronce. Cuando Lola llegó ante la imponente fachada del palacio notó un cosquilleo en el estómago. Si no conseguía cautivar al rey con su belleza y le negaba la autorización para bailar en el Teatro de la Corte, se vería en serios problemas. La ciudad, aunque no era ni la sombra de París, le resultaba muy agradable, pero no podía llevar el tren de vida propio de «una reconocida artista de la danza de la escuela bolera perteneciente a una familia de rancio abolengo español», como se presentaba en público. Apenas tenía dinero para comprar un caballo, pagar el alquiler de una buena casa y contratar los servicios de una doncella.

Lola atravesó una larga galería ricamente decorada en cuyas paredes tapizadas de seda colgaban un centenar de retratos de ilustres antepasados de la dinastía Wittelsbach; algunos de ellos tristemente célebres por su crueldad, demencia y extravagancias. Se rumoreaba que por esta familia discurría una vena de locura y que el propio Luis había heredado algunas rarezas. Cuando llegó a la antesala, muy concurrida, entregó su carta de recomendación al chambelán del rey, el conde de Reichberg, quien le pidió que esperase su turno. «Su Majestad está hoy muy ocupado y no dispone de mucho tiempo. Sea breve y concisa en su solicitud», le advirtió en tono seco.

Un instante después, las enormes puertas doradas del gabinete del rey se abrieron de par en par. Lola hizo una profunda reverencia al tiempo que el chambelán anunciaba pomposamente su nombre. El monarca, sentado a su mesa de trabajo, apenas le prestó atención enfrascado como estaba en la lectura del memorando que el director del Teatro de la Corte le había hecho llegar aquella misma mañana. Con un gesto de la mano y sin mirarla, la invitó a tomar asiento mientras seguía absorto leyendo el comunicado del barón Frays:

> La bailarina española doña María Dolores Porriz y Montes, más conocida como Lola Montes, ha llegado a nuestra tierra y ha solicitado bailar en el escenario del teatro de Su Majestad durante los entreactos. Pide la mitad de las ganancias netas o cincuenta luises de oro por cada actuación. En vista de que, por una parte, este tipo de artista invitada no ofrece en realidad ventaja alguna para la recaudación en taquilla y de que, por otra parte, fue necesaria la intervención de la policía debido a las ofensas públicas causadas por dicha bailarina en varias localidades donde actuó, este obediente y devoto sirviente de Su Majestad lo deja a su consideración.

Lola esperaba en silencio y tuvo tiempo para admirar la lujosa estancia desde donde el rey gobernaba los destinos de su pequeño reino. Luis se enorgullecía de ser el más madrugador de toda la corte y hacía veintiún años que la luz de la lámpara de su despacho era la primera que se encendía en la ciudad. El gabinete de estilo pompeyano, en rojo y negro, estaba decorado con bustos y esculturas de la antigüedad clásica. Pero lo que más llamaba la atención del visitante eran los extraordinarios frescos que revestían sus altas paredes y que reproducían los motivos que ornamentaban las ricas casas romanas de Pompeya. El anciano monarca era poco agraciado pero poseía una fascinante personalidad. Tenía buena planta, era alto, enjuto, con el cabello despeinado y vestía de manera informal. En su rostro delgado, marcado por la viruela, destacaban sus expresivos ojos azules y su larga y afilada nariz. Aunque en aquellos días tenía un quiste en la frente poco favorecedor, su buen talante y especial magnetismo hacían que sus defectos físicos pasaran a un segundo plano. El chambelán había advertido a Lola de que al dirigirse al rey le hablara en tono alto porque Su Majestad sufría desde niño una leve sordera.

Cuando Luis dejó la pluma sobre la mesa y levantó por fin la mirada, el rostro se le iluminó y sus mejillas se sonrojaron. A sus sesenta años quedó literalmente subyugado por la voluptuosa belleza de Lola, que le pareció una Virgen de Botticelli. Con gesto torpe se acercó a ella y la suave luz que penetraba a través de los grandes ventanales le permitió apreciar con más detalle sus rasgos: el óvalo perfecto de su rostro, sus grandes ojos de un azul intenso y densas cejas arqueadas, su nariz recta, sus labios rojos y carnosos, su cuello sublime, sus pechos firmes y fina cintura. Sintió que todo su cuerpo se estremecía y la emoción casi le impedía hablar.

—Doña Lola Montes, mi buen amigo el barón Maltzahn me ha hablado maravillas de usted. Y por lo que veo se ha quedado corto en sus apreciaciones. No sabe cuánto me alegra su visita, no tengo muchas oportunidades de practicar mi modesto español y amo tanto ese país…

—Majestad, me siento muy honrada al estar hoy aquí con

usted, un soberano sensible a la belleza y a las artes. Permítame que me presente, soy una famosa bailarina de danza española y he debutado en los mejores teatros de Europa...

—Sí, lo sé —la interrumpió el rey mientras no podía apartar su vista de ella—, el señor Frays me ha puesto al corriente, pero debe entender que aquí no se la conoce y el Teatro de la Corte cuenta con una gran reputación... Pero venga, siéntese junto a mí y hablemos tranquilamente.

La audiencia se prolongó más allá de lo habitual, para desesperación del chambelán que esperaba al otro lado de la puerta. El rey era un enamorado de España, país que nunca había visitado pero que despertaba en su corazón todo tipo de pasiones. Para él suponía la reencarnación de un sueño romántico, una tierra de poesía, serenatas de guitarra, ardientes mujeres y amores prohibidos. Le confesó a Lola que leía a menudo a Cervantes y a Calderón de la Barca, y que su libro favorito era el *Quijote*. Se sentía dichoso de poder practicar la lengua cervantina con una española de tan noble cuna. Luis, que hablaba rápido, en tono enérgico y gesticulaba mucho, estaba tan embelesado con Lola que ella tuvo que volver a recordarle amablemente el motivo de su visita.

—Señora Montes, mañana mismo hablaré con mi director teatral para que debute lo antes posible en nuestro escenario. Estoy impaciente por verla bailar...

—Majestad, le estoy sumamente agradecida. Espero no defraudarle y que esta visita sea el inicio de una buena amistad. —Lola se despidió del monarca con una nueva reverencia y este le besó efusivamente la mano, intentando prolongar aquel instante de placer.

La bailarina abandonó la estancia con porte majestuoso dejando a Luis sumido en la confusión. En su último cumpleaños el monarca había sentido un enorme vacío, como si la vida se le escapara de entre los dedos. Su esposa Teresa le había anunciado meses atrás que deseaba dormir sola, pero él no pensaba renunciar al sexo y seguía frecuentando a sus viejas amantes, actrices del Teatro de la Corte que le hacían olvidar sus tediosas responsabilidades. Pero el rey, un romántico empedernido, anhelaba enamorarse de nuevo, conquistar a una joven hermosa y entregarse a ella sin límites. Al ver a Lola sintió que en el ocaso de su vida había encontrado a la mujer de sus sueños.

Cuando el chambelán irrumpió en la estancia para anunciarle la siguiente visita, el rey le pidió que le dejara a solas unos minutos. Otra de sus pasiones era la poesía y ya desde muy joven escribía sonetos, odas y poemas en los que plasmaba sus más íntimos sentimientos. Lo sorprendente es que el monarca publicaba sus poemas sin importarle desnudar su alma a quien quisiera leerle. Ahora necesitaba coger la pluma y escribir unos versos a su nueva musa:

El amor habita en su interior.
Regiones luminosas.
Sol y deleite.
Ahí es donde se la puede encontrar.

Al día siguiente Luis se levantó, como de costumbre, a las cinco de la mañana, rezó sus oraciones, se envolvió en su viejo batín verde y se sumergió durante horas entre los papeles y documentos que se apilaban sobre su mesa. Estaba obsesionado en mantener en orden las finanzas de su reino. Odiaba el despilfarro y obligaba a su familia a llevar un tren de vida austero. Sus súbditos se sorprendían al ver que, tanto en verano como en invierno, usaba la misma levita, no tenía abrigo y salía a pasear siempre con su viejo sombrero de fieltro. Su aspecto recordaba más al de un «viejo profesor chiflado» que al de un monarca europeo. En cambio no reparaba en gastos cuando se trataba de embellecer con espléndidos edificios neoclásicos su amada ciudad, o de adquirir en Europa cuadros y esculturas de los más renombrados artistas para enriquecer los fondos de sus museos. Aquella mañana no podía dejar de pensar en Lola y mandó llamar al barón Frays para discutir los detalles de su actuación. Además, se sentía muy intrigado por su «escandaloso» pasado y deseaba conocer los altercados que había protagonizado en Varsovia.

—Su Excelencia, según los informes que aparecen en la prensa, debería desconfiar de Lola Montes —le advirtió el barón con gesto preocupado—. Su mala fama la precede y me temo que esta mujer tiene el poder de conquistar a los hombres hasta conseguir su ruina total.

—¿No está usted exagerando? La he conocido y me parece una dama encantadora y muy educada —medió el rey.

—No, majestad. Arrojó una copa de champán a la cabeza de un oficial que pretendió propasarse con ella en un conocido restaurante de Berlín. Pasó catorce días en prisión por golpear a un gendarme con su fusta en una parada militar, y en Varsovia, ante la fría acogida del público, respondió con gestos impúdicos y mostró al respetable la parte trasera de su cuerpo.

—Quizá se trate solo de rumores sin ningún fundamento.

—Majestad, créame, esta tal Montes...

—Disculpe, llámela por su nombre, madame Montes.

—Majestad, madame Montes solo es una aventurera, aunque si finalmente la autoriza a bailar como artista invitada, la taquilla no se resentirá porque la reputación de la dama atraerá a muchos curiosos al auditorio.

Tras escuchar atentamente a su director teatral, Lola le pareció aún más irresistible. Tenía belleza, audacia, rebeldía, inteligencia y era puro fuego... Solo una auténtica andaluza podía reaccionar así ante los hombres que intentaban aprovecharse de ella. El rey ordenó a Frays que hablara de inmediato con la artista para cerrar las condiciones de sus honorarios y el número de actuaciones. Además, le insistió en que deseaba que bailara únicamente durante los intermedios y vestida con el traje español. En un acto de generosidad hacia ella decidió que cobrara la mitad de los ingresos de taquilla, en lugar de un tercio, como era lo habitual. Ambos acordaron que sus danzas andaluzas encajarían a la perfección en el entreacto de la comedia *El príncipe encantado* de Johann von Plötz, programada para el 10 de octubre dentro de los actos conmemorativos del 36.º aniversario de boda de Su Majestad.

Dos días después de su encuentro con el rey de Baviera, la artista iba a debutar en el gran Teatro de la Corte a poca distancia de La Residencia. Luis amaba el teatro y la ópera italiana y asistía con frecuencia al auditorio, donde medía su popularidad por los aplausos que recibía cuando aparecía en el palco. Como le resultaba difícil oír bien a los artistas, trataba de estudiar el texto de las obras o libretos de las óperas con antelación para poder seguir el argumento. En la corte de Munich los rumores corrían veloces como el viento y el día del estreno buena parte del público ya sabía que la artista invitada Lola Montes había conquistado el corazón del soberano. La curiosidad por conocer a la nueva protegida de Su Majestad, una belleza castiza de escandaloso pasado, ayudó a que se vendieran todas las entradas.

La tarde del estreno Lola esperaba impaciente entre bastidores la orden para salir a escena. Estaba más nerviosa de lo habitual porque sabía que Luis y los miembros más destacados de su círculo estarían presentes. En el último momento la reina Teresa declinó su asistencia alegando una fuerte jaqueca. Aunque toleraba las infidelidades de su marido con damas de la alta sociedad, sus romances con actrices y artistas la humillaban frente a sus súbditos. Luis ocupó como de costumbre un palco en el segundo piso, en la zona reservada a la corte y a la nobleza. Le aburría la pompa y el protocolo, y prefería sentarse con sus familiares y amigos que presidir el lujoso palco real decorado en color púrpura, oro y marfil. Estaba ansioso por ver actuar a la mujer que ahora ocupaba todos sus pensamientos.

Cuando finalizó el primer acto, la orquesta empezó a tocar los primeros acordes de «Los Boleros de Cádiz». El telón se levantó y Lola apareció sola en medio del escenario. Como todo el auditorio estaba iluminado podía ver claramente al rey en su palco y le saludó con una respetuosa reverencia. Iba vestida con un traje español de seda y encaje que marcaba su exuberante figura y dejaba a la vista sus largas y contorneadas piernas. Entonces, alzando los brazos comenzó a bailar con brío al ritmo de sus castañuelas. El soberano no perdía detalle y con la ayuda de unos gemelos seguía los ondulantes y sinuosos movimientos de su cuerpo. Nunca había visto a una española ejecutar las danzas típicas de su país, pero se sentía transportado a esa tierra de fuego y pasión. La energía de Lola, su gracia y genio indomable le tenían tan encantado como al protagonista principal de la obra. Al finalizar su actuación, una salva de aplausos encabezada por el monarca estalló en todo el auditorio. Aunque el público más entendido deploró la escasa formación académica de la artista, su sensualidad y belleza fueron muy alabadas por los caballeros.

La perplejidad del público fue mayor en el segundo entreacto, cuando Lola interpretó «El Olé». La pantomima con la araña dejó sin palabras a los críticos teatrales. En esta ocasión el aplauso fue más tibio y se escucharon algunos silbidos en la platea que el rey no pudo acallar. Luis, furioso ante semejante descortesía, se levantó muy digno y aplaudió con todas sus fuerzas a la bailarina, que se inclinó ante él y desapareció del escenario. Profundamente avergonzado, abandonó su palco y se dirigió al camerino de Lola para darle todo su apoyo.

—Querida, no sabes cómo lamento este incidente —le dijo el rey muy abatido.

—Me siento humillada, insultada, cómo han podido tratarme así y en presencia de Su Majestad.

—No volverás a bailar en este teatro, no te merecen. Son incapaces de apreciar tu arte tan auténtico y pasional.

—Por supuesto que volveré a actuar —exclamó, levantando aún más el tono de voz—. Si renuncio ahora pensarán que me han derrotado, se reirán de mí. Cumpliré mi contrato y bailaré una vez más y luego… Oh, ¿qué será de mí?

—Y luego, divina Lola, te retirarás de los escenarios para siempre y viajaremos a España, veremos mundo y tendrás por entero mi amor —añadió Luis mientras besaba sus manos.

Unos días más tarde, Lola regresaría a los escenarios para interpretar sus danzas folclóricas tras la representación de la obra *El misógino.* Para protegerla de los posibles ataques de sus detractores, el monarca ordenó al jefe de policía en funciones, el barón Johann von Pechmann, que agentes de paisano se instalaran estratégicamente en las primeras filas de la platea.

Pechmann, que llevaba apenas unos meses en su puesto y era el encargado de la seguridad en la capital, no osó contradecir al rey aunque su petición le dejó perplejo. El señor Frays también tomó sus medidas y pidió a los miembros del teatro que ocuparan el espacio de la orquesta. En realidad Luis sabía que las protestas del público iban dirigidas a él. Cuando Lola llegó a Munich su popularidad se encontraba en uno de los momentos más bajos de su mandato. Con el paso de los años el monarca que impulsó la educación, las artes y el comercio se había convertido en un autócrata que controlaba con mano dura el país. Al principio de su reinado contaba con el afecto de su pueblo, que lo consideraba un buen soberano, recto y austero, y le perdonaban sus debilidades. Pero hacia 1840, y ante la amenaza de los movimientos revolucionarios que triunfaban en Europa, se había atrincherado en un mayor absolutismo. El pueblo, la prensa y la universidad comenzaron a protestar ante la falta de libertades y Luis estaba convencido de que solo imponiendo la fuerza conseguiría mantenerse en el trono.

El 14 de octubre, Lola Montes reapareció en el Teatro de la Corte donde interpretó de nuevo «El Olé» y bailó un fandango. En el gran auditorio pudo ver muchas butacas vacías, pero, tragándose su orgullo, continuó con la actuación. Al igual que en su debut, los críticos se mostraron estupefactos ante su estilo de baile tan poco ortodoxo, aunque coincidieron en que su «salvaje belleza» era muy notable. Las fuerzas de seguridad nada pudieron hacer para evitar los abucheos y silbidos que se escucharon cuando cayó el telón. Enfurecido, el rey Luis ordenó a Von Pechmann identificar y castigar a los instigadores de la protesta y darles su merecido. Cuando el monarca regresaba en su carruaje a La Residencia no podía quitarse de la cabeza a la bailarina: «Ah, mi querida Lola, te castigan porque saben que de esta manera me hacen daño a mí, pero no permitiré que nada ni nadie nos separe».

No había ninguna duda, el rey se había enamorado perdidamente de Lola Montes. Aquella misma noche, en su pequeño cuaderno de bolsillo comenzó a componer su primer poema en español: «Yo te quiero con mi vida, con mis ojos, con mi alma, mi cuerpo, mi corazón, con todo mi ser. Tu pelo negro, tus ojos azules, tu graciosa figura...». Pensando en su irresistible atractivo, decidió que Lola debía posar para su «Galería de las Bellezas», que ocupaba el antiguo y gran salón de fiestas anexo al palacio con vistas al jardín. En esta singular pinacoteca, célebre en toda Europa, colgaban una treintena de retratos por encargo de las mujeres más hermosas de la época, todos realizados por el gran pintor de la corte Joseph Karl Stieler. Era su particular homenaje a la belleza femenina, aunque las malas lenguas se referían a ella como «el harén de Su Majestad». Algunas mujeres habían sido sus amantes, pero su colección también incluía a miembros de su familia, como su hija y su nuera. La mayoría eran damas de la nobleza alemana, pero había también representantes de todas las clases sociales, desde la atractiva hija de un zapatero de Munich hasta la archiduquesa Sofía de Baviera, madre del emperador Francisco José. Al rey le gustaba pasear un rato todas las mañanas por su galería —abierta al público en horas determinadas— para contemplar en su conjunto este ramillete de beldades que tanto le inspiraban.

Habían pasado cuatro años desde que el monarca encargara a Stieler el último retrato. La elegida, Caroline Lizius, era entonces una joven plebeya de «candorosa hermosura pastoril» que conquistó el corazón de Luis y se convirtió en otra de sus fugaces amantes. Ahora estaba de nuevo enamorado y deseaba añadir cuanto antes a su adorada Lola a la colección. Sin poder esperar más tiempo, se presentó en el estudio del artista en la Barerstrasse para concretar los detalles del cuadro.

—Majestad, ¡qué grata sorpresa! No le esperaba hoy —exclamó Stieler al verle.

—Mi querido Joseph, he venido porque deseo hacerle un encargo muy especial. He conocido a una joven bailarina española que merece ocupar un lugar destacado en mi galería...

—Pero, majestad, ¿no se referirá a Lola Montes?

—Sí, efectivamente es ella. Quiero que su retrato refleje su ardiente personalidad, que represente a una verdadera belleza de Andalucía, de noble y antiguo linaje.

—Disculpe, majestad, yo creía que las damas elegidas además de belleza debían tener un comportamiento intachable y ejemplar.

Pero el rey no estaba dispuesto a escucharle.

—No me discuta, Joseph —replicó—. Corren muchos rumores infundados sobre esta pobre criatura. Está decidido. Mañana mismo comenzarán las sesiones. Ah, y tómese el tiempo que necesite para acabar el cuadro —añadió mientras abandonaba el estudio con gesto satisfecho.

El rey ya no ocultaba el amor que sentía por la bailarina y empezó a visitarla en su hotel, el Bayerischer Hof. Llegaba paseando tranquilamente a pie, en ocasiones por las tardes o de noche, y a menudo dos veces al día. Él había decidido que la ciudad de Munich debía tener un hotel elegante como los de París o Londres y se lo encargó a su arquitecto favorito, Friedrich von Gärtner. Se inauguró en 1841 con una gran cena de gala y asistieron personalidades de todo el país. Como en su palacio no había bañeras, el monarca visitaba el hotel dos veces al mes para darse un relajante baño en una de sus suites. A nadie le extrañaba verle solo por las calles adoquinadas del centro histórico de la ciudad y sin escolta. Le gustaba charlar con la gente, en especial con las muchachas, y contemplar orgulloso la armonía y belleza clásica de sus monumentos. En un tiempo en que su coetánea la reina Victoria de Inglaterra había sobrevivido a dos atentados, él no había renunciado a sus viejas costumbres. Aquellas visitas furtivas a Lola, siempre acompañadas de un ramo de flores o una caja de sus bombones preferidos, alegraban el ánimo de la artista, que no había podido olvidar el rechazo del público muniqués. Cuando Luis le propuso posar para su famosa galería se sintió muy halagada. Era un gran honor ser elegida por el rey de Baviera para figurar junto a las más destacadas beldades de la época. Hasta la fecha ninguna dama española había disfrutado de este privilegio. El monarca le aseguró que «su fogosa belleza y perfección de rasgos ofuscaría el brillo de sus más nobles compañeras».

Las sesiones en el estudio de Joseph Karl Stieler comenzaron el día previsto aunque no sin problemas. Por lo general, las modelos eran ataviadas con suntuosos trajes de época medieval o renacentista. Algunas se caracterizaban como personajes dramáticos de las obras teatrales de Schiller, el autor favorito del monarca. Los retratos, de estilo neoclásico y muy estáticos, representaban el ideal de belleza femenina que tanto gustaba a Luis. Aunque Stieler era uno de los mejores pintores de su tiempo, a Lola sus cuadros le resultaban muy fríos y carentes de vida. Ella se negó en rotundo a que la disfrazaran porque deseaba pasar a la posteridad como una auténtica bailarina española. Así, eligió para posar un austero vestido de terciopelo negro con cuello cerrado de blonda blanca y una amplia falda escarlata. En la cabeza, su larga cabellera rizada quedaba oculta por una delicada mantilla de encaje negra que le caía hasta la cintura. Lola tenía entonces veinticuatro años y estaba en la plenitud de su belleza.

A Stieler no le resultó fácil lidiar con una mujer tan inquieta y temperamental. Llevaba décadas retratando a jóvenes dóciles y tímidas, que le respetaban y obedecían. A Lola, en cambio, tan imprevisible y rebelde, no sabía cómo tratarla. Se presentaba en el estudio con Zampa, que no paraba quieto olisqueando entre los lienzos y mordiendo los pinceles. No tenía paciencia para estar posando, callada e inmóvil, en el frío y poco confortable estudio del pintor. Para el rey, sin embargo, estas sesiones eran la coartada perfecta para disfrutar de la compañía de Lola lejos de las miradas indiscretas. Luis ya se había percatado de que la bailarina, en los pocos días que llevaba en Munich, contaba con una pequeña corte de admiradores, en su mayoría jóvenes oficiales que la acompañaban en sus paseos matinales. Uno de ellos era un atractivo teniente de artillería, Friedrich Nüssbammer, quien había acudido en su ayuda cuando unos muniqueses la insultaron en plena calle. Lola, muy agradecida, le recompensó invitándole a visitarla una tarde en su hotel. Pronto se convirtió en su asiduo acompañante y se les podía ver juntos paseando por la ciudad. Comenzó a circular el rumor de que el rey pretendía casar a Lola con Nüssbammer para regularizar su situación en Baviera.

En los descansos de las sesiones de posado, se sentaban juntos en el sofá de terciopelo rojo del pintor y el anciano monarca conversaba animadamente en francés mezclando algunas palabras de italiano y español. A veces ella tocaba unos acordes de guitarra y entonaba alguna copla andaluza. Lola no sabía cantar pero a Luis le parecía perfecta: «Adoro la música de tu voz y me inclino ante tu arte», le diría. En esta atmósfera tan romántica el rey se trasladaba a sus indolentes años de juventud en Italia cuando era el apuesto príncipe Luigi que se codeaba con artistas y estudiantes, y vivía solo para el amor y la belleza.

Stieler, que reprobaba el comportamiento del monarca, fue testigo de su pasión por la seductora bailarina. Un día, mientras estaba posando, Lola le lanzó una rosa. Luis la cogió al vuelo y besó sus pétalos agradeciendo su espontáneo gesto. De regreso a palacio, el monarca se dio cuenta de que había olvidado la flor en el estudio. Inmediatamente envió a uno de sus lacayos a recuperarla con una nota de su puño y letra dirigida al pintor:

> Le ruego que mande enseguida a mi residencia, en un sobre cerrado, la rosa que he dejado en su estudio. Mañana me cerciorаré personalmente de que ha atendido este ruego mío,
>
> Luis

Lola disfrutaba de la asidua compañía de Su Majestad pero aún no comprendía la intensidad de sus sentimientos. Aunque su paso por el Teatro de la Corte había sido decepcionante, no deseaba renunciar definitivamente a su carrera artística. Una tarde que el rey la visitó en su hotel, le comentó que tenía prevista una actuación en el teatro de Augsburgo y que en breve abandonaría Munich. Luis era incapaz de aceptar la idea de perderla.

—Mi divina Lola, no puedo vivir sin ti —le imploró—.

No te das cuenta, somos almas gemelas que buscan en el arte y la belleza su razón de existir.

—Me siento muy a gusto contigo, pero soy una artista y debo ganarme la vida de manera decente. Viajaré a Augsburgo y luego regresaré para pasar aquí una temporada.

—No, no y no, Lola, no lo comprendes, me partirás el corazón si ahora te marchas... Lo que siento por ti no lo he sentido por nadie.

—Yo tampoco —murmuró Lola con ojos llorosos—, y ahora ya sé que tengo un motivo para quedarme. —Y cambió sus planes.

Tras esta conmovedora confesión Luis respiró tranquilo. La bailarina no solo se quedaba a vivir en Munich, sino que reconocía sentir algo por él. Quizá un día no muy lejano ella llegaría a amarle como hombre y no solo como rey. Tan embelesado y a gusto se encontraba aquel día en su compañía que el tiempo transcurrió sin darse cuenta. Cuando finalmente se despidió era ya tan tarde que halló la puerta del hotel cerrada con llave. Se armó un gran revuelo en el vestíbulo y el gerente tuvo que acudir para evitar un escándalo mayor. Por la mañana, Lola recibió uno de los primeros regalos de su ferviente admirador: una edición lujosamente encuadernada de sus poemas, con una emotiva dedicatoria de su puño y letra. Ella no podía entenderlos, pero Luis podía traducirle algunos al francés, y si se quedaba a vivir en Munich, él mismo le enseñaría algo de alemán.

«Me siento como un viejo Quijote romántico que ha encontrado en Lola a su Dulcinea», escribió el rey en su diario. Todo en ella le fascinaba. Su arrebatadora belleza y su fuerte personalidad le resultaban irresistibles. No era dócil y sumisa como la mayoría de sus amantes y su carácter le recordaba mucho al suyo. Luis era encantador, divertido y amable, pero también orgulloso y egocéntrico. Si descubría una traición o no se obedecían sus órdenes, montaba en cólera y podía ser grosero y hasta violento.

Se sentía tan eufórico y feliz que tuvo la necesidad de escribir una carta a su viejo amigo el barón Heinrich von der Tann y confesarle el dulce momento que estaba viviendo:

> Qué dirás, mi querido Tann, cuando te cuente que este hombre de sesenta años ha despertado la llama de la pasión en el corazón de una joven de veintidós años de noble cuna, bella, inteligente, ardiente y amable y del sur. La admiración (es inmodesto que lo repita, pero ella lo dijo) que al principio sintió por mí se transformó después en amor. Y puedo compararme con el Vesubio, que parecía extinto hasta que de pronto entraba de nuevo en erupción. Estoy preso de la pasión como nunca. En ocasiones no podía comer, no lograba conciliar el sueño, la sangre me hervía enfebrecida por las venas, me elevaba hasta los cielos, mis pensamientos se volvían más puros y yo me convertía en una persona mejor. Era feliz, soy feliz. Mi vida tiene una nueva vitalidad. Soy joven de nuevo, el mundo me sonríe.

Lola Montes estaba a punto de convertirse en la amante oficial del rey Luis I de Baviera. Había llegado a Munich siendo una desconocida, sin apenas dinero y huyendo de su pasado. Ahora el destino le deparaba ocupar un lugar destacado en la historia. El monarca —treinta y cinco años mayor que ella— despertaba en la bailarina tiernos sentimientos, casi paternales. Era una relación nueva para ella basada más en la amistad y en la mutua complicidad que en el sexo. El rey compensaba su avanzada edad y su escaso atractivo físico con una total entrega. A Lola le parecía el hombre más culto, afable y gentil de todos los que había conocido en su azarosa vida sentimental. Ni Franz Liszt, ni George Lennox ni su gran amor Dujarier la habían tratado con tanto respeto y admiración. Por primera vez se sentía poderosa, tenía a un rey que la veneraba y accedía a todos sus caprichos. Los que hasta entonces pensaban que solo era una amante pasajera, ahora temían su influencia. En la corte comenzaron a circular rumores y calumnias sobre la nueva protegida. Decían que era una impostora, una mujer depravada, una enemiga de los jesuitas y una arribista que solo deseaba el poder y la fortuna del monarca.

Aunque Luis tenía fama de tacaño y de controlar cada florín que salía de las arcas reales, con Lola se mostró desde el principio muy espléndido. Apenas un mes después de haberla conocido comenzó a pasarle en secreto 10.000 florines al año en pagas mensuales. Era una suma considerable teniendo en cuenta que el sueldo de un ministro rondaba los 6.000. Lola cada vez gozaba de más privilegios. Además de esta generosa asignación, le prometió que dispondría de su propio carruaje y que le compraría una casa en el barrio más elegante de Munich. También se le concedió un asiento en los palcos inferiores del Teatro de la Corte para que pudiera asistir a todos los estrenos. Pero Lola no se sentía a gusto ante las miradas curiosas y de reprobación del público de platea. Molesta porque la alta sociedad muniquesa la mirase por encima del hombro, persuadió a Luis para que le concediera una butaca permanente en uno de los palcos de la segunda planta destinados a la nobleza. Lola mandó retapizar sus paredes de terciopelo rojo para darle mayor esplendor.

Se sentía muy a gusto en su nuevo papel de favorita del rey y comenzó a mostrarse caprichosa y autoritaria. Lo primero que le solicitó a su generoso protector fue disponer de su propia corte. Crescentia Ganser, profesora de lengua y esposa de uno de los escultores que trabajaban a las órdenes de Luis, fue contratada como acompañante e intérprete. Lola eligió como damas de compañía a Berta Thierry, bailarina del Teatro de la Corte, y a su hermana Mathilde, actriz. Las dos jóvenes vivían con su padre y necesitaban dinero porque su escaso sueldo de artistas no les permitía mantener a la familia. Lola convenció al monarca para que concediera a las Thierry una jugosa asignación, el equivalente al sueldo que ganaban en un año. En aquellos días en los que Luis se mostraba tan desprendido, le sugirió que le haría muy dichosa poseer un título nobiliario. En su opinión se lo merecía, ya que ella misma pertenecía a una familia de antiguo linaje. El rey, para contentarla, le prometió que más adelante la nombraría condesa.

Que Lola le había robado el corazón al rey era evidente. En unas semanas, y no contento con todos los privilegios que le había otorgado, decidió revisar su testamento y añadió una cláusula a su favor. En una carta a su esposa Teresa le decía: «Yo no sería un hombre de honor y sería muy insensible por mi parte no tomar medidas para aquella que lo ha dado todo por mí, que no tiene padres ni hermanos o hermanas, que no tiene a nadie en el mundo excepto a mí y, sin embargo, no ha intentado en ningún momento hacer que yo la recuerde en mis últimas voluntades. Por eso, hago esto completamente por iniciativa propia. Conocerla me ha convertido en un hombre más puro y mejor. Teresa, mi querida, buena y noble esposa, no me condenes injustamente». Luis también ordenó a su albacea y a su heredero que, en caso de que él falleciera, «le fuera entregado a Lola el último retrato al óleo que se hubiera pintado de él antes de su muerte y 100.000 florines, siempre y cuando no se haya casado, y que le hagan llegar un sueldo anual de 2.400 florines de por vida o hasta que se case».

Ahora que Lola iba a residir en Munich, la mayor preocupación del soberano era encontrar una vivienda adecuada para ella. La bailarina había discutido con el gerente del hotel donde se alojaba y se había mudado con su perro y sus baúles a un apartamento anexo al Goldener Hirsch, otro lujoso hotel de la ciudad, aún más cercano a La Residencia. Aunque seguía visitándola a diario y sin ocultarse, el rey anhelaba tener su propio nido de amor a salvo de las miradas indiscretas. Decidió poner tan delicado asunto en manos del hombre que había transformado la imagen de Munich, el arquitecto de la corte y director de urbanismo Leo von Klenze. El artista vivía ya retirado, pero el rey quería que le asesorara en un asunto que le quitaba el sueño. Por eso un día le visitó en su casa y le habló con franqueza:

—Mi apreciado Leo, necesito su ayuda en un tema sensible y de la máxima discreción…

—Majestad, siempre he estado a su servicio, cuente con mi total lealtad —respondió el arquitecto.

—Mi admirada amiga, la bailarina española Lola Montes, va a residir en Munich y quisiera adquirir para ella una hermosa mansión, acogedora y con un pequeño jardín, en un barrio elegante…

—Comprendo, majestad, con mucho gusto le ayudaré. Aunque debo informarle de que este tipo de inmuebles hay que reformarlos por entero y su coste puede ser algo elevado.

—No se preocupe por el dinero, la casa se comprará a nombre de mi querida Lola. Quiero que ella sea la propietaria y pueda solicitar así la ciudadanía bávara, y se harán todas las reformas necesarias.

Tras muchas dudas, Luis adquirió para su amante una mansión situada en el número 7 de la elegante Barerstrasse, junto al estudio de Stieler. Era una encantadora villa de estilo italiano, de dos plantas, con altas ventanas acristaladas y un balcón de hierro forjado mirando a la calle. Una escalinata de mármol daba acceso al suntuoso vestíbulo y todas las dependencias resultaban muy luminosas. En la parte trasera había un bonito jardín de árboles centenarios oculto tras un alto muro. En un momento de gran descontento popular, mientras el país atravesaba una grave crisis económica, el rey de Baviera se gastó 16.000 florines en su compra y el doble en remodelarla. Pronto comenzaron las obras y Luis acudía en persona a supervisar los trabajos. Para protegerse de los curiosos y garantizar la seguridad, mandó instalar junto a la verja una garita de policía. La noticia de que el monarca, siempre tan recto y austero, había regalado una casa a su favorita cercana al palacio no hizo más que acrecentar el malestar del pueblo hacia la española. La culpaban de haber hechizado al rey con sus ocultos poderes y de querer gobernar Baviera.

Luis, aunque ciego de amor, enseguida se percató de que Lola no sabía administrar el dinero. Preocupado porque la joven se excediera en sus compras, pensó que necesitaba a su lado a una persona de confianza que le gestionara las finanzas. Por ello recurrió a un viejo amigo suyo, el barón Carl Wilhelm von Heideck, un militar retirado y viudo que siempre le había sido leal. El monarca le invitó una tarde a tomar el té en el apartamento donde aún se alojaba Lola. Los tres charlaron animadamente en francés y el barón disfrutó de lo lindo escuchando las divertidas anécdotas que ella contaba, la mayoría fruto de su invención. Heideck había vivido en España en su juventud y no tardó en caer rendido ante la simpática y desinhibida bailarina.

—Como ves, mi buen amigo, Lolita es una gran artista pero no entiende de números, y el dinero, como a la mayoría de las mujeres, se le escapa de las manos. Me temo que ahora que es propietaria de una casa y debe reformarla y decorarla, intentarán aprovecharse de ella por ser joven y extranjera. Quisiera, mi buen amigo, que comprobaras todas las facturas que le lleguen para evitar posibles abusos.

—Lo haré con todo gusto, señor. Ahora dispongo de tiempo y si la señora Montes me lo permite, seré su atento y leal gestor financiero —dijo mirando a Lola con una ligera inclinación de cabeza.

Pero pronto Heideck se arrepentiría de haber aceptado este delicado encargo. Su apacible vida retirada se vería alterada por las exigencias de la caprichosa bailarina. Lola comenzó a frecuentar los mejores salones de moda y joyerías de la ciudad. Si debía exhibirse en público, montar a caballo, asistir a la ópera o pasear del brazo del rey por los jardines de su palacio en Nymphenburg, debía lucir como las damas de la corte. En París aprendió la importancia que tenía la imagen en su profesión de artista; ahora, como amante del rey, sabía que todos la observaban. Por desgracia, Heideck descubrió que la joven decía a todo el mundo que le mandaran directamente a él las facturas, cuando era ella quien tenía el dinero. A medida que pasaban los días, el anciano general dedicaba buena parte de su tiempo a resolver los asuntos de Lola. No solo veía cómo se le iban amontonando facturas sino que la artista le consultaba prácticamente todo, desde lo que debía pagar a sus nuevos sirvientes hasta quién era el mejor médico de la ciudad para tratar sus frecuentes jaquecas. Pero lo que más le molestaba a Heideck era tener que actuar además como encubridor de los encuentros habituales de la pareja. En ocasiones el rey le enviaba una nota para que celebrara una merienda en el apartamento de Lola y así poder reunirse con ella sin levantar sospechas.

Aunque Luis advirtió a su amante que se comportara con discreción y cuidara sus amistades, pues eran muchas las personas que deseaban destruir su reputación, no le hizo ningún caso. En la helada noche del 15 de noviembre Lola esperaba en su hotel a su amigo, el teniente Friedrich Nüssbammer, y al no acudir a la hora prevista, decidió salir en su busca. Eran más de las doce y en compañía de su doncella Jeanette atravesó las calles desiertas y mal iluminadas del centro de la ciudad hasta llegar frente a un edificio de apartamentos en la Frühlingstrasse, donde vivía el oficial. Lola, que estaba muy enfadada y había bebido más de la cuenta, tocó el timbre de todos los pisos. El alboroto que armó despertó a la portera del inmueble, quien le informó de que el joven no se encontraba en su casa. Lola hizo caso omiso y continuó llamando a su amigo a gritos hasta que se desmayó y su doncella, incapaz de llevarla de vuelta al hotel, pidió ayuda. Un vecino, cristalero de profesión, que residía al otro lado de la calle, las invitó a pasar a su casa y les ofreció una taza de té. Cuando Lola volvió en sí, regresaron caminando al Goldener Hirsch ya casi de madrugada.

Al día siguiente la visita nocturna de Lola Montes a la Frühlingstrasse era la comidilla de la ciudad. Pero en lugar de quedarse en su hotel y esperar a que se olvidase el asunto, decidió volver. Cuando se encontró de nuevo con la portera, comenzó a insultarla y ella le respondió en francés:

—Le pido que no me grite, señorita, que no estoy sorda.

—No soy ninguna señorita, soy una señora y soy la amante del rey —exclamó Lola a gritos y muy nerviosa.

El incidente no tardó en llegar a oídos de Luis, quien acudió veloz junto a ella para conocer los detalles de lo ocurrido. Lola seguía furiosa con Nüssbammer y le contó entre lágrimas que este la había insultado y que ella había perdido los modales. Le suplicó al monarca que le prometiera que el joven sería trasladado de inmediato fuera de Munich. De regreso a palacio, el soberano se encerró en su gabinete y escribió una orden dirigida al Ministerio de la Guerra. Al día siguiente, Friedrich recibió la inesperada noticia de su traslado al regimiento de artillería de Wurzburgo. Debía abandonar la ciudad lo antes posible por orden del rey, aunque desconocía los motivos. Luis, que era muy celoso, estuvo encantado de alejar a Lola del gallardo oficial.

Ajena al escándalo del que todo el mundo hablaba, la bailarina acudió aquella misma noche al estreno del concierto que tenía lugar en el Teatro de la Corte. El rey Luis, su esposa y algunos de sus hijos mayores, así como otros ilustres visitantes de las casas reales de Holanda y Suecia, se encontraban entre los asistentes. La llegada de la española al auditorio causó un enorme revuelo. Luciendo un llamativo vestido de satén en color burdeos y cubriendo sus hombros con un fino echarpe, ocupó su butaca en el palco. Se había extendido el rumor de que ella estaría allí y los asientos que la rodeaban estaban vacíos en señal de desprecio. Durante el primer intermedio, Luis abandonó a la reina Teresa y a sus invitados para ir a hablar con su buena amiga. Todas las miradas de la sala se posaron en ellos. La consternación se hizo patente al ver que la bailarina permanecía sentada mientras el rey conversaba con ella. Tuvo que ser Luis quien le hiciera comprender, mediante un sutil gesto, que debía levantarse cuando hablara con él. Lola así lo hizo y pudo escuchar de sus labios que Friedrich Nüssbammer muy pronto estaría lejos de Munich y ya no la molestaría más. Cuando se alzó el telón, el rey regresó al palco con su familia como si tal cosa. Teresa, avergonzada por lo ocurrido, al volver a palacio le reprochó su inadecuada conducta:

—Sabes que soy paciente y discreta, que conozco bien tu naturaleza enamoradiza y respeto tus debilidades, pero hoy has llegado muy lejos.

—Querida, disculpa si te he ofendido; debía informar a mi amiga Lola de un asunto de máxima urgencia.

—No, Luis, no sigas... Te pido que no me vuelvas a humillar en público, no quiero coincidir nunca más con esta mujer y solo espero que no pierdas del todo la cabeza y seas consciente de tus responsabilidades. —Dicho esto, se retiró a sus habitaciones.

Cuando Nüssbammer recibió la orden de abandonar Munich comprendió enseguida a quién debía acudir. Se presentó de improviso en el hotel donde se alojaba Lola y le pidió disculpas por lo ocurrido. El oficial le explicó con tiernas palabras que todo había sido un malentendido y la joven decidió perdonarle. Le mandó una nota urgente al rey en la que le pedía que anulara la orden y que ya le explicaría en persona el motivo. Luis interpretó este cambio de opinión como un ejemplo de la bondad de su favorita, que ante el arrepentimiento del oficial había decidido ser justa y no castigarle.

El monarca canceló la orden pero le rogó a su amada que le prometiera no volver a verlo.

En aquellos días, Lola tenía otro importante asunto que discutir con el monarca. Un policía que investigaba los altercados ocurridos aquella noche en la Frühlingstrasse andaba haciendo preguntas que la podían comprometer. Estaba indignada ante los rumores que circulaban por todo Munich y pensó en hablarlo con el propio rey.

—Esto es increíble —le dijo—, un policía se ha atrevido a interrogar a mi doncella, no deja de merodear por el hotel y la gente se cree las terribles historias que circulan sobre mí.

—Lolita querida, te advertí de que tu posición no iba a ser fácil, que serías víctima de intrigas y rumores malévolos. Te tienen celos porque saben que lo eres todo para mí.

—Pero soy inocente, alguien se hizo pasar por mí para manchar mi reputación. Debes poner fin a tanta infamia.

—Descuida, yo me encargaré de que esas calumnias se acaben de una vez por todas. Vete y descansa, mañana pasaré a verte, mi querida Lolita. Para entonces todo se habrá resuelto.

El jefe de policía Johann von Pechmann se reunía todos los viernes con el rey para presentarle su informe semanal sobre la seguridad de la capital. Aunque llevaba poco tiempo en su puesto, era un jurista respetado y hombre recto dispuesto a que se cumpliera la ley. Tenía treinta y siete años y provenía de un antiguo y noble linaje católico. Su relación con Lola Montes había sido difícil desde que llegó a Munich. Tuvo que solicitarle en repetidas ocasiones que acudiera a la jefatura de policía para completar los trámites obligatorios de registro de extranjeros, y cuando finalmente lo hizo, no presentó ningún documento que indicara su identidad o su situación legal, poniendo como excusa que le habían robado todos sus papeles en París. Si no quería que se descubriera su verdadera identidad, Lola tenía que mantener a salvo su pasado. Pero Pechmann, que se tomaba muy en serio su trabajo, decidió pedir informes sobre ella a sus colegas de París, Berlín y Varsovia. Estaba seguro de que era la única responsable de lo sucedido en la Frühlingstrasse, pero ninguno de los testigos se atrevió a señalarla. Según las investigaciones, Lola había comprado el silencio del cristalero que la ayudó y al ser interrogado negó todo lo ocurrido. Ahora Pechmann se encontraba con el dilema de tener que explicarle al rey que su amante era en realidad una impostora y una mentirosa. Pero cuando aquella mañana temprano acudió a palacio y lo tuvo frente a él, descubrió que el monarca ya tenía su propia opinión de los hechos:

—¡Tan seguro como que yo mismo estoy aquí! ¡Ella no es la responsable y alguien quiere perjudicarla! Pero así es como son mis muniqueses, ¡los conozco bien! ¡Y los más respetables son los peores!

—Majestad, no deseo contrariarle, comprendo su enfado pero debe saber que la señora Lola Montes le ha ofendido al declarar a plena luz del día que es su amante.

—No, eso no lo pudo decir Lola; ella es inteligente y goza de buena educación. Es cierto que la amo, no lo voy a negar, pero tener una amante es algo diferente. Una cosa eleva a un hombre y la otra lo degrada. Este asunto no es más que una desagradable intriga.

—Entonces, majestad, ¿qué desea que haga?

—Que abandone la investigación, que se deje de interrogar a los sirvientes de Lola y que el caso se archive con la mayor brevedad. Recibirá pronto una encantadora visita. Lola irá a verle y puede contárselo ella misma.

Tras esta conversación, Pechmann abandonó el gabinete muy preocupado. Era consciente de que nadie se atrevía a decirle la verdad sobre el pasado de Lola. Sin embargo, él estaba dispuesto a reunir pruebas y desenmascararla. Para ello la policía contaba con una espía en el apartamento de la bailarina, su acompañante e intérprete, la señora Crescentia Ganser, que debía pasar a diario informes sobre las visitas y las conversaciones que tenían lugar allí. Quizá el rey, ante esta prueba tan irrefutable, entraría en razón y expulsaría a la bailarina de Baviera.

Esa misma tarde, el jefe de policía recibió la visita de Lola Montes, quien llegó acompañada por Ambros Havard, el dueño del Goldener Hirsch, que iba a actuar como intérprete. La reunión fue muy breve porque Lola se limitó a exigirle en tono autoritario que el policía que había interrogado a su doncella fuera expulsado de la ciudad. Además le dijo que el cristalero podría confirmar que ella no estuvo allí aquella noche. Añadió que era un insulto personal a Su Majestad el seguir investigando a su buena amiga cuando había quedado claro que ella no estaba involucrada en los desórdenes. Pechmann la escuchó sin articular palabra, sorprendido por su carácter tan agresivo y la furia que desprendían sus ojos. Era sin duda una mujer impredecible, en un instante podía pasar de la violencia a la ternura sin apenas cambiar la expresión de su rostro. Se despidió ofreciéndole la mano para que la besara, y añadió en tono seductor: «Señor Von Pechmann, hemos comenzado con mal pie nuestra relación pero estaría encantada de que me hiciera una visita de cortesía. Ahora le dejo a solas para que medite sobre lo que debe hacer al respecto. Cumpla con su deber. Buenos días».

Luis estaba molesto con su pueblo porque la pasión que

sentía por la artista no le impedía ser un buen gobernante y dedicaba mucho tiempo y energías a dirigir su país. Al contrario, no dejaba de repetir a sus más allegados que gracias a Lola se estaba convirtiendo en un hombre más feliz y en un mejor monarca. De nuevo escribió una carta al barón Von Tann, el único que conocía la verdadera naturaleza de sus sentimientos:

> Querido amigo:
>
> Lolita (así es como la llamo) está siendo y será por siempre terriblemente calumniada. Una extranjera que desea instalarse en Munich, una extranjera bella, espiritual y amada por el rey, ¿qué más se necesita para levantar contra ella la maledicencia, la hostilidad y la persecución? Pero todo esto acabará y resplandecerá la verdad. Lola no es solo una mujer que me ama, sino una buena amiga que me ha prometido decirme siempre la verdad.

A pesar de todos los escándalos, Luis seguía creyendo en la bondad de su amada. La promesa que le había hecho de ser siempre sincera con él le bastaba. Aunque los panfletos que circulaban sobre su relación con la bailarina española le hacían mucho daño, él seguía cumpliendo con sus deberes y obligaciones. El monarca se levantaba como de costumbre antes del amanecer, atendía pilas de documentos y memorandos, firmaba órdenes, inauguraba museos, recibía en audiencia a sus súbditos y despachaba con sus ministros. Tal como le confesaba a su amigo Tann, seguía convencido de que poco a poco su pueblo aceptaría la presencia de Lola y la respetarían como se merecía.

Pero a finales de 1846 la hostilidad hacia «la española» era cada vez mayor. Los pocos amigos que tenía le aconsejaron que utilizara su influencia sobre el monarca para defender alguna causa justa y lavar su imagen pública. Lola se había enterado de que los maestros de escuela llevaban meses pidiendo un aumento de sueldo ante el rey y sus demandas contaban con el apoyo popular. Convenció a Luis para que mejorase la precaria situación económica de este colectivo alegando que eran el «auténtico pilar de la educación». Fue tan persuasiva que éste accedió enseguida a incrementar sus honorarios. Sin embargo, esta estratagema no le dio a Lola el resultado que esperaba. Por el contrario, quedó patente que la amante del rey podía inmiscuirse en los asuntos políticos e influir en sus decisiones. Además, cometió el error de restarle autoridad al monarca al anunciar que había convencido a Luis de que aumentase los sueldos una semana antes de que él firmara la orden. Para el pueblo bávaro quedaba claro que la astuta bailarina suponía una grave amenaza para el orden establecido. Su comportamiento cada vez más arrogante, violento y excéntrico le granjeaba muchos enemigos.

Aunque Munich se había convertido en un lugar poco acogedor para Lola por los odios que despertaba, seguía disfrutando del amor incondicional del rey y de sus generosos obsequios. Un día recibió una inesperada sorpresa. Al salir de su hotel se encontró frente a la puerta con un elegante cupé negro forrado de seda blanca ribeteada de oro que el soberano le había encargado comprar a Maltzahn cuando regresó a París. Luis le regaló también dos espléndidos caballos de las caballerizas reales para que pudiera pasear como una gran dama. En aquellos días hubo otros momentos de felicidad para Lola. Stieler ya había finalizado su cuadro, que colgaba en un lugar destacado en la Galería de las Bellezas del palacio. Nunca uno de sus retratos había despertado tanta expectación y eran muchos los curiosos que en las horas de visita hacían largas colas para poder ver a la amante del rey posando como bailarina española.

Solo un desagradable incidente ensombreció el dichoso día en que la joven pasó a formar parte de la célebre pinacoteca. Cuando se anunció que el retrato de Lola Montes iba a ser expuesto, el conde Arco-Valley, ferviente católico y líder de la oposición bávara, pidió que el cuadro de su esposa fuera retirado de la real colección. Aunque Luis intentó por todos los medios que ella no se enterase para evitarle un nuevo disgusto, fue inútil. Al conocer lo sucedido, se puso furiosa y una vez más se sintió rechazada por los miembros de la nobleza bávara, que la consideraban una auténtica Mesalina. Cuando el monarca se presentó a la misma hora de siempre con un ramo de flores y un poema bajo el brazo, Lola no pudo más y, entre sollozos, le dijo:

—Vámonos de aquí, Luis. Te ruego que abdiques y huyamos juntos a España. Solos tú y yo.

—Lolita, claro que me encantaría viajar contigo a mi amada España, pasear juntos por los jardines de la Alhambra, pero tienes que entender que soy rey y me debo a mi pueblo y a mis responsabilidades.

—Tú mismo te quejas de que el pueblo antes te amaba y ahora te da la espalda y solo busca separarnos —insistió.

—Querida mía —repuso el monarca, intentando calmarla—, todo esto se arreglará pronto. Tendrás tu propia casa, tus sirvientes y serás aceptada por todos los que ahora te miran por encima del hombro. Ten paciencia, mi divina Lolita, sabes que mi amor por ti es puro y verdadero.

En aquel crudo invierno la mayor ilusión de Lola fue poder estrenar su preciosa casa de la Barerstrasse que el rey le había regalado. Era la primera vez en su vida que tenía su propio hogar y le parecía un sueño. Tras su costosa rehabilitación la nueva vivienda era elegante y muy confortable. La entrada principal estaba coronada por dos espectaculares cariátides al gusto del rey. En el centro del jardín, una fuente con cuatro delfines esculpidos en mármol daba la bienvenida al visitante. Para Lola era perfecta, lo suficientemente pequeña y acogedora para que se sintiera como en casa, pero decorada con el máximo refinamiento. Tenía un gran hall, un salón principal, un comedor, una sala de señoras, una sala de «don Quijote» —bautizada así por Luis—, una sala amarilla y una verde decoradas en estilo pompeyano. Lo más impresionante era la escalera acristalada que daba acceso al tocador, al vestidor y al dormitorio del piso superior. Aunque ella había elegido el mobiliario y los tonos de las habitaciones, el rey también participó en la decoración al escoger con exquisito gusto algunos cuadros y objetos de arte para adornar las estancias. Le entregó a Lola prestado un jarrón etrusco de la colección real para que luciera en el salón principal junto a la chimenea, también una valiosa copia antigua de una *Madonna* de Rafael y una selección de libros de su biblioteca privada. El monarca se sentía muy dichoso, aunque el presupuesto original destinado a la casa se había duplicado por los caprichos y exigencias de su propietaria.

Uno de los primeros invitados de la artista fue George Henry Francis, el periodista amigo suyo y editor del *Morning Post*. Lola lo había conocido en Londres y se encontraba en Munich para escribir un artículo sobre la nueva vida de la bailarina andaluza convertida en la amante del rey de Baviera.

Su recién estrenada residencia le pareció «algo único por su sencillez y su ligereza»:

> El pequeño tamaño de la casa impide que albergue un gran esplendor. El lugar está amueblado con elegancia francesa, arte muniqués y comodidad inglesa. Las paredes de la sala principal están exquisitamente pintadas por los mejores artistas a partir de los diseños hallados en Herculano y en Pompeya, pero seleccionados con sumo gusto por Lola Montes. Los muebles no son de una riqueza vulgar, pero sí lo bastante elegantes para combinar con la decoración. Una pequeña salita de invierno junto a otra de mayor tamaño está adecentada en un estilo inglés con paredes empapeladas, sofás y butacas, todos ellos de formas elegantes. El resto de la estancia denota de igual modo el gusto exquisito de su bella dueña. Las salas y el tocador son gemas perfectas. Hay libros sobre temas nada frívolos, que ha tomado prestados de la biblioteca real, y que yacen esparcidos por la casa y muestran cuáles son los hábitos de esta amazona moderna. Añadamos a eso un piano y una guitarra con los que ella misma se acompaña con gusto considerable y bastante talento, y un bastidor de bordar con el que produce obras que dejarían en ridículo a las mejores que se exhiben para su venta en Inglaterra.

Lola vivía un cuento de hadas. Era propietaria de un palacete, poseía su propio servicio, un carruaje a su disposición, una cuadra con buenos caballos y a un rey que la amaba con locura. No tenía nada que envidiar a las más célebres cortesanas, como Madame de Pompadour, la favorita de Luis XV, a quien el monarca de Francia construyó en Versalles el Pequeño Trianón. Ahora soñaba con ser la perfecta anfitriona, organizar fiestas y abrir su propio salón para invitar a artistas, políticos e intelectuales de talento. Fue en aquellos felices días cuando Lola se enteró por el barón Frays de que Marie Taglioni estaba a punto de llegar a Munich. La leyenda del ballet clásico había sido invitada a actuar en el Teatro de la Corte y en el palacio de Nymphenburg, la residencia de verano de los reyes de Baviera. La noticia despertó en ella tristes recuerdos. No había podido olvidar el éxito de su debut en Londres en el Teatro de Su Majestad, ni las críticas tan favorables que había cosechado en su primera noche; aunque sus aspiraciones artísticas pronto se esfumaron cuando alguien entre el público la reconoció. Ahora la presencia de la Taglioni, con quien siempre la comparaban, le recordaba aquel doloroso fracaso. Decidió organizar en su casa una fiesta privada en su honor y de paso mostrar a «su rival» el salto espectacular que había dado al convertirse en la amante oficial del rey Luis I de Baviera.

Marie Taglioni tenía cuarenta y dos años y esa era su última gira europea antes de retirarse. Su actuación en Munich despertó una gran expectación y enseguida se agotaron las localidades. En su estreno en el Teatro de la Corte iba a representar el papel que la hizo famosa en *La Sílfide*. Lola, que no la había visto actuar y solo conocía sus legendarias proezas de oídas, decidió asistir al estreno. Cuando se levantó el telón y la bailarina, resplandeciente en su vestido blanco de finas transparencias, apareció en medio del escenario, sintió una emoción desconocida. El decorado evocaba un lúgubre bosque de Escocia envuelto en brumas y ella era una sílfide etérea y silenciosa que se deslizaba sobre las puntas con una técnica impecable. Al finalizar su actuación tuvo que salir varias veces a saludar y Lola desde su palco le lanzó unas flores. La Taglioni era una diva impertinente y engreída, que nunca había soportado la competencia, y tras verla bailar, Lola sintió una mezcla de envidia y admiración. Hubiera dado cualquier cosa por haber triunfado como ella sobre los escenarios y contar con el cariño y el respeto del público muniqués. Sin embargo se consoló pensando que tenía la amistad y el amor incondicional de un rey que solo vivía para ella.

Lola no reparó en gastos para agasajar a su ilustre invitada. Aunque el barón Von Heideck le rogó que no derrochara el dinero, ella ignoró por completo sus consejos. Dispuesta a deslumbrarla, encargó centros de flores frescas para decorar toda la casa, compró un servicio completo de té de plata, finas copas de Bohemia, una ponchera antigua de cristal con sus tazas y una carísima vajilla de porcelana de París en la que hizo grabar el emblema de la corona de nueve puntas, símbolo de una condesa. Aunque no poseía este título nobiliario, sabía que Luis no podría negarle este derecho. También mandó renovar el vistoso uniforme de los lacayos y sirvientes que el rey había puesto a su disposición.

Cuando un criado de librea abrió la puerta a Marie Taglioni y a su pequeño séquito, esta quedó maravillada ante la exquisita decoración de la vivienda. Para una ocasión tan especial Lola eligió un vestido de dos piezas de tafetán de seda verde a juego con un magnífico collar de esmeraldas que lucía en el cuello, regalo del rey. Estaba arrebatadora, tal como le hicieron notar los caballeros que acompañaban a la diva. Eran gente del mundillo teatral, cronistas de sociedad, empresarios, bailarines y coreógrafos. En todo momento se mostró amable, divertida y complaciente con sus distinguidos invitados, incluso con los periodistas que la habían criticado.

La velada fue un éxito y tras la deliciosa cena servida en el comedor junto a la chimenea, los asistentes levantaron su copa para brindar con champán francés por la gran dama de la danza. Al día siguiente solo se hablaría de ella. De Lola Montes, la auténtica reina de Munich.

6

Escándalo en la corte

Cada mañana el rey iba andando a paso ligero desde su palacio hasta la casa de Lola. Tardaba apenas diez minutos y se emocionaba al pensar en el instante en que podría estrecharla entre sus brazos, escuchar su voz aterciopelada y sentir el suave perfume de su piel. Mientras acudía a la cita con su amante se sorprendía al ver cómo había cambiado su vida desde que la conoció. Era un hombre nuevo, apasionado y lleno de ilusiones. Aquel día se había levantado temprano como de costumbre y al pensar en ella había cogido la pluma y escrito en su diario: «Adorada Lolita, gracias a ti mi vida se ha ennoblecido; mi vida sin ti era solitaria y vacía; tu amor alimenta mi corazón, sin él moriría. Ante ti todos los sentimientos que otras me habían inspirado se extinguieron. Porque mis ojos leen en los tuyos: amor».

Luis no se presentaba con las manos vacías, siempre le llevaba un ramo de sus flores preferidas donde escondía uno de sus poemas o una joya. Lola le esperaba en el salón, con la chimenea encendida, y en ocasiones leyendo a Homero o tocando lánguidamente la guitarra. Nunca se aburrían solos y a menudo los criados se sorprendían al escuchar sus risas. Ella le daba clases de español y él le enseñaba algunas palabras en alemán. Hablaban de arte, de política, de danza, de literatura y compartían confidencias. Cuando el día era soleado se sentaban bajo la pérgola del jardín en la parte trasera de la casa al abrigo de miradas indiscretas. Lola aprovechaba para fumar un cigarrillo y el rey no se cansaba de admirar su indómita belleza.

Aunque se había prohibido a la prensa bávara mencionar el nombre de Lola Montes, en la calle circulaban ofensivos panfletos sobre la bailarina española y caricaturas que mostraban a Luis como un sátiro o como un burro que llevaba la corona en la cola. Se comentaba que el monarca era manipulado por una «diablesa» que quería arrebatarle el trono de Baviera. En algunos colegios católicos de la ciudad se rezaba para que Su Majestad recobrara la cordura. Aunque Luis desdeñaba todos estos ataques, decidió hacer algo al respecto. Una mañana mandó llamar a palacio a Maurus Harter, un leal servidor que había trabajado a las órdenes de su padre el rey Maximiliano. Este venerable anciano de setenta años era desde hacía décadas el bibliotecario jefe. Cuando Luis trasladó la Universidad de Landshut y su biblioteca con más de trescientos mil volúmenes a Munich, él fue el encargado de proteger y catalogar tan valioso legado. Ahora, harto de escuchar calumnias, quería hacerle una petición que dejó desconcertado a su antiguo colaborador:

—Mi apreciado amigo, llevas muchos años a mi servicio y deseo que cumplas una orden de este rey ya viejo al que su pueblo no permite ser feliz. Quiero que a partir de hoy recopiles y archives todos los panfletos y libelos que circulan sobre mi relación con Lolita.

—Señor, conozco los rumores y las mentiras que se vierten sobre Su Majestad y su amiga española, pero debería estar por encima de ellos y no darles mayor importancia. ¿Para qué desea guardarlos?

—¡Ah, mi querido amigo!, porque al final se hará justicia y quiero conservar para la posteridad estas muestras de deslealtad al rey.

—Haré lo que me ordena, pero me temo que esto no calmará su enfado e indignación, al contrario; leer esta basura no le hará ningún bien. Ahora mismo se rumorea que Lola Montes es una espía al servicio de los británicos y...

—Tonterías —le interrumpió Luis golpeando la mesa con su puño—, ella solo me hace feliz y mi pueblo, tan egoísta y puritano, no lo entiende.

A finales de aquel gélido mes de enero de 1847, Munich amaneció cubierta por un espeso manto de nieve y los estanques helados. Los niños sacaron sus trineos a las calles y por unas horas la ciudad recobró la animación. Lola tenía el amor devoto del rey pero era incapaz de ganarse el afecto de su pueblo. Su más fiel compañía era un gran mastín de pelo negro y aspecto fiero. Lo llamó Turk, en recuerdo del san bernardo del príncipe Enrique Reuss-Lobenstein, con el que se entretenía destrozando sus parterres de lirios y tulipanes. Cuando salía a pasear o iba de compras por el centro de la ciudad su sola presencia suponía una provocación. Segura de su rango, se mostraba arrogante, presumía de ser la amante del rey y exigía los privilegios que en su opinión merecía. Si no conseguía alguno de sus deseos, todo su encanto desaparecía y su genio estallaba sin previo aviso. Lola podía gritar, abofetear o blandir la fusta a quien se enfrentara a ella o la disgustara. En una ocasión acudió al taller del platero Meyerhofer para comprar una cubertería. Cuando el encargado le explicó que por orden del barón Von Heideck no podían concederle más crédito, montó en cólera y atravesó con el puño una vitrina de cristal. Se hizo un corte en la mano y hubo que llamar a un médico para curarle la herida. Este incidente disgustó a Heideck, quien se quejó ante el rey del comportamiento tan excéntrico y violento de Lola.

—Este tipo de reacciones están convirtiendo a su amiga en una persona *non grata* en la ciudad —le advirtió el barón.

Luis, a quien la policía ya había informado de lo ocurrido, se limitó a responder:

—Esta vez Lolita se ha castigado ella sola, y le ha estado bien empleado.

Desde que estrenó su casa, Lola apenas tenía vida social. El rey acudía a visitarla a diario y se sentía tan cómodo allí que casi nunca salían. En parte, Luis temía la reacción de sus súbditos al verle en público con su joven amante. Los miembros de la nobleza ya no ocultaban su desprecio hacia ella; no la invitaban a sus fiestas y en la calle le habían retirado el saludo. Todos sus intentos para que su amada fuera aceptada por la sociedad muniquesa resultaron inútiles. La Asociación del Arte, con más de tres mil miembros, rechazó la petición de ingreso de Lola, aunque el monarca era su principal mecenas. La Sociedad Museística, el club social más exclusivo de Munich, también le denegó su solicitud por unanimidad. Pero lo que más le dolía era que todos sus consejeros estaban en contra de concederle la ciudadanía bávara. Ella, ajena al rechazo que despertaba, disfrutaba de la total devoción de Luis y de sus valiosos regalos. El último había sido una original pulsera de diamantes y zafiros en oro blanco acompañada por uno de sus poemas:

Deja que el poeta cante de nuevo sus elogios:
sin amor la sangre se enfría.
¡Deja que se vuelva a calentar
con el fuego eterno del amor!

En las brillantes alturas del éter
el alma transfigurada remonta el vuelo
cuando estoy junto a ti,
cuando la dicha me envuelve.

Pero la bailarina comenzaba a aburrirse. No soportaba la idea de haber llegado tan alto para permanecer ociosa y en el más absoluto anonimato. En aquellos tristes días pensaba mucho en París, donde reinaban la alegría, el placer y el deseo. Añoraba aquella vida mundana tan distinta de la conservadora Baviera. Echaba en falta a sus amigos periodistas y escritores, liberales y progresistas, que formaban parte de una oposición que se había hecho muy fuerte. En la prensa había leído que soplaban vientos revolucionarios en la capital francesa, en la que el rey Luis Felipe cada vez contaba con menos apoyos. Le hubiera gustado estar allí y vivir en primera línea estos cambios que en los siguientes dos años derrocarían a tres monarcas y una docena de gobiernos autócratas en Europa.

Para sobrevivir a esta atmósfera de hostilidad decidió abrir su propio salón literario. En París, de la mano de Joseph Méry y de Alejandro Dumas, había conocido los más exclusivos salones, la mayoría presididos por famosas cortesanas. Allí las amantes eran auténticas celebridades, mujeres cultas y alegres, amigas de reyes, emperadores y ricos hombres de finanzas. Ellas marcaban la moda e inspiraban a los artistas.

Lola quería reunir en su casa a personajes de las altas esferas para compartir animadas tertulias literarias y políticas. Cuando, muy ilusionada, le planteó al rey Luis la idea, este se mostró reticente:

—Mi querida Lolita, cómo debo decírtelo, Munich no es París, aquí no existen este tipo de salones, pero invita a merendar a tus amigas del teatro si esto te divierte y...

—No se trata de divertirme —le interrumpió Lola enfadada—. Quiero recibir en mi casa a gente de talento, políticos, artistas, escritores, hombres y mujeres de ideas liberales y progresistas como yo.

—Soy un anciano rey enamorado perdidamente de ti, pero no puedo ni debo apoyarte en todo lo que deseas. Si en estas tertulias hablas de política me vas a comprometer, no te busques más enemigos de los que ya tienes —le dijo intentando convencerla.

Siendo la amante oficial del rey, creía que estaba en su derecho de recibir a quien deseara y abrir un salón refinado donde tuviera cabida «la galantería, la lectura, la frivolidad y la reflexión». Aprovechando la visita a la ciudad de su amigo el periodista londinense George Henry Francis, invitó a desayunar a algunos importantes personajes muniqueses en una especie de recepción informal a la que acudieron artistas, académicos y también visitantes extranjeros. Francis fue testigo del magnetismo de Lola y la definió como una dama de modales distinguidos, una anfitriona atenta y hospitalaria que vestía con estilo y elegancia. Sin embargo, también pudo apreciar cómo la joven podía montar en cólera si se veía contrariada. En el artículo que publicó sobre la vida de la célebre Lola Montes en Munich, escribió:

> Adora el poder sobre todas las cosas; es demasiado precipitada y categórica en sus aversiones; no está lo suficientemente educada para frenar la pasión que parece connatural a su sangre española; es caprichosa y bastante capaz, cuando se inflama su ánimo, de llegar a la grosería, y sin embargo, es la primera en lamentarse de ello y en pedir perdón.

Aquellos desayunos con los que Lola intentaba aumentar su influencia política y social apenas duraron unas semanas. Sus ansias de poder, su feroz temperamento y su oscuro pasado le granjearon muchas antipatías. Pronto descubrió que solo tenía enemigos a su alrededor. Los representantes de la vieja aristocracia la detestaban y las damas de la alta sociedad no estaban dispuestas a relacionarse con ella y poner en peligro su buena reputación. Llevada por la nostalgia, escribió una larga carta a su amigo Pier-Angelo Fiorentino, el periodista parisino que siempre estuvo a su lado:

> Mi querido Fiorentino:
>
> Dejé París a principios de junio como una dama errante para recorrer el mundo, y hoy estoy a punto de recibir el título de condesa. Tengo una casa encantadora, caballos, sirvientes y, en resumen, todo lo que podría rodear a la amante oficial del rey de Baviera. Voy a todas partes y todo Munich está pendiente de mí, ministros de Estado, generales, señoras de la alta sociedad, y ya no me reconozco como Lola Montes. El rey me ama con locura; me ha otorgado una renta de 50.000 florines de por vida y ya se ha gastado más de 300.000 florines en la casa y otros presentes. El rey muestra en público el gran amor que siente por mí. Todas las semanas organizo una gran fiesta para los ministros y

otras personalidades a la que acude él y donde me rinde todas las pleitesías imaginables. Ya sé, mi querido Fiorentino, que siempre me deseaste lo mejor y que estas noticias te agradarán. Por eso te escribo, porque, aunque estoy rodeada por todo el esplendor y el reconocimiento de mis más ambiciosas esperanzas, ¡ay!, a veces sueño y pienso en París. ¡Mi querido París!

En realidad, la grandeza no trae la auténtica felicidad. Hay demasiada envidia, demasiadas intrigas. Una siempre tiene que actuar como una gran dama y medir sus palabras con cada individuo. ¡Ah, mi despreocupada vida en París!

Pero estoy decidida. No abandonaré este mundo en el que me encuentro ascendida como por milagro. El rey siente por mí la pasión del verdadero amor. Nunca había tenido una amante, pero mi carácter le agrada. Es un hombre de extraordinario talento, un auténtico genio y uno de los poetas más elegantes que existen hoy en día en Europa. Mi más nimio deseo es para él una orden, y todo Munich está perplejo.

Hasta pronto, mi querido amigo. Te envío un beso. Gracias a Dios que no estás aquí porque aquí no puedo tener amigos ni amantes. ¡La grandeza es tan compleja!

Afectuosamente tuya,

LOLA

Aunque se mostraba exultante en la carta que había enviado a su amigo y parecía muy feliz en Munich, la realidad era bien distinta. Es cierto que Luis la amaba apasionadamente, pero la nobleza y la burguesía estaban cada vez más en su contra. Los pocos amigos que tenía eran duramente criticados y se distanciaban por miedo a posibles represalias. El pastelero preferido de Lola se quejó al rey porque su amistad con la joven le había perjudicado mucho en sus ventas navideñas. Luis, como recompensa, le otorgó el título de Chocolatero de la Corte. El médico que atendía a la bailarina también se lamentaba de que se estaba quedando sin pacientes porque no querían coincidir con ella en su consulta. En una carta solicitó al rey que le asignara un salario para compensar las pérdidas que sufría. Eran muchos los que intentaban evitar la compañía de Lola Montes, que cada vez se encontraba más sola y aislada. Ella culpaba abiertamente a los jesuitas de estar detrás de una campaña para desacreditarla y hundirla, pues con la llegada en 1837 de Karl von Abel al gobierno, esta orden ejercía un férreo control en la vida del país. El brillante político, y mano derecha del rey Luis, era un acérrimo católico y un enemigo declarado de los protestantes del reino.

La fijación de Lola con los jesuitas comenzó durante su estancia en París. El año en que llegó a la capital francesa se vivía una gran agitación contra la Compañía de Jesús. En la prensa de aquella época abundaban los artículos sobre los esfuerzos de estos por hundir gobiernos, influir en reyes y destruir a cualquiera que se opusiera a su poder. Aunque para dar mayor veracidad a su personaje de noble dama española, Lola fingía ser una devota católica y públicamente los acusaba de urdir sucias intrigas para acabar con ella.

Cuando se quejó al rey de que todo el mundo hablaba mal de ella y de que apenas tenía amigos, se vino abajo.

—No soporto vivir así, no me quieren y me insultan sin que yo pueda defenderme —se lamentaba—. Y los jesuitas me odian, me hacen la vida imposible y solo desean expulsarme de Baviera. Debes tomar de inmediato medidas contra ellos.

—Lolita querida, tú misma les has declarado la guerra y no te lo perdonan. Tampoco a mí me gustan sus intrigas, pero no dejarán de atacarte porque te consideran una amenaza. Debemos estar más unidos que nunca y luchar por nuestro amor.

—¿De qué me sirve tu amor y tus regalos si ni siquiera soy ciudadana bávara ni puedo tener un título nobiliario?

—Ten paciencia, Lolita, tendrás todo lo que desees. Yo nunca te fallaré y siempre estaré a tu lado.

Para alegrar a su amante en aquellos difíciles momentos, el rey le encargó al pintor de la corte Stieler un nuevo retrato de su enamorada. No es que el primero no le agradara, pero deseaba que ella posara tal como la conoció: con el mismo vestido de terciopelo negro, el cabello adornado con unos claveles rojos y cubierto por un sencillo tocado de encaje. No quería recordarla como una bailarina sino como la bella y recatada joven de la nobleza andaluza de la que se enamoró al instante. Luis acudía todos los días al estudio para charlar con ella o leerle algún poema de Goethe. Hacía mucho frío y el rey mandó instalar dos estufas de leña para calentar el ambiente. El esfuerzo valió la pena porque este segundo retrato de Lola Montes sería uno de los más admirados del célebre pintor. Stieler, aunque no simpatizaba con su modelo, consiguió plasmar como ningún otro artista el brillo de su mirada, su porte orgulloso y su enérgico temperamento «español».

A pesar de los disgustos y preocupaciones que le daba al rey, Lola sabía mantener vivo su interés. A cambio del retrato de Stieler tuvo un detalle con el monarca que le conmovió profundamente: le regaló una reproducción en mármol de su pie, a tamaño natural, hecha por Johann Leeb, el escultor de la corte. Al recibir el obsequio de manos del propio artista, le escribió a su amada una nota en la que incluyó uno de sus poemas de amor:

> Corazón de mi corazón, Lolita mía:
>
> Me has dado un gran placer con tu adorable sorpresa de enviarme tu pie en mármol —tu pie no tiene igual—, parece una pieza de época. Cuando Leeb se haya marchado, lo cubriré con besos ardientes. Muchas gracias. Quiero agradecértelo personalmente, lo que haré este mediodía. Tu fiel,
>
> Luis

El rey se sentía muy dichoso al tener esta escultura, que colocó en un lugar destacado en sus estancias privadas. Lo besaba a menudo y se convirtió en un fetiche que le proporcionaba un inusitado placer. Como agradecimiento por este regalo, Luis le encargó a Leeb que creara una réplica de mármol de su augusta mano sujetando una pluma y escribiendo un poema.

Mientras el monarca estaba cada vez más obsesionado con su amada Lolita, un nuevo escándalo perturbaría su tranquilidad. El jefe de policía Von Pechmann seguía en su empeño de reunir pruebas contra ella para demostrar que era una impostora. Aunque Luis le había pedido que abandonara las investigaciones y que no la molestara más, decidió consultar tan delicado asunto con su superior, el ministro del Interior Karl von Abel. Hasta el momento este astuto político no había interferido en la relación que mantenía con la bailarina. Durante los últimos diez años había servido fielmente al rey y conocía su debilidad por las mujeres hermosas. Si al principio no le dio ninguna importancia, ahora estaba muy preocupado. Por primera vez veía al soberano enamorado de verdad y temía la influencia que esta aventurera pudiera ejercer sobre él.

Pechmann acudió al despacho de Abel y le preguntó si debía proseguir con sus esfuerzos por revelar al rey la verdadera identidad de la bailarina o si, por el contrario, era preferible no irritar más a Su Majestad y olvidar el asunto.

—Hable con el rey —le ordenó el primer ministro— y cuéntele todo lo que ha descubierto acerca de la española.

—Señor, temo su reacción, se niega a escuchar la verdad.

—Lo sé, se pondrá furioso, pero le conozco bien. Después se calmará y le agradecerá su lealtad. Cuando vea que su sinceridad proviene de un corazón leal, no se lo tendrá en cuenta.

El jefe de policía decidió hablar con franqueza al rey en su audiencia semanal. Sin dar muchos rodeos, le comentó que el sentimiento de rechazo a Lola era cada vez mayor en todas las capas de la sociedad. Entre los que la consideraban un peligro para la Corona se encontraban también algunos de sus más fieles y devotos servidores.

—Escucha —le dijo el rey—, eso no me preocupa en absoluto. Todo acabará por caer en el olvido. Detrás de esta trama solo hay pura maldad.

—Majestad, lo más grave es que Lola Montes hace caso omiso a toda decencia femenina y habla abiertamente de los favores que goza de Su Majestad.

—En absoluto. Eso son solo palabras vanas. ¿Qué podría decir de mí? Ni siquiera tengo este tipo de relación con ella. Eso no es más que envidia y celos.

—También se la acusa —continuó el jefe de policía— de jactarse de disfrutar de una particular influencia en asuntos de Estado, y ha hecho saber que desea introducir cambios en el gobierno de Su Majestad.

—Poco futuro tiene conmigo tal pretensión. Sé muy bien quién gobierna en Baviera y nadie va a convencerme de nada.

Tras una pausa, Pechmann decidió abordar un espinoso tema. Para una mayor confidencialidad, se acercó al oído del rey y le dijo en voz baja:

—Como súbdito de Su Majestad, estoy obligado a decirle toda la verdad. Corren rumores por toda la ciudad de que Lola Montes permite que los hombres la visiten por la noche y, concretamente, que sigue recibiendo en su casa al teniente Nüssbammer.

—¡Basta ya! Escúchame bien: ella me prometió decirme siempre la verdad y la creo de corazón. Todos estos absurdos rumores que circulan sobre ella no son más que libelos. Pobre Lola, todo en ella es belleza, pureza y sinceridad.

El rey recuperó la compostura y le agradeció su franqueza. Dándole una palmada en el hombro, añadió que había hecho lo que debía. Entonces, sin despedirse, se dio la vuelta y abandonó el gabinete. Pechmann no le había podido aportar pruebas del comportamiento inmoral de Lola, pero sus palabras sembraron por primera vez en él la duda. Cuando unas horas más tarde salió a pasear con ella no quiso comentarle nada. En el fondo tenía sus sospechas pero no quería ver la realidad. Por el momento solo deseaba mantener vivo este maravilloso sueño de amor y disfrutar de una pasión que le rejuvenecía.

Al día siguiente, la señora Crescentia Ganser acudió a ver a Pechmann para decirle que no podía soportar más la situación que estaba viviendo en casa de la señora Montes. Se negaba a seguir espiando y no quería formar parte de aquellas intrigas. El barón le indicó que acudiera directamente al rey y le contara todo lo que había descubierto acerca de la bailarina. Antes de irse le entregó copias de los informes diarios que había pasado a la policía para que se los mostrara al monarca.

Luis se encontraba enfrascado en su trabajo cuando le anunciaron que Crescentia Ganser deseaba verle por un asunto de urgencia. Hacía años que la conocía, su esposo Anton era un buen escultor que trabajaba en la corte y sentía aprecio por su familia.

—¿Qué me traes, mi querida Crescentia? —le dijo en tono coloquial.

—¡Su Majestad ha sido traicionado! —gritó la mujer entre sollozos.

—¿Por quién? ¿No será por mi Lola?

El rey leyó por encima los informes y cayó de rodillas con las manos entrelazadas y las lágrimas corriendo por su rostro. La señora Ganser le suplicó que apartara de su vida a Lola y que no volviera a verla porque solo le traería desgracias. Entonces él, muy afectado, se acercó a su mesa y con el pulso temblando redactó una nota para el barón Von Heideck:

> La felicidad no está hecha para este mundo. Aquí he sido feliz, pero ahora me veo expulsado de mi paraíso. Ha ocurrido lo impensable. Creía que pasaría los años que me quedan por vivir en un estado de exaltado amor. Todo ha sido un sueño... y ya se ha acabado. Pero no tengamos ahora prisas innecesarias. La portadora de esta nota, la esposa del escultor Ganser, te mostrará las pruebas. Tú tendrás la calma que a mí me falta. Tras dejarme un tiempo para reflexionar, acudiré a tu casa hoy hacia la una y media. Creo que lo me-

jor será que Lolita se encuentre allí conmigo. Si debo acabar con ella para siempre (temo que no quede otra solución), entonces quiero verla una última vez. No ha de temerse violencia alguna por mi parte. El rey está avergonzado de que las lágrimas llenen sus ojos mientras escribe esto, pero el viejo de sesenta años que hay en él no.

El que hace una hora todavía era feliz,

LUIS

Tras firmar la nota, ordenó a la señora Ganser que la llevara inmediatamente junto con sus informes a la residencia del barón Von Heideck. El anciano general se encontraba desayunando y en bata cuando la mujer irrumpió en su casa y le entregó muy angustiada la misiva del rey. Heideck, que no comprendía lo que estaba pasando, le pidió que se sentara y la interrogó brevemente mientras la invitaba a una taza de té. Después le mandó que se retirase y que no comentara con nadie este asunto. A continuación se puso a leer detenidamente los papeles y le invadió un gran desasosiego. En aquellas páginas estaban apuntadas todas las visitas y conversaciones que habían tenido lugar en el número 7 de la Barerstrasse durante los últimos meses. En la lista de nombres aparecía repetidamente el del teniente Nüssbammer y los de otros caballeros a unas horas en las que una mujer respetable nunca habría estado a solas con un hombre. Crescentia no supo explicarle lo que había ocurrido durante estos encuentros, pero los consideraba una inmoralidad. El barón constató que aquellos informes, que también reproducían comentarios de Lola sobre personajes destacados de la capital invitados a sus fiestas, de ser ciertos, demostraban que era una mujer arrogante, excéntrica y mezquina dispuesta a hacer uso de su poder e influencia sobre el rey para conseguir sus propósitos.

Heideck todavía se estaba recuperando del disgusto cuando apareció por sorpresa el monarca. No había podido esperar más y necesitaba desahogarse con su buen amigo. Se le veía pálido, con los ojos enrojecidos y muy nervioso. Luis le abrazó efusivamente y lloró con amargura sobre su hombro.

—Ya no hay más alegría para mí —se lamentó—. Pensaba que había encontrado a una mujer que sería mi amiga durante el resto de mis días, alguien que llenaría mis horas vacías con una felicidad íntima y espiritual y que me haría olvidar los problemas de Estado con su tranquila inspiración y compañía. Yo amo y honro a la reina, pero su conversación, simplemente, no es adecuada para mi espíritu, y mi corazón necesita la compañía femenina. Estoy acostumbrado a ella. Creía que había encontrado en Lola a esa mujer, y ella me ha traicionado.

—Majestad, debe reponerse y pensar en su salud y en sus obligaciones como soberano. Deje de torturarse. Le pido que no sufra más por ella, Lola solo merece su desprecio y no debería volver a verla nunca más.

—No, Heideck, no puedo hacer lo que me pides —replicó el rey—. No puedo condenarla sin escucharla antes. No podría perdonarme si no lo hiciera. Pero no la veré hasta que tú hayas hablado antes con ella. No te preocupes, podré contenerme.

—Temo por su salud y lo mucho que puede afectarle el verla de nuevo…

—Puede que sea inocente o al menos no tan culpable como afirma esta mujer. Piensa lo mucho que la están acosando, en cómo nos han injuriado ya a ella y a mí. No, no voy a condenarla sin oírla antes; su deslealtad ya ha provocado dolor suficiente en lo más profundo de mi alma como para acompañarlo de los reproches por haber sido injusto con ella.

Luis le pidió a su amigo que mandara llamar a Lola y que le mostrara los informes de la señora Ganser. Él se reuniría más tarde con ella para escuchar su versión de los hechos. El barón no podía negarse, pero sintió cierto temor al tener que entrevistar a la bailarina. No sabía cómo reaccionaría al enterarse de que la habían espiado en su propia casa. Se rumoreaba que la española llevaba consigo un puñal escondido en la liga y que en la mansión tenía siempre a mano una pistola. Decidió que no se quedaría solo con ella, que observaría atentamente sus movimientos y que uno de sus sirvientes velaría por su seguridad.

Al cabo de unas horas, Lola Montes y su doncella Jeanette llegaron a la residencia del general. Este le dijo que tenía que tratar un asunto confidencial con ella y le pidió que su sirvienta los dejara solos. Lola, cómodamente sentada en el sofá, encendió un cigarrillo y le preguntó por aquello que era tan importante. Heideck se armó de valor y le comentó que la señora Ganser había espiado todos sus movimientos y la acusaba de mantener un comportamiento impropio de una dama. Con gesto serio, le reprochó su conducta y le exigió que confesara toda la verdad. Tal como esperaba, Lola se levantó hecha una furia, con el rostro encendido, y arrojó al suelo el servicio de té de plata que tenía junto a ella.

—¿Cómo se atreve usted a juzgarme? Le juro por la tumba de mi padre que soy inocente. No puedo creer que el rey, que sabe de mi pureza y de mi lealtad, haya podido hacer caso a unos informes que son falsos. Mañana mismo cogeré una diligencia a París y no volverá a verme. —Luego se levantó dispuesta a marcharse.

Mientras Heideck intentaba en vano tranquilizarla, el rey Luis entró en el salón aún más pálido y abatido. Había escuchado al otro lado de la puerta. Al verle, Lola se puso muy tensa y le gritó:

—¡No te lo perdonaré nunca! ¡Que me hayas espiado es un golpe bajo y muy ruin! Me has traicionado, a mí, a tu Lolita que te ha sido siempre tan fiel y devota.

Luis estaba destrozado y no sabía cómo reaccionar ante sus palabras. Cuando ella se calmó, le pidió al general que abandonara el salón. Heideck se retiró a una habitación contigua a la espera de ver lo que ocurría. Entonces Lola se derrumbó y comenzó a llorar mientras él la abrazaba con ternura para consolarla. Hablaron en español y el rey le prometió que seguía amándola como el primer día. Tras un buen rato, el barón asomó la cabeza por la puerta y señaló su reloj de bolsillo para recordarle que eran casi las tres, y su esposa Teresa le esperaba en palacio. Luis, con un gesto de la mano, le indicó que se fuera.

Finalmente llegó la reconciliación. Tras escuchar sus argumentos, el monarca la creyó sinceramente y ella accedió a no marcharse de Munich. Ya más serena, Lola pasó frente al general con la cabeza bien alta y, sin despedirse, se encaminó hacia la puerta. Mientras Heideck ayudaba a Luis a ponerse el abrigo, le comentó:

—Bueno, ahora Su Majestad ya ha visto su cólera. Debo confesar que lo ha dejado todo patas arriba. Nunca había visto un demonio así. Supongo que no volverá a verla.

—Al contrario —le respondió el rey con una media sonrisa—, he prometido visitarla esta misma tarde.

—Pero, majestad, debe alejarse de ella —insistió el barón.

—Se lo he prometido, y no dejaré que nadie me diga lo que debo hacer.

El rey se marchó más relajado, pero el general se quedó perplejo por la escena que acababa de presenciar. «Siento lástima por Su Alteza, está tan perdidamente enamorado que es incapaz de ver cómo es en realidad esta aventurera y cómo le manipula a su antojo», pensó mientras recuperaba la calma. Cuando Luis visitó por la tarde a su amante, esta le convenció de que los informes de la señora Ganser eran falsos. El monarca le pidió al barón que le devolviera la carta desgarradora que había escrito aquella misma mañana, para que Lola pudiera ver que sus sentimientos no habían cambiado. Aún se sentía más unido a ella y se prometió a sí mismo que nada ni nadie podría separarlos. A su fiel amigo Tann le escribió muy emocionado: «Nos hemos reconciliado. Lolita no va a abandonarme. Incluso si todas las acusaciones hubieran sido ciertas y ella hubiera confesado su culpa arrepentida, yo la habría perdonado, por la pasión con la que la amo».

Al día siguiente, Luis recibió una carta de Heideck en la que le solicitaba que aceptara su dimisión. Alegó que ya no tenía edad para desempeñar un trabajo tan ingrato y que su salud se estaba resintiendo porque Lola era una dama incontrolable. Deseaba recuperar su antigua vida retirada y tener tiempo para sus aficiones. El rey aceptó a regañadientes su renuncia, pero en aquel mismo instante pensó que la joven necesitaba a su lado a un amigo leal y comprensivo. Debía ser una figura influyente y respetada en los círculos sociales de la ciudad. Solo Maltzahn, que la conocía bien, podía desempeñar esta función. Luis escribió de inmediato al barón, que se encontraba desde el mes de noviembre en París. Le pedía que regresara a Munich cuanto antes porque su querida Lola le necesitaba más que nunca. Maltzahn le respondió que aceptaba su propuesta pero puso sus condiciones. Deseaba ser nombrado edecán de Su Majestad y que se le permitiera pasar los veranos en Baden-Baden. El rey accedió encantado y le escribió: «El amor, el honor y el deber me tienen atado a Lolita. Aquí se ha formado una conjura para separarme de ella, pero lo único que han logrado es que estemos más unidos que nunca».

Pese a que la relación entre el rey y su amante parecía haberse reforzado tras este incidente, Luis no podía ocultar su malestar por la forma en que a veces se comportaba ella. En su diario anotó: «Se está entrometiendo en asuntos de Estado privados. A pesar de las concesiones que se le han hecho, quiere todavía más. ¿Dónde acabará esto?».

Luis había creído que tras el asunto de la señora Ganser, su favorita actuaría con más discreción, pero no fue así. El rey le había pedido que no viera al teniente Nüssbammer sin su permiso, y a este le había dejado muy claro que si rondaba a su amiga sería de nuevo expulsado de la ciudad. Pero ambos jóvenes, que se sentían muy atraídos, decidieron ignorar las órdenes del soberano. Tal como constaba en los informes secretos, el oficial visitaba con frecuencia a Lola en su casa de la Barerstrasse y todo apuntaba a que eran amantes.

Una tarde, el monarca llegó antes de lo previsto a la residencia de Lola y encontró allí al oficial sentado en un sillón junto a la chimenea. Nüssbammer acababa de regresar a Munich tras un largo permiso en Ansbach, donde sus superiores lo habían enviado para alejarlo de las tentaciones de la seductora bailarina. Luis se mostró muy contrariado y le ordenó que abandonara de inmediato la casa. Cuando se marchó, Lola intentó calmar al rey y convencerle de que nada era lo que parecía. Muy compungida, le suplicó que la escuchara aunque fuera la última vez:

—Luis, todo es un malentendido, me conoces bien y no ignoras que soy de naturaleza bondadosa. Si he dejado venir a Nüssbammer ha sido por lástima. El pobre está locamente enamorado de mí y tú sabes que yo no le quiero, pero no podía negarme a recibirle. Le he dicho que debe olvidarme y está sufriendo mucho.

—Mi Lolita, yo te adoro, pero tu comportamiento me desconcierta... Invitar a este hombre a tu casa, aunque sea con fines piadosos, es una temeridad. Hazme caso, cariño mío, está en juego tu reputación, todos los ojos están puestos en ti... —le imploró, intentando que entrara en razón.

—Mi amado Luis —le respondió ella mientras apoyaba la cabeza en sus rodillas—, perdóname, sabes que no tengo a nadie en este mundo y que he renunciado a todo por tu amor. No volverá a ocurrir si ello te incomoda.

Las palabras de la bailarina, a sus ojos llenas de sinceridad, calaron hondo en el rey. Luis la perdonó y pasaron juntos el resto de la tarde merendando y charlando junto al fuego. No podía enfadarse nunca con ella, al final siempre se salía con la suya. Pero al monarca le preocupaba su terquedad y que no hiciera caso de sus consejos. Ninguna de sus anteriores amantes había suscitado tanto desprecio entre su pueblo como Lola. La policía le había entregado la copia de unos pasquines muy extendidos por la ciudad que comenzaban diciendo: «Montes, grandísima puta, pronto llegará tu hora», y concluían: «Al diablo la casa real, nuestra lealtad llega a su final. Solo nos trae deshonra y vergüenza, que Dios nos tenga clemencia». También supo que los párrocos ordenaban a sus congregaciones que rezaran «por la redención de aquel gran anciano» y algunos rumores afirmaban que los sacerdotes ordenaban en los confesionarios oraciones para que el rey abandonara a la «pérfida española».

Lola se había convertido en un personaje famoso en Munich y era objeto de las burlas de los chiquillos de la calle. Cuando salía a pasear por las mañanas, grupos de jóvenes la seguían y le silbaban o insultaban. Habían llegado a arrojarle estiércol de caballo y piedras a su paso. Luis, temiendo que pudieran agredirla, le asignó dos agentes para su protección. También reforzó la seguridad en su residencia, donde dos policías hacían turno en la garita frente a la verja. Pero ella seguía comportándose como si fuera la reina consorte y el pueblo bávaro despreciaba su altanería.

Aquella misma semana protagonizó otro grave incidente. Lola acudió a la oficina de correos y se coló en la zona de seguridad para tratar de recuperar una carta que le había enviado al teniente Nüssbammer. Al impedirle pasar, abofeteó enfurecida a un empleado y le empujó al suelo. Cuando el asunto llegó a oídos de Pechmann, este ordenó que se abriera una investigación. A la mañana siguiente uno de sus agentes interrogó a Jeanette, la doncella de Lola, y a su amiga Berta Thierry, ambas sospechosas de haber sido sus cómplices en la agresión. Indignada, la bailarina envió una nota al jefe de policía en la que le ordenaba que la dejara en paz o de lo contrario acudiría a quejarse ante el rey. Pechmann respondió mandándole una citación en la que le exigía que compareciera en un plazo inferior a una semana para responder sobre «su abusivo comportamiento en el edificio de correos». La guerra no había hecho más que empezar.

Por la tarde, uno de los criados de Lola, vestido de librea, le llevó a Pechmann una escueta respuesta:

> Señor, no hablo ni entiendo el alemán, por lo que no puedo leer la citación que me adjunta. Le pido que olvide este desagradable asunto. Afectuosamente,
>
> LOLA MONTES

Pero el jefe de policía no estaba dispuesto a dar marcha atrás y le respondió diciendo que los funcionarios de Baviera redactaban sus documentos únicamente en alemán y que ella debería hacer que alguien se lo tradujera. Al cabo de un rato, el criado de Lola regresó y le entregó la citación hecha pedazos. Para Pechmann fue la gota que colmó el vaso. Su reacción suponía un acto de desacato al proceso judicial y no iba a dejar pasar tan grave incidente.

Cuando más tarde Pechmann se encontraba descansando en su casa de la Sommerstrasse tras una agotadora jornada, un mensajero del palacio real llamó a la puerta y le entregó una nota urgente de Su Majestad que decía así:

> Con la mayor vehemencia le ordeno que deje en paz a mi querida Lola Montes. Desconocedora de nuestros usos locales, no debería recibir un tratamiento tan puntilloso de su parte. No olvide que es usted tan solo el jefe de policía en funciones, y solo espero de usted obediencia.
>
> LUIS

El barón Von Pechmann, hombre de firmes principios, no quiso dar su brazo a torcer y continuó con sus pesquisas. Según la Constitución, el monarca no tenía derecho alguno a suspender una investigación criminal. Haciendo caso omiso de Su Majestad, pidió que fueran interrogadas todas las personas que habían sido testigos de la destrucción de la citación por parte de Lola. Cuando ella se lo contó a Luis, este ordenó a su primer ministro Von Abel que trasladara de inmediato al jefe de policía a la ciudad de Landshut. «El señor Pechmann es el único responsable. Ha llegado el momento de que los funcionarios del Estado aprendan que no pueden oponerse impunemente al rey, ni ser negligentes en el cumplimiento de su deber», escribiría en su diario. Este nuevo escándalo dio pie a un chiste que comenzó a circular por todo Munich: «¿En qué se diferencia Prusia de Baviera? En que en Prusia la policía expulsa a Lola Montes, y en Baviera Lola Montes expulsa al jefe de policía».

Hasta entonces nadie de la familia real se había entrometido en la vida amorosa de Luis, pero su hermana Carolina Augusta, viuda del emperador austríaco Francisco I, le escribió desde Salzburgo una carta que le dolió profundamente. Mujer distinguida y religiosa, estaba muy preocupada por los informes que le llegaban de la corte de Baviera:

> ¿Qué clase de ejemplo estás dando? El mundo perdona este tipo de actitudes en los jóvenes, pero no en los viejos. Piensa en tus súbditos. Hermano, ten piedad de tu alma, de tu país y de mí por escribirte esto, pero quiero poderte mirar con orgullo. Suelta tu mano de la suya, llénala de dinero, de mucho dinero si es necesario, pero que se marche. Cada palabra de esta carta me duele en el alma. ¡Usa la cabeza, usa tu voluntad! Le ruego a Dios que te ayude. Tu verdadera amiga, tu entregada hermana.

Luis, molesto por el tono de sus palabras, le respondió con una breve nota:

> Cada uno debería ocuparse de sus propios asuntos, y la gente debería conocerme lo suficiente como para saber que no toleraré interferencia alguna en los míos.

El monarca necesitaba a alguien a su lado que le ayudara a mejorar su imagen pública. Pero cuando Maltzahn llegó a Munich se encontró con una situación que no esperaba y desde su habitación en el Hotel Maulik, escribió al rey con gran inquietud, rogándole que no lo nombrara edecán:

> Mi vida está a disposición de Su Real Majestad, pero no mi honor. La situación aquí es completamente diferente de lo que pensaba; desafortunadamente, durante mi ausencia, Lolita ha insultado a todas las capas de la sociedad, los ha ofendido a todos, y la ciudad y la nación están tan indignados que aun con la mejor de las voluntades es demasiado tarde, es imposible mejorar su posición, o al menos yo soy demasiado débil para lograrlo. Le ruego con la mayor humildad a Su Real Majestad que me conceda una hora en la que pueda hablarle sin interrupciones para tratar lo que todavía podemos hacer.

Cuando aquella mañana de febrero el rey Luis recibió en su sala de audiencias al barón Von Maltzahn, este contó en tono grave y muy serio que había una campaña en marcha para hundir a Lola y que la situación se estaba volviendo insostenible:

—Majestad, sé que mis palabras le van a doler, pero no puede ni imaginar el grado de indignación, desprecio e incluso odio que su amada Lola provoca por toda Baviera.

—Sé que en Munich se ha ganado muchos enemigos

—reconoció el rey—, pero no imaginaba un panorama tan sombrío. Ella no merece sufrir tanto por mi amor.

—Señor, usted puede hacer frente a esta campaña de difamación contra Lola, pero yo no tengo ningún apoyo. Llevo más de treinta años sin vivir en Munich, la gente me señala con el dedo y me acusa de ser la persona que trajo a la española a la capital.

—Pero ¿qué otra cosa puedo hacer? Estoy atado a ella —respondió Luis entristecido y desesperado.

Ese mismo día por la tarde, Heinrich von Maltzahn acudió a visitar a la bailarina. La entrevista fue breve porque el caballero la reprendió con dureza por su ofensivo y desvergonzado comportamiento. A continuación le ofreció una pensión vitalicia de 50.000 florines anuales si se marchaba de Baviera y se comprometía a no regresar jamás. Lola, que no esperaba una propuesta así de la persona que consideraba leal al rey, le ordenó que guardara su dinero y que abandonara su casa. Cuando le contó a Luis lo ocurrido, el rey se quedó sin palabras. No podía creer que su antiguo chambelán intentara chantajear a su amada ofreciéndole semejante suma de dinero. Más tarde se enteró de que el barón había mantenido una larga entrevista con Karl-August von Reisach, arzobispo de Munich y fiel aliado de los jesuitas. Entonces comprendió quién estaba detrás de aquel soborno. Maltzahn, temiendo la reacción del rey Luis, se fue precipitadamente de la ciudad alegando que unos asuntos familiares reclamaban su presencia en París. A partir de ese día el monarca se quedó aún más convencido de la bondad de Lola. Había quedado demostrado que aquella mujer de nobles sentimientos no lo amaba, como decían, por su riqueza. «¡Es la confirmación del amor! —escribió en su diario, lleno de alegría—. No me abandonaría aunque le estuvieran apuntando al corazón con una pistola.»

Pero los jesuitas no cejaron en su empeño para conseguir separarle de su favorita. Melchior von Diepenbrock, el príncipe-obispo de Breslavia, a quien el rey respetaba porque no era un extremista como el arzobispo de Munich, le escribió en los siguientes términos:

> Rey Luis, un árbol venenoso crece sobre vos y su perfume letal os adormece, os ciega, nubla vuestros sentidos y os cautiva para que no veáis el abismo que se abre ante vos, la sima abierta que amenaza con tragarse vuestro honor, vuestra reputación, la felicidad de vuestra familia, de vuestra tierra y de vuestra vida, además de la salvación de vuestra alma. ¡Rey Luis, despertad de vuestro sueño! No mancilléis vuestro nombre, hasta ahora tan noble, como hizo el Luis francés [Luis XV], cuya vida de ofensas cavó por sí sola el pozo de la Revolución.

Luis tardó más de una semana en preparar la respuesta a la carta. Por primera vez era consciente de que los jesuitas no iban a detenerse hasta expulsar a Lola y para ello no dudaban en utilizar todas sus influencias. Se tomó su tiempo para explicar de manera sincera y clara lo que deseaba transmitir:

> Las apariencias engañan. Nunca he tenido amantes ni esta vez tampoco. Solo he amado la amistad, que ha sido mi mejor protección contra las pasiones sensuales. Tengo una naturaleza poética que no puede medirse por los estándares normales. Os doy mi palabra de honor de que desde hace cuatro meses no me he acercado a ninguna mujer, ni a la mía ni a otra. Quiero demostrar a mi pueblo que no tiene

razón de escandalizarse. No puedo romper esta amistad. Si lo hiciera, dejaría de respetarme a mí mismo. No me pidáis imposibles.

El rey entregó una copia de su respuesta al deán de la catedral de Munich y le ordenó que se la enviara a todos los obispos del reino. Luis creía que una circular con la declaración jurada del rey acerca de su vida sexual sería suficiente para detener los rumores. Pero los jesuitas le asestaron un nuevo golpe. Consiguieron que el propio Papa enviase una severa amonestación al díscolo monarca de Baviera. El 9 de febrero de 1847, Pío IX escribió a Luis:

> Hasta el momento presente el rey de Baviera siempre ha sido un firme pilar de la Causa Católica. Tras oír, no obstante, que Nuestro Amado Hijo se ha apartado de la senda de la virtud, Nos damos cuenta de que, debido a un cambio de gran envergadura y graves consecuencias, este apoyo se ha podrido y está acarreando la vergüenza y la desgracia sobre la Causa Católica en lugar de apoyarla con su ayuda y con su honor. Tras tomar en cuidadosa consideración todas estas circunstancias, amonestamos a Nuestro Querido y Amado Hijo Luis I, Rey de Baviera, y le rogamos en virtud a Nuestro Cargo que regrese al camino de la rectitud y el honor...

Aquella carta de la Santa Sede solo sirvió para enfurecerle aún más y tuvo un efecto contrario al que pretendía. Que el Papa se inmiscuyera en su vida privada le hizo ver con claridad que debía frenar cuanto antes el poder y la influencia cada vez mayor de los jesuitas y de su ministro Karl von Abel. Aunque le consideraba el mejor hombre de Estado de su reino, ahora le observaba con desconfianza. Entonces, y de manera inesperada, el rey Luis anunció un importante cambio en el gobierno. A partir de ahora los asuntos religiosos y de educación que dependían del Ministerio del Interior, al frente del cual se encontraba Abel, quedaban bajo la competencia del ministro de Justicia, más tolerante y menos conservador. El monarca sabía que esta medida sería interpretada como una nueva injerencia de Lola Montes en política. «No me sorprendería que le echaran las culpas a mi pobre Lola.» Y así ocurrió. El odio y los recelos no hicieron más que acrecentarse.

En medio de tanta agitación, el rey Luis encargó a otro notable pintor de la corte, Wilhelm von Kaulbach, que realizara un nuevo retrato de su amante. El artista, al igual que la mayor parte del pueblo bávaro, despreciaba a la bailarina por su mala fama y arrogante comportamiento. Cuando el rey le pidió que realizara un boceto preliminar con la joven luciendo un vestido de época renacentista, le sugirió que tenía que parecerse a la desventurada María Estuardo, la reina de los escoceses. Deseaba que en el cuadro Lola Montes representara el papel de católica perseguida. Kaulbach, que gracias a la ambición del rey de convertir Munich en una Atenas germana había realizado una abundante producción artística en la capital, no podía negarse. Al cabo de unos días le presentó un boceto al carboncillo donde mostraba a Lola Montes con una mirada sombría, con flores negras en el cabello, un cinturón de serpientes, un hacha y un tocón de verdugo como telón de fondo. Encima de la mesa, el artista colocó un periódico abierto por una página en la que se hablaba del juicio de su amante Dujarier. A Luis le pareció una broma de mal gusto, «una fantasía perversa», pero lejos de enfadarse, insistió en que Kaulbach la retratara para la posteridad.

A Lola no le hizo ninguna gracia tener que posar durante largas horas para un pintor por el que tampoco sentía ninguna simpatía. Le irritaba su semblante serio, su aire altivo y su prepotencia. Pero como Luis estaba tan ilusionado en el proyecto, intentó comportarse con cortesía y obedecer las indicaciones del artista. El monarca deseaba inmortalizar a su amante en un retrato de cuerpo entero y a escala natural, vestida con un suntuoso traje de terciopelo negro y una amplia gola isabelina. Las sesiones comenzaron en el estudio que el pintor tenía junto a un hermoso jardín inglés que se extendía a un lado y otro del río Isar. Luis acudía cada día a animar a Lola y le hacía compañía durante unas horas.

Un día, Zampa, el travieso perro faldero de la bailarina, se coló en el jardín donde Kaulbach poseía una pequeña colección de animales y aves que utilizaba como modelos en sus bodegones. De repente se puso a perseguir a seis pavos reales que salieron huyendo a la calle. Lola corrió atemorizada detrás de su perro, seguida del pintor, que trataba de salvar la vida de las aves, y del rey. Cuando los transeúntes vieron a la famosa Lola Montes vestida con traje renacentista, al célebre pintor Kaulbach y al mismísimo Luis I de Baviera persiguiendo a media docena de pavos reales y a un perro, se quedaron atónitos. Al día siguiente en toda la ciudad solo se hablaba del excéntrico comportamiento del monarca y su amante, «que se divertían jugando a perseguir a unas aves inofensivas».

Cuando Kaulbach finalizó el cuadro y se lo mostró al rey, a este no le gustó el resultado. Le hizo saber que su querida amiga no se parecía en nada a aquella mujer de expresión funesta e incluso amenazadora que aparecía en el lienzo. Luis respetaba la independencia del célebre artista y no le ordenó ningún cambio, pero se negó a pagarlo. La obra, de grandes proporciones, quedó inacabada en el estudio del pintor. Cuando Josephine von Kaulbach, la esposa del pintor, años más tarde vio el cuadro que aún seguía almacenado en su estudio, se quedó tan impactada del nefasto efecto que producía que le escribió estas líneas:

> He visto al fin el retrato de la española, y tras una larga contemplación solo puedo decirte que toda la biografía de esta mujer está contenida en este cuadro. Es imposible observar esta obra y bromear acerca de la modelo. No puede una reírse, transmite un sentimiento de seriedad y tristeza que sobrecoge. Refleja su destino, sí, pero un destino increíblemente sombrío y trágico. Mi amado esposo, sondeas en las profundidades del alma de las personas, y eso es lo que convierte en clásicos tus retratos.

El monarca no quiso que Lola viera su desafortunado retrato porque se hubiera enfadado y se limitó a ponerle una excusa para dar por finalizadas las sesiones de posado. Para compensar este desengaño, pidió al escultor Johann Leeb que realizara en mármol un busto de su amada a tamaño natural. La escultura, que fue del agrado de ambos, quedó instalada en la sala de audiencias para que todos los visitantes pudieran admirar su belleza clásica y la perfección de sus rasgos.

En aquellos días, otro tema preocupaba al rey y le quitaba horas de sueño. Llevaba un tiempo solicitando al Consejo de Estado su aprobación para otorgar a Lola Montes la ciudadanía bávara que permitiría concederle otros privilegios, como poseer tierras o un título nobiliario. Tras varias reuniones, sus consejeros se negaron por unanimidad a formalizar la situación de su amante alegando que la joven estaba indocumentada. Además, pensaban que no era apropiado que el monarca declarara bávara a la bailarina debido al rechazo del pueblo porque «sería la mayor calamidad que podría caer sobre Baviera». Luis perdió la paciencia y ordenó al Consejo que se reuniera para votar, y advirtió a sus miembros de que interpretaría la negativa a dar su opinión como desacato a su autoridad. Aunque no la necesitaba, deseaba contar con su total aprobación.

Tal como el rey Luis se temía, solo su leal Georg von Maurer, el único miembro protestante del Consejo, votó a su favor. Este respetado jurista le sugirió que decretara de inmediato la naturalización de su amiga y que hiciera que el documento fuera refrendado por uno de sus ministros para que entrara en vigor. Cuando llegó a oídos de Karl von Abel que el monarca pensaba conceder a Lola Montes la ciudadanía bávara, anunció su dimisión. En su escrito informaba a Luis de que todos sus ministros opinaban como él y que el gobierno en pleno estaba dispuesto a secundarle:

> Desde octubre del año pasado las miradas de todo el país se han dirigido a Munich, y por todas partes en Baviera se han escuchado opiniones acerca de lo que aquí ocurre, que es prácticamente el único tema de conversación en los círculos familiares y los lugares públicos. A partir de estas opiniones, se ha formado un sentimiento popular altamente preocupante. El respeto por el monarca se está erosionando cada vez más en la mente de sus súbditos porque solo se escuchan expresiones de amargo reproche y manifiesta desa-

> probación. Al mismo tiempo, el orgullo de la nación se ha visto profundamente ofendido porque Baviera se esté viendo gobernada por una extranjera a la que el pueblo ve como una mujer marcada, y por más hechos refutatorios que se presenten no se podrá alterar esta percepción.

Aunque Luis manifestó su sorpresa y pidió a su ministro del Interior que recapacitara unas horas, él se mantuvo firme en sus convicciones. Unos días más tarde, escribía a su amigo Tann:

> Abel se ha mostrado categórico. Va a dimitir, el mandato de los jesuitas se ha roto. Me agradan la calma y la alegría que he sentido ayer y hoy. Hasta ahora, Lolita no sabe nada. Me alegra que Abel dimitiera y que la gente lo supiera, está bien que se haya retirado, reconozco el gran servicio que nos ha prestado y creo que es un hombre recto. Las cosas han cambiado mucho aquí, y en cuanto a la cuestión sobre si debía gobernar el rey o el partido de los jesuitas: yo la he contestado.

El día del cumpleaños de Lola el rey se presentó en su casa con un ramo de flores y un estuche con un fino collar de perlas. Tras felicitarla le anunció que su gobierno había dimitido en bloque. La bailarina lo abrazó efusivamente y le dijo que aquella noticia era el mejor regalo que podía hacerle. Por fin el monarca imponía su voluntad y ella había contribuido a este cambio político. Años de agitación liberal habían sido incapaces de poner fin al control jesuita en Baviera y una sola mujer lo había logrado de la noche a la mañana. Lola, exultante, había ganado la batalla contra sus acérrimos enemigos y se dispuso a colaborar estrechamente con el rey en la formación de su nuevo gobierno. Aquella misma tarde le presentó su propia lista de candidatos para los cargos ministeriales y le dijo que le gustaría charlar con las personas designadas para el puesto y estar presente en las audiencias del rey. Luis la amaba locamente, pero no estaba dispuesto a abandonar su papel de autócrata aunque algunas de sus ideas le resultaran interesantes y las tuviera muy en cuenta. Lola ya era ciudadana bávara y parecía que el camino había quedado despejado para hacer realidad su sueño más íntimo: verse elevada a la aristocracia bávara.

En los días siguientes, Luis vivió inmerso en una frenética actividad para formar gobierno. Dispuesto a romper con el pasado, se rodeó de ministros liberales y puso al frente a Von Maurer, quien le había demostrado su lealtad. La prensa bautizó al nuevo gabinete como el «Ministerio del Amanecer». Tras una década de régimen católico conservador en el poder, el pueblo recibió estos vientos de cambio de manera favorable.

Pero no todos estaban satisfechos con la llegada de un gobierno más liberal y progresista. En la Universidad de Munich, católica y conservadora, los profesores y estudiantes lamentaron la dimisión de Karl von Abel, quien siempre les había dado su apoyo. A mediados del mes de febrero, en una reunión de la junta de gobierno de la universidad, Ernst von Lasaulx, catedrático de Filosofía y Ética, sugirió que había que hacer un homenaje al ministro por su valiente defensa para conservar la dignidad de la Corona. Cuando llegó a oídos del rey esta propuesta, la consideró una provocación y, dispuesto a demostrar quién mandaba ahora en Baviera, despidió al profesor de modo fulminante. La mañana del 1 de marzo apareció en el tablón de anuncios de la universidad la dimisión del catedrático, y un grupo numeroso decidió ir en procesión hasta su domicilio como muestra de apoyo.

Hacia las diez de la mañana, varios cientos de universitarios se concentraron ante la residencia de Lasaulx, entonando canciones estudiantiles y vitoreándole. El grupo se disolvió pacíficamente, pero al mediodía comenzaron a circular panfletos por toda la ciudad en los que se convocaba una manifestación hasta la residencia de Lola Montes. Los rumores llegaron a oídos del rey, quien enseguida envió una nota al recién nombrado jefe de policía, Heinrich von der Mark, para garantizar la seguridad de su amiga.

Lola, advertida por el monarca, se lo tomó con humor. A la hora prevista, un grupo de estudiantes seguidos por una multitud de gente apareció por el extremo de la calle y se detuvo frente a su verja. La bailarina los esperaba asomada a una de las ventanas en compañía de cuatro amigos, uno de ellos su inseparable teniente Nüssbammer. Durante un instante observó a la muchedumbre con una sonrisa burlona y sin decir nada. Entonces pidió a su criado que le trajera una copa de champán y, alzándola al aire, gritó:

—¡Brindo por todos vosotros! Por los jóvenes de Munich, sois el futuro.

—¡Vete a España, bruja intrigante, aquí no te queremos! —le vociferaron unos hombres mientras la señalaban con la mano.

En ese momento una piedra surcó el aire y le rozó la cabeza. Su amigo Nüssbammer la sujetó con fuerza por la cintura para apartarla de la ventana, pero Lola forcejeó con él y le golpeó para que la soltara.

—¡Bravo por vosotros, cobardes, capaces de herir a una mujer inocente por sus ideas liberales! —continuó gritando.

—Señora, por favor —le rogó su doncella—, entre, es muy peligroso.

—Jeanette, sé cuidar de mí misma, esta gente no me asusta —le respondió mientras lanzaba bombones a la muchedumbre.

El rey, ajeno a lo que estaba ocurriendo, había finalizado su trabajo y se disponía a salir para visitar a su amante como cada tarde. El nuevo ministro del Interior, Johann Baptist von Zenetti, llegó a tiempo para advertirle de que había una turba frente a la residencia de la bailarina y que no era prudente ir a su encuentro. Luis, temiendo por la vida de Lola, salió precipitadamente seguido por su ministro. Cuando llegó al número 7 de la Barerstrasse, el caos era total. La policía trataba de dispersar a los estudiantes exaltados por la actitud provocativa de Lola, que seguía en la ventana amenazándolos con un cuchillo en la mano. El monarca se abrió paso entre la gente y al ser reconocido muchos se quitaron el sombrero en señal de respeto. Cuando consiguió acceder al interior y reunirse con Lola, ella le mostró una de las piedras, de gran tamaño, que le habían lanzado. El rey se asomó al balcón y exclamó indignado: «¡Regresad todos a vuestras casas! ¡Os lo ordeno!». Después estrechó a Lola entre sus brazos: «Nadie conseguirá que renuncie a lo que más amo en este mundo, a ti, Lolita».

Al cabo de un rato la multitud se dispersó y unos pocos siguieron caminando en dirección al palacio real. En la Max-Joseph-Platz, frente al Teatro de la Corte, algunos manifestantes comenzaron a lanzar piedras contra el palacio. La reina Teresa, que aquella tarde se encontraba visitando a una amiga al otro lado de la calle, temiendo que atacaran su carruaje pidió a su cochero que regresara él solo a palacio. Ella, oculta tras un gran sombrero y un abrigo que le prestó su doncella, volvió caminando y entró de incógnito por una puerta trasera sin que nadie la reconociera.

Cuando Luis supo que estaban atacando su palacio, partió de inmediato para hacerse cargo de la situación. Mientras corría a toda prisa por la calle, la gente le silbaba y le abucheaba, burlándose de su relación con la española y lanzando vivas a la reina Teresa. El rey llegó enfurecido y confuso. Nunca había vivido una experiencia tan humillante. No reconocía a su pueblo. A las diez de la noche la calma regresó a las calles, aunque algunos en su retirada rompieron farolas y escaparates de los comercios. Pero Luis, a pesar de la gravedad de los disturbios, continuó con su rutina. El monarca acabó la velada jugando su habitual partida de naipes con su esposa. No hablaron de lo ocurrido y aunque parecía sereno, en su interior estaba inquieto, colérico y sediento de venganza: «Mis nobles, el partido jesuita y los curas han incitado a los demagogos para que me insultaran y me hirieran, pero yo les enseñaré quién manda», pensó.

Al día siguiente reinaba la calma, pero Luis no podía olvidar el terror que había sentido al verse amenazado por aquellos vándalos. Había sido testigo del odio y el desprecio que su pueblo mostraba hacia su amante. Muchos de aquellos jóvenes que insultaban a Lola eran hijos de familias nobles y acaudaladas, chicos educados en una universidad considerada un referente en toda Alemania. Nunca imaginó que pudieran llegar tan lejos y recurrir a la violencia. Estaba desengañado, cansado y triste, pero también preocupado por la seguridad de Lola. En las calles corrían nuevos rumores sobre el comportamiento de la extranjera. Se decía que había intentado abrir fuego sobre la muchedumbre pero que su amante

Nüssbammer lo había impedido. Según otra versión, había cogido las piedras que le lanzaron, había hecho juegos malabares con ellas y después las arrojó contra la multitud. Y había otra historia que decía que la artista enseñó sus pechos para provocar a los estudiantes.

Tras los sucesos del primero de marzo, Lola se veía a sí misma como una heroína. Había derrotado a los jesuitas y se había enfrentado con valor a los estudiantes extremistas que pedían su expulsión. Se hablaba de ella en toda Europa, contaba con muchas simpatías en el extranjero y se decía que era la reina en la sombra de Baviera. Luis la necesitaba a su lado y le consentía todos sus caprichos salvo uno: «El rey debe cumplir su palabra y otorgarme un título nobiliario que merezco. Ya nadie me mirará por encima del hombro, porque muy pronto seré condesa y los que ahora me critican, besarán mi mano».

7

La reina sin corona

El rey vivía consagrado a su amante, pero la tensión de los últimos días le había pasado factura. En su entorno más cercano preocupaba su aspecto enfermizo y una grave erupción en la piel le obligó a guardar reposo. Tenía el pecho, el cuello y el rostro cubiertos de manchas, por las noches sufría fuertes jaquecas y padecía dolor de huesos. Estaba tan desfigurado que tuvo que interrumpir las visitas a su amante y se retiró a sus aposentos privados. No deseaba que nadie le viera hasta que remitiera la infección. Cuando Lola se enteró de su delicado estado de salud le hizo llegar una nota suplicándole que le permitiera reunirse con él. A Luis le conmovió que la joven quisiera hacerle compañía y no sintiera repugnancia por su desagradable aspecto.

Cada mañana la bailarina llegaba a La Residencia y accedía a los apartamentos del monarca a través de una escalera secreta. Por primera vez en mucho tiempo podían estar los dos solos. Tener a Lola cada día a su lado, leyéndole el *Quijote* y cuidándole sin que nadie los interrumpiera, aliviaba su sufrimiento. En ocasiones la gente que caminaba por la Max-

Joseph-Platz se sorprendía al verlos sentados junto a la ventana tomando una taza de té. Por un tiempo el rey pudo recuperar la calma y olvidarse de los crueles rumores.

Durante seis semanas Luis estuvo confinado en sus habitaciones y soportó su enfermedad con admirable estoicismo. «Mi alegría durará más que mi dolor, estoy decidido», escribió en su diario, animado por la entrega de su amante. Aquella fue una época que recordaría como la más feliz de su relación con Lola. Solo la llegada de otra carta de su hermana la emperatriz de Austria, Carolina Augusta, rompió el encantamiento. En ella se mostraba irónica y apelaba a su orgullo de soberano:

> Luis, el que fuera tan fuerte e independiente... ¡Gobernado por una niña encantadora! Quería decirte esto con todo mi corazón, sin esperanza alguna de éxito, pero para que al menos comprendas cómo me siento, yo, que te quiero y soy tu hermana siempre fiel.
>
> CAROLINA

En esta ocasión no se molestó en responder y rompió en pedazos la nota. Se negaba a aceptar ningún consejo y mucho menos que su hermana más querida bromeara sobre sus sentimientos más íntimos.

En aquellos días el rey observó con satisfacción que Lola había cambiado de actitud. Se mostraba más discreta y amable con la gente y controlaba su fuerte temperamento. El que acudiera a diario a ver al monarca fue bien visto por sus súbditos más leales. Su imagen pública había mejorado, ya no la increpaban por la calle y poco a poco se iba haciendo más popular en Munich. La influencia que ejercía sobre Luis también era mayor. Algunos políticos y hombres de empresa se acercaban a ella para intentar conseguir los favores del rey. Entre los aduladores que revoloteaban a su alrededor destacaba Franz von Berks. Este hombre con fama de charlatán e intrigante había sido ministro del Interior en el gabinete del príncipe Wallerstein, anterior al de Karl von Abel. Con la caída del príncipe y la llegada del régimen católico conservador, Berks se había visto relegado al gobierno provincial en Landshut. El ambicioso político no dudó en simpatizar descaradamente con Lola para conseguir un puesto en el nuevo gobierno de Baviera.

Tras la revuelta estudiantil y la dimisión de todos los ministros, en la prensa francesa y británica se aseguraba que Lola era la reina en la sombra de Baviera. Con el permiso de Luis, la joven envió cartas a *The Times* en Londres y a *Le National* en París quejándose de la cobertura periodística que se le había dado y asegurando que había sido víctima de una malvada conjura de los jesuitas. Lola Montes dejaba claro que no había tenido ningún tipo de responsabilidad en el cambio de gobierno, aunque aprobaba la decisión de Su Majestad. Otros artículos más comprometidos que aparecieron publicados en la prensa extranjera la impulsaron a emprender una campaña propagandística para defender su reputación: «No pienso soportar por más tiempo estas injurias y ataques que dañan la imagen de un rey bondadoso, y que me presentan como una mujer despiadada y manipuladora. Me llaman la Mesalina española. ¡Hasta dónde puede llegar la envidia y la maldad humana!».

El 20 de marzo de 1847, el *Pictorial Times* publicó un artículo sobre ella que era bastante exacto. En él se afirmaba que tenía veintisiete años, que se había casado con el teniente

James del ejército de la Compañía de las Indias Orientales, que había vivido en la India y que era famosa por su temperamento fuerte y violento. El texto iba ilustrado con un grabado donde se la veía sujetando un látigo y enfrentándose a una muchedumbre encolerizada. Informaciones como esta preocupaban a la bailarina porque temía que pudieran desenmascararla. Si Luis descubría que era una impostora, su privilegiada vida en Baviera y su sueño de convertirse en condesa se esfumarían.

A finales de marzo, Lola envió varias cartas a los principales periódicos europeos. En ellas defendía su origen noble y español, y acusaba de mentirosos a los que la difamaban y dudaban de su palabra:

> Señor:
>
> A causa de los numerosos informes publicados en varios periódicos en relación con mi persona y mi familia, absolutamente carentes de veracidad, le ruego que a través de su diario de amplia difusión transmita lo siguiente:
>
> Nací en Sevilla en el año 1823. Mi padre era un oficial español al servicio de don Carlos, y mi madre, una dama de origen irlandés, nacida en La Habana y casada en segundas nupcias con un caballero irlandés, lo que, imagino, es la causa de que se me tenga por irlandesa o en ocasiones inglesa, «Betsy Watson, señora James, etc., etc.». Me llamo María Dolores Porris Montes y nunca he cambiado de nombre. Por lo que respecta a mis cualidades teatrales, jamás he tenido el atrevimiento de arrogarme ninguna. Las circunstancias me obligaron a adoptar los escenarios como profesión, a la que ya he renunciado para siempre tras haberme convertido en ciudadana bávara y establecer mi residencia fija en Munich.

Mientras Lola se dedicaba a lavar su imagen en los medios, el rey Luis se mantenía al corriente de los asuntos gubernamentales y leía los informes semanales que le hacían llegar sus ministros. También aprovechó su convalecencia para escribir y preparaba el cuarto volumen de sus poemas publicados. En uno de ellos, dedicado a Lola, le demostraba su absoluta entrega y fidelidad:

Si por mí has renunciado a cualquier atadura,
yo también por ti las he roto todas,
vida de mi vida. Soy tuyo —soy tu esclavo—,
no pactaré con tus enemigos.
Sus lisonjas no tienen efecto en mí,
no hay artes que sirvan para apartarme de tu lado;
el poder del amor me eleva sobre ellos.
Contigo tendrá fin mi peregrinar por esta tierra.
Igual que la unión entre el cuerpo y el alma,
así, hasta la muerte a ti mi ser se une.
En ti he encontrado lo que nunca encontré en ninguna,
tu contemplación le ha dado nueva vida a mi ser.
Todos mis sentimientos por cualquier otra se han marchitado,
¡puesto que en ti leen mis ojos el amor!

El 26 de abril el rey se encontraba ya recuperado y apareció en público con buen aspecto y excelente humor. Para festejarlo asistió al Teatro de la Corte, donde se representó una función especial en su honor. Su presencia fue bien recibida por el público, que le aplaudió en pie, salvo Lola, que permaneció sentada en su palco. Luis nunca consiguió que su amante cumpliera con el protocolo porque ella creía que la relación íntima que mantenían le permitía cualquier licencia.

Una vez más su actitud fue interpretada como una impertinencia y los asientos de su alrededor se quedaron vacíos en señal de rechazo hacia ella. Luis no dio la menor importancia a este incidente, que consideró un desliz de su amiga.

Con la llegada de la primavera Luis pasaba muchas tardes con su favorita en los jardines de estilo renacentista del palacio de Nymphenburg. El rincón preferido de Lola era el invernadero de hierro forjado y cristal en cuyo interior crecían exuberantes plantas tropicales procedentes de todos los rincones del mundo. Palmeras, ficus gigantes, helechos, bambús, hibiscos, orquídeas... formaban un fascinante universo. El calor, la humedad y el aroma que desprendían las flores tropicales la trasladaban a su infancia en la India. También se reunían por las tardes en su casa de la Barerstrasse donde escuchaban música, leían poemas y tomaban el té en el jardín si el buen tiempo lo permitía. A Luis le gustaba contemplarla sentada bajo la pérgola, fumando relajada y pensativa. Tan eufórico se sentía que en su honor permitió que se pudiera fumar en público en toda la ciudad.

La familia real solía marcharse de Munich durante el verano y regresaba justo antes de la Oktoberfest. Ese año la reina Teresa le anunció que pensaba viajar a Franzensbad, un centro termal al noroeste de Bohemia muy popular entre la aristocracia alemana. Luis tenía otros planes en la cabeza. Primero pasaría unas semanas con Lola en el balneario de Brückenau, uno de sus lugares preferidos de retiro. Allí podría respirar aire puro en sus montañas, hacer ejercicio y disfrutar de la calidad de sus aguas termales. Después viajaría hacia Aschaffenburg, una ciudad de clima suave y soleado, con frondosos jardines y castillos renacentistas a orillas del río Main. Luis apreciaba este lugar, al que bautizó como la «Niza bávara», y era un asiduo visitante. Aunque sus consejeros intentaron convencerle de que Lola no le acompañase, fue inútil. Estaba muy ilusionado en poder pasar una parte de sus vacaciones con ella y presentársela al barón Von der Tann, que tenía una villa de veraneo en Brückenau. En una carta el monarca le preguntó a su buen amigo: «¿Cómo te la imaginas?». El barón respondió con ironía que estaba «algo temeroso de enamorarse y poner celoso a Su Majestad», y añadió que sentía cierto temor «a su perro, a sus bofetadas, la fusta, la daga y la pistola que tan bien manejaba». Tann esperaba no ser víctima de sus arrebatos, que, según le habían informado, eran «irrefrenables».

Tras su convalecencia Luis comprobó que su popularidad había aumentado. Algunas de sus medidas aprobadas por el nuevo gobierno fueron bien recibidas por el pueblo. Cuando paseaba por la calle sus súbditos le saludaban como antaño y se quitaban el sombrero en señal de respeto hacia su persona. Además tenía a Lola solo para él, porque el teniente Nüssbammer había sufrido un accidente de equitación y debía guardar reposo. Aunque el rey siempre había defendido la pureza de su «inocente amor por Lolita», ahora la deseaba más que nunca. A mediados de junio, Luis se despidió de la reina Teresa cuando partió con sus hijos al balneario de Franzensbad. Dos días más tarde el monarca pudo pasar por primera vez toda la noche con Lola. Tendido en su cama de palisandro y abrazando su cuerpo desnudo, se sintió el hombre más afortunado del mundo. A la mañana siguiente, la joven encontró sobre su almohada una rosa y una nota que decía así: «¡Soy tuyo para siempre; para siempre tú eres mía! ¡Qué felicidad tan grande esa que, como una onda, se renueva a sí misma en su eterna fuente!».

En aquellos días unos jóvenes pertenecientes a una de las hermandades estudiantiles, la Palatia, visitaron a Lola en su residencia de la Barerstrasse. Eran Ludwig Leibinger, Jacob Härteiss y el líder del grupo Elias Peissner. Los tres estaban ansiosos por conocer a la mujer que con tanto valor y determinación se había enfrentado a sus compañeros más conservadores. Lola los recibió con amabilidad, encantada de tener en su casa a unos valientes muchachos de ideas románticas y liberales. Les mostró su biblioteca y los invitó a una copa de aguardiente. Peissner apenas hablaba y la miraba embelesado. Era un atractivo y tímido joven de veintiún años, y un brillante estudiante de Derecho. Mientras charlaba animadamente con ellos, otros universitarios que pasaban frente a su casa observaron la escena a través de los grandes ventanales. La noticia se difundió con rapidez y tuvo graves consecuencias. Elias y sus compañeros fueron expulsados de la hermandad acusados de deslealtad y de confraternizar con la favorita del rey. Los profesores tacharon su comportamiento de una «deshonra para la Universidad de Munich».

A principios de junio el rey ya lo tenía todo organizado para viajar con su amante a Bad Brückenau, pero hubo un contratiempo. Lola se había enterado de que su leal amigo el teniente Friedrich Nüssbammer acababa de ser operado y su pronóstico no era bueno. Temiendo por su vida, acudió de inmediato al hospital para estar junto a él. Incluso un día convenció a Luis para que la acompañara y el monarca esperó en una sala contigua durante más de una hora ante la sorpresa del personal médico. Cuando Lola comprobó que el joven se recuperaba bien de su intervención, se despidió de él hasta finales del verano.

El 22 de junio abandonó temprano Munich con sus perros y su doncella. Los amantes decidieron viajar por separado a Brückenau para no levantar sospechas. Lola tenía por delante una travesía de casi ocho horas hasta llegar a su destino. Primero tomó el tren a Nuremberg y viajó cómodamente en el vagón de primera clase. Al llegar a esta bella ciudad medieval rodeada por una larga muralla, fue recibida en la estación por las más altas personalidades y agasajada con canciones tradicionales bávaras y ramos de flores; también tuvo tiempo para pasear por las callejuelas de su centro histórico y admirar sus bellos monumentos. Todas las fuerzas vivas de Nuremberg deseaban agradarla con la esperanza de que ella pudiera influir para que el rey ordenara la construcción de una línea directa de ferrocarril entre su ciudad y Wurzburgo.

Continuó luego su recorrido hasta Bamberg, donde debía llegar a primera hora de la tarde, pero se demoró más de lo previsto. Esta vez la bienvenida de las autoridades municipales no fue tan calurosa. Estaba cansada y de mal humor. Había sido un viaje muy largo y la pequeña ciudad, que presumía de ser una de las más bonitas de Alemania, le pareció sucia y triste. Lola, que era poco diplomática, así se lo hizo saber a sus amables anfitriones, que se quedaron perplejos por su mala educación. Para rematar, preguntó al alcalde si había monasterios en Bamberg y cuando este le dijo que dos y muy importantes, ella respondió: «Señor, debería haberlo sabido porque está claro que los jesuitas tienen el control de esta ciudad y por eso no soy una grata visita». Este inapropiado comentario indignó aún más a la gente, que persiguió su carruaje hasta el Bamberger Hof, donde iba a alojarse. Lola tuvo que soportar a su paso insultos, silbidos y hasta le arrojaron piedras y estiércol de caballo. Cuando llegó al hotel, era tal la hostilidad que se respiraba en el ambiente que se encerró en su habitación. Ya entrada la noche decidió que no se sentía segura y le pidió a su cochero que la llevara a Wurzburgo y de ahí directamente a Brückenau.

Cuando Lola le contó al rey cómo la habían tratado en Bamberg, este ordenó que las autoridades de la ciudad enviaran una delegación para disculparse por lo ocurrido. El monarca había llegado el día anterior a la estación balnearia y solo anhelaba disfrutar de su «luna de miel» con ella, pero ahora tenía que soportar sus berrinches y su monumental enfado. Las vacaciones habían comenzado con mal pie. Su hijo, el príncipe heredero Maximiliano, y su esposa se encontraban esos días de visita en Bad Brückenau. Luis tuvo que dividir su tiempo y le pidió al baron Von der Tann que se ocupara de Lola.

Desde la última noche que habían pasado juntos, a Luis le dominaba el deseo de hacer el amor con ella. Pero como no podían verse mucho, el rey pidió a su favorita que le enviara trozos de franela que antes hubiera llevado debajo de su ropa interior, en contacto directo con su piel. Estos «obsequios» tan íntimos excitaban su imaginación y le inspiraban poemas cargados de erotismo. Lola, que había planeado unos días románticos con el monarca, estaba molesta e irritable. El poco tiempo que pasaban juntos le echaba en cara que antepusiera sus asuntos familiares a estar con ella. En público se comportaba de manera altiva y exigente. Había conseguido que el rey nombrara a su amigo Berks miembro del Consejo de Estado, pero parecía que nada resultaba suficiente. Ahora insistía en que debía cumplir su promesa de convertirla en condesa. No dejaba de repetirle que era la única forma de obligar a las viejas familias nobles a aceptarla. Una tarde en la que Luis acudió a la habitación de su hotel, Lola no pudo más y montó en cólera:

—Me has mentido, me prometiste que sería condesa pero no tienes el valor suficiente para enfrentarte a mis enemigos, que deberían ser los tuyos. ¡Y yo que creía que me amabas!

—Lola, querida, te pido que no sigas hablándome así —le interrumpió el rey, pálido y nervioso—, siempre te he defendido. Te hice una promesa y la cumpliré, pero todo a su tiempo, debes ser paciente.

—No pienso esperar ni un minuto más, no me respetan y me tratan como a una cortesana. Creen que soy un pasatiempo para ti. Solo tú puedes hacer que todo esto cambie y demostrarme con ese gesto que tu amor es auténtico.

Luis se encontraba en una encrucijada. Sus consejeros y el primer ministro Maurer le habían suplicado que esperase hasta otoño para ascender de rango a su amante. Creían que así la gente se habría olvidado del escandaloso comportamiento y que resultaría más fácil que aceptaran su ascenso. Pero Lola le presionaba sin piedad y le trataba cada vez peor. Una tarde ambos discutieron y el monarca le dijo que estaba harto de sus exigencias. Después salió sin decir palabra de la habitación y cerró dando un portazo. Tann, que fue testigo de lo ocurrido, le reprochó a la bailarina el haber provocado al soberano y ella, en lugar de disculparse, se enfureció aún más. Desde el primer momento el anciano aristócrata no había mostrado la menor simpatía por madame Montes. Ahora sus gritos podían oírse desde la calle y Luis, preocupado, envió a uno de sus criados a comprobar si había sufrido otro de sus ataques de nervios. Aquella noche el rey le envió una nota al barón para que se la mostrara a Lola:

> Mi querido Tann:
>
> El brusco tono que he empleado con mi amada Lolita ha sido sin duda grosero, lo confieso. Díselo, por favor. Mis sentimientos se han visto heridos por el tono que ella adoptó ayer, y no solo ayer, un tono que era lo contrario del sentimiento amoroso. Eso explica mi reacción, pero no la justifica. Espero que me perdone, pero también que me trate de un modo diferente, no como a alguno de sus criados, sino como a alguien que la ama profundamente y que es un auténtico amigo. Si todavía soy bienvenido a su lado, espero que me lo haga saber.

Ella no respondió a la nota y dejó a Luis sumido en la incertidumbre. Al día siguiente la joven mandó cargar su equipaje en el carruaje e hizo correr la voz de que se marchaba para siempre de Baviera. En realidad no tenía ninguna intención de irse y los baúles estaban vacíos. Solo pretendía asustar al rey y que reaccionara. Cuando la noticia llegó a oídos de Luis, este corrió a su encuentro. Lola le esperaba sentada tranquilamente en el salón leyendo un libro de poemas. Lucía deslumbrante enfundada en un ceñido vestido de terciopelo verde oscuro que formaba grandes pliegues en la cadera y un generoso escote. En el cuello llevaba el collar de perlas que le había regalado por su cumpleaños. El monarca la observó un instante embelesado, y pensó en lo triste y anodina que sería su vida sin ella.

—Lolita, no puedes abandonarme así —le imploró muy afectado—, no lo merezco, te he pedido perdón, ¿qué más quieres que haga?

—Estoy rodeada de espías y de enemigos, así no puedo vivir. Tendrás que elegir…

—¿Elegir? No entiendo a qué te refieres.

—Sí, elegir entre tu amigo del alma Tann o yo. No soporto que me regañe como a una chiquilla y se inmiscuya en nuestra relación. Quiero que se marche cuanto antes.

Luis vio sus ojos llenos de furia y comprendió que nada la haría entrar en razón. De nuevo su amante se había salido con la suya. El monarca ordenó a Tann que se trasladara a Aschaffenburg, donde se reuniría con él en unas semanas. Tras su partida, Lola recuperó el buen humor y se mostró amable y muy cariñosa. Aquel mismo día asistió a un almuerzo con el rey y por la tarde se los vio salir juntos al campo en un elegante landó forrado de seda azul. Allí, en un verde prado junto al río, disfrutaron de un romántico picnic al aire libre los dos solos.

Pero el idilio duró poco. Lola cayó de nuevo enferma. Estaba pálida, tenía fiebre alta y escalofríos. Le dijo al soberano que no se preocupase porque seguramente era una recaída de la malaria que había contraído en la India. El médico personal de Su Majestad la trató con éxito a base de grandes dosis de quinina y le recomendó unos días de reposo. A principios de agosto, Lola se encontraba ya repuesta y comenzó los preparativos para regresar a Munich. Por su parte, el monarca continuaría viaje a Aschaffenburg, donde se reuniría con la reina en otoño. Cuando llegó a la ciudad, lo primero que hizo fue coger la pluma y escribir una nota urgente a Maurer en la que le ordenaba que la señora Lola Montes fuera nombrada condesa de inmediato y le hacía saber que no deseaba oír ninguna queja. A su amada, de camino a Munich, le envió una carta donde le anunciaba feliz que el nombramiento estaría listo para su cumpleaños y que, por el momento, guardara bien el secreto.

Cuando Maurer leyó la misiva del rey le entró pánico. Si ratificaba el título de condesa de Lola Montes, se vería marcado por la sociedad y sería el fin de su carrera política. El ministro le respondió que prepararía el documento pero le advirtió que aquello sería interpretado como un insulto. Sabía que la aristocracia no aceptaría jamás en sus nobles filas la presencia de una aventurera extranjera a la que tenían por una intrusa y una espía. Además, Maurer creía que después de todos los sacrificios que había hecho por Su Majestad merecía ser elegido miembro de la nobleza en la Cámara Alta y que le concedieran algunas tierras acorde con su rango. También le sugería que sería apropiado que nombrara a su hijo catedrático de la universidad con un generoso salario anual. Luis se puso furioso por lo que consideraba un chantaje de su ministro y por querer dilatar un asunto que para él era de vital importancia. La respuesta del monarca no se hizo esperar: «Exijo obediencia especialmente a mis ministros. Pareces no darte cuenta de que si no lo haces tú, lo haré de todas formas, aunque sea en mi propio perjuicio. No me doblegaré. Te ordeno que el título de condesa de la señora Lola Montes con tu firma y todos sus datos en orden me sea enviado de inmediato». Maurer nunca había visto al rey tan obcecado y enseguida firmó el documento y se lo hizo llegar aquella misma noche.

Mientras tanto, la bailarina estaba a punto de protagonizar otro altercado. De regreso a Munich se detuvo en la ciudad de Wurzburgo para visitar su palacio barroco y los famosos jardines. Su llegaba fue bien acogida; algunas personas se acercaron a saludarla y se organizó una cena en la espléndida residencia del barón Von Ziegler. Por orden del rey, el consejero Von Berks había llegado desde la capital para escoltarla y presentarla a las autoridades locales. Aquella misma tarde, Lola y un pequeño séquito salieron a dar un paseo por los jardines de flores que lucían radiantes en primavera. Numerosos curiosos se agolpaban en los alrededores para ver a la española de la que se hablaba en toda Baviera. En la puerta de acceso a palacio se encontraba un centinela del ejército haciendo guardia. Al ver que a la dama la acompañaba su perro Zampa le negó el paso y le señaló un cartel que prohibía fumar, pisar el césped y entrar con animales. Entonces Lola cogió a Zampa entre sus brazos, pero no era suficiente. La bailarina se quejó y el soldado, que no entendía el francés, intentó agarrar al perro. Lola dio un paso atrás y propinó al guardia una fuerte bofetada en la cara. Berks intentó tranquilizarla y el grupo accedió al interior del jardín entre el abucheo de la gente que los seguía a corta distancia. Lo que iba a ser un agradable paseo acabó en un gran revuelo.

Los detalles de la disputa con el soldado se extendieron rápido por todo Wurzburgo y numerosos ciudadanos acudieron a las puertas del hotel donde se alojaba la artista para abuchearla. Ya de noche, tuvo que utilizar una puerta de servicio para poder subir a su carruaje y llegar a tiempo a la cena que se ofrecía en su honor en la Domplatz. Durante toda la velada no cesaron los gritos y silbidos contra ella. Su anfitrión, el barón Von Ziegler, envió el carruaje vacío de Lola de regreso al hotel para engañar a los alborotadores y alejarlos de su residencia. Cuando finalmente llegó a su habitación, se echó a llorar y tuvo que recurrir al láudano para tranquilizarse. Se había sentido de nuevo amenazada y escribió una carta al rey Luis informándole de que más de cinco mil personas la habían intentado atacar y que todo era obra de los jesuitas y de su líder, el obispo de Wurzburgo.

Ya en Munich, la bailarina recibió en su casa una inesperada visita. Era Elias Peissner, que deseaba hablar con ella de un asunto urgente. A Lola le agradaba este muchacho rebelde y de aire bohemio que guardaba un gran parecido físico con el rey Luis: alto, delgado, con el cabello revuelto, fina perilla y unos ojos azules muy vivaces. Le contó que durante su ausencia los habían expulsado de su hermandad pero que habían constituido una nueva asociación, la Alemannia. La formaban quince estudiantes dispuestos a protegerla de sus enemigos y ser su guardia de honor. La acompañarían en sus paseos por la ciudad, y en sus viajes en carruaje la seguirían a corta distancia para evitar incidentes tan graves como los ocurridos en Wurzburgo. Lola se sintió muy halagada de que aquellos jóvenes estuvieran dispuestos a dar su vida por ella y le aseguró que transmitiría la buena noticia a Su Majestad, que aún seguía de vacaciones en Aschaffenburg. Al despedirle, Elias le besó caballeroso la mano y, venciendo su timidez, le dijo: «Madame Montes, es usted una mujer capaz de hacer perder la razón a un hombre».

El 61 cumpleaños del rey se acercaba y Lola por fin vería cumplido su sueño de pertenecer a la nobleza bávara. Para Luis no había sido una tarea fácil y le había dado muchas vueltas a su nombramiento. No podía otorgarle a su amante el título de un condado de su reino porque sus habitantes protestarían y podría ser el inicio de una revolución. Decidió inventarse un nombre, y un día que estaba inspirado escribió en su cuaderno la palabra «Landsfeld». Había unido las primeras letras de la ciudad de Landshut, donde expulsó a su odiado jefe de policía Von Pechmann, y las del pueblo alpino de Feldberg, cuyas altas montañas nevadas había frecuentado siendo joven. «Lola Montes, condesa de Landsfeld»; el nombre sonaba regio y su amada no se molestaría en averiguar dónde se encontraba. El título, una obra maestra de arte caligráfico de varias páginas, quedó listo para la fecha fijada. El monarca se lo entregó a un mensajero para que se lo hiciera llegar a la joven la misma mañana del 25 de agosto junto con una carta suya.

El aniversario del rey Luis, fiesta nacional en Baviera, fue un día inolvidable para Lola. Se levantó temprano y mientras desayunaba en la cama, llegó el mensajero de Su Majestad con un gran sobre sellado y lacrado. Cuando lo abrió y vio en su interior el título de condesa de Landsfeld, se le saltaron las lágrimas. Estaba montado sobre terciopelo azul y en la página opuesta a la de la firma del monarca había una representación pintada a mano del escudo de armas. Sobre este figuraba la corona de nueve puntas distintiva de su rango. Con sumo cuidado lo colocó en un aparador del salón principal, a la vista de todos. Luego se sentó y leyó la carta que lo acompañaba:

> Condesa de Landsfeld, para mí, mi siempre querida Lolita:
>
> En mi cumpleaños me entrego el regalo de darte tu título de condesa. Espero que te ayude a mejorar tu situación social, pero no puede cambiar el gobierno. Lolita no puede amar, ni mucho menos estimar a un rey que no sepa gobernar, y tu Luis quiere ser amado por su Lolita. Tus enemigos, y especialmente tus enemigas, se pondrán furiosos al verte ascendida a condesa, y por eso será mucho más necesario que seas modesta y prudente y que evites cualquier posibilidad de escándalo, que evites lugares donde hay mucha gente. Es posible que tus enemigos traten de causar tumultos para así poder atentar contra tu vida. ¡Ten cuidado!

Lola se sentía dichosa y, ante el asombro de curiosos y vecinos, aquella misma mañana se la vio entrar en la iglesia de San Pedro. Aunque nunca asistía a misa, con este gesto simbólico quería agradecer a Luis tan alta deferencia y de paso acallar algunas críticas. Sabía que él cumpliría su promesa y había organizado esa misma noche una cena para festejar su ascenso social. Cuando estaba a punto de finalizar la velada, Lola invitó a los comensales a pasar al jardín posterior iluminado con antorchas. Allí, reunidos en torno a un busto en mármol del rey de Baviera, sorprendió a todos con un espectáculo de fuegos artificiales mientras una banda tocaba música tradicional bávara.

En la distancia, el monarca lamentaba no poder compartir un día tan especial con su amada. Pero por la noche escribió a la flamante condesa que lo primero que había hecho el día de su cumpleaños había sido besar su retrato: «Excepto cuando estoy dormido, para mí respirar y pensar en ti son una misma cosa —le confesó—. Es cierto que la ausencia destruye una pasión si esta es débil, pero la incrementa si es fuerte. En todo el mundo no hay nadie capaz de separar a Luis de su Lolita».

Había triunfado y los que antes la insultaban, ahora le debían respeto. Con una sonrisa burlona, Lola imaginaba los comentarios de las altivas damas de la nobleza bávara que tanto la despreciaban al enterarse de su nombramiento. Pero su ambición no conocía límites. Aquella misma noche, frente a su tocador, mientras cepillaba su larga melena rizada, pensaba en que todavía podía alcanzar otros favores. Los aristócratas aún se negaban a visitarla en su residencia o a invitarla a sus actos sociales. Debía ser presentada ante la corte para que al fin la aceptaran. Comenzaron a circular los rumores de que el rey no solo había obtenido el permiso de la reina Teresa para nombrar condesa a su amante, sino que la propia soberana iba a condecorarla con la Orden de Teresa, una de las más altas distinciones que podía recibir en Baviera una mujer. Aunque era una historia inventada, la opinión pública la creyó. Hasta los embajadores extranjeros difundieron la noticia en sus respectivos países y la prensa extranjera se hizo eco de la noticia. Cuando la reina Teresa, que aún se encontraba en su residencia de verano, se enteró de este falso rumor, enseguida lo desmintió. Ella, siempre tan afable y paciente, se mostró muy disgustada con su esposo.

Pero la alegría de Lola duró apenas una semana. Un amigo le comentó que su nombramiento no tenía ninguna validez si no se publicaba en el boletín oficial. Efectivamente, el título de condesa del que tanto se vanagloriaba aún no era legal. Al enterarse, escribió al rey una dura carta donde le decía que no pensaba aceptar un título en esas condiciones y que le había causado un profundo dolor descubrir la verdad. El monarca, enojado por este nuevo contratiempo, envió una orden al consejero Von Berks para que lo hiciera oficial de inmediato. Lola Montes ya podía respirar tranquila, el rey había cedido a todos sus caprichos y eso le hacía sentirse aún más poderosa.

Aunque Luis le había pedido que no se inmiscuyera en los asuntos de Estado, la joven comenzó a escribirle cartas asediándolo a preguntas acerca de sus ministros o informándole de las conspiraciones que se tramaban contra ella. Con la ayuda de su inseparable Berks se aseguró de que sus amigos más fieles recibieran condecoraciones y privilegios. Lola era generosa con la gente que la apoyaba, pero sabía cómo castigar a sus enemigos. En ausencia del rey se presentaba sin avisar en el despacho del ministro del Interior, Zenetti, para plantearle sus quejas o hacerle consultas. En una ocasión él perdió la paciencia y le respondió alterado que no tenía tiempo para atender sus problemas personales. Se sintió tan ofendida que escribió al rey advirtiéndole de que Zenetti era un aliado de los jesuitas y debía vigilarle. Tampoco Maurer, que al principio le dio su apoyo, se salvó de sus críticas y ataques. En una carta Lola le decía al monarca que creía que su mano derecha era un incompetente y se quejaba de que por su culpa ningún miembro del gabinete acudía a visitarla a su residencia.

En las cartas que el rey escribía a diario a Lola evitaba discutir de política. Luis prefería hablar de lo mucho que la añoraba, de los sueños eróticos que tenía pensando en ella y del placer que sentía cuando recibía los trozos de tela que su amiga le enviaba. En cambio la bailarina nunca le mostraba sus sentimientos y las escasas notas que le escribía estaban llenas de alabanzas a Berks y a otros de sus protegidos, y de críticas hacia sus ministros. El monarca se sentía molesto por su falta de tacto y unos días antes de regresar a Munich le confesó en una carta que «aunque a él le gustaba escuchar sus ideas, incluso si eran distintas a las suyas, le hacía muy infeliz si solo le hablaba de política y de negocios».

A principios de octubre Luis puso en orden sus cuentas personales. Aunque se había gastado una fortuna en los doce meses que habían pasado desde que conoció a Lola Montes, creía que aún le debía más. Ordenó a su secretario personal que duplicase la asignación anual a la condesa de Landsfeld a 20.000 florines anuales, con validez inmediata. Luis consideraba que, ahora que la joven pertenecía a la nobleza, necesitaba mantener un estilo de vida apropiado a su posición.

La tarde que Luis regresó a La Residencia se llevó una grata sorpresa. Lola había decidido adelantar su encuentro fijado para el día siguiente. Vestida con un precioso traje de seda color violeta y un sombrero a juego adornado con plumas, se abrió paso en secreto hasta los apartamentos reales. Al verla, el rey se sintió muy conmovido por tan inesperada visita. Tras dos meses separados tenían mucho que contarse y además estaban de celebración. Hacía justo un año que sus destinos se habían cruzado en Munich. El anciano monarca seguía enamorado como el primer día pero enseguida sintió que algo había cambiado en ella. La nueva condesa, que ahora se llamaba Marie von Landsfeld, era más arrogante, exigente y temperamental que Lola Montes.

Una tarde, cuando se encontraban solos en el salón de su casa de la Barerstrasse, ella apoyó la cabeza en las rodillas del rey y, suspirando, le confesó:

—Mi amado Luis, no puedo ser más feliz porque me has demostrado lo mucho que me amas, pero ya ves que algunos nobles me siguen despreciando, me ignoran por completo.

—Lolita, ¿qué imaginabas? Tú para ellos eres una intrusa y nunca te aceptarán, pero eso ya no debe preocuparte porque tienes un título que nadie puede arrebatarte.

—Lo sé, pero me gustaría ser presentada en la corte, ante tu esposa, la reina Teresa.

—Me pides un imposible —reconoció el rey con gesto abatido—, pero lo intentaré si tan importante es para ti.

Apenas una semana después de su regreso a la capital, el rey recibió una carta de su esposa. Aunque se veían a diario y comían juntos, Teresa había preferido plasmar por escrito un asunto que amenazaba la paz familiar:

Amado esposo:

Es mi deber como tu fiel esposa mantener tu felicidad conyugal y alejar todos los problemas que la puedan turbar. Y esto es algo que debe de haberte quedado claro durante las últimas semanas de nuestra estancia en Aschaffenburg, a causa de la noticia que leí en *La Gaceta* y que contaba algo que yo, conociéndote como te conozco, jamás habría creído posible y que me dolió profundamente. No seré yo quien te haga un reproche, nada más lejos de mi intención. El propósito de estas líneas, sin embargo, es una mera y sincera advertencia para evitar que destruyas de forma definitiva la paz y el bienestar de tu familia. Como mujer honorable que soy —mi honor es más importante para mí que la propia vida—, te advierto que esa mujer, a la que has elevado a un rango que nunca deberías haber tan siquiera considerado, no debe jamás pretender ser recibida en la corte. No importa lo que le puedas haber prometido, y le puedes decir de mi parte que la reina, tu esposa, la madre de tus hijos, no la recibirá jamás.

Ante la turbación que esto me causa y para evitar futuros conflictos, creo que es mi obligación informarte de esta decisión irrevocable. Ni una sola palabra más, ni escrita ni hablada, sobre este penoso asunto. Al igual que siempre me encontrarás feliz y agradecida por la alegría que me das y siempre dispuesta y vigilante para mantener, para ti, Luis mío, la apacible armonía de nuestro hogar. Tu

TERESA

Tras leer la carta, Luis tuvo claro que jamás convencería a la reina para que recibiera a su amada Lolita. Por el momento prefirió guardar el secreto y no comentarle nada, no deseaba contrariarla y que le montara una de sus terribles escenas. El monarca solo anhelaba encontrar algo de paz y armonía en su casa, pero ahora apenas veía a su favorita. Los tiempos felices habían quedado atrás. Lola estaba siempre muy ocupada y no tenía tiempo para él. Una mañana, mientras despachaba con uno de sus ministros, irrumpió en su gabinete para hablarle de un tema de vital importancia para ella:

—Mi amado Luis, debes saber que no todos los estudiantes de la universidad están en mi contra. Hay un grupo de jóvenes valientes y liberales, por supuesto, protestantes, dispuestos a defenderme a capa y espada. Han fundado una nueva hermandad que se hace llamar la Alemannia.

—Sí, lo sé, estos jóvenes van en serio; los recompensaré por cumplir con tan leal función y serán siempre bien recibidos en la corte.

—Serán mis tres mosqueteros y con mis propios fondos los ayudaré en los gastos —comentó Lola—. Estos muchachos me adoran y compartimos los mismos ideales. Ya no tengo nada que temer, velarán día y noche por mí —añadió muy orgullosa al tiempo que le dedicaba al rey una seductora sonrisa.

A Luis le agradó saber que Lola contaba con el apoyo de algunos jóvenes de la universidad que apreciaban no solo su belleza sino sus puros ideales. Pero con el paso de los días el monarca observó molesto que un grupo de atractivos miembros de la Alemannia acudían a todas partes con su amante. Pasaban las tardes reunidos en el salón de su casa o en su local social del Café de Rottman. Se los veía juntos en las terrazas, la acompañaban de compras e incluso en sus excursiones al campo. La condesa de Landsfeld raramente se dejaba ver en público sin al menos dos de sus apuestos guardaespaldas. Lola les había diseñado un llamativo uniforme con calzones de piel blancos, chaqueta de terciopelo negro con alamares y gorro rojo bordado en oro. En la calle, al contemplar a la condesa seguida de su pequeña comitiva se referían al «harén de Lola» o los «loleses». A la bailarina le encantaba su compañía; eran jóvenes como ella, alocados, divertidos y soñadores. Hacía tiempo que no lo pasaba tan bien, recuperó la alegría de vivir y se sentía más segura que nunca en Munich.

El rey sufría en silencio al ver que Lola no se comportaba en público como una dama de su posición. Salía sola a pasear, invitaba a jóvenes estudiantes a su casa, perdía los modales con facilidad, y gritaba o blasfemaba sin importarle lo que la gente pudiera pensar. Pero el escándalo era aún mayor cuando acudía al Teatro de la Corte y los miembros de la Alemannia se situaban repartidos por todo el auditorio para espiar lo que se comentaba de ella. Para empeorar las cosas, la condesa de Landsfeld caminaba orgullosa por las calles de Munich acompañada por dos lacayos de librea, un privilegio exclusivo de la reina Teresa de Baviera y la princesa heredera.

El duque de Leuchtenberg, sobrino del rey Luis y yerno del zar Nicolás I, visitó Munich a principios de noviembre y trató de hacer entrar en razón al monarca. El príncipe, casado con la gran duquesa María, pasó unos días en la ciudad, donde recorrió sus principales monumentos, museos y asistió a una función de gala en su honor en el Teatro de la Corte. En la cena organizada en palacio para su despedida, la reina Teresa hizo una señal para que los cortesanos dejaran a solas a los miembros de la familia real. Entonces el duque, puesto en pie y con expresión grave, le rogó a Luis que le permitiera transmitirle al zar la feliz noticia de que la condesa de Landsfeld ya no vivía en Munich. Los hijos del monarca se sumaron a la petición rogándole a su padre, con lágrimas en los ojos, que abandonara a Lola Montes. El rey, que amaba por encima de todo a su familia, se quedó conmovido por su reacción. Tras una pausa y con un nudo en la garganta, respondió: «Os agradezco a todos esta muestra de afecto hacia mí, pero solo puedo responder que vosotros no la conocéis, ella es amabilísima».

En aquellos días, el embajador austríaco en París le envió una carta al príncipe Metternich en Viena, donde evaluaba con estas palabras a la amante del rey: «Lola Montes es una persona sin educación, de modales toscos, cuyo caprichoso juego no puede durar. Es más una mujer incontrolada y adicta a las nuevas sensaciones que un ser depravado y codicioso». Metternich, hombre fuerte del Imperio austríaco, conservador y defensor de las viejas monarquías en Europa, seguía muy de cerca las andanzas de Lola Montes, a quien consideraba «un serio peligro para la Corona de Baviera». La bailarina hacía oídos sordos a las críticas, pero lo que más le enfurecía era verse rechazada. Tras su nombramiento había enviado unas elegantes tarjetas de presentación a las veinte familias más importantes de Munich. Para su decepción, la mayoría le fueron devueltas con la frase: «No conocemos a esa condesa, ni tenemos ningún interés».

Lola intentaba olvidar los desaires y cada día pasaba más tiempo con Elias Peissner, el líder de la Alemannia. Desde el primer instante que la vio en su casa se quedó cautivado y no podía dejar de pensar en ella. Nunca había conocido a una mujer tan arrebatadora, valiente y apasionada. Compartían el gusto por la literatura, los viajes y la esgrima germánica. Elias era un experto en este arte y enseñó a la condesa a manejar la espada de doble filo. Muchas tardes se los podía ver en el jardín practicando mientras charlaban y reían. Lola se mostraba muy atenta con su «primer mosquetero», como le llamaba cariñosamente; incluso pidió al rey Luis que lo recibiera en audiencia privada en palacio. El monarca demostró su total apoyo a la hermandad y aseguró a su líder que contaban con la protección de Su Majestad. Cuando ella comentó al rey que se rumoreaba en todo Munich que Peissner era su hijo bastardo, debido a su gran parecido físico, este se lo tomó a broma: «Mi querida Lolita, si tuviera que hacer caso de todos los hijos ilegítimos que se me atribuyen, me volvería loco».

La bailarina no dudaba en coquetear con Elias, cinco años menor que ella, y halagaba su vanidad verle tan enamorado. Una mañana se presentó sin avisar en su casa con un gran ramo de rosas blancas. Cuando la condesa descendió con porte majestuoso la escalera de mármol, el joven no podía quitarle los ojos de encima. Aunque no le esperaba tan temprano, le agradó volver a verle y le invitó a pasar al salón. Lola encendió un cigarrillo y se tumbó con una pose muy seductora en el sofá. Hubo un largo silencio hasta que él se atrevió a hablar:

—Te pido perdón por presentarme de esta manera, pero no puedo dejar de pensar en ti y me muero de celos porque el rey también te ama... —le confesó ruborizado.

—Tú sabes que lo único que me une a Su Majestad es una estrecha amistad, es como un padre para mí, y le estoy muy agradecida por toda su ayuda y comprensión.

—Lola, yo te amo desde el primer día en que te vi y te defenderé con mi espada si alguien se atreve a tocarte un solo pelo de tu cabeza.

—Calla —le interrumpió ella mientras sellaba sus labios

con un beso—, yo también siento algo por ti, pero por el momento solo tienes mi corazón, no pidas aún mi cuerpo.

Aquel beso inesperado cambió para siempre la vida de Elias Peissner. Nunca pensó que una mujer como Lola Montes pudiera sentirse atraída por él. Estaba abrumado y dispuesto a morir por ella. Una tarde que el rey avisó a la bailarina de que no pasaría a visitarla porque salía a cazar, ella invitó al estudiante a cenar. Peissner no imaginaba que sería una velada íntima y que estarían los dos solos. A la luz de los candelabros y animados por el vino, hablaron de sus sueños, de política, del poder de la prensa y de las revoluciones que hacían tambalear las viejas monarquías. Acabada la cena, Lola abrió una botella de champán francés y brindaron por la Alemannia y por una Baviera libre de jesuitas y conservadores. Ya bien entrada la madrugada, el joven estaba a punto de irse cuando la condesa, con una sonrisa provocativa, le propuso subir a su dormitorio. En su hermosa cama de palisandro adornada con vaporosas cortinas, sus cuerpos se entrelazaron llevados por el deseo. Hacía tiempo que Lola no se estremecía con tanta intensidad en los brazos de un hombre. Al rey solo le pedía su cálida presencia, sus tiernas palabras y gestos mimosos, pero con Elias había sentido el fuego de la pasión.

Era casi mediodía cuando se despertaron. La condesa pidió a su criada que le subiera el desayuno a su habitación. Los amantes tomaron chocolate caliente y brioches sentados en la cama mientras los rayos de sol que se colaban por la ventana iluminaban sus cuerpos desnudos. Lola se sentía muy dichosa y le propuso dar a un paseo a pie por la ciudad. Hacía un día radiante y el rey no regresaría hasta el día siguiente.

Tras aquella noche inolvidable la pareja se veía con frecuencia y Elias se quedaba muchas noches a dormir en casa de Lola. A finales de mes la condesa instaló a su joven amante en una habitación de un edificio anexo a su residencia que utilizaban los sirvientes. Así podían quedar a cualquier hora y si el rey se presentaba de manera inesperada, él podía ocultarse en el jardín y de ahí llegar sin ser visto a sus aposentos. Las idas y venidas del líder de la Alemannia a su domicilio y las reuniones que la condesa de Landsfeld organizaba con los demás miembros de la hermandad hasta altas horas de la madrugada no pasaron desapercibidas para sus enemigos. Comenzaron a correr rumores sobre las fiestas que la artista ofrecía a sus amigos, donde corrían litros de cerveza. Se hablaba de orgías y bacanales en la casa de madera que había acondicionado como local social a sus protegidos al fondo del jardín. Algunos testigos aseguraban que la habían visto bailar desnuda mientras los estudiantes se agolpaban a su alrededor dando palmas. A Lola estos necios comentarios le dolían porque la Alemannia era su orgullo y aquellos jóvenes idealistas estaban bajo la protección de Su Majestad.

Aunque los miembros del gabinete de Maurer se habían visto obligados a nombrarla condesa, se mostraban cada vez más reticentes a ser vistos en su compañía. El llamado Ministerio del Amanecer tenía los días contados por la desesperación de sus ministros, el descontento del rey y las constantes críticas de Lola, que los acusaba de intrigar contra ella. A finales de noviembre de 1847 la condesa convenció a Luis de que había llegado la hora del cambio y le propuso retirar a Maurer. Se formó un nuevo gabinete liderado por uno de los pocos aristócratas de tendencias liberales, el ambicioso príncipe Wallerstein. El equipo incluía como ministro del Interior a Franz von Berks, el hombre de confianza de Lola

Montes y cuyo hijo era miembro de la Alemannia. En la calle se rumoreaba que muy pronto se crearía «el Ministerio de Lola».

El rey comenzó a desconfiar de los «tres mosqueteros» fieles a Lola, que cada vez se mostraban más arrogantes y rebeldes. Quería a su amada solo para él y le frustraba comprobar cómo a medida que pasaban las semanas prefería su compañía. Estaba decepcionado pero pensaba que aún valía la pena luchar por un amor tan fuerte y noble como el que sentía. Por su parte, el príncipe Wallerstein intentaba encontrar la manera de que la aristocracia bávara aceptara a la condesa de Landsfeld. Uno de los principales obstáculos eran estos estudiantes provocadores y juerguistas que la seguían a todas partes con la excusa de protegerla. Se habían convertido en inseparables y ella los adoraba. El ministro le prometió al monarca que los vigilaría de cerca y le mantendría informado de todos sus movimientos. También redactó de su puño y letra un manual de buenos modales dirigido a la condesa y se lo hizo llegar a través de un amigo de su círculo más cercano. Iba acompañado de una nota que comenzaba así: «Si deseas ser condesa y amiga de un monarca por la gracia de Dios, entonces debes adherirte a las convenciones sociales y evitar las situaciones comprometidas». La reacción de Lola fue de enfado y rabia. A ella nadie le tenía que dar lecciones de urbanidad y menos alguien como Wallerstein: «El muy engreído ha olvidado que gracias a mí es el primer ministro de Baviera. Tiene los días contados, juro que será despojado de su cargo antes de la primavera».

Pero había un tema que preocupaba al soberano y que no se atrevía a comentarle a su amada. La reina Teresa se mantenía firme y esperaba no tener que encontrarse jamás con la condesa de Landsfeld. También se negaba a recibir a nadie que frecuentara su vivienda de la Barerstrasse. Lola insistía al rey que debía ser presentada en la corte, pero Luis cambiaba de tema porque no deseaba disgustarla. Mientras tanto intentaba protegerla de los constantes rumores y críticas que no la dejaban vivir en paz. Los muniqueses tenían prohibido pronunciar el nombre de Lola Montes en sus conversaciones y la policía advertía a los ciudadanos que debían referirse a ella como Marie, condesa de Landsfeld. Pero estas medidas de poco servían y en la prensa local de otras ciudades alemanas se publicaban crueles caricaturas en las que se ridiculizaba a la pareja. En una de ellas se veía a Lola, la joven y hermosa condesa de Landsfeld, con un perro a sus pies que lucía en su cabeza una corona.

Los esfuerzos del gobierno para conseguir que fuera aceptada por las familias más nobles de la capital se frustraron unos días antes de comenzar el nuevo año. Lola organizó una divertida fiesta para sus chicos de la Alemannia donde se bebió en abundancia. Según algunos testigos, los jóvenes se habían quitado los pantalones y paseaban por la vivienda con sus largas camisas. Ya de madrugada, algunos llevaron en hombros a la condesa por todo el salón cantando y vitoreando su nombre. Pero Lola tuvo la desgracia de golpearse con una lámpara de bronce que colgaba del techo. Debido al impacto, cayó inconsciente al suelo y se hizo una brecha en la cabeza. Los policías encargados de su seguridad llamaron a un médico que determinó que no había sufrido ningún traumatismo y le curó la herida. Su reputación acababa de sufrir un duro revés. Muy pronto en todo Munich se exageraría lo ocurrido y correría la voz de que la condesa de Landsfeld había perdido el conocimiento en medio de una orgía de borrachos semidesnudos que la llevaban en volandas. Aquel año de 1848 no comenzaba muy prometedor para ella.

El monarca se enteró aquella misma noche de que su amante había sufrido un accidente en su residencia. Le hubiera gustado salir corriendo a su encuentro, pero su esposa Teresa le esperaba en sus aposentos para su partida diaria de naipes. Preocupado, envió enseguida a un sirviente para preguntar por el estado de Lola. Le aseguraron que se encontraba bien, pero cuando conoció los detalles se indignó. Según algunos testigos, los chicos de la Alemannia habían perdido el control en la fiesta y se habían quedado sin ropa. Luis ordenó de inmediato una investigación secreta sobre lo ocurrido.

Al día siguiente, el rey se cruzó por la calle con Peissner. Para su sorpresa comprobó que el líder de la Alemannia visitaba a la condesa de Landsfeld a diario. Hablaba de ella con una familiaridad y admiración que le resultaron sospechosas. Muy inquieto y furioso, le pidió a Berks que averiguase qué estaba ocurriendo y cuál era la verdadera naturaleza de su estrecha relación. Las sospechas del monarca se vieron acrecentadas cuando una persona de su círculo más cercano le informó de que la condesa mantenía relaciones íntimas con Elias en su propia residencia de la Barerstrasse. Luis, que hasta la fecha se negaba a creer que su querida Lola pudiera serle infiel, ahora tenía sus dudas. Estaba cada vez más celoso al escuchar las numerosas historias que circulaban sobre los amoríos de su favorita. Ella, consciente del daño que le había hecho y temiendo su reacción, le mandó una nota disculpándose: «Te ruego que me perdones por lo que sucedió la noche pasada y que vengas esta tarde a las 5.30 a tu siempre leal y ferviente Lolita».

Mientras, en Munich se rumoreaba que el rey Luis I de Baviera pensaba casar a Lola Montes con su inseparable amigo Elias Peissner. La idea agradó a la opinión pública porque significaba que el monarca ya no estaría bajo la influencia de la extranjera y recuperaría la cordura. Sus súbditos más fieles aún le apoyaban y defendían alegando que el amor del soberano por la bailarina era solo platónico y de admiración por ser española. Pero la realidad era otra. Luis se sentía traicionado y humillado por la mujer que más había amado en su vida. Por la tarde acudió como siempre a su casa y la invitó a dar un paseo por el jardín inglés a orillas del río Isar. Mientras caminaban cogidos del brazo, se detuvieron en un templete de estilo griego en lo alto de un montículo. El soberano contempló el hermoso paisaje y, volviéndose a ella, le preguntó:

—¿Aún me amas, Lolita?

—Pero, Luis, qué pregunta tan absurda me haces —le respondió sorprendida—, sabes que no amo a nadie como a ti.

—No, querida mía; últimamente ya no te importo, apenas nos vemos y solo recurres a mí cuando necesitas algo o para interceder por alguno de tus protegidos. No tienes la menor consideración por mis sentimientos ni mi reputación y me humillas ante la opinión pública —le reprochó.

—Esto es absurdo, tú mismo dices que hay que poner fin a los rumores que circulan contra mí. Y ahora ¿cómo puedes hacer caso a estas mentiras que solo quieren destruir nuestra felicidad? Si te refieres a Peissner, es como un hermano para mí. No hay nada entre nosotros.

—Lolita, tú misma te estás condenando y yo lo lamento de corazón porque te sigo amando. Te advertí que al hacerte noble todos te observarían y que tu comportamiento debía ser intachable. Pero eres incapaz de comprender la gravedad de tus actos.

Continuaron caminando en silencio hasta el atardecer, cada uno absorto en sus pensamientos. Lola nunca había visto al rey tan dolido, ni le había hablado de manera tan sincera. Sentía lástima por él, era su mejor apoyo, su más fiel aliado y la única persona que la había tratado con respeto y cariño. Gracias al rey no era una cortesana al uso, tenía independencia, dinero y una buena posición social. Sería muy tonta si echaba a perder todo lo que había conquistado. «Esta misma noche le escribiré una carta y le pediré disculpas por haber herido su orgullo y le prometeré comportarme con más decoro. Volveremos a ser buenos amigos y a compartir caricias, risas y confidencias», pensó.

Tras la indignación que causó entre los muniqueses la fiesta estudiantil, el rechazo fue en aumento. El rey pidió a Wallerstein que se esforzara en conseguir que su amante contara con un nuevo círculo de amistades más respetable. El príncipe estimó que se le podría permitir a la bailarina organizar una tertulia literaria semanal para las personalidades más distinguidas de la aristocracia. Era una buena idea y del agrado de Lola, pero podría traer complicaciones. Ningún miembro de la nobleza estaba dispuesto a aceptar una invitación de una mujer a la que consideraban una «auténtica paria» y por la que sentían un profundo desprecio. Fue entonces cuando Berks sugirió al monarca que Su Majestad podría invitar a uno de sus ministros más leales a tomar el té a casa de la condesa de Landsfeld. Tras una larga deliberación se decidió que el barón Hohenhausen, ministro de la Guerra, era la persona adecuada.

Este veterano militar estaba muy agradecido al rey por la

concesión de la Cruz de Caballero de la Orden al Mérito Civil. Dos días más tarde, en una cena ofrecida en palacio, Luis le comentó de manera informal que sería muy de su agrado que una tarde fueran juntos a visitar a la noble dama española. Hohenhausen se quedó un tanto sorprendido pero interpretó la invitación como una orden y aceptó. A las cinco y media se presentó puntual en la residencia de la Barerstrasse y su anfitriona le agasajó con una deliciosa merienda. Había oído que al ministro no le gustaba el té, y dispuesta a contentarle, preparó ella misma un ponche caliente que fue muy del agrado de su invitado. Pero al día siguiente el general entregó su dimisión de manera formal e irrevocable. Aunque no dio explicaciones, resultó claro que había dimitido porque era un hombre de honor y firmes principios. El rey Luis se sintió muy contrariado pero no pudo hacer nada; este incidente supuso una humillación pública para él y puso de relieve hasta qué punto Lola Montes se había convertido en un problema de Estado.

Tras la dimisión de Hohenhausen, el apoyo de los militares al rey comenzó a debilitarse. A principios de enero, Luis se quejó a un comandante de su ejército de que era una desgracia que sus oficiales se negaran a saludar a la condesa de Landsfeld cuando se cruzaban con ella por la calle. El militar respondió que solo con una orden por escrito de Su Majestad sus hombres saludarían a esa tal «madame Montes». Luis se quedó atónito y preocupado al ver que los altos mandos del ejército tampoco respetaban a su amada Lolita. Un general bávaro amigo suyo le dijo que no le garantizaba la obediencia de sus oficiales si se los llamaba para acudir en defensa de su amiga. El monarca no tenía claro ni siquiera que sus tropas le obedecieran a él en caso de una revuelta.

La tarde del 12 de enero, los ministros Berks y Wallerstein estaban reunidos intentando encontrar una forma de mejorar la situación de la condesa cuando una delegación de jóvenes de la Alemannia irrumpió en la sala. Los estudiantes deseaban invitarlos a un banquete oficial que iban a celebrar gracias a una generosa donación de su benefactora. El almuerzo tendría lugar en un gran salón del Hotel Bayerischer Hof la noche del sábado. Wallerstein, muy diplomático, les informó que no era recomendable que nadie del gobierno tuviera una relación directa con las asociaciones estudiantiles y que declinaban amablemente su asistencia. Lola recibió la negativa como una afrenta y se personó de inmediato en su despacho. No soportaba a este político sediento de poder que la trataba con aires de superioridad.

—Señor ministro —empezó a decirle—, le pido que me escuche con atención. Me ha tomado usted por tonta al poner una excusa tan absurda para no aceptar la cordial invitación de la Alemannia a un banquete al que van a acudir autoridades y altos cargos de la universidad. Ignoro lo que opinará Su Majestad ante este desplante.

—Discúlpeme, condesa de Landsfeld, pero quizá no me he explicado bien. En las circunstancias actuales no considero apropiado que los ministros den su apoyo a su hermandad, aunque sus fines sean muy loables. Usted sabe el clima de violencia que se respira en la universidad y el odio que usted despierta; este banquete es una provocación.

—Estupideces; hablaré con Su Majestad y se arrepentirá si no viene. No tiene ni idea de hasta dónde puedo llegar para hacerle la vida imposible y acabar con su brillante carrera. —Y sin darle tiempo a responder, Lola abandonó muy digna la estancia dejando al príncipe con la palabra en la boca.

A continuación, Wallerstein escribió una nota urgente al rey donde le contaba lo ocurrido y añadía que el banquete era una idea estúpida que solo lograría enfadar al resto de los estudiantes de la universidad. En cambio, el ministro Berks no vio ningún problema en asistir a este evento. El salón presidido por un gran retrato de Su Majestad Luis I de Baviera junto al escudo de armas de la asociación estaba abarrotado. Aquella era una celebración tradicionalmente solo para hombres, pero Lola no pudo resistirse y apareció un instante para saludar a sus fieles seguidores. Los dirigentes y profesores de la Universidad de Munich también se encontraban entre los invitados al almuerzo. En su discurso el barón Von Berks destacó que los estudiantes leales a la condesa de Landsfeld eran un ejemplo de virtud viril muy necesario entre la degenerada juventud de la época. Sus alabanzas a la Alemannia indignaron a los demás estudiantes universitarios, que repudiaban a los adeptos a esta mujer de pésima reputación. Elias Peissner respondió agradecido al ministro del Interior y levantó la copa para brindar por su asociación. La fiesta se alargó hasta la madrugada.

Tal como vaticinó el primer ministro, tras el banquete los enfrentamientos entre las distintas hermandades se intensificaron. Cada vez que un estudiante de la Alemannia aparecía por la universidad con su característico gorro rojo era recibido con abucheos y silbidos. Cuando asistían a clase, todos los otros estudiantes se levantaban y se marchaban, y los profesores se negaban a dar clase cuando faltaban la mayoría de los alumnos. Lola también sufría los insultos de los jóvenes universitarios opuestos a ella con los que se cruzaban por la calle. A finales de enero la situación era insostenible y Peissner solicitó al rey su intervención. La respuesta del monarca fue contundente, se decretaron duros castigos a los estudiantes que fueran descubiertos acosando a otros alumnos o causando cualquier desorden.

Tras estas medidas llegó una aparente calma, hasta que un nuevo escándalo reavivó el odio y la indignación. A finales de enero falleció el profesor Joseph von Görres, uno de los intelectuales más respetados de la universidad. Este anciano catedrático, católico y ultraconservador, era un enemigo declarado de la bailarina, a la que consideraba «la versión femenina del anticristo». El multitudinario funeral tuvo lugar dos días más tarde y mientras el largo cortejo fúnebre se encaminaba hacia el cementerio, vieron a la condesa de Landsfeld paseando a su perro en la calle. Algunos jóvenes comenzaron a silbarla y a murmurar amenazas a su paso. «¡Abajo la española!», gritó una voz. «¡Fuera de Baviera, bruja! ¡No te queremos aquí!», corearon los estudiantes.

Lola, en lugar de retirarse, les respondió de malos modos que mostraran respeto hacia ella o haría que se cerrara la universidad. La policía tuvo que intervenir para evitar un altercado, pero los estudiantes no olvidarían sus amenazas.

En aquel sombrío mes de febrero la condesa de Landsfeld lamentaba que su vida social hubiera quedado reducida a las cuatro paredes de su preciosa residencia. Las veladas literarias que tanta ilusión le hacía organizar fueron un completo fracaso. Nadie en su sano juicio se atrevía a visitarla porque significaba una condena social. Al sucesor del ministro de la Guerra, el general Von der Mark, también se le obligó a ir a tomar el té con ella, pero no resultaba un invitado agradable ni divertido. En las contadas ocasiones en que Lola asistía a alguna representación en el Teatro de la Corte, debía soportar las miradas indiscretas y los murmullos a su alrededor. Un domingo por la noche se la vio llegar a su palco de la segunda planta. Lucía un deslumbrante conjunto de tiara, collar y brazalete de diamantes de increíble tamaño y belleza. Su presencia y las joyas que llevaba causaron un gran revuelo en todo el auditorio. Las damas vestidas con sus trajes de noche y adornos de plumas murmuraban lo que le podía haber costado al rey semejante regalo. Luis, a pesar de todos los contratiempos, seguía intentando ganarse el afecto de Lola con espléndidos obsequios.

Con la llegada de la primavera, las peleas callejeras entre los estudiantes de distintas asociaciones eran más frecuentes. Un día unos jóvenes de la Alemannia fueron increpados en la Odeonsplatz, en el centro de Munich, por un nutrido grupo de opositores. Los muchachos leales a la española tuvieron que buscar refugio en el Café de Rottmann al verse perseguidos por una multitud furiosa. Ante la gravedad de la situación, Peissner hizo llegar un mensaje a la condesa de Landsfeld, que, sin pensarlo dos veces, cogió su pequeña pistola y se subió a su carruaje. Primero acudió a la comisaría para informar de los hechos al jefe de policía. El hombre no se encontraba allí y Lola decidió ir caminando hasta el Café de Rottmann, donde los miembros de la Alemannia estaban asediados por la muchedumbre y los policías. Cuando pasó frente a la fachada barroca de la iglesia de los Teatinos y entró en la gran plaza donde se agolpaban cerca de tres mil personas, un estremecimiento recorrió todo su cuerpo. Tal como temía, unas personas la reconocieron y corrió la voz de que Lola Montes había llegado para salvar a sus protegidos. Una turba descontrolada fue hacia ella mientras intentaba huir entre insultos y empujones. Consiguió escapar y trató de pedir ayuda en la cercana embajada de Austria, pero se negaron a darle cobijo.

Entonces un grupo de opositores comenzó a lanzarle estiércol y ella los amenazó desafiante con su pistola. Su situación era desesperada, pero en un último esfuerzo consiguió ocultarse en la iglesia de los Teatinos. Aun así, ni siquiera dentro del templo se encontraba a salvo porque la gente la seguía en tropel. Los sacerdotes pidieron que se respetara la paz en ese lugar santo y que abandonaran de inmediato el templo. También a Lola le rogaron que se marchara al no poder garantizar su seguridad. Mientras, la policía a caballo había dispersado a la multitud que esperaba a la condesa a las puertas de la iglesia, y a su salida fue escoltada en medio de la aglomeración.

Al día siguiente, Luis estaba irritado. Los estudiantes habían llegado demasiado lejos y mandó llamar a su primer ministro Wallerstein. Cuando este se personó en su gabinete, encontró al monarca muy alterado.

—Le pedí que protegiera a madame Montes y, en su lugar, ayer una turba sin control casi acaba con su vida. Lo que ha sufrido esta pobre mujer sobrepasa todos los límites: insultos, empujones, golpes..., y todo a plena luz del día. ¿Dónde vamos a parar, Wallerstein?

—Majestad, le advertí de que la idea del banquete iba a traernos problemas, y la condesa se pasea por la ciudad con esos aires de grandeza como si ella fuera la reina, siempre provocando...

—Le prohíbo que siga hablando así de ella. He escrito un borrador en el que ordeno el cierre inmediato de la universidad y todos los estudiantes que no residan en Munich tendrán que abandonar la ciudad en menos de cuarenta y ocho horas —dictaminó con vehemencia.

—Se lo ruego, señor, no lo haga. Si firma este decreto,

mañana estallará una revolución en Munich. El pueblo apoya a los estudiantes y se levantarán todos contra Su Majestad.

—Si ello supone un problema de conciencia para usted, hágamelo saber. Puede retirarse.

El primer ministro había sellado su destino. El rey decidió en secreto deponerlo de su cargo en cuanto los estudiantes se marcharan de vacaciones. Ajeno a sus consejos, al día siguiente se clausuró la universidad. Cientos de jóvenes se congregaron frente al ministerio de Wallerstein para mostrarle su apoyo levantando el puño y enarbolando las banderas de sus hermandades. Aunque era una reunión pacífica, la policía tenía órdenes de dispersarlos y cargó contra ellos con una violencia excesiva. Los agentes golpearon a los estudiantes con sus porras y alguno resultó gravemente herido. Este incidente no hizo más que empeorar las cosas y encender la mecha de la revuelta. Se escucharon gritos pidiendo la dimisión del ministro de la Guerra y del jefe de policía, el capitán Bauer, y la expulsión inmediata de Lola Montes.

A primera hora de la tarde, los representantes más notables de la ciudad se reunieron en privado en la Rathaus, el antiguo ayuntamiento. Al mismo tiempo, más de un millar de ciudadanos se presentaron en el gran salón medieval de juntas para sumarse a la protesta. Durante varias horas discutieron sobre el cierre de la universidad y las graves consecuencias económicas que supondría para Munich. Se decidió que una delegación le pediría al rey que revocara el decreto y obligara a Lola Montes a irse de la ciudad. Todos estaban de acuerdo en que la española era la única culpable y de que su influencia resultaba muy dañina para el monarca. Había que acabar de una vez con esta situación de caos y violencia que reinaba en Munich. Tras una larga y tensa reunión, los asistentes se dirigieron en silencio hacia el palacio real con el alcalde a la cabeza. Al llegar a la gran explanada de la Max-Joseph-Platz, las puertas de La Residencia se cerraron y soldados a caballo tomaron posiciones para mantener el orden. A medida que pasaban las horas, una multitud se fue congregando en la plaza y pronto más de dos mil personas ocupaban las escaleras del Teatro de la Corte y aguardaban bajo los arcos del edificio de correos. Los manifestantes se enteraron de que el rey Luis no iba a regresar a palacio hasta la hora de la cena, pero decidieron esperarle pacíficamente. Lo que aquellos hombres ignoraban era que el monarca se encontraba en esos momentos en compañía de Lola, que se había presentado por sorpresa en sus apartamentos privados.

Mientras en la plaza la tensión iba en aumento, Luis informaba a su amante de los últimos acontecimientos. Lola se alegró de que el rey hubiera relegado a Wallerstein y del cierre de la universidad, «un foco de insurgentes y desagradecidos». Pero no estaba conforme con que el decreto del rey incluyera la expulsión de sus chicos de la Alemannia. El soberano, por el contrario, no pensaba hacer una excepción y se sintió aliviado al saber que sus fieles «mosqueteros» tendrían que regresar a sus casas. Luis deseaba con todas sus fuerzas perderlos de vista, y especialmente a su líder Elias Peissner, de quien seguía celoso. Lola no consiguió hacerle cambiar de opinión, pero le comentó que aquella misma noche celebraría en su casa una fiesta de despedida para sus queridos estudiantes que con tanto valor la habían defendido ante sus agresores.

Luis se negó a recibir a la delegación que esperaba a sus puertas, pero su hijo, el príncipe Leopoldo, con lágrimas en los ojos, le rogó que escuchara lo que aquellos hombres tenían que decirle. Al fin las puertas de La Residencia se abrieron y el gran mariscal de la corte condujo al alcalde y a su comitiva hasta la sala de audiencias. El rey, vestido con uniforme de general, los recibió con frialdad y semblante grave. Acostumbrado a imponer su voluntad, no estaba dispuesto a dar su brazo a torcer. La presencia de aquella multitud frente a su palacio suponía un desafío que de ningún modo iba a tolerar. «Pienso mantenerme firme y nadie va a meterme miedo para que cambie de idea. Podéis arrebatarme la vida, pero no la voluntad. Ceder sería un signo de debilidad. Si los ciudadanos no se comportan pacíficamente, me obligarán a mover la corte a otro lugar», exclamó muy agitado el rey.

Les aseguró que al día siguiente por la mañana recibirían una respuesta por escrito a su petición. Los miembros de la delegación abandonaron el palacio y regresaron a la Rathaus. Mientras, los ciudadanos que habían esperado pacientemente durante más de dos horas en aquella helada noche de invierno, volvieron en silencio a sus casas. Las calles de Munich quedaron desiertas, pero en el ambiente se respiraba una calma tensa. Un centenar de personas marcharon en dirección a la residencia de Lola para exigir que se fuera de inmediato de la ciudad. En aquel instante la condesa de Landsfeld se encontraba asomada al balcón, charlando tranquilamente con los guardias de la garita. Sus amigos de la Alemannia no tardarían en llegar y se había vestido para la ocasión. Al principio los manifestantes se contentaron con gritar y silbar, pero en un momento dado algunos alborotadores armados con listones de madera intentaron saltar el muro de su jardín. Los guardias trataron de disolverlos violentamente y se vivieron instantes de pánico. Hubo varios heridos y finalmente la gente se dispersó. Lola, que aún permanecía en el balcón, dando palmas, gritó en francés: «*Très bien, très bien!*».

Al anochecer, el ministro Berks se presentó de improviso en la Rathaus con un mensaje del rey que leyó a los asistentes. Luis, al ver que los ciudadanos se habían retirado pacíficamente de la plaza, firmó un decreto para que la universidad se reabriera en el verano, siempre y cuando los muniqueses se comportaran como hasta ahora. Pero esta medida no les pareció suficiente. Se oyeron voces de gran enfado y un grito unánime resonó en el gran salón abovedado iluminado con antorchas: «¡Queremos a Lola Montes fuera de Munich! ¡Tomemos las armas y quememos su casa!».

Desde sus aposentos el rey contemplaba la plaza desierta a través de los ventanales. Ahora se encontraba más tranquilo, convencido de que sus súbditos apreciarían su gesto de buena voluntad. En un esfuerzo por mostrar que en la ciudad todo seguía en orden, acudió al Teatro de la Corte donde se representaba la ópera cómica *La Sirène*. El auditorio estaba casi vacío y sentado en su palco intentó olvidar por un instante la tensión de las últimas horas. Tras el primer acto regresó a sus habitaciones, donde halló una nota de Lola que decía:

> Si quieres seguir tan noble y grande como hasta ahora, es el momento de demostrarlo. Siempre tuya y fiel hasta la muerte,
>
> LOLITA

Luis se sentía decepcionado y abrumado. Berks le había puesto al corriente de las exigencias del pueblo y temía lo que podía ocurrir al día siguiente si no cedía ante los amotinados. Mientras Lola se divertía en la cena de despedida en honor de sus estudiantes, tomó la pluma y escribió a su amante una carta que le hizo llegar con urgencia. Decía así:

> Acabo de recibir una nota de Berks en la que me informa del inmenso descontento que reina en la ciudad. Si no llega a ser por la firmeza de la policía y la ayuda de un escuadrón de coraceros habrían asaltado tu casa. «Mañana será un día muy peligroso», me escribe, y si te quedas allí no estarás segura. Te lo ruego encarecidamente, si alguna vez me has amado y aún me amas, abandona la ciudad. Lo mejor sería que partieras a primera hora, sin decir palabra a nadie, hacia el lago de Starnberg; te insisto: sin decir palabra a nadie. Si te es posible dime la hora a la que puedo ir a verte a tu casa antes de tu partida. Al día siguiente podrás regresar. Aunque es mejor que partas esta misma noche. Sé que no le tienes miedo a nada, ya me lo has demostrado. Yo no temo por mí sino por ti. Si se derrama sangre en tu nombre el odio explotará y tu situación se volverá insostenible. Hay que impedir que esto ocurra. Sabes que nada en el mundo puede separarme de ti. Te ruego que sigas mi consejo. Lolita siempre amará a su
>
> fiel LUIS

El mensajero regresó al cabo de un rato de la Barerstrasse con la respuesta de su amante:

> Tu Lolita no piensa marcharse de Munich ni cederá ante el chantaje. Mi sitio está aquí junto a ti y nadie me hará cambiar de opinión.

8

Condesa a la fuga

Aquella larga noche del 10 de febrero de 1848, Luis tuvo pesadillas. Le angustiaba pensar que Lola, al igual que su madrina la infeliz reina María Antonieta, pudiera ser asesinada por una turba enfurecida. Él siempre había odiado la violencia. Era un artista sensible a la belleza, un rey-poeta que solo pedía a su pueblo que le dejaran amar y ser amado. Pero ahora no tenía elección. Por conservar a su amante a su lado estaba dispuesto a enfrentarse a su pueblo, a su familia y al gobierno en pleno. Ni las súplicas de la reina Teresa para que entrara en razón y expulsara a la española surtieron efecto. El monarca no podía entender la indignación de su pueblo contra su favorita. Era cierto que la joven se había comportado en ocasiones con arrogancia, pero no merecía ser tratada así. «Nada ni nadie conseguirá separarme de ti. Lolita, eres mi vida entera, mi inspiración, mi razón de existir. Por ti lo dejaría todo», se repetía a sí mismo.

De madrugada, miles de ciudadanos y estudiantes rodearon el edificio del antiguo ayuntamiento, donde seguían reunidos los delegados en asamblea. Aunque el alcalde pidió que nadie se tomara la justicia por su mano, los más violentos amenazaron con prender fuego a la casa de Lola Montes si el monarca no atendía a sus peticiones. Ante el rumbo que tomaban los acontecimientos, el ministro Berks acudió a palacio para informar al rey:

—Majestad, lamento ser mensajero de malas noticias —le dijo—. La situación en la ciudad es muy grave, temo que va a estallar un levantamiento contra su persona de consecuencias imprevisibles. Está en juego la vida de madame Montes y también el futuro de la Corona. Debe actuar con rapidez y ordenar la expulsión de la condesa.

—¡No lo haré! Pedí que se garantizara la seguridad en su residencia. Si es necesario, ¡reúna a más hombres para proteger a la condesa de Landsfeld! —exclamó furioso.

—Majestad, solo puedo contar con dos mil hombres para reforzar a la policía y es insuficiente. Le ruego acceda a las peticiones del pueblo, que ella parta de inmediato y le garantizo que una escolta la acompañará hasta la frontera.

—No firmaré una orden para expulsar de Baviera a mi amiga, nunca me perdonaría semejante deslealtad hacia ella. Pero le prometo que haré todo lo que esté en mi mano para asegurarme de que se marche por su propia voluntad. Y ahora, déjeme solo.

En cuanto Berks salió del gabinete, el rey se sentó a su mesa de trabajo y escribió una breve nota a Lola. Al coger la pluma vio que le temblaba el pulso y sentía que le faltaba el aire. Nunca imaginó el dolor que le causaría redactar aquellas breves líneas: «Debes abandonar hoy mismo Baviera por tu propia seguridad». La bailarina le respondió que se acababa de levantar y que desayunaría en su alcoba, como de costumbre. Luis estaba inquieto, nunca había temido tan seriamente por la vida de su amada. Su ministro de la Guerra Von der Mark le había informado en la reunión del Consejo de Estado que si le ordenaba que utilizara al ejército para defender a Lola Montes contra sus súbditos se pegaría un tiro en la cabeza. El monarca, ignorando los avisos de su esposa y de sus hijos, decidió ir al encuentro de su amante para tratar de convencerla antes de que fuera demasiado tarde.

La noticia de la inminente partida de la española se extendió con rapidez y miles de muniqueses llenos de júbilo se dirigieron hacia la Barerstrasse para comprobar si era cierto. No querían perderse el espectáculo de ver en persona a la odiosa amante del rey derrotada y humillada. La bailarina, ajena a lo que estaba ocurriendo, se disponía a vestirse cuando sus leales escoltas de la Alemannia irrumpieron en su residencia. Elias Peissner y sus dos compañeros consiguieron con dificultad entrar en la casa asediada para rogarle que se marchara. Les sorprendió ver a Lola muy tranquila en el salón conversando con el teniente Weber, un oficial leal a la condesa que también había acudido en su ayuda. Agradeció emocionada a los jóvenes su incondicional apoyo, pero les respondió que ya había tomado una decisión:

—Sé que teméis por mi vida, pero no soy culpable de nada y no pienso huir como una fugitiva. Resistiré y moriré con la cabeza bien alta si es necesario, pero no me rendiré. El rey lo sabe, no le temo a nada.

—¡Lola, entra en razón! —exclamó Peissner, que seguía enamorado de ella—. La casa está rodeada, los agitadores desean tu muerte. Sube a tu carruaje y huye sin mirar atrás. Hazlo por mí, te lo suplico, nunca me perdonaría si te ocurriera algo malo.

Aunque había dado orden a su doncella de cerrar los postigos de las ventanas que daban a la calle, no pudo evitar oír los gritos y los insultos que le lanzaban: «Vete, ramera», «Muerte a la puta del rey», «Bruja, arderás en el infierno». Peissner advirtió que algunos manifestantes habían comenzado a trepar por las vallas traseras y el muro del jardín. Entonces Lola abrió la puerta principal de par en par y, alzando su pistola, gritó a la excitada muchedumbre:

—¡Aquí estoy! ¡Matadme si os atrevéis!

Durante un instante se hizo el silencio mientras la gente observaba atónita cómo la condesa, llena de ira, los desafiaba. Después empezaron a lanzarle piedras entre risas e insultos.

—¡Fallasteis el tiro! ¡Si queréis matarme, es aquí donde tenéis que golpear! —añadió gritando y señalando al corazón.

Los estudiantes salieron para protegerla y tuvieron que llevarla a rastras de vuelta a la casa. Fue entonces cuando Lola pareció serenarse y entender la gravedad de la situación. Con voz temblorosa, preguntó:

—¿Es que acaso no me van a dejar nunca en paz? Está bien, no quiero que corra ni una gota de sangre por mi culpa; que el cochero tenga listo mi carruaje, me iré enseguida.

No tuvo tiempo de hacer el equipaje, ni siquiera de cambiarse de ropa. En su precipitada huida no olvidó llevarse el título de condesa, uno de sus bienes más preciados. Lo que más le entristecía era separarse de sus perros Zampa y Turk, pero sus amigos le prometieron que se ocuparían de ellos. En apenas unos minutos, su cochero George enganchó los dos caballos negros al carruaje, subió al pescante y la condesa entró a toda prisa en el vehículo. El teniente Weber se sentó a su lado dispuesto a escoltarla hasta la frontera. Aunque intentó mostrarse alegre, se la veía abatida y nerviosa mientras se despedía de sus fieles estudiantes que la habían defendido heroicamente. Las pesadas verjas de hierro se abrieron de par en par y el landó negro cruzó a toda velocidad entre el gentío que le lanzaba insultos y amenazas. Pronto corrió la voz de que la española se había ido y la multitud comenzó a saltar y a gritar de alegría.

La bailarina no deseaba abandonar la ciudad sin despedirse del rey y le ordenó al cochero que intentara llegar a palacio atravesando el jardín inglés. Pero todo fue inútil porque los accesos a La Residencia estaban cerrados y grupos dispersos de agitadores rondaban la plaza colindante. El carruaje de la condesa de Landsfeld, con las cortinas echadas, se perdió en un laberinto de callejuelas empedradas y atravesó la Puerta de Sendlinger en dirección sur.

Mientras Lola Montes huía de Munich, el rey intentaba llegar a su casa de la Barerstrasse porque pensaba que aún la encontraría allí. De nada sirvió la recomendación de Berks, quien le advirtió de que no saliera solo a la calle porque era una temeridad. Con gran dificultad logró abrirse paso entre la muchedumbre que abarrotaba la gran avenida. El monarca tuvo que dar un rodeo por detrás y trepar el muro del jardín. La escena que contemplaron sus ojos le dejó aturdido. Tras la huida de su amante, una turba descontrolada había conseguido entrar en el interior y destrozaba todo a su paso. En el salón principal, donde tan buenos momentos había compartido con su amada, unos hombres volcaban los libros de las estanterías, arrancaban de un tirón las cortinas de terciopelo y estrellaban contra el suelo los jarrones chinos. Luis subió corriendo las escaleras hasta el dormitorio de Lola justo en el instante en que una mujer rasgaba con un cuchillo los cojines de seda del lecho y la tela de muselina que adornaba la cama de palisandro. Otra joven, riendo a carcajadas, sacaba a puñados de los cajones enaguas, corsés y medias de seda. Luis descendió a la planta baja y cruzó el patio cuando una piedra dirigida a una de las ventanas le dio de pleno en un brazo. Los guardias que habían intentado evitar el saqueo le reconocieron y acudieron a protegerlo de aquellos vándalos. Entonces se dirigió hasta la entrada principal y desde lo alto de la escalinata gritó con voz clara y firme:

—Escuchad a vuestro rey, he dado hoy mismo la orden de que se reabra la universidad. También el jefe de policía ha sido destituido de su cargo. He tomado esta decisión libremente, como prueba, una vez más, de mi benevolencia.

—¡Viva el rey de Baviera! ¡Viva Su Majestad! —coreó la multitud.

—Espero —prosiguió en tono autoritario— que ahora se respete esta casa, que es también la mía, y que aquellos que me aman regresen a sus hogares.

Más calmados por las palabras del monarca, los ciudadanos se fueron dispersando. Luis se enteró por su doncella Jeanette de los detalles de la precipitada huida de madame Montes, pero nadie le pudo decir adónde había ido. Nunca pensó que este momento pudiera llegar y no tenía un plan de fuga trazado para su amante. De nuevo en el salón, rodeado de muebles volcados y espejos rotos, las lágrimas brotaron de sus ojos. Todo lo que amaba había desaparecido de su vida en un instante. Hasta las últimas flores que le había regalado el día anterior a su amiga estaban por el suelo. Luis salió a la calle y dio instrucciones para que se vigilara la vivienda con el fin de evitar daños mayores. Con la cabeza baja, regresó caminando solo a palacio. No recordaba las veces que había hecho ese mismo trayecto. Tiempos felices en los que creyó que al fin había encontrado a la musa y compañera con la que compartir el tramo final de su vida. Ahora temía lo que pudiera ocurrirle si los agitadores la descubrían.

Al llegar a la Max-Joseph-Platz, frente al palacio, la multitud lanzaba vítores y aplausos. El rey, con gesto serio y cansado, saludó con la mano a sus súbditos, cruzó las verjas de la residencia real y desapareció en silencio. Cómo odiaba a aquella gente que había destruido toda su felicidad.

Ya en sus estancias, se acercó al ventanal y observó pensativo a la muchedumbre que le aclamaba. La reina Teresa, a su lado, cogiéndole del brazo, le dijo:

—Luis, has hecho lo correcto. Tú eres el rey y te debes a tu pueblo.

—No, no puedo sonreírles. Me han humillado y chantajeado. Nunca se lo perdonaré.

—Sí, Luis, debes hacerlo. Un rey tiene que estar por encima de sus sentimientos. Hoy has salvado la Corona. Olvida ya a esta mujer que solo nos ha traído desgracias.

Luis todavía gozaba del afecto de sus súbditos. Tras los incidentes volvía a ser un monarca digno de todo respeto, un símbolo de Munich y de toda Baviera. Pero él ya no escuchaba las sensatas palabras de su esposa ni las ovaciones. Se sentía solo y desmoralizado. «Todo está perdido, solo soy la sombra de un rey», caviló.

Lola no podía creer que su estancia en Munich hubiera acabado de manera tan abrupta. Nunca se daba por vencida y aún pensaba que si conseguía hablar con Luis, le firmaría una orden autorizando su regreso y todo volvería a ser como antes. Pensó en su encantadora mansión, en sus ricos vestidos y en sus magníficas joyas... Con las prisas no había podido llevarse ni su bata de seda color esmeralda con encajes Chantilly que tanto le gustaba al anciano monarca. A primera hora de la tarde el elegante carruaje de la condesa llegó a Grosshesselohe, un pueblo a ocho kilómetros de Munich, muy popular entre los excursionistas durante el verano pero casi desierto a mediados de febrero. Se detuvieron en una antigua posada donde fueron bien recibidos por el propietario, el señor Pfaner, y su familia. Desde el primer instante reconocieron a Lola Montes, pero no sentían por ella hostilidad alguna, al contrario; le ofrecieron una habitación para que descansara, un buen vino y una sencilla cena.

Tumbada en la cama, pensaba en restablecer la comunicación con el rey para que supiera dónde se encontraba. Cogió un papel y garabateó una nota en la que le decía que estaba a salvo en compañía del teniente Weber y su cochero. Añadía que le esperaría allí hasta que se hubieran calmado los ánimos. El viejo cochero George cambió su librea y finos pantalones de terciopelo por unas prendas de campesino y partió a caballo con el mensaje de su señora. Al llegar a la ciudad consiguió dar la misiva a un conocido que tenía acceso a palacio. Seguro de que nadie le reconocería, entró a beber una cerveza en una taberna del centro antes de regresar a la posada. Pero la gente le descubrió y comenzaron a golpearle entre insultos y abucheos. George logró escapar antes de que llegara la policía y pasó la noche en la casa de unos amigos.

En Grosshesselohe la condesa estaba muy inquieta y solo pensaba en marchar cuanto antes a Munich. No le importaba arriesgar su vida, tenía que ver al monarca y escuchar de sus labios cuál era la situación. Aunque el teniente Weber trató de convencerla de que era muy arriesgado, no podía esperar de brazos cruzados. Pidió a la esposa del posadero que la ayudara a disfrazarse y eligió un discreto vestido de campesina.

Lola Montes

Este fue el primer retrato de Lola Montes que el rey Luis I de Baviera le encargó al pintor de la corte Joseph Karl Stieler en 1845. La bailarina tenía veinticuatro años y se encontraba en la plenitud de su belleza.

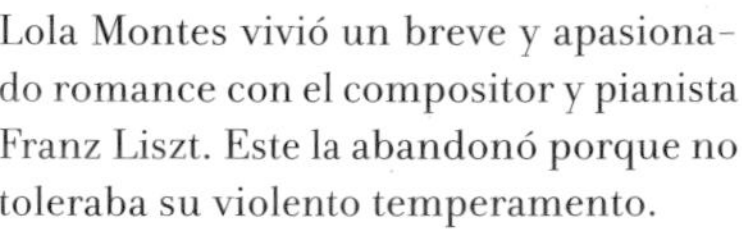

Lola Montes vivió un breve y apasionado romance con el compositor y pianista Franz Liszt. Este la abandonó porque no toleraba su violento temperamento.

Lola conoció a la escritora George Sand en una cena en el Café de París. Ambas eran mujeres rebeldes, apasionadas y transgresoras. Fue ella quien bautizó a la bailarina como «La leona de París».

El célebre novelista Alejandro Dumas, autor de *Los tres mosqueteros*, fue amigo de Lola Montes y la introdujo en el mundo literario y artístico de París durante su estancia en 1844.

Retrato de Lola Montes realizado por el pintor Jules Laure. El artista la inmortalizó vestida como una elegante amazona sosteniendo una fusta en su mano.

El 27 de marzo de 1844 «la célebre bailarina andaluza Lola Montes» debutó en el prestigioso escenario de la Ópera de París con sus danzas españolas.

Cuando Lola Montes llegó a Munich en 1846, la ciudad estaba renaciendo gracias a su rey Luis I de Baviera que soñaba con edificar «una urbe perfecta y monumental inspirada en la Roma y la Grecia antiguas».

La autora, Cristina Morató, posando en la célebre Galería de las Bellezas, en el palacio de Nymphenburg (Munich) junto al cuadro más célebre de Lola Montes.

A su llegada a Munich, Lola Montes se alojó en el hotel Bayerischer Hof. Era el más lujoso de la ciudad y el rey Luis la visitaba a diario en sus aposentos.

Lola Montes nunca fue una gran bailarina y a lo largo de su vida protagonizó infinidad de caricaturas como esta que buscaban ridiculizarla.

El rey Luis I de Baviera conoció a Lola Montes en octubre de 1846. El monarca tenía sesenta años y se enamoró de ella al instante. Cegado por su amor perdió la confianza de su pueblo y se vio obligado a abdicar en su hijo Maximiliano.

Lola Montes cautivó al rey Luis, que se enamoró de su «ardiente belleza española», aunque en realidad la joven había nacido en Irlanda. Muchos la consideraban «la reina a la sombra» de Baviera por su influencia en los asuntos de Estado.

El rey Luis mandó rehabilitar una palaciega mansión que regaló a su amante Lola Montes. Un caro capricho que consternó a los muniquenses.

Caricaturas como esta y ofensivos panfletos sobre la relación del rey Luis con la bailarina circulaban por todo Munich.

Elias Peissner, joven líder estudiantil, fue amante de Lola durante su estancia en Munich. Tenía un gran parecido físico con el rey Luis.

Lola Montes como «Mariquita» en el ballet «Un día de carnaval en Sevilla», 1852.

La célebre bailarina Fanny Elssler en el ballet «La Cachucha», París 1863.

So geschehen zu Aschaffenburg den vierzehnten Tag des Monats August nach Christi Unseres Herrn Geburt im Eintausend achthundert sieben und vierzigsten Jahre Unserer Regierung im zwei und zwanzigsten.

Ludwig

Grafen-Diplom für die Maria von Porris und Montez (Lola Montez) als Gräfin von Landsfeld.

Auf Königlich Allerhöchsten Befehl

El rey Luis otorgó a Lola Montes el título de condesa de Landsfeld. El documento, en la imagen, es una obra maestra de arte caligráfico y en él destacan la firma del monarca y el escudo de armas. Este nombramiento fue el detonante de una grave crisis política y social en Baviera que culminó con la revolución de 1848 y la abdicación del rey.

Litografía de Marie-Alexandre Alophe de 1844 que representa a la bailarina Lola Montes vestida «a la española» con mantilla de encaje y abanico en la mano.

Caricatura de Lola Montes donde se ve al rey Luis llorar ante la partida de su amante rumbo a América. Lola abandonó precipitadamente Munich en 1848.

La autora durante su visita a la «ciudad minera de Grass Valley» y frente a la puerta de la cabaña donde Lola Montes vivió dos años como una auténtica pionera.

En 1853, atraída por la fiebre del oro, Lola Montes llegó a San Francisco donde tuvo gran éxito entre los rudos mineros con su provocativa *Danza de la araña*.

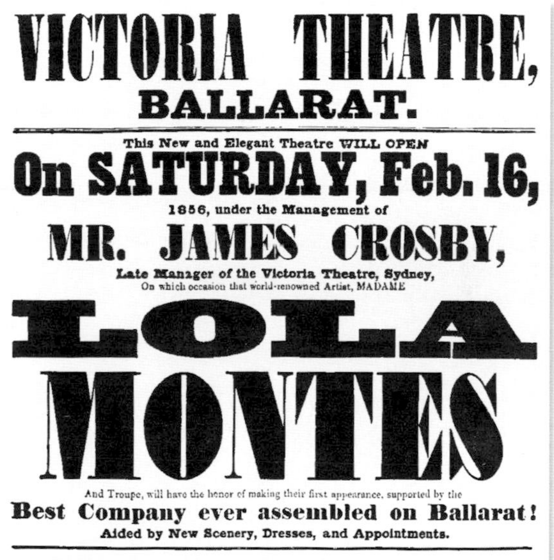

Cartel publicitario de 1856 donde se anuncia el espectáculo de la compañía de Lola Montes. Su gira australiana duró diez agotadores meses y actuó en los principales teatros del país.

En 1944, la actriz española Conchita Montenegro interpretó a Lola Montes en la gran pantalla.

Cartel de la película *Lola Montes* del director Max Ophuls protagonizada por Martine Carol y Peter Ustinov (1955).

Una escena de la película *Lola Montes* de Max Ophuls donde la actriz Martine Carol interpreta a la célebre cortesana, bailarina y aventurera irlandesa.

La actriz francesa Martine Carol en el papel de Lola Montes interpretando danzas españolas en una escena de la película de Max Ophuls.

Marlene Dietrich en la película *El ángel azul* de Josef von Sternberg da vida a la pícara Lola-Lola. Un homenaje del cabaret berlinés a la figura de Lola Montes.

En 1852, durante su gira americana, Lola Montes posó desafiante para un retrato con un cigarrillo entre los dedos. Es una de las primeras fotografías que se conservan de una mujer fumando a mediados del siglo xix.

Con el cabello recogido en un moño y empolvado hasta dejarlo blanco, Lola estaba irreconocible. El dueño de la posada enganchó sus caballos a un carro y, con su joven hija Caroline sentada junto a la condesa camuflada, pusieron rumbo a Munich.

Anochecía cuando llegaron a la ciudad y Lola se dirigió a la casa del matrimonio Gunther, unos amigos que la habían apoyado en momentos difíciles. Allí supo que los chicos de la Alemannia se habían refugiado en el castillo de Blutenburg, un antiguo pabellón de caza fortificado a unos pocos kilómetros al oeste de Munich. Los estudiantes conocían al administrador, el señor Schäfer, que alquilaba esta propiedad cuando no la ocupaba la familia real. La condesa, viendo que resultaba imposible acceder al palacio, fuertemente protegido por la guardia de Su Majestad, decidió ir al encuentro de sus «mosqueteros».

Cuando llegó al castillo en medio de aquella noche gélida y estrellada, sus amigos se quedaron atónitos. Peissner, que fue el primero en reconocerla, la estrechó entre sus brazos y la invitó a pasar al salón principal, donde pudo recuperarse al calor de una gran chimenea. Además de él se encontraban una docena de compañeros de la Alemannia que habían huido ante el temor de represalias. Lola estaba exhausta, el día había sido muy largo y la tensión había minado sus fuerzas. Tras la cena, se retiró a una de las habitaciones en compañía de Peissner. Ella se acostó en un sofá cubierta por varias mantas para protegerse del frío y su amante se acomodó en un sillón cercano. El joven no podía creer que la condesa, a la que aún amaba con locura, estuviera a su lado.

A primera hora de la mañana, Luis recibió la nota que Lola le había escrito. El rey se sintió más tranquilo al saber que su amante estaba a salvo y mandó llamar a su ministro Berks. El hombre más odiado de Munich por su amistad con Lola se había convertido en su consejero más próximo y el único en el que aún confiaba:

—Mi apreciado Berks, por fin tengo noticias de madame Montes; se encuentra bien y está a salvo, pero es demasiado peligroso que se quede en Baviera. Quiero que me acompañe ahora mismo a la posada donde se aloja.

—Majestad —respondió el ministro, aterrorizado ante la idea de abandonar Munich con el monarca—, desde ayer los disturbios han cesado en la ciudad; si alguien se entera de que Su Majestad ha ido a su encuentro, habrá un baño de sangre y no le garantizo ni su seguridad ni la de ella.

—Debo despedirme, necesitará dinero y un salvoconducto; si partimos ahora, estaremos de regreso a la hora del almuerzo. —Y marchó veloz a organizar los preparativos.

El rey determinó que Lola cruzara la frontera de Suiza y se instalara en Lausana, donde más tarde se reuniría con ella. Pero cuando Luis y su ministro llegaron a la posada de Grosshesselohe, la joven ya no se hallaba allí. El posadero le contó que el día anterior había llevado de vuelta a la ciudad a la condesa de Landsfeld disfrazada de campesina, que la había dejado en la casa de unos amigos y que no había vuelto a saber nada más de ella. Luis se quedó aún más preocupado al conocer los detalles de su temeraria aventura. Sabía que Lola haría lo imposible por reunirse con él, pero nunca imaginó que fuera tan osada.

Mientras tanto, el señor Schäfer había decidido delatar a sus incómodos huéspedes. En la ciudad acudió al ministro Berks, quien para no levantar sospechas le tranquilizó asegurándole que la condesa de Landsfeld estaba esperando a que llegara su equipaje antes de proseguir su viaje. Le prometió que mandaría a unos policías a Blutenburg para escoltar a madame Montes hasta Lindau, donde un barco de vapor la llevaría a Suiza, su destino final.

Cuando unas horas más tarde dos policías irrumpieron en el salón del pabellón de caza, encontraron a Lola sentada a una mesa escribiendo una carta al rey en la que le pedía que trasladara la corte a Nuremberg como castigo por la forma en que se habían comportado con ella los muniqueses. Los dos hombres le anunciaron muy respetuosos el motivo de su visita, y ella, furiosa, los echó gritando en alemán: *Raus! Raus!* («¡Fuera! ¡Fuera!»). No contenta con ello, los amenazó con su pistola y cuando le mostraron la orden que tenían de escoltarla hasta Lindau, ella rompió el papel en pedazos y los tiró al suelo. Finalmente, Peissner la hizo entrar en razón y le prometió que la acompañarían hasta Suiza. La condesa, los tres estudiantes y la pareja de policías subieron a un carruaje rumbo a la estación de tren más cercana de camino a la ciudad de Augsburgo. Después proseguirían un largo viaje en diligencia hasta llegar al pintoresco pueblo de Lindau, a orillas del lago Constanza. Antes de embarcar, Lola escribió al rey una carta para decirle que era muy infeliz y que tenía roto su pobre corazón. Además, se quejaba de que no disponía de ropa adecuada para protegerse del frío y la nieve.

El barco con su tripulación esperaba para trasladar a la condesa de Landsfeld a la otra orilla del lago, pero en el último momento se negó a embarcar. Lola no quería abandonar Baviera sin sus perros, sus sirvientes y los efectos personales que había dejado en su casa. A la espera de tener noticias del rey, se alojó con sus tres amigos en el Hotel de la Couronne, el mejor del lugar. Lindau era un enclave tranquilo alejado de las intrigas de la corte de Munich donde Lola podría pasar desapercibida.

Mientras la ciudad recuperaba la calma, el rey apenas salía de su gabinete, inmerso en su trabajo. Le invadía una mezcla de rabia e impotencia. Lamentaba que Lola no se hubiera conformado con ser su amante oficial y disfrutar de los privilegios de su posición. Su terquedad y carácter tan violento lo habían echado todo a perder. Ella siempre quiso más, ni siquiera el título de condesa de Landsfeld fue suficiente. «Mi querida Lolita, deseabas la Corona de Baviera y hasta gobernar en mi nombre, pero tan altos vuelos fueron tu perdición», escribió en una carta que nunca llegó a enviar.

Ella le seguía hablando de política y le advertía de que no se fiara de nadie, ni de sus consejeros más próximos. El ministro Berks era el único que aún gozaba de su confianza y a quien el rey podía abrir su corazón. En toda Europa la noticia del levantamiento en Munich ocupaba las portadas de los principales periódicos. En París también se iba a desatar una sangrienta revolución que amenazaba el futuro de la monarquía. El año de 1848 traía aires de cambio en Europa y preocupaba el rumbo que podía tomar Baviera, donde el pueblo exigía también mayores libertades y apertura democrática.

En Lindau, la condesa seguía esperando noticias del rey y se negaba a abandonar el país. Aunque estaba bien acompañada y el hotel resultaba confortable, apenas se dejaba ver en público para evitar ser reconocida. En aquellos días de incertidumbre escribió una larga carta al rey en la que lamentaba su duro e injusto «exilio»:

Me siento como una delincuente a la fuga y en un deplorable estado físico, y el espiritual es incluso peor, porque quién sabe si ahora que estoy separada de ti nuestros enemigos y falsos amigos te contarán mentiras sobre mí. ¡Ahora ya sé por qué aquella persona desconocida para mí te contó aquella infame mentira acerca de Peissner, el estudiante, que tú, mi pobre y querido Luis, te creíste! Te ruego que no olvides cuánto he sufrido por mi Luis, porque no quise decepcionarte como a los demás, sino que siempre te he contado la verdad acerca de los otros, incluso cuando iba en contra de mis propios intereses; eso es suficiente para asegurarte que te amo hasta el infinito; pero ahora soy tan infeliz… Aunque todo el mundo aquí es muy agradable conmigo, creo que solo en la tumba hallaré el descanso. Para pasar mi tiempo en el exilio, quiero estudiar alemán, y en poco tiempo espero poderte escribir en tu propio idioma. Sin embargo, mi querido Luis, lo cierto es que no puedo esperar todo este tiempo en Suiza. De verdad, no es posible, este país es demasiado triste en el frío invierno. Pienso con miedo y horror en la idea de vivir en Suiza. Es un castigo terrible. Envíame otro pasaporte con un nombre inglés y me marcharé con él al instante hacia Palermo. Ayer tuve el período y me siento muy indispuesta. Mientras esté aquí pretendo no salir para evitar la curiosidad del público. Hasta pronto, Luis mío, hasta que reciba una carta tuya y lleguen mis perros, mis criados y mis enseres. Esperaré aquí, y desde el fondo de mi corazón te envío miles de besos de tu fiel

LOLITA

No me olvides y no me seas infiel.

Cada día que pasaba el rey se arrepentía más de haber dejado marchar a su amante. La añoraba y había perdido la alegría de vivir. Por las noches besaba su pie en mármol y la imaginaba coqueta y seductora, envuelta en su exquisita bata de seda. Si en un principio el pueblo se puso del lado del monarca y alabó las medidas que había tomado, ahora sus súbditos le observaban con desconfianza. Luis estaba muy resentido con ellos y solo tenía en mente traer de regreso a su amada Lolita. Aunque en público intentaba mostrarse sereno y firme en sus ideas, tenía el corazón destrozado. En las últimas semanas un pasquín titulado «La noche de Blutenburg» comenzó a circular por la ciudad y estaba en boca de todos. En él se detallaba de manera satírica la estancia de la condesa y sus estudiantes de la Alemannia en el pabellón de caza, e incluía el hecho de que ella y su inseparable Peissner habían pasado juntos la noche. Para Luis, que nunca quiso creer estos rumores, fue un golpe devastador y una nueva humillación ante sus súbditos. No podía perdonar a Lola que le hubiera engañado y que en tan díficiles momentos ella se hubiera echado en brazos de su joven amante. Muy enojado, aquella misma tarde le escribió una dura carta donde le ordenaba que los estudiantes se alejaran de ella y bajo ninguna circunstancia la acompañaran a Suiza.

Queridísima Lolita:

Ya lo sabes, el mundo entero no es capaz de hacer que yo me separe de ti, solo tú puedes hacerlo. Ha llegado el momento decisivo. Si un estudiante viaja contigo o se une a tu travesía, nunca volverás a verme, habremos roto. Lolita, inspiras en mí un amor como el que nadie ha despertado antes en mi vida. Nunca había hecho por otra lo que he hecho por ti. Con tu amor, no me importaría nada romper con todo. Amadísima mía, piensa en los últimos dieciséis meses, en cómo se ha comportado tu Luis en este tiempo en que nos hemos conocido. Nunca encontrarás un corazón como el mío. Lolita tiene que tomar una decisión.

Como otras muchas cartas que le escribió a Lola, esta nunca la mandó. Aunque los constantes rumores sobre sus infidelidades le habían afectado mucho, el rey no podía dejar de amarla. En otra misiva que rompió le decía que aunque le había traicionado, la perdonaba de corazón. «Sabes que jamás podré separarme de ti, solo si tú me lo pides. ¿Es eso lo que deseas, Lolita? Oh, ojalá te fuera posible serme fiel en todo momento, o al menos sincera, ¡con una sinceridad sin límites!» Ella restó importancia a su romance con Peissner y en sus cartas se defendió de los libelos y mentiras que solo deseaban destruir su reputación. «Estoy llorando ahora, y ya no puedo ver ni el papel a través de las lágrimas. Me parece que el mundo quiere romperme el corazón lentamente. Lo mejor sería quitarme la vida al instante, eso sería preferible al constante dolor de mi corazón.» Luis aún quería creerla, pero los estudiantes tendrían que marcharse de su lado o no volvería a tener noticias suyas. A pesar de su enfado, envió a su doncella Jeanette para que la acompañara a Suiza y de paso le llevara algunas de sus pertenencias. Lola, lejos de alegrarse al verla, reaccionó con inusitada violencia. La condesa la acusó de haberle robado sus hermosos chales de cachemira, joyas y un valioso devocionario regalo del monarca. Escribió varias cartas a Luis llenas de improperios e insultos hacia la muchacha, a la que acusaba de ladrona y exigía que fuera llevada ante la justicia. Jeanette quedó horrorizada al ver el estado de excitación en el que se encontraba su señora y regresó al día siguiente a Munich.

A finales de febrero, Lola Montes se despidió de sus gentiles escoltas. Elias Peissner y sus dos compañeros fueron obligados a reunirse con el resto de los miembros de la Alemannia en Leipzig. Sentía una gran tristeza ante su partida porque con ellos se iba una parte dulce de su azarosa vida en Baviera. Echaría de menos su compañía, sus risas y su complicidad. También el valor y la fidelidad que demostraron al ofrecerse a ser su guardia personal. Pero a quien se veía más afectado por la separación era a su amante Elias Peissner, con quien había compartido tantas noches de placer en su casa de Munich. El joven romántico y bohemio seguía ciegamente enamorado de la condesa. En su ingenuidad había creído que un día podrían contraer matrimonio y vivir felices en algún lugar remoto de Alemania. Ahora tenía la amarga sensación de que solo había sido para ella un pasatiempo.

—Hubiera dado la vida por ti, Lola —lamentó Peissner mirándola a los ojos—. En estos dos últimos años tú has sido lo más importante en mi vida. Al darme esperanzas, me has roto el corazón muchas veces. Pero a pesar de todo, volvería a actuar de igual modo.

—Mi querido amigo —respondió Lola con ternura—, sé que siempre serás mi más fiel mosquetero, pero ahora nuestros caminos se separan. No soy una buena compañía para ti, me persigue la fatalidad y tú mereces algo mejor.

—¡Deseaba tanto quedarme contigo! —exclamó el joven mientras la abrazaba—. Te seguiría al fin del mundo. Sabes que si necesitas mi protección, acudiré a tu lado —le dijo al despedirse.

Por la noche, sola en su habitación, Lola recordaba las

últimas palabras de Peissner. Con los ojos empañados en lágrimas reconocía que podía haber sido feliz con él. Era un joven con un brillante futuro, valiente y un magnífico amante. Por su culpa había sido expulsado de la universidad y no había podido finalizar sus estudios. Ahora temía que pudiera sufrir alguna represalia en Leipzig por parte de aquellos que tanto la odiaban. Sentía que solo traía la desgracia a las personas que amaba. De madrugada escribió al rey: «Para hacerte feliz, ya me he separado de todos mis amigos. Estoy lista para viajar sola. Ante las extrañas ideas que te has formado acerca de los estudiantes, he hecho que se marcharan para satisfacerte».

El 24 de febrero, a las nueve de la mañana, Lola Montes descendió hasta el muelle de Lindau donde un centenar de curiosos la esperaban para verla partir. No hubo gritos ni insultos y los hombres se quitaron el sombrero a su paso en señal de respeto. La dama embarcó en el vapor *Ludwig* para cruzar el lago Constanza, que aquel soleado día parecía un espejo. Ya en territorio suizo, alquiló un coche de caballos para llegar a Zurich y por la tarde se registró en el Hotel Baur, en pleno centro histórico. Rodeado de un jardín privado, con bonitas vistas al lago y a los Alpes nevados, la bailarina se registró con el nombre de condesa de Landsfeld. Así era como se hacía llamar por el personal del hotel, donde pasó unos días descansando en su elegante suite.

Necesitaba reponerse del estrés de los últimos días y pensar en su futuro. Habían vuelto las dolorosas jaquecas y apenas tenía apetito. Pero entonces recibió una invitación de su viejo amigo Robert Peel para visitarle en Berna, donde era el encargado de negocios británico. Enseguida recuperó el buen humor y preparó ilusionada su equipaje. El diplomático, en cuya nota le decía que sería un placer volver a verla, y le ofrecía su ayuda, la recibió con los brazos abiertos. En su honor organizó una gran cena donde le presentó a ilustres personajes de la ciudad. Lola, encantada de ser de nuevo el centro de atención, disfrutaba contando sus aventuras en Munich ante un público ansioso por conocer todos los pormenores de su relación con el rey Luis I de Baviera. Pero en aquellos días otro importante asunto acaparaba la atención. El rey Luis Felipe y su familia habían huido de palacio con lo puesto y se había instaurado la Segunda República Francesa. El 27 de febrero, Lola escribió a Luis: «El escenario de Francia está muy mal. Me preocupa Munich. Sobre todo mantén a tu lado a Wallerstein. Si me amas, demuéstramelo y sé muy diplomático con él. Aunque es un mal hombre, es el único que puede mantener bajo control la situación. Sobre todo ofrécele algo de atención pública. Si él se va, tu Lolita nunca volverá a Munich».

Luis se tomó muy serio los consejos de su amante pues seguía desconfiando de todos menos de su apreciado Berks. Por todo Munich se extendió la noticia de que el rey no había abandonado del todo a la bailarina y estaba ganando tiempo para que regresara a su lado. Las sospechas se agudizaron cuando se supo que Lola le seguía enviando cartas a palacio. Ante el clima de hostilidad que se vivía en la ciudad, el ministro Berks decidió presentar su dimisión el 2 de marzo, aunque el monarca le convenció para que solo se tomara un año de permiso. Esa misma noche una muchedumbre atacó su apartamento en la Ludwigstrasse. Temiendo por su seguridad y la de su familia, el ministro huyó disfrazado en plena madrugada. En aquellos tensos días, los habitantes de Munich y de otras ciudades de Baviera redactaron peticiones en las que solicitaban al soberano mayores libertades, la abolición de la censura en la prensa, una nueva ley electoral y exigían que los militares prestaran juramento a la Constitución en lugar de al rey. Se consiguió reunir miles de firmas que fueron entregadas a Su Majestad para que escuchara la voz de su pueblo. Para ganar tiempo, disolvió el Parlamento y convocó nuevas elecciones. El 4 de marzo se tomó al asalto la armería de la capital, la revolución estaba a punto de estallar. Grupos de violentos amenazaron con atacar el palacio si el rey no cedía ante sus exigencias. En algunos barrios se levantaron barricadas y la tensión iba en aumento. Luis se vio obligado a capitular y firmó de mala gana una proclamación en la que concedía prácticamente todas las demandas de sus ciudadanos.

Al día siguiente, los muniqueses salieron jubilosos a la calle y se reunieron en la Max-Joseph-Platz. Luis volvía a ser aclamado por su pueblo, satisfecho por las concesiones que les habían otorgado. En su interior estaba indignado y furioso por haber permitido que se quebrara su voluntad. Solo la esperanza de reunirse con su amante en algún lugar de Suiza le ayudaba a soportar lo que para él significaba una gran humillación.

Lejos de allí, Lola solo pensaba en la manera de regresar a Munich. Gracias a su amigo Peel su estancia en la capital suiza fue muy agradable, tanto que decidió quedarse allí y no continuar hasta Lausana, como era su idea inicial. En el hotel donde se alojaba, la condesa se encontró con otro viejo amigo, el barón Georges Meller-Zakomelsky, un aristócrata ruso al que conoció en un balneario de Baden-Baden. Aunque Berna era una ciudad tranquila de aire provinciano y sin apenas vida social, allí podía llevar un buen tren de vida gracias a la generosidad de sus amigos. Hasta la fecha también Luis seguía siendo muy espléndido con ella y le mantenía su asignación anual. Pero ahora le preocupaba su futuro; su bienestar económico dependía de un anciano monarca que no podría perdurar en el trono si estallaba una revolución.

El 8 de marzo Lola tomó una decisión que tendría dramáticas consecuencias para el rey y el destino de Baviera. Harta de no tener noticias de Luis, decidió disfrazarse de nuevo y regresar a Munich. En esta ocasión eligió un atuendo masculino, ocultó su melena bajo un sombrero y se cubrió con una amplia capa. Aunque consideraba que era una idea descabellada, el barón Meller-Zakomelsky se ofreció a acompañarla. Para no levantar sospechas, abandonaron Berna entrada la noche en un carruaje y pusieron rumbo al norte en dirección a la capital. Llegaron de madrugada a Munich y se dirigieron a toda prisa a la casa donde vivía Caroline Wegner, una leal amiga de la condesa. Lola comenzó a tocar el timbre del apartamento con insistencia y a llamar a gritos a la joven. El ruido alertó a un policía que patrullaba por la calle; le pareció sospechoso ver que dos individuos envueltos en sus capas entraran a toda prisa en el inmueble. Había rumores de que un grupo de agitadores estaba preparando un asalto a un almacén de municiones, así que el policía informó del suceso. Al cabo de unos minutos, dos agentes se presentaron en la vivienda de la familia Wegner e insistieron en registrar el apartamento. Caroline, muy nerviosa, les dijo que los desconocidos ya se habían ido, pero entonces oyeron un ruido y descubrieron a uno de ellos escondido debajo del sofá. Tras arrestarlo lo llevaron a la comisaría de la Weinstrasse.

Para su sorpresa, los policías comprobaron que el joven llevaba una barba postiza y en realidad era una hermosa mujer de ojos azules, la odiada condesa de Landsfeld. De inmediato enviaron un mensaje urgente al jefe de policía, quien sin demora se vistió y fue a palacio hacia la una de la madrugada. El hombre estaba perplejo y atemorizado; si llegaba a saberse que Lola Montes había regresado a Munich, las consecuencias podían ser fatales. Él no sentía ninguna simpatía por la española, pero sabía que el rey no le perdonaría que expulsara a su amante sin informarle antes.

En palacio, Luis dormía plácidamente cuando su ayuda de cámara le despertó y le indicó que el jefe de policía le esperaba en la antesala. El rey se puso su batín de terciopelo y acudió a su encuentro con sus zapatillas bordadas y sin quitarse el gorro de dormir. Su aspecto era cómico, pero el ambiente no estaba para bromas.

—Imagino que se tratará de un asunto de vital importancia que no puede esperar para más tarde —dijo el monarca en tono seco.

—Majestad, tengo una noticia que darle y no sé cómo hacerlo porque sé que le afectará y…

—Dígame de una vez por todas de qué se trata —le interrumpió Luis.

—Majestad, su amiga madame Montes está en la ciudad; se ha disfrazado como un joven caballero, pero un policía la ha descubierto y está detenida en la comisaría central.

—Debe de tratarse de un error, la condesa de Landsfeld hace tiempo que abandonó Baviera y no he vuelto a saber de ella.

—Majestad, le pido que no vaya a verla, es muy peligroso. Si me autoriza, yo mismo me encargaré de que sea deportada inmediatamente.

—Espéreme aquí, me voy a vestir y me llevará junto a ella. —Dicho esto, el rey salió rápidamente de la estancia.

Luis no daba crédito a lo que había oído, pero sabía que Lola era capaz de cualquier cosa que se propusiera. Mientras su carruaje avanzaba por las calles desiertas de la ciudad, se sentía aturdido y su corazón se aceleraba. Pensó que nunca más volvería a verla y ahora tenían que encontrarse en las lúgubres dependencias policiales. A su llegada le condujeron a una sala donde se hallaba la detenida, que estaba sentada en un banco. En un primer instante no la reconoció, parecía uno de sus jóvenes estudiantes con el cabello oculto bajo un sombrero alto de fieltro. Incluso vestida de hombre le resultó muy seductora. El rey la examinó de arriba abajo: llevaba botas de montar, un pantalón estrecho de color negro, una camisa blanca, un chaleco de seda y una chaqueta con botones de hueso que disimulaba sus formas. Lola, al verle, se echó a sus brazos y el rey pidió que los dejasen solos.

—Mi amada Lolita, ¿qué has hecho? —le dijo apesadumbrado—. Es una temeridad; si te descubren, qué va a ser de ti.

—Luis —respondió ella mientras apoyaba la cabeza en su hombro—, me sentía desesperada porque no tenía noticias tuyas. Pensaba que ya me habías olvidado, que estabas enfadado conmigo. A saber lo que te habrán contado los que tanto me odian...

—Lolita, mi amor, cómo voy a olvidarme de ti. Desde que te marchaste no hay un solo instante en el que no me arrepienta de haber impedido tu marcha. Te he escrito cada día, pero mandaba las cartas a Lausana.

—Tenemos que estar juntos —insistió Lola—, no puedo soportar esta separación.

—Con todo el dolor de mi corazón debo decirte la verdad: no podrás volver a vivir nunca en Munich; si lo hicieras, te matarían.

—Entonces, ven conmigo, deja Baviera. Tu pueblo ya no te quiere, no aprecian lo que has hecho por ellos. Déjalos y ven a vivir conmigo. Deja la ingrata carga de tu corona, solo así se darán cuenta de todo lo que han perdido.

Durante tres largas horas el rey y su amante pudieron hablar a solas. Lola insistía en que debía huir con ella y aunque estuvo tentado, no podía abandonar el trono, a su esposa y a su familia. Luis le aseguró que no le faltaría dinero y que sería generoso con ella, como siempre. La bailarina le rogó que vendiera cuanto antes su casa y que le hiciera llegar sus valiosas pertenencias. También le suplicó que apartara de su cargo a su primer ministro, el príncipe Wallerstein. Luis la escuchaba conmovido, deseando prolongar indefinidamente aquel encuentro. Su Lolita había arriesgado su vida para venir a verle pero ahora debían separarse por su propia seguridad. La pareja se fundió en un abrazo y el rey la besó en los labios. Confiaba en poder reunirse pronto con ella en Suiza y pasar unas semanas alejados de todo. Los policías escoltaron a Lola Montes y al barón Meller-Zakomelsky de regreso al centro de la ciudad y allí subieron en el coche del correo que partía hacia el oeste. Amanecía en Munich y los tenues rayos de sol iluminaban los tejados rojos y los esbeltos campanarios de las iglesias. Lola no quiso mirar atrás, pero tuvo el presentimiento de que era la última vez que pisaba ese lugar.

La noticia del regreso de la condesa pronto se extendió por la capital bávara. Cuando se supo que el monarca había pasado unas horas a solas con la bailarina el pueblo se sintió engañado y ofendido. Nuevos rumores se propagaron por toda Baviera. Al no haberse asignado ninguna escolta oficial para acompañarla hasta los límites del reino, muchos dudaban de que realmente hubiera abandonado el país. Temiendo nuevos disturbios callejeros y dispuesto a demostrar su autoridad, Luis finalmente destituyó al príncipe Wallerstein. Le culpaba de deslealtad y le acusaba de estar detrás de los graves incidentes que se habían producido en la ciudad antes de la partida de Lola. El 15 de marzo una turba trató de ocupar el palacio real de Fürstenried, la residencia de verano de los Wittelsbach a las afueras de Munich. Se extendió el rumor de que el soberano había escondido a la bailarina en este bello edificio barroco rodeado de jardines. Los desórdenes por toda la ciudad se volvieron tan graves que el nuevo ministro del Interior, Gottlieb von Thon-Dittmer, se sintió obligado a preguntar al monarca si conocía el paradero de la condesa. Luis le respondió que por desgracia ignoraba dónde podía haberse refugiado.

Al día siguiente, el rey visitó el apartamento de Caroline Wegner, donde la policía había descubierto a su amante. Deseaba agradecer a la mujer su lealtad y de paso averiguar si tenía alguna noticia de Lola. Aunque tomó sus precauciones, el monarca fue visto entrando y saliendo del edificio y corrió el rumor de que la condesa de Landsfeld se encontraba de nuevo allí. Una multitud enfurecida rodeó la vivienda y los policías tuvieron que registrar a fondo todos los apartamentos para que los ánimos de la gente se calmaran. Esa tarde, mientras el rey asistía a la representación de *El rapto del serrallo* de Mozart, una multitud tomó al asalto la comisaría de policía donde Lola había sido detenida días antes. Los destrozos fueron cuantiosos y los exaltados ocuparon el interior, agrediendo incluso a los agentes. El ministro Thon-Dittmer acudió al lugar de los hechos y cuando intentaba serenar a los manifestantes, una piedra de gran tamaño le golpeó la cabeza. En su palco del teatro, Luis fue informado de los graves incidentes y regresó de inmediato a palacio para reunirse con un gabinete de crisis. Aquella fue una noche larga y accidentada donde las tropas tuvieron que emplearse a fondo para evitar un baño de sangre.

El caos y la violencia se habían adueñado de las calles de Munich. Tras una nueva y tensa reunión de la asamblea en la Rathaus, una delegación exigió al ministro del Interior que el rey debía prohibir a la condesa volver a Baviera, y si lo hacía, ordenar su arresto. Luis se quedó sorprendido por esta última petición y respondió indignado que era inconstitucional exiliar a una ciudadana bávara. Ante el cariz que tomaban los acontecimientos, los ministros aconsejaron al monarca que revocara la ciudadanía a madame Montes. Le recordaron que la revolución se extendía por toda Europa y que si deseaba conservar el trono debía hacer mayores concesiones, pues unos días antes similares disturbios en Viena, capital del Imperio austríaco, habían obligado al poderoso príncipe Metternich a renunciar a su cargo y huir a Inglaterra. Luis acabó por ceder y aceptó, aunque para él suponía una traición hacia su amante. Muy compungido, le escribió la siguiente carta:

> Mi queridísima Lolita:
>
> El amor de tu corazón por tu Luis me hace estar seguro de que quieres que yo haga el sacrificio de renunciar a tu ciudadanía como bávara. La revolución se encuentra en Viena, y en Munich ocurrirá algo terrible esta tarde, si no antes. En consecuencia, y ante la convicción de tu amor por mí, tu ciudadanía queda cancelada. He declarado que ya no la tienes, ante la insistencia de los responsables de los ministerios, que han acudido a mí. Lo hice ante la certeza anticipada de que tu amor hará por mí este sacrificio. Pero lo

cierto es que mi amada Lolita tenía razón, que Luis ya no es querido, y que solo me queda el amor de tu corazón. Tú misma me dijiste que sentías que no podías regresar a Munich. Te asesinarían si volvieras. Incluso sin la ciudadanía, sigues siendo condesa de Landsfeld, eso no representa ninguna diferencia. Es posible, aunque no lo puedo asegurar por ahora, que renuncie a la corona; si bien en esta situación crítica me parecería una falta de valor hacer algo así. Mi amantísima Lolita, ama siempre a tu fiel

LUIS

Era la primera vez que Luis mencionaba a su amante la posibilidad de abdicar, aunque la idea le rondaba por la cabeza desde hacía unos días. Ceder a tantas demandas para conservar el poder le frustraba, y más cuando afectaban a la mujer que todavía ocupaba su corazón. En el fondo creía que renunciando a la corona, volviendo a ser un ciudadano de a pie, le resultaría más fácil reunirse con ella. Se enfrentaba a un difícil dilema que le quitaba el sueño y le hacía vivir en una angustia incesante. Antes de tomar una decisión se entrevistó en su gabinete con el príncipe heredero Maximiliano. Era el mayor de sus hijos, un joven con inquietudes artísticas como él, culto, brillante y preparado para el cargo.

—Durante veintitrés años he gobernado este país, he dedicado mi vida al bienestar de mi pueblo, pero ahora solo esperan de mí que me limite a firmar. Tengo las manos atadas. No voy a reinar a cualquier precio. He decidido abdicar, hijo mío; ha llegado tu momento —le dijo el rey con gesto grave.

—Padre, has sido un buen soberano y un ejemplo de rectitud y entrega. Todavía gozas del afecto de tu pueblo, no puedes renunciar, te pido que recapacites. Sé que sigues pensando en esa mujer que solo nos ha traído desgracias y siento de corazón el daño que te ha causado. —El joven príncipe intentaba convencerle.

—Hijo mío, sabes que amo a tu madre por encima de todas las cosas, pero en Lola Montes he hallado una compañera, una amiga fiel a la que no puedo ni quiero dejar de ver. Algún día lo comprenderás, no tengo nada que reprocharme. La Casa de los Wittelsbach continuará rigiendo los destinos de Baviera.

Maximiliano, que no esperaba semejante confesión de su padre, se abrazó a él y lloraron juntos.

Al día siguiente, por la tarde, Luis convocó a toda su familia en el salón del trono y les anunció que la decisión que había tomado era irrevocable. El príncipe heredero se arrodilló a su lado y le pidió su bendición. Teresa, muy querida y respetada por el pueblo, no podía creer lo que ocurría. Aquel domingo 20 de marzo de 1848, su amado esposo renunciaba a sus responsabilidades en un momento en que, a pesar de todo, su popularidad iba en aumento. La reina sabía que detrás de esta firme decisión estaba Lola Montes. Aquella aventurera ambiciosa y sin escrúpulos había conducido a Baviera a la revolución. Esa impostora había arruinado la vida del rey, un hombre bueno, justo y apreciado por sus súbditos. La culpaba de todos los males y pensó en lo ingenua que había sido mirando hacia otro lado mientras ella se adueñaba de su corazón y le manipulaba a su antojo. Teresa ignoraba que en aquel momento histórico el rey, tan abatido, solo pensaba en regresar a los brazos de su amante.

Cuando Luis se quedó a solas, respiró aliviado. Había entregado su vida a su pueblo y ahora estaba libre de responsabilidades. A pesar del sufrimiento causado a su esposa y a sus hijos, no se arrepentía de nada. Embargado por la emoción del momento, volvió a escribir una carta a Lola:

> Queridísima Lolita, a la que tan devoto soy, en esta misma hora he abdicado la corona, libremente, sin que haya llegado a sugerírseme algo así. Mi plan es el de volver a tus brazos en el mes de abril en Vevey y vivir allí algún tiempo a tu lado. Después me reuniré con mi familia en Aschaffenburg. Sin que lo sepa ni uno solo de los responsables ministeriales, he presentado mi declaración en presencia de todos los príncipes de mi casa. Mi hijo Max se ha arrodillado y ha pedido mi bendición. Los cinco presentes hemos roto a llorar. Hoy me siento bien. Una vez que he declarado que quería abdicar, me he sentido feliz. Feliz si llega a estar con su Lolita, tu fiel
>
> LUIS

Cuando los muniqueses se enteraron de la abdicación de su rey, se quedaron perplejos. En las calles se veían caras tristes e incluso algunas personas no pudieron ocultar las lágrimas. Luis dejaba la corona pero había negociado unas condiciones muy favorables. Mantendría sus propiedades en todo el reino y un ingreso anual de 500.000 florines, podría establecer su residencia fuera de Baviera y seguirían refiriéndose a él como «Su Majestad, el rey Luis de Baviera».

La condesa recibió la noticia de su renuncia con sorpresa y renovadas esperanzas. Sin duda el rey podría reunirse con ella en Suiza y estar al fin juntos. En una carta ella le felicitaba por la decisión tomada y añadía: «Espero de todo corazón que sea cierto, porque entonces habrás preservado tu dignidad y te habrás retirado de la vida pública con honor y la cabeza muy alta». También le dijo que no le guardaba rencor al revocarle la ciudadanía bávara y le envió su certificado de naturalización para que se lo entregara al rey Maximiliano con una nota en la que le comunicaba que deseaba no tener que volver nunca a su reino. La carta no llegó a manos del joven monarca y Luis guardó el documento en sus archivos personales.

Lola había regresado a Berna y su principal preocupación era, como de costumbre, el dinero. En la mayoría de las cartas que le mandó a Luis aquellas semanas le hablaba de este tema sin tapujos. Le preocupaba que el monarca se olvidase de ella, o que le ocurriese un accidente y que ella se viera obligada a «mendigar por las calles». En más de una ocasión le dijo que si no podía ofrecerle la cantidad que necesitaba, preferiría quitarse la vida. Por su parte, Luis, que siempre había sido tan desprendido con su favorita, ahora le advertía de que debía controlar sus gastos porque tras su abdicación su renta anual sería muy inferior. No se cansó de repetirle, una y otra vez, que fuera prudente y administrase bien el dinero que le enviaba. «Te ruego mantengas en orden tus asuntos, que pagues tus deudas cada mes. No realices gastos superfluos y no acumules deudas. Mi bolsillo ya no está en posición de poder pagarlo.» El rey le seguía entregando 20.000 florines al año, pero ya no podía asumir facturas de sus «imprevistos» como había hecho en el pasado; el monarca había tenido que pagar una importante suma de dinero para hacer frente a varias cuentas pendientes en una conocida joyería de Munich cuando Lola huyó de la ciudad.

Sin embargo, la condesa de Landsfeld no estaba dispuesta a cambiar su opulento tren de vida y, ante el anuncio de que el rey llegaría en breve a Suiza, se puso a buscar un alojamiento adecuado. Sus amigos Robert Peel y el barón Meller-Zakomelsky la acompañaron a Lausana, pero todos los inmuebles que visitó le parecieron muy caros y anodinos. Entonces Lola llegó a Ginebra y se instaló en una suite del Hotel des Bergues, frente al lago Lemán y con los Alpes como telón de fondo. Su propietario, el señor Rufenacht, se sintió muy honrado de que tan distinguida dama hubiera elegido su establecimiento para alojarse.

La ciudad le resultó limpia y encantadora, y comenzó a buscar por los alrededores una residencia digna de un rey. A principios de abril, Lola encontró lo que estaba buscando en la región de Pregny. Fue un amor a primera vista. Se trataba de una suntuosa mansión de dos plantas con muros de piedra y tejados de pizarra, coronada por dos torres, conocida como el «Castillo de la Emperatriz», donde había vivido la bella esposa de Napoleón I. La emperatriz Josefina, tras ser repudiada al no poder darle un hijo, compró esta fortaleza medieval medio abandonada y la transformó en una agradable villa palaciega donde pasaba los meses de verano. El castillo, en medio de la campiña, se hallaba rodeado de altos árboles centenarios y se llegaba a él atravesando una ancha avenida flanqueada por tilos y castaños. Tenía unas vistas impresionantes de las cumbres nevadas, pero costaba una fortuna. Peel aconsejó a su amiga que alquilara la propiedad hasta que el rey pudiera verla y aprobar su compra. A Lola le pareció una buena idea y sin pensárselo la arrendó por seis meses. El problema era que la villa estaba sin amueblar y muy descuidada, y Lola aún no había recibido sus pertenencias. Necesitaría mucho dinero para acondicionar sus antiguas dependencias y decorarla a su gusto.

La noticia de que Lola Montes se había instalado en un

castillo suizo esperando la llegada del rey causó un gran malestar en Munich. En la prensa se publicaban artículos donde ella afirmaba que el monarca pronto iría a verla a Suiza y el público estaba indignado. Una vez más los muniqueses reaccionaron en contra y se reunieron en el salón de la Rathaus. Se los oyó declarar que si el rey Luis partía de Baviera para ir a ver a aquella mujer, había que prohibirle regresar y su renta anual debía ser cancelada. Fue tal la tensión que se respiraba en el ambiente, que el rey Maximiliano en persona acudió a hablar con su padre de este delicado asunto:

—Padre, debo rogarte que no abandones la ciudad para reunirte con esa mujer. Temo que, si lo haces, estalle una revolución. No se habla de otro tema y nuestros súbditos están indignados.

—¡Ya no soy rey! —exclamó Luis—, y deberían dejarme en paz y no inmiscuirse en mis asuntos privados. ¿Por qué les importa tanto lo que hago? No es justo que me castiguen así, soy su prisionero.

—Te lo pido por todos nosotros; piensa en tu familia, en tu hijo que acaba de ser coronado. Aún tienes responsabilidades —le dijo intentando hacerle entrar en razón.

—Está bien —claudicó—. No me iré ahora, pero quiero que sepas, y así se lo diré a tu madre, que no renuncio a estar con mi leal amiga.

Luis se sentía herido y defraudado, pero accedió por el momento a quedarse en Munich. La familia al completo respiró aliviada. En los días siguientes el rey y su esposa se mudaron a un palacio en el centro de la ciudad. Al dejar atrás el extenso y lujoso complejo de La Residencia, el monarca sintió un gran desahogo. Quizá ahora podría pasar desapercibido y disfrutar de sus aficiones y de las visitas de sus nietos. Pero la realidad era que los días se le hacían muy largos y su amada Lola Montes ocupaba todos sus pensamientos.

En Ginebra, la condesa de Landsfeld seguía alojada en su hotel a la espera de poder instalarse en su nueva casa. En aquellos días fueron llegando desde Munich algunas de sus pertenencias, cerca de sesenta baúles que pesaban en total ocho toneladas. Le pidió al rey que se hiciera cargo de la factura de los portes, ya que tenía muchos gastos. De nuevo las deudas se acumulaban, su factura del hotel de Berna seguía sin abonarse y las comidas y el alojamiento en el Hotel des Bergues eran muy caros, pero sin sus muebles no quería mudarse. Lola continuaba derrochando el dinero y se negaba a vivir de manera más modesta. El señor Rufenacht comenzó a escribir en secreto al monarca para informarle sobre la vida que su amiga llevaba en Ginebra. Luis nunca establecía contacto con extraños, pero respondió al propietario del hotel con la esperanza de que le mantuviera al día sobre los asuntos personales de la condesa. Por él se enteró de que ella había contratado a varios sirvientes y a dos damas de compañía. También que había adquirido un fino carruaje, caballos y que estaba reformando por todo lo alto su nueva vivienda.

El 24 de mayo, Lola pudo al fin trasladarse a su villa. Las obras de rehabilitación aún no habían finalizado, pero la mayoría de sus muebles ya se encontraban allí. Algunos habían sufrido graves daños en el trayecto y debían ser reparados. Entre sus pertenencias, encontró uno de los cuadros que le hizo Joseph Karl Stieler, vestida como una noble andaluza, y lo colgó en un lugar destacado del salón principal. Era el retrato preferido del rey, pero tras su abdicación decidió obsequiárselo a Lola para que no olvidara «los viejos y felices tiempos».

Unas semanas más tarde, la condesa tuvo que guardar cama a causa de las fiebres que ya había sufrido anteriormente. Se encontraba fatigada debido a la mudanza y con los nervios a flor de piel por la falta de dinero. Los acreedores la perseguían y en muchas tiendas de la ciudad ya no le fiaban. Una vez más presionó al rey para conseguir más dinero:

> Para mí lo mismo da la vida que la muerte. Temo que te enfades conmigo cuando recibas esto, pero he de contártelo: sabes que todo ha quedado dañado en el trayecto desde Munich, y he tenido que poner alfombras y cortinas y candelabros y vajillas de cristal y porcelana (la mayoría estaban totalmente destrozadas) y reparar los establos. Con lágrimas en los ojos y la muerte en el corazón, veo tu rostro enfadado frente a mí, pero se trataba de cosas indispensables. No puedo pagarlo todo yo sola. Mi asignación mensual solo llega para cubrir la casa, los establos y los sirvientes. He tenido que cancelar mis clases de arpa y devolver el arpa y el piano que había alquilado. Ayer me enviaron a un alguacil... Y además de todo esto, los jesuitas siguen conspirando contra mí. Un caballero americano me dijo el otro día que podía ganar mucho dinero bailando allí porque en ese continente mi nombre es muy conocido. Querido Luis, dejarte sería mi muerte, pero ¿qué puedo hacer?

Luis, conmovido por sus palabras, pagó las facturas pendientes y le envió una cantidad en efectivo para que pudiera afrontar sus gastos. A esas alturas sabía que los caprichos y extravagancias de la condesa excederían cualquier cantidad que le asignara. Se lo repetía, una y otra vez, sin rodeos: «Lola, cuando se trata de dinero, eres terrible». Pero aún la necesitaba y la amaba desesperadamente. Había transcurrido más de un año desde aquella noche que pudieron pasar juntos en su casa de la Barerstrasse, y solo una vez desde entonces Lola había accedido a mantener relaciones sexuales con él. El monarca solo tenía sus cartas, llenas de reproches y amenazas, pero también de promesas de amor. A ellas se aferraba para mantener su ilusión, y tras el frustrado encuentro en abril planeaba verla en verano.

A finales de mayo le escribió una notita rosa en la que le preguntaba si cuando volvieran a encontrarse, le gustaría acostarse con él. Lola, que había recibido la promesa del monarca de que abonaría de su bolsillo todas sus facturas del Hotel des Bergues, le respondió enseguida:

> ¿Cómo puedes preguntarme esto? Ya sabes que estoy tan entregada a ti como es humanamente posible, que te amo cada día más por todo lo que te has sacrificado por mí. Claro que quiero, y me agrada pensar que mi amantísimo Luis pueda amar a su Lolita. Estoy más enamorada de ti que nunca y ahora mi salud está completamente restablecida. Estoy mucho, mucho mejor que cuando vivía en Munich. Mi querido Luis, te ruego que me seas fiel hasta entonces y podrás amarme con gran gusto y placer. Mi corazón es tuyo y todo mi ser.

Luis releía esta carta una y otra vez, paseando por los jardines del palacio de Nymphenburg o los bosques del jardín inglés, su refugio preferido y donde tan buenos momentos habían pasado. Como temía que confesiones tan íntimas como estas cayeran en malas manos, le escribía sus pensamientos en pequeños trozos de papel rosa que insertaba en las cartas y en los que anotaba: «Quema esto inmediatamente después de leerlo».

Lola animaba al rey a que la visitara en verano, cuando el clima sería más cálido. Mientras tanto la seductora condesa de Landsfeld contaba con una nueva corte de admiradores. Con su cautivadora belleza, ingenio y ardiente temperamento, pronto atrajo a su alrededor a un círculo de jóvenes dispuestos a cortejarla. Estos caballeros suizos, algunos de dudosa reputación, comenzaron a frecuentar el Castillo de la Emperatriz al igual que los estudiantes de la Alemannia habían convertido el número 7 de la Barerstrasse en su cuartel general. La espléndida mansión disponía de muchas habitaciones y en ocasiones sus visitantes masculinos se quedaban a dormir. La condesa una vez más desafiaba todas las normas del decoro. La residencia tenía su propio muelle en las orillas del lago Lemán y Lola decidió comprar un gran velero para navegar sus tranquilas aguas. También adquirió varias barcas para que sus amigos, a los que apodaba «mis corsarios», pudieran seguirla remando y acompañarla en sus excursiones. Los vecinos estaban escandalizados y empezaron a quejarse de su indecoroso comportamiento.

Fue entonces cuando Lola conoció a Auguste Papon, un estrafalario y siniestro personaje que se otorgaba el título de marqués de Sarde. Le gustaba contar que su padre había sido director adjunto del Tesoro de Francia y que su madre procedía de una familia noble de la Provenza. La realidad era muy distinta: el señor Papon era un estafador que había aprendido el oficio de su progenitor, un reconocido timador que vivía en el sur de Francia. Auguste estudió para ser sacerdote pero acabó estableciéndose en Marsella como abogado. Tras contraer cuantiosas deudas y labrarse una pésima reputación, perdió su licencia. Huyendo de sus acreedores llegó a

Suiza, donde sus padres se habían instalado en una villa en Nyon, en la orilla norte del lago Lemán.

El falso marqués de Sarde y la condesa de Landsfeld se conocieron en el Hotel des Bergues, donde él tenía su centro de operaciones y llevaba varios meses viviendo. De pequeña estatura, rostro bronceado y ojos vivaces, hablaba bien español y era un personaje muy conocido por la alta sociedad ginebrina entre la que se movía a sus anchas. Desde el primer instante se mostró encantador y adulador con Lola, que se encontraba en sus horas más bajas. Cuando la bailarina se mudó al castillo, él la invitó a su villa Mon Répos de Nyon para que conociera a sus padres. Sus amigos los corsarios la llevaron en su velero hasta la residencia, donde fue recibida por los Papon y el párroco de la localidad. En julio, el rey Luis comenzó a advertir que su amada le escribía con menor frecuencia, pero aún ignoraba la existencia del astuto marqués. A finales de mes Papon se mudó al castillo de Pregny invitado por la condesa.

En verano Lola retomó la correspondencia con el rey, pero ahora su obsesión era recuperar su colección de joyas que había tenido que abandonar en su casa de Munich. Luis le comentó que no resultaba seguro enviarlas y decidió que él mismo las llevaría consigo cuando se reunieran en secreto. Durante varias semanas el monarca se afanó en los preparativos y eligió un lugar para su encuentro donde no los reconocieran. Se trataba de Malans, un pequeño pueblo a medio camino entre Ginebra e Innsbruck. Luis iba a pasar sus vacaciones en Berchtesgaden y pensaba desplazarse a Innsbruck para visitar a unos parientes de la realeza. Desde allí podía realizar una rápida escapada de incógnito hasta Malans para estar un tiempo junto a su amada. Pero los planes se demoraron y el encuentro quedó fijado para principios de septiembre.

Mientras tanto, Papon iba ganando terreno y se comportaba como el amo y señor del castillo. Las damas de compañía de la condesa no se sentían cómodas en presencia de este hombre de dudosa moralidad y estaban hartas de las extravagancias de su señora. Un día Lola las insultó por negarse a pasar la noche a bordo de su barco con ella y sus amigos. Los corsarios también se vieron marginados por el marqués, que los trataba como si fueran sus criados. El señor Rufenacht, propietario del hotel y amigo de la bailarina, tampoco era bienvenido al castillo.

El 25 de agosto, Luis celebraba su primer cumpleaños tras su abdicación. Era una fecha triste para él porque también coincidía con el primer aniversario del nombramiento de Lola como condesa de Landsfeld. Para el rey estas fechas simbólicas y aniversarios eran muy importantes y esperó con ilusión una tierna felicitación de su amante. En vez de eso, la carta que recibió de ella aquella mañana en su palacio ni siquiera mencionaba su cumpleaños, sino que le decía que no le quedaba ni un centavo y necesitaba 1.000 francos para poder citarse con él en Malans. La esperanza de reunirse pronto con Lola le hizo olvidar el desaire. La fecha del encuentro quedó fijada para el 2 de septiembre.

La condesa tuvo que pedir dinero prestado al señor Rufenacht para el viaje, y este le hizo firmar un recibo. Deseando deslumbrar al rey, eligió un vestido de tafetán burdeos con escote cuadrado y encaje veneciano y partió en su carruaje de madrugada. La acompañaba su doncella y dos de sus amigos corsarios como escolta personal. El trayecto era largo e incómodo. Tenía por delante ocho días de viaje y cuando llegó a su destino se llevó una desagradable sorpresa. En Malans no encontró a Luis sino a su ayuda de cámara, que le entregó 2.000 francos, algunos poemas y una carta de Su Majestad en la que le explicaba las razones de su ausencia:

> Me vienen lágrimas a los ojos, porque en lugar de abrazarte contra mi corazón y hablarte de mis sentimientos, me veo obligado a escribir. Desde mi última carta he descubierto cuál es la causa de los disturbios en Munich. Los revolucionarios han hecho circular la historia de que te he regalado diamantes que pertenecían al Estado. (¡Tu Luis, un ladrón!) El rumor comenzó porque el departamento del Tesoro no los expone al público. Se esperan nuevas luchas sangrientas y funestas consecuencias si me voy ahora al Tirol. Personas que me son muy fieles y no son tus enemigos me han informado de ello. Es una situación terrible. No me dejes de amar, no es culpa mía. Te lo repito, el mundo entero no tiene el poder para separarnos.

Lola se contrarió mucho al leer la carta. Creía que todo eran excusas y sobre todo lamentaba no haber podido recuperar sus valiosas joyas. Los violentos altercados que mencionaba Luis en su nota eran una verdadera amenaza para el futuro de la monarquía en Baviera. Los periódicos anunciaban en sus portadas que el rey se había marchado a Suiza y de nuevo surgieron voces que pedían que se le denegara el derecho a regresar a Baviera y se cancelara su renta.

La respuesta de la condesa no fue nada compasiva, al contrario; le reprochaba que tras los largos preparativos del viaje, el rey se hubiera echado atrás influido por su familia. También le dijo que pensaba marcharse a Roma y vivir, si Su

Majestad se lo permitía, en su hermoso palazzo de Villa Malta. Luis enseguida le quitó la idea de la cabeza. Imaginó el escándalo si llegaba a Munich la noticia de que había alojado a su amante en su villa romana. Sin embargo accedió en enviarle sus joyas a través de un banquero. Lola se lo agradeció escribiéndole una cariñosa carta donde dibujó la forma de unos labios en un margen junto a su firma: «Te mando un beso de mi boca. Por favor, bésalo, es el beso de un corazón tierno y entregado a ti».

Tras su frustrado encuentro, el rey cayó en la melancolía. Había perdido su jovialidad, parecía cansado y más envejecido. Las informaciones que le llegaban de Ginebra le quitaban el sueño y le preocupaba la presencia de Auguste Papon, al que la condesa nombraba mucho en su correspondencia. Luis le advirtió de que tuviera cuidado aunque le pareciera un distinguido caballero, porque podía aprovecharse de ella. Inquieto por la influencia que este extraño personaje ejercía sobre Lola, le pidió al dueño del hotel que le informara sobre los movimientos del marqués. Para su sorpresa, en la carta de respuesta Rufenacht le mencionaba que un joven llamado Elias Peissner había llegado a la ciudad y se alojaba en el hotel. La condesa le había invitado porque comenzaba a sentirse incómoda por la presencia de Papon en su villa, y pensó que necesitaba junto a ella a su más leal amigo para protegerla de aquel hombre del que empezaba a desconfiar. En una nota el rey, muy celoso, le decía: «Me parece que quieres a Luis por el amor, a Papon por la conversación y a Peissner para acostarte con él».

Cuando Elias viajó al castillo en la campiña de Pregny casi no reconoció a Lola. Había adelgazado, vestía de manera descuidada y trataba a gritos a los pocos sirvientes que aún quedaban a su lado. Se encontraba bajo el hechizo de Papon y rodeada de su pequeña corte de jóvenes vagos y extravagantes que vivían a su costa. La bailarina recibió a su antiguo amante con indiferencia y le alojó en un cuarto trasero del castillo. Para Peissner fue una gran desilusión ver en qué se había convertido la mujer a la que había prometido amor eterno. El joven estudiante pasó una semana en Pregny, tiempo suficiente para saber que Lola no podría hacer feliz a ningún hombre. Parecía haber perdido el juicio, le decía que tenía la intención de regresar a Munich y que él debía acompañarla para protegerla. La realidad era que estaba sin blanca, los acreedores campaban ante su puerta y en el pueblo solo querían verla lejos de allí. Una tarde Elias recogió sus cosas y se marchó sin despedirse. El día anterior habían discutido acaloradamente porque Lola se negaba a pagarle un dinero que le debía. No volverían a verse, aunque él nunca la olvidaría ni hablaría mal de ella.

Al regreso de sus vacaciones en Berchtesgaden, el rey se quedó sorprendido cuando uno de sus lacayos le llevó una nota de un tal marqués de Sarde escrita esa misma mañana en Munich. En ella le explicaba que era un fiel amigo de la condesa de Landsfeld y le incluía una carta urgente de su amante que decía así:

> Sé que me salvarás de una desgracia peor que la muerte (por Dios, dónde ha ido a parar mi amor propio). La condesa de Landsfeld se encuentra en una situación tan triste, sin seguridad, sin nada y en un país infernal e infame. Por favor, recibe a este hombre que, en mis momentos de miseria, vino a ofrecerme sus servicios. Es un hombre de palabra. Es un francmasón, eso lo dice todo.

En un primer instante el monarca pensó en no recibirle, pero le pudo más la curiosidad y el tener noticias recientes de su amada. Luis estaba enfadado con Lola, que solo le pedía dinero en sus cartas y parecía preocuparle bien poco su bienestar. Cuando tuvo frente a él a Auguste Papon, se mostró a la defensiva. Pero el marqués era un experimentado timador y sabía cómo ganarse el corazón de sus víctimas. Comenzó alabando la elegante armonía de los edificios de la ciudad que, a su parecer, era una de las más bellas de Europa gracias al buen gusto y sensibilidad artística de Su Majestad. Luis, que llevaba semanas con la moral muy baja, se sintió complacido por las palabras de su visitante. Ya más relajado, le preguntó por su amiga y Papon cambió entonces su rostro sonriente; con semblante serio, le dijo al monarca:

—Majestad, debo comunicarle una dura realidad: madame Montes está en la ruina más absoluta, ha tenido que empeñar todos sus objetos de valor y sus acreedores están a punto de embargarle los muebles de la villa…

—Siento lo que me cuenta —le dijo pesaroso el rey—, pero advertí a la condesa de que debía administrar bien su dinero y ya es una mujer adulta y responsable de sus actos.

—Disculpe —añadió Papon—, lo peor no es la falta de dinero, sino su frágil salud. Hace unos días comenzó a toser sangre y se ha visto obligada a guardar cama. Ella le ama como el primer día, siempre me habla de Su Majestad y sé que usted no la abandonará.

El marqués de Sarde dejó al monarca sumido en el dolor y la confusión. En un primer momento se negó a entregarle más dinero, pero le preocupaba que Lola estuviera gravemente enferma. Unos días después de la visita de Papon, el rey recibió una carta de su amante en la que le respondía sobre su dura acusación de que a él lo amaba pero le engañaba con Peissner:

> Algún día todos los secretos de este mundo serán revelados ante Dios, y entonces, mi querido Luis, quedarás convencido de mi fidelidad y del sincero amor de tu vilipendiada Lolita. Querido Luis, la muerte invade mi alma. Sin ti soy desgraciada en este mundo, sin amigos en un país tan terrible para los extranjeros como este, en Ginebra. Si no acudes en mi ayuda, seré el hazmerreír del mundo, mi honor quedará completamente perdido. ¿Qué puedo hacer? Todo es demasiado terrible y mi salud siempre es tan frágil... Pero Dios es bueno y tú, mi querido Luis, estás demasiado entregado a mí como para abandonarme.

Luis, conmovido una vez más por sus palabras, le envió 20.000 francos para garantizar su sustento y evitar el embargo de los muebles. Por el momento no podía adelantar más dinero a su amante hasta que concluyera la sesión presupuestaria del Parlamento que debía autorizar su renta asignada. Para alivio del monarca, a finales de octubre la condesa se trasladó del castillo de Pregny a una casa que compartía con Auguste Papon y sus ancianos padres. Aunque ahora vivía con más modestia, los problemas no acabaron ahí. Le seguía preocupando su situación financiera y se aburría terriblemente. El frío clima otoñal, la falta de dinero y el dominio cada vez mayor que ejercía el marqués sobre ella la sumieron en la apatía. La única ventaja era que su nueva vivienda estaba muy próxima a Ginebra y podía hacer algo de vida social.

Una noche Lola asistió al teatro y entre el público se encontraba el barón Meller-Zakomelsky. Durante la representación, a la condesa le llamó la atención un joven moreno, alto y distinguido que se sentaba en un palco cercano al suyo. En el intermedio le pidió a su viejo amigo que se lo presentara. Era el apuesto lord Julius, que acababa de cumplir veinte años y pertenecía a una noble y acaudalada familia. Sus padres habían fallecido y se rumoreaba que heredaría una gran fortuna al alcanzar la mayoría de edad. El joven se quedó prendado de la condesa de Landsfeld, ocho años mayor que él, y se les empezó a ver juntos en público. Al mismo tiempo la relación entre Auguste Papon y la bailarina se volvió muy tensa. El marqués, que pensaba seguir viviendo a costa de la condesa, no veía con buenos ojos que esta se enredara con un aristócrata que era un codiciado soltero de oro. Por eso se opuso desde el principio a esa relación y a recibir en su casa al nuevo admirador de Lola. Entonces ella decidió verse a escondidas con su amante en las estancias que tenía alquiladas el barón Meller-Zakomelsky en el Hotel des Bergues.

Con el paso de los días, ella intentó distanciarse de Auguste Papon, que controlaba todos sus movimientos y se había vuelto muy grosero. Si un mes antes, la condesa le decía a Luis que había encontrado en el marqués de Sarde a un amigo noble y de fiar, ahora se refería a él como un enemigo astuto y engañoso:

> No siento una confianza ilimitada en él, aunque es (creo) un hombre muy válido. Ya sabes lo poco común que es encontrar a un amigo auténticamente sincero que no mire por su propio interés. Mucha gente me ha dicho que no confíe del todo en él porque es un hombre de gran ambición y vanidad, dos cosas aplicables al común de los varones, y me parece que él no está exento de ellas. También me parece que especula con que un día yo pueda regresar a

Munich y tú le compenses por todos los servicios prestados. Además, como es partidario de los jesuitas, en este momento me parece un hombre muy necesario pero también muy peligroso. Mis sirvientes afirman que se ha apoderado de documentos dirigidos a mí. Una cosa es cierta, y es que no es demasiado sincero.

Lo que la condesa ignoraba era que el sagaz Auguste Papon había comenzado a cartearse con Luis y al rey le parecía un hombre fiable y preocupado por el futuro de su amiga madame Montes. Esta correspondencia entre ambos se vio interrumpida cuando Lola, harta de sus maquinaciones, expulsó al marqués y a sus padres de la casa que tenía alquilada. Para asegurarse de que el monarca no prestaría atención a nada de lo que Papon pudiera decirle de ella, la bailarina le explicó que el falso marqués era en realidad un libertino y depravado, que había sido sorprendido mientras mantenía relaciones sexuales con un joven en un parque público. También descubrió que había tenido problemas con la justicia y que en Marsella había sido condenado por fraude.

Tras la partida de Papon y su familia, lord Julius seguía cortejando a Lola, que se mostraba muy cariñosa con él. Ante el rumbo que tomaba la relación, el tutor del joven aristócrata acudió a la policía para que investigara a su nueva amiga, que, según él, «ejercía una mala influencia en el muchacho y trataba de darle caza para conseguir su fortuna». Julius estaba pensando en comprarle un anillo de compromiso a su enamorada cuando fue enviado a Chambéry para alejarle de la condesa. Al parecer había manifestado su deseo de casarse con madame Montes y vivir juntos en un castillo en la campiña francesa.

Aunque no se presentaron cargos contra ella, Lola decidió de pronto, y de modo inesperado, viajar a Londres. Tenía miedo de que las autoridades suizas descubrieran su verdadera identidad y de que el rey, al enterarse, le retirara su apoyo económico. Aunque Luis le había rogado que adoptara la ciudadanía suiza para asegurar su residencia en este país, ella se negó con firmeza alegando que «no estaba dispuesta a perder su derecho a llamarse condesa de Landsfeld». Lola llevaba nueve meses en Suiza, pero este país no le gustaba, le parecía triste, aburrido y sin alicientes culturales. En Londres tenía algunos amigos y era una ciudad vibrante que le resultaba siempre divertida. Añoraba subir de nuevo a los escenarios y ahora que su fama la precedía en toda Europa estaba convencida de que las puertas de los principales teatros se abrirían para ella.

Una fría y lluviosa mañana de invierno, Lola Montes y su doncella, escoltadas por el barón Meller-Zakomelsky, abandonaron Ginebra. Enfundada en un abrigo de lana y un favorecedor gorro de piel a juego con los manguitos, contemplaba a través de los cristales del carruaje los paisajes nevados que desfilaban ante sus ojos. Aún se sentía débil de salud y tenía por delante un duro viaje. Mientras se alejaba sintió un estremecimiento por todo su cuerpo. Por primera vez era consciente de que nunca más volvería a ver a Luis. Sus caminos se separaban para siempre. Suspiró pensando en lo que dejaba atrás. Durante dos años lo había tenido todo: fama, gloria y poder. Pero de nuevo la fortuna le era esquiva. «Nunca me quisieron —se lamentaba conteniendo las lágrimas—, siempre fui para ellos "la española", pero aún tengo el amor incondicional de su rey.»

9

Volver a empezar

En la cubierta del barco que la llevaba al puerto de Dover, Lola meditaba sobre su incierto porvenir. En aquella época los días eran desapacibles, el mar estaba muy agitado y el viento del oeste soplaba con fuerza. Habían transcurrido seis años desde que huyera de Londres sola y perseguida por el escándalo. Con una sonrisa en los labios recordó su apasionado romance con George Lennox y cómo se divirtieron el tiempo que pasaron juntos. Sus días habían sido una sucesión de fiestas, románticas cenas a la luz de las velas y paseos en calesa por Hyde Park. Pero el sueño se había esfumado cuando alguien la reconoció y la prensa la atacó sin piedad. Ahora era la célebre condesa de Landsfeld y su fama la precedía. Aprovecharía esta situación para hacerse un hueco en la alta sociedad y retomar su carrera artística.

Mientras descendía por la pasarela del barco, se juró a sí misma que no se dejaría vencer.

De camino a la capital, Lola aprovechó para escribir al rey varias cartas llenas de lamentos y reproches. Le suplicaba que no la abandonara y que le mantuviera su generosa renta.

También le confesaba que durante su estancia en Ginebra, lord Julius, un joven muy apuesto y rico, le había pedido matrimonio. Para tranquilizarle, añadió que se había negado en rotundo porque su corazón solo pertenecía a su amado rey y no pensaba traicionarle. Luis le respondió que admiraba su firmeza frente a las tentaciones de la carne, pero que si estaba enamorada de su atractivo pretendiente, no deseaba oponerse a su felicidad. «Incluso si te casaras —le decía—, yo nunca sentiré pasión alguna por otra mujer.» En realidad el monarca ya había sido informado por Auguste Papon de la relación que la condesa mantenía con el aristócrata y cómo ella le había perseguido hasta Chambéry para conquistarle.

Los últimos sucesos habían hecho reflexionar al rey, que se sentía cada vez más desilusionado. Por primera vez se resignaba a no volver a verla y le embargó una profunda melancolía. Aunque seguía obsesionado con su Lolita y besaba su pie de mármol que guardaba celosamente en sus aposentos, comenzaba a desconfiar de ella. Cuando supo que había abandonado Ginebra, se quedó sorprendido pues unos días antes Lola le había tranquilizado diciéndole que estaba ahorrando y que controlaba sus gastos. Y ahora se disponía a instalarse en Londres, la capital más cara de Europa. Según ella, para «escapar de las atenciones de lord Julius, escuchar buena música y cuidar de mi salud, que se resentía mucho con el frío y la humedad». A esas alturas no sabía qué creer y le dolía que en todas sus cartas su única preocupación fuera que le garantizase su pensión y le transfiriera el dinero a un banco de Inglaterra. Pero la bailarina conocía bien al monarca y sabía cómo mantener viva su pasión. Viendo que dudaba de ella, le respondió:

> Me agrada que me digas que me case, pero olvidas que una mujer que ya no se encuentra en su primera juventud, y con todas las historias que los periódicos de Munich han escrito sobre mí, y básicamente sin dinero, en el siglo XIX sería algo milagroso el encontrar un marido respetable. Además, lo más imposible de entre lo imposible es que, tras ser la amante de un rey, pueda rebajarme a estar con otros. Y lo más cruel de todo es que no quieres ofrecerme una existencia independiente y honrada con mi propio nombre. Querido Luis, si todavía me quieres (aunque eso es algo que no me puedo creer), ¡¡¡haz esto por mí y entonces por fin podré respirar!!! Me parece un castigo de Dios lo que ocurrió en Munich, tanto como ahora lamento la posición desgraciada a la que me veo sometida. Si fuera algunos años más joven, todavía podría bailar, pero ya no tengo las fuerzas necesarias, mi salud empeora cada día, y es todo culpa tuya. Cada vez que miro tu retrato, me duele enormemente pensar en la precaria posición en la que me has dejado. Adiós. Tú fuiste mi única ilusión.

La confianza de Luis hacia su amante se vio aún más mermada por una extraña carta que recibió el 1 de diciembre. La habría escrito Auguste Papon y en ella se quejaba del trato y la situación en la que le había dejado la condesa de Landsfeld. En tono pomposo, anunciaba al monarca que no pensaba vengarse de la ingratitud de madame Montes publicando informaciones sobre su vida privada. En vez de eso, y como era un caballero íntegro, se conformaría con devolver al rey todos los documentos que obraban en su poder y no publicar nada si Su Majestad le otorgaba el título de Lord Chambelán de la Casa Real y le hacía entrega de 10.000 francos. A Luis no le impresionó la arrogancia de Papon ni el que intentara chantajearlo. Ya se había informado bien sobre este personaje y conocía sus actividades delictivas. Lo que más le preocupaba era que la joven hubiera podido entregar sus cartas más íntimas a ese hombre sin escrúpulos. El rey no respondió a Papon y por el momento no le comentó a Lola nada de lo ocurrido.

Una soleada mañana de enero de 1849, Elias Peissner acudió al rey para pedirle que le ayudara a financiar sus estudios universitarios en América. Aunque tiempo atrás había tenido celos de él, el monarca le recibió con amabilidad pero con una oculta intención: si deseaba conseguir su dinero y sus favores, debería contarle toda la verdad sobre su relación con la condesa de Landsfeld.

—Querido joven —le dijo—, estaré encantado de ayudarte, sé que eres un estudiante brillante y que allí te labrarás un buen porvenir. Pero quiero que seas sincero conmigo y que me digas de qué naturaleza era la relación que mantenías con la condesa.

—¡Majestad! —exclamó el estudiante, sonrojado ante una pregunta tan incómoda—, desde que conocí a madame Montes me enamoré de ella perdidamente aunque en un principio me mantuve firme y no caí en la tentación. Más tarde nos volvimos a encontrar y yo sentía la misma pasión por ella. Cuando me hablaba de Su Majestad lo hacía como de «su querido padre» o «anciano amigo». Entendí que ella estaba libre y entonces…

—Entonces ¿qué ocurrió? ¡Quiero todos los detalles!

—Majestad, ella me ofreció ir a vivir a su casa de la Barerstrasse, en las dependencias del servicio. Allí me instalé cuando me expulsaron de la universidad. Un día me invitó a subir a su dormitorio y me hizo sentir lo que nunca había sentido.

—¿Quieres decir que cediste a sus caricias?

—Sí, Majestad; esa mujer era puro fuego y yo un joven sin mucha experiencia. Después nos arrodillamos junto a la cama y nos juramos mutua fidelidad. Durante un tiempo nos amamos con locura, incluso llegó a decirme que un día se casaría conmigo, y yo la creí. Pero cuando fui a verla a su castillo de Pregny me trató con total indiferencia y yo me marché con el corazón roto. No la he vuelto a ver.

Mientras el rey escuchaba la confesión de Peissner sintió que le faltaba el aire. La emoción casi le impedía hablar y tras agradecerle su sinceridad, se comprometió a ayudarle para que pudiera proseguir sus estudios en el extranjero. En el fondo sentía lástima por él. Lola, con sus encantos y mentiras, los había engañado y utilizado a los dos.

Cuando se quedó solo rompió a llorar como un niño. Hacía tiempo que sospechaba que Lola le había sido infiel, pero se negaba a aceptarlo. Llegó a convencerse de que esa joven arrebatadora y tan llena de vida le amaba realmente como era y que solo él ocupaba su corazón. Ahora se enteraba de que Peissner no solo se había acostado en repetidas ocasiones con su Lolita, sino que frecuentaba su propia casa. Tuvo ganas de escribirle una carta llena de rabia y reproches, de cortar definitivamente con ella, pero no lo hizo. Estaba hundido y desencantado, y se limitó a mostrarse más distante. Lola advirtió enseguida que el rey solo le hablaba de temas banales como el clima que hacía en Munich o la belleza de las rosas de su jardín. «Me parece que ya no me amas tanto», se quejaba ella repetidamente. Pero por el momento el monarca tenía que hacer frente a otras graves preocupaciones.

Auguste Papon escribió de nuevo al rey amenazándole con publicar un libro de memorias de Lola Montes que incluiría su correspondencia. Luis se negó a ceder al chantaje y una vez más no le respondió. Pero estaba inquieto y preocupado por las repercusiones que pudiera tener la publicación de su correspondencia íntima. Le pidió a Lola en repetidas ocasiones que le informara si le habían robado las cartas que él le enviaba o si se las había enseñado en alguna ocasión a Papon. Ella le prometió que las tenía todas en su poder y que este nunca las había visto. Finalmente, Luis ofreció a Papon una suma de dinero a cambio de los documentos y la promesa de no publicar el libro. Pero ya era demasiado tarde. El hombre se había impacientado y la primera entrega ya se encontraba en una imprenta de Nyon.

Cuando el libro *Memorias de Lola Montes y cartas íntimas de Su Majestad Luis, Rey de Baviera* vio la luz el 7 de febrero de 1849, la condesa de Landsfeld se sintió muy molesta. Desde Ginebra, su amigo Rufenacht le había mandado un ejemplar que le causó un enorme disgusto. Sus páginas eran una sucesión de chismes y verdades a medias que el autor había sacado de recortes de prensa y anécdotas que Lola había contado en el castillo de Pregny. Papon no ahorró críticas a su antigua amiga, de la que decía: «Una vez expulsada de Munich se la había podido ver en muchos y distintos países, ejerciendo de cortesana de lujo, multiplicando a su alrededor escándalos y libertinaje, para exhibir el triste espectáculo de la locura, el vicio y la vanidad». También ironizaba sobre los escasos conocimientos que Lola tenía de literatura y de arte: «Confunde a Byron con Cervantes y cree que Juana de Arco es una heroína romana». Ella le respondió indignada que contaba con buenos e influyentes amigos en Suiza y que no permitiría que «se la insultara a ella y a un anciano incapaz de defenderse por sí mismo».

En Londres, la condesa de Landsfeld había alquilado un pequeño apartamento amueblado en Queen Street a la espera de que llegaran sus baúles y demás pertenencias desde Ginebra. Durante unas semanas apenas salió de su casa y evitaba aparecer en público. Tenía una tos persistente, ligeras ojeras y el médico le recomendó descanso. Pero su lúgubre habitación con vistas a un patio interior le resultaba deprimente. Todo a su alrededor carecía de la belleza, el lujo y el confort a los que el rey Luis la había acostumbrado. La mayor felicidad en aquellos tristes días fue recuperar a sus queridos perros Zampa y Turk, que unos amigos se encargaron de hacerle llegar desde Munich. Durante su convalecencia, consideró la posibilidad de escribir sus propias memorias y publicarlas en París, donde aún era muy conocida. Por las noches, a la luz del quinqué, comenzó a reunir en un diario los dulces recuerdos de su infancia en la India, pero la realidad se mezclaba con la ficción. Lola no pensaba contar la verdad sobre sus orígenes e inició el relato de su vida diciendo que había nacido una soleada mañana en la ciudad de Sevilla y que era hija del célebre matador de toros Juan Montes Reina, «Paquiro», toda una leyenda en España.

Entre sus planes también estaba regresar a los escenarios del Teatro de Su Majestad donde cosechó tanto éxito el día de su estreno. Pero no le iba a resultar fácil. Al contrario de lo que imaginaba, su escandaloso comportamiento como amante del rey Luis I de Baviera le iba a cerrar muchas puertas. Durante su exilio en Suiza, uno de los dramaturgos más prolíficos de Londres, Joseph Stirling Coyne, había compuesto una divertida comedia de un acto titulada *Lola Montes, condesa por una hora* basada en la vida de la mundialmente célebre condesa de Landsfeld. La obra fue estrenada con gran éxito en el popular Teatro Haymarket. Para evitar la ley que prohibía representar a la monarquía sobre el escenario, el personaje del rey Luis se llamaba príncipe Greenasgras. Todo apuntaba a que la obra iba a mantenerse tiempo en cartel, pero fue cancelada a los tres días por el lord chambelán. Al parecer, el embajador bávaro en persona había solicitado a Su Majestad la reina Victoria la prohibición de esta pieza. Su director no se dio por vencido y un mes más tarde reapareció con la misma obra pero titulada *Atrapar a un gobernador*. El argumento era muy similar al anterior pero cambió la identidad de los personajes principales para esquivar a la censura.

En aquellas semanas Lola concertó una entrevista con el empresario Benjamin Lumley, que continuaba al frente del Teatro de Su Majestad. Deseaba hacerle una proposición que no podría rechazar. Lumley, que seguía igual de engreído y detestable que cuando lo conoció, era un astuto hombre de negocios y no se negaría a recibirla. Ahora ya no era una joven principiante dispuesta a aceptar cualquier tipo de contrato, sino una celebridad en toda Europa que paseaba orgullosa su título nobiliario. Tras el éxito del espectáculo de Coyne, pensó que ella misma podría representar sobre los escenarios su vida en la corte de Baviera como amante del rey. Se trataba de una idea original y atrevida, que ninguna artista antes había intentado. Lola eligió el vestido más seductor de su armario y alquiló un carruaje para llegar al teatro; había vendido algunas joyas y aún podía permitirse ciertos lujos. Orgullosa y con paso firme, entró en el mismo despacho donde hacía años el señor Lumley la había despedido de malas maneras. Aún resonaban en su cabeza sus últimas palabras: «Mientras yo sea director de este teatro usted no volverá a pisar este escenario». Tuvo que tragarse su orgullo y se mostró dulce y encantadora cuando entró y le dijo:

—Señor Lumley, gracias por recibirme. Ha pasado mucho tiempo y yo, como ve, ya no soy la misma.

—Mi querida madame Montes —respondió el director al tiempo que observaba sorprendido que mantenía intacto su atractivo—, he seguido con sumo interés sus aventuras en Munich. Sin duda ha dado usted mucho de que hablar...

—Iré directa al asunto que me ha traído hasta aquí. Sé que el señor Coyne ha representado con gran éxito una comedia sobre mi vida, por cierto con un título horrible y algunos pasajes de dudoso gusto. Le quiero proponer algo más original: representar yo misma el papel de lo que fui, la reina en la sombra, en la corte de Baviera. Lógicamente, la figura del rey Luis será respetada como merece.

—Disculpe, pero creo que no ha llamado a la puerta adecuada. Desde que usted se marchó en el Teatro de Su Majestad han actuado las estrellas más importantes de la danza clásica y los maestros Verdi y Mendelssohn han estrenado aquí sus óperas en presencia de la reina Victoria. ¿Cree que tiene cabida en un auditorio de esta categoría una pieza sobre sus escándalos en Munich? Usted personifica como nadie el pecado y la inmoralidad. La soberana encontraría muy poco apropiado que una obra de esta índole se representara en su teatro.

—¡Tonterías! No tiene por qué ser ofensiva para Su Excelencia, al contrario; mostrará la cara más humana del rey Luis de Baviera, un viejo monarca amante de la belleza y todo un símbolo en Alemania.

—Lo siento, madame Montes; inténtelo en otros teatros, hay muchos en Londres y seguro que se la disputarán. Yo no estoy dispuesto a perder ni mi reputación ni mi dinero. Gracias por su visita. Le deseo mucha suerte —le dijo sin levantarse de su asiento.

Lola regresó caminando a casa. El aire fresco le sentaría bien para aplacar su furia. Estaba desilusionada y harta de ese país «de hipócritas y falsos moralistas». Odiaba la puritana Inglaterra victoriana donde la castidad era la máxima virtud en una mujer pero la mayoría de los caballeros felizmente casados tenían amantes a las que cubrían de joyas. No envidiaba nada a las damas inglesas rodeadas de lujo pero sometidas a la tiranía de sus esposos. No podían caminar por Piccadilly ni sentarse en un banco de Hyde Park a menos que fueran acompañadas. Bailar dos veces con un mismo hombre era interpretado como una provocación, y cuando una dama rompía las reglas se le hacía un gran vacío. A su juicio, la sociedad inglesa estaba dividida en castas y le recordaba a la India de su juventud. Aquí las intocables eran las mujeres como ella, artistas, independientes y liberales.

Si alguien había seguido muy de cerca las aventuras en Baviera de Lola Montes era sir Jasper Nicolls, el amigo de su padrastro. El militar había regresado de la India en 1843 y vivía en el elegante barrio de Kensington con su familia. El diario que seguía llevando estaba lleno de anotaciones sobre la díscola adolescente de la que tuvo que hacerse cargo a petición del capitán Craigie. En aquellos días el anciano caballero recortó un artículo en *The Times* sobre los detalles de la expulsión de la condesa de Landsfeld y lo pegó en una de las páginas. Si cuando la conoció ya pensó que esta joven rebelde y descarada no haría nada bueno con su vida, ahora se reafirmaba en su opinión. A pie de página escribió: «Qué poder ha logrado esta bruja miserable sobre el anciano, adúltero e idiota soberano. Desdichada nación la que tiene a este pícaro descarado por rey, pero hay que recordar que Munich es la capital más abandonada de Europa». Por fortuna para Lola, y aunque desaprobaba su comportamiento y conocía su pasado, el señor Nicolls nunca llegó a delatarla.

El 11 de febrero hacía un año que Lola Montes se había visto obligada a huir de Munich en medio de los insultos y gritos de una muchedumbre exaltada. El rey no olvidó este triste aniversario y, llevado por la nostalgia, se dirigió caminando a la casa de la Barerstrasse, a la misma hora en que ella partió en su carruaje rumbo a Suiza. La residencia había sido embargada por los acreedores y las rejas de la puerta estaban cerradas con un grueso candado. Luis dio la vuelta por detrás y se asomó al jardín abandonado, lleno de malas hierbas y cristales rotos de las ventanas. En un rincón entre la maleza estaba su busto en mármol, caído y golpeado. Al mirarlo pensó que aquella estatua era un reflejo de sí mismo. Se sentía destrozado, humillado y sin ganas de vivir. Por la noche escribió una carta a Lola. Hasta la fecha no le había querido decir que lo sabía todo sobre su relación con Elias Peissner, pero ahora ya no podía aguantar más. Con profundo dolor, le confesaba: «Había tenido sospechas de que me fuiste infiel el pasado invierno, ahora estoy seguro. Estabas enamorada de Peissner y te acostaste con él repetidas veces. No puedes negarlo». En la posdata añadió: «Como me has sido infiel, ya no firmo como "Tu fiel Luis", pero eso no significa que no lo sea. Luis».

Lola solía tardar en responder las cartas del rey, pero en esta ocasión no esperó al día siguiente. Se sentía muy ofendida por las acusaciones que el monarca le hacía y necesitaba negarlo todo:

> Nunca me he acostado con nadie, excepto contigo, en Munich. Puedes acusarme, pero esta es la verdad. Todos pueden decir lo contrario, pero como que hay Dios en el cielo que eso es mentira. Mi conciencia está tranquila. Si fuera a morir hoy, mis últimas palabras serían que tú (desde la muerte de Dujarier) eres el único hombre al que he amado de verdad y por el que me he preocupado, y hoy como antes daría por ti mi vida y mi alma, mi noble Luis. Escúchame, estas son palabras que salen de la más pura sangre del fondo de mi corazón, y así como todo el mundo tiene sentimientos sagrados, todos los que hay en mí son los que tengo por ti. Ojalá la Virgen María lleve a tu corazón a creerme. La necesito a ella y su divina asistencia contra las trampas y las intrigas de mis enemigos. No creo que los jesuitas me hayan olvidado; una vez que están contra ti, es para toda la vida, en todas partes, siempre.

Luis ya no la creía, pero su corazón aún le pertenecía. No podía alejarla de sus pensamientos y todo le recordaba a ella. En ocasiones, cuando visitaba a su hijo el rey Maximiliano en palacio, se acercaba hasta la Galería de las Bellezas y miraba absorto su retrato. Cuanto más tiempo contemplaba el cuadro, más la añoraba. No podía olvidar sus furtivas escapadas al estudio del pintor mientras su divina Lolita posaba para la eternidad. Por las noches todavía soñaba con ella. Ahora firmaba sus cartas como «Tu devoto Luis» y, aunque decepcionado, le escribía casi a diario.

Lola llevaba pocos meses en Londres y en sus notas al rey se quejaba de que el clima era muy insano para sus pulmones enfermos, que apenas veía el sol y su tos no había mejorado. Soñaba con ir un tiempo al sur de España para recuperarse y recorrer los escenarios de su niñez. Luis no podía entender cómo su amante, que seguía recibiendo 20.000 florines anuales, no podía vivir con comodidad y de manera holgada. En realidad, desde que llegó a la capital inglesa, Lola apenas tenía vida social. Todo era muy caro, y sin un protector a su lado no le parecía tan divertida ni encantadora como antes. La noticia de que el rey había descubierto su romance con Peissner la mantenía en vilo. Temía que el monarca se olvidara de ella y dejara de pasarle dinero.

La bailarina fijó la fecha de su partida de Southampton a Cádiz el 7 de abril, pero tenía el problema de conseguir un pasaporte. No podía acudir a la embajada española a solicitarlo porque en realidad era irlandesa. El pasaporte bávaro que Luis le había entregado a nombre de señora Bolton cuando huyó de Munich había caducado hacía un año. A estas alturas no estaba dispuesta a admitir que su verdadero nombre de casada era Elizabeth Gilbert James para obtener un visado británico. Desde su llegada a Ginebra, había insistido a Luis para que le pidiera al rey Maximiliano que le proporcionara un nuevo pasaporte a su nombre. Le parecía normal que si el propio rey Luis había firmado un documento que revocaba su ciudadanía bávara, fuera él quien lo consiguiera. El monarca le insistió en que no podía hacer nada y Lola no entendía la animosidad que existía contra ella en Alemania.

A principios de abril, Lola se mudó a una casa en el número 27 de Half Moon Street, en el exclusivo barrio de Mayfair donde había vivido en 1841 cuando era la amante de George Lennox. Se trataba de un elegante edificio de ladrillo de dos plantas rodeado de un coqueto jardín y un pequeño estanque. Antes quería reunir el dinero necesario para viajar a España y deshacerse de las toneladas de objetos y muebles que habían llegado a Londres desde su castillo de Pregny. Había decidido subastar sus bienes, incluidos algunos regalos del rey Luis. El 22 de marzo, la conocida casa de subastas Phillips de New Bond Street anunció la venta del lote de la condesa de Landsfeld que incluía muebles, alfombras orientales, tapices, cubertería de plata, porcelana, cristalería de Bohemia y cortinajes de seda y terciopelo. En muchos objetos estaba grabado el sello real de armas de Baviera. Lola había informado al monarca de que si deseaba recuperar los cuadros que le había obsequiado, entre ellos la obra de Joseph Karl Stieler *Retrato de una dama española con traje típico*, podía comprarlos. Pero Luis dejó que salieran a subasta, aunque más adelante adquirió este cuadro de pequeñas dimensiones, que colgó en sus aposentos privados. Su fino carruaje y sus caballos de tiro, también en venta, alcanzaron una buena suma de dinero. De esta manera pudo pagar a sus acreedores y hacer frente al elevado alquiler de su flamante casa en Mayfair.

Con la llegada de la primavera la salud de Lola mejoró y recuperó el buen humor. Ya que no podía actuar, estaba decidida a reemprender su vida social y organizar algunas veladas literarias. Se hizo confeccionar unas elegantes tarjetas en color crema y membrete dorado donde destacaba su aristocrático nombre, condesa de Landsfeld. Para su satisfacción, fueron muchos los que le respondieron que sería un honor asistir a sus reuniones. Había una gran expectación entre los miembros masculinos de la alta sociedad londinense por conocer en persona a madame Montes, la hermosa aventurera que había conquistado el corazón de un rey. Uno de los primeros invitados a los que recibió, el honorable señor Gower, en una carta a su mujer escribió: «Debo reconocer que posee una atractiva y seductora belleza madura y que su animada conversación resultaba interesante». Lola acababa de cumplir los veintiocho años y el cansancio y su enfermedad le habían pasado factura. Pero aunque su rostro era más delgado y su silueta menos voluptuosa, tenía un buen cutis y sus magníficos ojos azules aún llamaban la atención. Como pudieron comprobar los que entonces la trataron, su ambición y fuerza de voluntad para forjarse una buena posición permanecían intactas.

A sus veladas asistía lord Henry Brougham, líder del Partido Liberal y antiguo lord canciller de Inglaterra. Este anciano feo y libertino era un hombre muy influyente. Aunque se declaraba felizmente casado, su relación con la famosa cortesana Harriette Wilson había sido un escándalo. La joven y astuta amante intentó chantajearlo pues quería mencionarlo en sus memorias; el incidente casi acaba con su matrimonio. A sus setenta años el extravagante aristócrata se declaraba platónicamente enamorado de la española. Aunque la suya fue una relación de amistad, dio pie a todo tipo de rumores. Ella se mostraba encantada de recibir en su casa a ilustres caballeros: abogados, escritores, periodistas, políticos y apuestos oficiales del ejército de Su Majestad.

En Munich, Luis se alegró al saber que Lola había recuperado la salud, pero aún le preocupaban los daños que pudiera causarle el libro de Auguste Papon. En aquellos días apareció publicada la segunda entrega de las falsas memorias de Lola Montes, donde se ridiculizaba con malevolencia al rey, reproduciendo supuestas conversaciones que había tenido con él en su palacio. Sin embargo, lo más grave para la imagen del monarca fue que en un momento en el que el Parlamento estaba debatiendo no solo su renta anual sino sus deudas con el Estado, Papon reprodujera una copia de una de sus cartas en la que garantizaba a Lola una asignación mensual.

Las burlas al rey fueron tan exageradas que consiguieron el efecto contrario. En Suiza, las pocas personas que leyeron la publicación se la tomaron a broma. Un crítico literario del periódico local de Nyon, donde vivía el falso marqués Papon, denunció el mal gusto del autor al traicionar secretos íntimos y la confianza de un soberano bueno y generoso. A las pocas semanas las autoridades suizas deportaron a Papon y a sus padres a su Francia natal acusándole de extorsión al rey de Baviera y robo de documentos.

A principios de junio la bailarina escribió a Luis diciéndole que deseaba volver a verle. Al enterarse de que pasaría el verano en Berchtesgaden, le preguntó si le permitiría hacerle una visita clandestina. Lola era incapaz de aceptar la realidad y de comprender el rechazo que provocaba en toda Baviera. Luis no le respondió, pero accedió a su otra petición de recibir la asignación correspondiente a tres meses por adelantado. Desde el pasado octubre, cuando había enviado a Auguste Papon a Munich, no le había vuelto a importunar para que le diera más dinero. Creía que su amante por fin era capaz de ahorrar y controlar sus gastos, pero la excusa de Lola esta vez era que volvía a sufrir migrañas y esperaba poder ir en verano a la isla de Wight a tomar baños de mar y recuperarse.

Aquel sofocante verano londinense, en uno de sus paseos por Hyde Park le llamó la atención un caballero alto, rubio y de complexión delgada que jugaba con un perro de Terranova de gran tamaño y sedoso pelaje negro. Se acercó a acariciarlo y preguntó al desconocido si se lo vendía. Enseguida simpatizaron y, aunque el perro no estaba a la venta, se quedaron un rato conversando. Se llamaba George Trafford Heald, tenía veintiún años y era un oficial del 2.º Regimiento de la Guardia Real. A Lola le resultó atractivo, vestía con elegancia, tenía buena planta y un trato agradable. Aunque parecía algo torpe e inexperto con las mujeres, la seductora y extrovertida condesa de Landsfeld le causó una grata impresión.

Había nacido en Londres y era el hijo único de un acaudalado abogado. Su madre había fallecido cuando él era apenas un niño, y después de la muerte de su padre quedó bajo la tutela de una tía solterona, Susanna Heald. Fue esta dama estricta y devota quien se encargó de que estudiara en los mejores colegios de Eton y Cambridge, pero finalmente compró un puesto de oficial en uno de los regimientos más distinguidos del ejército de Su Majestad. Cuando Lola lo conoció George vivía en la residencia de oficiales de Regent's Park, situada en el centro de Londres, lo que le posibilitaba disfrutar de la vida social de la capital.

Al día siguiente se los pudo ver juntos paseando de nuevo por Hyde Park en compañía de sus respectivos perros. El joven oficial se convirtió en su asiduo acompañante y comenzó a cortejarla. Lola supo que había heredado una gran fortuna que le permitía vivir holgadamente. Sin duda era un magnífico partido, pero al principio no se lo tomó muy en serio y prosiguió con sus planes para marcharse a España. Entonces, un radiante día de julio George le pidió matrimonio. Fue durante un paseo vespertino a orillas del Támesis y tuvo que hacer un gran esfuerzo para vencer su timidez. Debía encontrar las palabras adecuadas para declararse a una mujer que había seducido a un rey y provocado una revolución.

—Lola, la amo —le dijo, balbuceante, mientras tomaba sus manos—, imagino que lo habrá notado... Pero no es algo pasajero, he descubierto que la amo de verdad y me gustaría que fuera mi esposa.

—Querido George, yo también le aprecio, pero podemos

seguir así, lo pasamos bien juntos y no hay necesidad de dar un paso tan importante; además, apenas nos conocemos —respondió ella intentando disuadirle.

—Eso no importa —le insistió visiblemente nervioso—. Lola, yo la amo con todo mi corazón. No le pido que me responda ahora, sé que es una decisión importante, pero prométame que lo pensará.

La oferta cogió por sorpresa a Lola, pero era muy tentadora. Esa unión podía ofrecerle la independencia económica que tanto anhelaba. También podía solucionar un engorroso trámite, ya que al convertirse en la señora Heald dispondría de inmediato de un pasaporte británico. Del brazo de su rico esposo entraría a formar parte de la sociedad más respetable de Londres y posiblemente tendría el honor de ser recibida en el palacio de St. James por la reina Victoria. Pero antes de darle el «sí, quiero», Lola deseaba informar al rey Luis y que se comprometiera a seguirle pagando su renta anual.

En la siguiente carta al monarca le decía que debía mencionarle un asunto muy importante y que anhelaba verse guiada en todo por su opinión. Le contó que había conocido por casualidad a un joven oficial de buena familia y que la había sorprendido pidiéndole que se casara con él. Lola añadía que el matrimonio resolvería el problema de su nacionalidad y le aclaró que su prometido no era rico, pues su renta anual consistía en solo de 800 libras:

> Tienes que creerme, lo juro ante Dios. No estoy enamorada de ese caballero, es algo totalmente diferente. Le respeto por su carácter y tiene una buena posición, y gracias a ello no estaré sola sin protección, amenazada por cualquiera que quiera perjudicarme. Ahora depende de ti. Que-

rido Luis, si no quieres que me case, dímelo. Te amo lo suficiente para renunciar a este matrimonio. Aunque para mí resultaría muy ventajoso. Ese caballero es conocido en los mejores círculos sociales. Todos mis amigos lo conocen como un hombre de buen corazón y muy honorable. Pero, si me permites que me case, nuestra relación será igual que siempre. Yo jamás podría cambiar lo que soy para ti. Mi vida solo a ti te pertenece y soy tuya con toda mi alma. Un esposo no cambiaría el amor que siento por ti y que no me abandonará hasta la muerte. Por favor, no tardes en escribirme; sin tu permiso y tu promesa de garantizar mi renta vitalicia, la familia de este joven caballero no consentirá el matrimonio. Miles de besos y el amor eterno de

tu LOLITA

Luis recibió la carta el 22 de julio durante sus vacaciones en los Alpes bávaros. Al rey le sorprendió saber que Lola tenía un pretendiente porque no se lo había mencionado la última vez que le escribió. Siempre le había dicho que nunca se opondría a su matrimonio si eso le hacía feliz y se lo volvió a repetir. Sin embargo, antes de dar su completo consentimiento, quiso averiguar un poco más acerca del tal George Trafford Heald y pidió a su embajador en la capital inglesa que lo investigara. Mientras, el monarca le respondió que con las 800 libras anuales que recibía el joven oficial podrían vivir muy holgadamente en Londres y que no veía por qué debería continuar pasándole una pensión si ella se casaba con él. En tono protector también le comentó que le pidiera consejo a lord Brougham sobre los detalles de su contrato matrimonial y que consultara a un buen médico para ver si sus pulmones estaban fuertes y sanos para poder mantener relaciones sexuales. Firmó como «Tu devoto Luis» y envió la carta con premura a la espera de averiguar sobre el futuro esposo de Lola.

Para su disgusto, las siguientes noticias que el monarca tuvo de la condesa de Landsfeld y su prometido llegaron a través de la prensa. Muy enfadado, le escribió a su amada en los siguientes términos:

> Me escribiste el 16 de julio para decirme que seguirías mi consejo acerca de la posibilidad de casarte con un oficial de la Guardia que no recibía más que 800 libras anuales, y cuya familia no accedería al enlace si tú no seguías recibiendo la misma renta que ahora. Me he enterado de que este oficial se llama George Trafford Heald, que cuenta con unos ingresos que no bajan de las 4.000 libras anuales y que te casaste con él el día 20, antes de que yo pudiera recibir tu carta del 16, que llegó el 22. Esto cambia las cosas.
>
> LUIS

En realidad Lola Montes se había casado el 19 de julio de 1849 en la iglesia de Saint George, en Hanover Square. Fue un día lluvioso y a la ceremonia asistieron unos pocos familiares y sus testigos. En el libro de registros la condesa firmó como María de los Dolores de Landsfeld y declaró que había nacido en Sevilla y era hija del coronel Juan Porris y de María Fernández. Añadió que su estado civil era el de viuda, reconociendo así por primera vez que había estado casada. La tía solterona del novio y su tutora legal se negó a acudir al enlace. A estas alturas había escuchado los suficientes rumores acerca de esta «desvergonzada cazafortunas» para oponerse al matrimonio. La anciana dama, que era muy pertinaz, desconfió desde el primer instante de la extravagante condesa de Landsfeld y ordenó a sus abogados que la investigaran a fondo.

Los recién casados abandonaron Londres por unos días y se instalaron en una gran mansión de estilo Tudor en la campiña inglesa, propiedad del esposo. Durante unas semanas Lola se deleitó cabalgando por los verdes prados, pescando en el río y dejándose mimar por las continuas atenciones de George. El aire puro y el contacto con la naturaleza la ayudaron a recuperar la salud. Dispuesta a disfrutar de su romántica luna de miel, cometió el grave error de no querer recibir a su familia: una larga lista de tíos y tías solteronas. Al regreso el matrimonio se mudó a la casa que la bailarina aún tenía alquilada en Half Moon Street.

A las nueve de la mañana del 6 de agosto de 1849, cuando Lola estaba a punto de subirse a su carruaje, fue detenida por dos policías. El sargento Gray, con buenos modales, le informó de que la señorita Susanna Heald la acusaba de bigamia y que tenían órdenes de llevarla a la comisaría de policía. La condesa, muy sorprendida, les rogó que entraran en su casa para informar a su esposo, que en ese momento se encontraba desayunando. George dejó a un lado el periódico que estaba leyendo y escuchó estupefacto a los agentes. Al parecer su amada esposa se había casado mientras su primer marido, un tal capitán Thomas James, seguía con vida. Aunque Lola intentó controlar sus nervios, protestó acaloradamente:

—No tienen ningún derecho a detenerme —les increpó—, no sé si el capitán James está vivo o muerto, y no me importa. Me casé con un nombre falso y no fue un matrimonio legal.

—Señora, le ruego que no haga las cosas más difíciles —le dijo el sargento, intentando que entrara en razón—, solo tiene que acompañarnos a la comisaría y lo demás se decidirá en un tribunal.

—George, busca a un buen abogado, todo es un malentendido. Te lo explicaré más tarde —le dijo a su marido mientras salía escoltada por los dos policías.

Lola fue trasladada a la comisaría de Little Vine Street, donde se le tomó declaración y se fijó que a primera hora de la tarde acudiera a la vista en el juzgado. La noticia de su detención corrió con rapidez y una multitud de curiosos y periodistas la esperaban frente al edificio del tribunal de justicia en Marlborough Street. La bailarina apareció muy risueña en compañía del señor Heald. Aunque se mostraba tranquila este absurdo proceso maquinado por una venerable anciana la sacaba de quicio. «Esta amargada solterona que me odia a muerte —pensó Lola— ha rebuscado como un sabueso en mi pasado y ahora me veo obligada a dar explicaciones. Mi maldito matrimonio con Thomas es una historia pasada y yo soy una mujer libre.» Para George tampoco era una situación fácil. Comparecer ante un tribunal donde se iban a airear detalles escabrosos de la vida íntima de su esposa le consternaba. Pero el señor Heald, pese a su juventud, supo mantener la compostura; ambos entraron con gran aplomo en la sala abarrotada de curiosos donde el ambiente resultaba asfixiante. Todos querían ver de cerca a la célebre Lola Montes enfrentarse a la justicia británica. El cronista de *The Times*, presente en su comparecencia, escribió que la dama acusada de un delito de bigamia no daba muestras de ningún arrepentimiento y que sonreía con frecuencia:

> En la ficha policial declaró tener veinticuatro años, pero tiene el aspecto de una mujer de al menos treinta. Iba vestida

> de seda, con una chaqueta negra y ajustada, un sencillo sombrero blanco de paja con adornos azules y un velo azul. Es de mediana estatura, perfecta silueta y la tez de un color moreno suave. La parte inferior de sus rasgos es simétrica, pero la superior resulta más irregular, debido a sus pómulos bastante prominentes, aunque contrastados con un par de ojos azules de gran tamaño y con pestañas largas y negras.

Aunque el caso se había preparado con gran rapidez debido a que Lola planeaba viajar con su esposo a España, el abogado de la acusación contaba con una gran cantidad de pruebas para presentar contra ella. Tras entrevistar a una serie de testigos, determinó que Lola Montes era en realidad Elizabeth Gilbert James, y que había obtenido por sentencia de un tribunal eclesiástico, en 1842, la separación matrimonial del capitán Thomas James de la Compañía de las Indias Orientales, lo que implicaba que ninguno de los dos podía volver a casarse mientras el otro viviera. La bailarina, que no había vuelto a tener noticias de su marido, se enteró de que seguía en activo en un regimiento destacado en un remoto lugar del norte de la India. En su defensa la condesa se presentó como una víctima de unas leyes anticuadas que impedían que las personas con pocos recursos pudieran rehacer sus vidas. Para ella su anterior y desgraciado matrimonio no tenía ninguna validez legal.

Durante el proceso, el señor Heald se sentó junto a su esposa y se mostró muy cariñoso con ella. La tomaba de las manos y le susurraba al oído tiernas palabras de apoyo. Cuando su anciana tía subió al estrado para ofrecer su testimonio sobre el turbio pasado que había descubierto de Lola Montes, su sobrino dejó de hablarle. Nunca le perdonaría que le hubiera expuesto a semejante humillación pública. Finalmente, el magistrado fijó una fianza de 2.000 libras para asegurarse de que Lola volvería a presentarse cuando se celebrara el juicio. Por el momento quedaba en libertad a la espera de que pudieran llegar de la India los testigos solicitados por la acusación y se reunieran nuevas pruebas. El señor Heald pagó de su bolsillo la elevada fianza —que, al cambio, equivalía a toda la renta anual que Lola recibía del rey Luis— y la pareja se marchó sin hacer ningún tipo de declaración a la prensa.

Desde que saltó el escándalo, George se había mostrado muy paciente y discreto pero esperaba una explicación de su esposa. Lola quiso dejar pasar unos días hasta que se calmaran los ánimos para abordar tan espinoso tema. Una noche, mientras cenaban, le aseguró muy compungida que las pruebas que había presentado su anciana tía no eran más que un montón de mentiras. Reconoció que había estado casada, que nunca le llegó el divorcio pero que estaba convencida de que su marido había muerto en la India. Mirándole a los ojos, le suplicó:

—George, por favor, no me juzgues. Es cierto que me casé, pero fue un error del que me arrepentiré toda mi vida. Yo era apenas una niña ingenua y romántica... Tu tía solo desea desprestigiarme y separarme de ti. Nunca le he gustado y cree que quiero aprovecharme de ti.

—No te preocupes, mi amor —la tranquilizó él—, superaremos juntos esta dura prueba. Creo en ti y sé que tía Susanna solo me desea lo mejor. Ella me crió y ha sido como una madre para mí. Ahora no puede afrontar que ya no viviré con ella ni me tendrá siempre a su lado, pero pronto lo entenderá, ya verás.

—Cariño, debemos abandonar Londres cuanto antes. La prensa ahora no me dejará tranquila, pero seguro que este asunto tan desagradable se olvidará en unos días. Vámonos a España como teníamos planeado, será una segunda luna de miel, y después todo habrá terminado.

Lola había animado a su esposo a descubrir las bellezas de «su país natal» del que apenas guardaba vagos recuerdos y que tanto añoraba. Aunque Cádiz era el destino inicial, la pareja cambió de planes en el último instante y se dirigió primero a París. En pleno mes de agosto la ciudad estaba casi desierta y los viejos conocidos de la condesa habían huido del sofocante calor rumbo a los balnearios de moda en Spa o Baden-Baden. Se alojaron en el Hotel Windsor, cerca de la Ópera, y por primera vez se aburrió tremendamente en esta ciudad que antaño le fascinaba. George no hablaba francés ni hacía ningún esfuerzo por comunicarse con la gente. La vida cultural parisina no le interesaba nada; el teatro y la ópera le hacían bostezar y tampoco era un gran lector. Solo le gustaban los deportes: montar a caballo, cazar y practicar la esgrima. Salvo cuando salían a pasear por los bulevares o a cenar en algún restaurante de los Campos Elíseos, el resto del día lo pasaban en la suite del hotel. ¡Cómo añoraba en aquellos momentos la compañía siempre estimulante del rey Luis!

Una mañana, Lola abandonó temprano el hotel sin decirle nada a su esposo. Llevada por la nostalgia, deseaba visitar un lugar que le traía amargos recuerdos, el cementerio de Montmartre. Allí estaba enterrado Henri Dujarier, el brillante periodista y editor de *La Presse*, y el único hombre que había amado de verdad. Frente a su sencilla tumba de mármol blanco depositó un ramo de flores y se quedó un rato pensativa. Imaginó cómo hubiera sido su vida a su lado si la muerte no se lo hubiera arrebatado en plena juventud. Unas lágrimas resbalaron por sus mejillas recordando sus dulces besos, su sonrisa seductora y el brillo de sus ojos cuando la miraba embelesado. «A ti nunca te mentí, me conocías mejor que nadie y me amaste por lo que era. ¡Podríamos haber sido tan felices!», suspiró mientras abandonaba el cementerio. Al llegar al hotel se metió en la cama y le dijo a George que tenía un fuerte dolor de cabeza. Los fantasmas del pasado la aterraban pero no se podía rendir.

El matrimonio Heald continuó su larga luna de miel en tren, carruaje y barco hasta llegar a Marsella. Desde allí embarcaron con su voluminoso equipaje en el vapor *Marie-Antoinette* en dirección a Roma. Durante su estancia en esta ciudad, Lola acudió una tarde a visitar la Villa Malta, situada junto a la Puerta Pinciana en un entorno tranquilo y elegante. Allí el rey Luis encontraba la inspiración para componer sus poemas y se rodeaba de una pléyade de pintores y escultores alemanes enamorados como él de la Antigüedad. No le fue difícil convencer al guardés para que abriera la enorme verja que franqueaba la entrada y la dejara pasar. Era una espléndida mansión de estilo italiano de dos plantas y enormes dimensiones coronada por una esbelta torre. En su fachada de color ocre, tres arcadas sostenían una amplia galería formada por columnas corintias de mármol. Las rosas trepaban hasta las ventanas, balcones y terrazas. Su aroma y colorido resultaban embriagadores. Lola pudo contemplar con sus propios ojos todo lo que el rey le había descrito en tantas ocasiones. Aunque tras su boda con George no le había vuelto a escribir, aún sentía un tierno afecto por el anciano monarca. Paseando por estas amplias y luminosas estancias ricamente decoradas con tapices, esculturas, bustos y cuadros de grandes maestros de la pintura italiana, sintió muy de cerca su presencia.

A finales de agosto los Heald llegaron a Nápoles, pero su estancia allí fue muy breve. En el hotel los esperaba una carta con inquietantes noticias. Los abogados les informaban de que debían regresar a Londres antes del 10 de septiembre, fecha en la que se había fijado la siguiente vista en el juicio contra Lola Montes. Si no volvían a tiempo perderían las 2.000 libras de la fianza. Aunque George por el momento no tenía problemas económicos, era una suma muy considerable y decidieron regresar de inmediato.

En las últimas semanas Lola Montes había conseguido ocupar más portadas de periódicos que cuando era la amante del rey Luis I de Baviera. La prensa internacional se hizo eco de que la célebre bailarina había sido acusada de un delito de bigamia, lo que contribuyó a dar más lustre a su extraordinario personaje. En Inglaterra su situación dio pie a que se abriera un gran debate en la prensa sobre lo difícil y costoso que resultaba obtener un divorcio en Gran Bretaña. También se publicaron artículos sobre la hipócrita moralidad victoriana, cuando trascendió que el marqués de Londonderry, oficial al mando del 2.º Regimiento de la Guardia Real, había decidido la expulsión de George Trafford por contraer matrimonio con una mujer divorciada. La anciana señorita Heald había convertido a Lola en una celebridad aún mayor.

El matrimonio llegó a Londres el 7 de septiembre y se entrevistó con sus abogados para conocer los pormenores del caso. Lola supo que la acusación había logrado reunir pruebas de que el capitán James seguía vivo en la India el día que ella contrajo matrimonio. Al oír esta noticia sintió una gran inquietud. Había llegado a creer que la señorita Heald retiraría la acusación contra ella, pero las cosas se estaban complicando. Si acudía al juzgado para recuperar la fianza, perdería su libertad y podría acabar en prisión. No tuvo que pensarlo dos veces. Le dijo a George que aquella misma noche partiría ella sola a Boulogne-sur-Mer, en Francia, en un paquebote que salía de madrugada del puerto costero de Folkestone. Unos días más tarde él iría a su encuentro y enviaría a la dirección que ella le indicara todas sus pertenencias de la casa de Half Moon Street.

En la tranquila ciudad costera de Boulogne, junto al canal de la Mancha, la señora Heald se alojó en el Hotel de Londres a la espera de que su esposo se reuniera con ella. Más serena, pudo escribir al rey por primera vez desde que el 1 de agosto le mandara la última carta. Lola no había recibido noticias suyas porque Luis le había escrito a la dirección que le había dado en Sevilla creyendo que se encontraba allí. En unas breves líneas trató de explicarle la demanda de bigamia y convencerle de que todo había sido una venganza por parte de la amargada tía solterona de su marido, que se oponía a su matrimonio. Pero el monarca había descubierto más mentiras sobre ella. En aquel verano de 1849, la prensa en Munich se hizo eco de las noticias que seguían llegando desde Inglaterra sobre la escandalosa vida de la condesa de Landsfeld. Así se supo que cuando el rey cortejaba a la bailarina, esta aún estaba casada con el teniente James destinado en la India. A Luis la noticia apenas le afectó porque ya no creía nada de lo que se publicaba sobre su amante y tampoco confiaba en ella. Le dolía más que no le hubiera escrito desde hacía mes y medio. El rey, como le informó en las cartas que no llegó a recibir, había decidido recortar su pensión a partir de octubre. En su cuaderno de contabilidad, donde anotaba puntualmente el dinero que le mandaba, ahora se refería a ella como «la señora Heald».

A mediados de septiembre George se reunió con su esposa en Boulogne y a los pocos días la pareja regresó de nuevo a París, donde se instalaron en un lujoso hotel de la rue de Rivoli con su pequeña corte: un secretario, dos sirvientes y tres doncellas, además de los perros. En esta ocasión la bailarina solo tenía en mente defenderse de las mentiras que se publicaban sobre ella y dejar clara la pureza de su vida antes de haberse casado con su esposo. Para ello ordenó a su secretario que enviara un anuncio de su llegada a lo más selecto de la sociedad parisina.

A las pocas semanas ya estaba recibiendo en su hotel a personajes de lo más variopinto: dandis franceses, nobles ingleses, príncipes rusos y algunos de sus viejos amigos del mundo del teatro. Lola organizó en honor de los invitados un gran banquete para presentarse en sociedad como la señora Heald. Sus convidados se quedaron asombrados cuando aquella noche la vieron aparecer radiante del brazo de George, un hombre tan joven que una dama presente anotó con ironía «que más parecía su hijo que su marido». Para deslumbrar al público, Lola lucía un vestido de satén verde a juego con sus joyas: un magnífico brazalete y una triple cadena de esmeraldas de la que pendía un camafeo con el retrato del rey Luis I de Baviera.

Al final de la alegre velada, Lola se puso en pie y pidió a sus invitados un instante de silencio. Agarrando con su mano la joya que colgaba de su cuello, dijo en tono melodramático: «Este es el retrato del rey de Baviera, que ha sido como un padre para mí. ¡Oh!, bien sé que se ha interpretado de otra manera nuestra pura amistad y que tanto él como yo hemos sido blanco de ataques y calumnias. Pero la historia demostrará la injusticia de estas odiosas mentiras y probará que el monarca de quien hablo, y cuya memoria llevo en el corazón, ha sido para mí como un cariñoso padre que, conmovido por mis desgracias, me obsequió con un título nobiliario y una generosa renta».

Tras esta inesperada confesión, el público aplaudió efusivamente a su anfitriona. Lola dejó muy claro que, lejos de ser la favorita del rey, había sido durante casi dos años su mejor amiga y consejera política. Animada por la reacción de los comensales, prosiguió su discurso: «La calumnia no me ha atacado solo durante mi estancia en Munich, sino desde que vine al mundo en mi Sevilla natal, y me ha perseguido por todos los países que he visitado. Mientras he vivido en la independencia del celibato, he hecho muy poco caso a estos rumores que han circulado sobre mí, pero hoy le debo a mi marido, y a mí misma, el negarlos. La condesa de Landsfeld es una historia pasada, ahora soy la feliz señora Heald».

Sus emotivas palabras parecieron convencer no solo a su esposo, quien la miraba embelesado, sino al resto de sus invitados. Al día siguiente la bailarina pudo leer con satisfacción varios artículos que hacían referencia «al elegante banquete y el valiente discurso de la señora Heald». Por el momento había conseguido frenar el escándalo y aparentar que se sentía muy a gusto en su nuevo papel de esposa fiel y enamorada.

Un fresco día otoñal abandonaron París en dirección a Marsella y desde allí embarcaron rumbo a Barcelona. En esta ciudad junto al mar, el matrimonio se alojó en una solariega casa para huéspedes que ocupaba un palacete del siglo XVI en el Barrio Gótico. Aunque Barcelona estaba en plena transformación urbanística y algunos barrios aún eran muy insalubres debido a la falta de alcantarillado y agua corriente, Lola disfrutó de su estancia. Sus amigos ingleses les habían advertido de que tuvieran cuidado con la comida española, que era fuerte, picante y contenía mucho ajo. Ella, acostumbrada desde niña en la India a los platos aderezados con curry, no tuvo ningún problema. No así su esposo, que temiendo una intoxicación se alimentaba solo de bistecs muy hechos y cerveza. A Lola se la veía pasear por las tardes por las Ramblas, uno de los paseos más concurridos de la ciudad, con sus palacios renacentistas, farolas, floristerías y el mercado ambulante de pájaros. Convenció a George para que le comprara dos cotorras y un loro que se sumaron a los tres perros que viajaban con ellos.

En Barcelona la presencia de la famosa bailarina no pasó desapercibida y el corresponsal del *New York Herald*, James Grant, le solicitó una entrevista. Lola se sintió muy halagada porque era un periódico de gran tirada en Nueva York y recibió al periodista desplegando, como siempre, todos sus encantos. El señor Grant se quedó cautivado por el temperamento arrollador de la artista, su exótico acento y ágil conversación. Lola disimulaba su escaso dominio del español mezclando palabras en inglés y expresiones francesas. Una vez más cambió a su antojo su biografía: en esta ocasión convirtió a su madre en irlandesa, pues a esas alturas ya se sabía que la dama era natural de Cork, y a su padre en un aristócrata español. Le contó que fue educada en un ambiente de gran austeridad, y que su primer matrimonio con el teniente James había sido una mera formalidad que pretendía salvaguardar su virtud de su lascivo tutor.

—Señor Grant, como le digo, todos los escándalos que se me atribuyen en Munich no son más que calumnias inventadas por mis enemigos, los jesuitas, y los ultraconservadores de la corte de Baviera que no aceptaban que una mujer pudiera ser la consejera política de un rey.

—Quisiera saber si tras su abdicación mantiene contacto con el rey Luis.

—Por supuesto, todavía me escribe a diario desde Munich y me sigue pasando una generosa pensión. También mi esposo el señor Heald ha accedido a abonarme una renta vitalicia y a disponer de una importante suma para la manutención de nuestros futuros hijos.

—¿No añorará la señora Heald su glorioso pasado como la mujer más célebre de toda Europa?

—Las personas cambian y he encontrado un buen marido, joven, rico y que siempre está pendiente de mí. Soy una mujer nueva, una esposa respetable y fiel a mi esposo y agradecería que lo deje claro en su artículo.

—¿Nunca ha pensado en viajar a mi país? América es una tierra de grandes oportunidades donde el pasado de uno no cuenta. Una mujer como usted triunfaría allí en lo que se propusiera.

Sin embargo, pese a que Lola no dejaba de repetir lo feliz que era, no podía engañarse. Desde que partieron de París discutían a menudo y la convivencia resultaba cada vez más difícil. George estaba harto de sus excentricidades, su arrogancia y su terrible carácter. La bailarina llegó a confesar a un amigo: «Es totalmente incompatible con mi manera de ser... En vez de encontrar la felicidad tranquila y cotidiana a su lado, me encontré siendo la esposa de un inglés aburrido, posesivo y despilfarrador».

Aunque la condesa de Landsfeld deseaba mejorar su imagen pública, un grave incidente la devolvió a la actualidad y su nombre apareció en toda la prensa española, pero en esta ocasión en la sección de sucesos. La tarde del 7 de octubre de 1849, su marido George leyó por casualidad la fantasiosa entrevista de su esposa publicada en el *New York Herald*. Le irritó su descaro, sus ganas de llamar siempre la atención y que solo le importara el dinero. El caballero subió a la habitación del hotel muy enfadado y le reprochó en voz alta que aireara su vida íntima en la prensa sin consultarle. Ella, que estaba encantada con la publicidad que había conseguido en un periódico tan importante, estalló y perdió los nervios. George nunca la había visto así y se quedó perplejo cuando cogió un pequeño puñal que tenía escondido entre la ropa y se abalanzó sobre él. Aunque intentó detenerla, en el forcejeo Lola le hirió en el hombro. Como llevaba puesto un chaleco de terciopelo, la herida fue superficial; con todo, el señor Heald metió a toda prisa algunas pertenencias en una bolsa de viaje y salió de la habitación mientras le gritaba: «¡Estás completamente loca! Has podido matarme. Mi pobre tía Susanna tenía razón, eres una mujer inestable y violenta, qué ciego he estado. Y pensar que lo abandoné todo por ti...».

George acudió a pedir ayuda al cónsul británico, le mostró la herida de su hombro y, muy alterado, le dijo al diplomático que temía seriamente por su vida. El cónsul le aconsejó que fuera a la policía española y denunciara a su esposa. El señor Heald no se atrevió a dar este paso y por la tarde cogió un tren en dirección a Mataró. En esta tranquila ciudad costera, a pocos kilómetros de Barcelona, vivía un compatriota suyo propietario de una fábrica textil. Por el momento buscaría refugio en su casa hasta poner en orden su vida y decidir qué hacer.

Recluida en sus habitaciones, Lola paseaba de un lado a otro desesperada. Aún seguía nerviosa y había tenido que recurrir a unas gotas de láudano para serenarse. Pero a medida que pasaban las horas y George no regresaba, experimentó una gran inquietud. Se había llevado su pasaporte y le había dejado muy poco dinero. Seguramente nunca la perdonaría y regresaría a Londres dándole la razón a su anciana tía. Pensó que debía encontrarle antes de que abandonara España. Le pediría perdón, le cubriría de besos y olvidaría el incidente. Como no sabía qué hacer, decidió publicar un aviso urgente en el *Diario de Barcelona*. Decía así:

> Se busca a un ciudadano británico que atiende al nombre de George Trafford Heald. Tiene 21 años, es alto y delgado, de cabello rubio, luce un fino bigote y patillas. No habla español y recompensaré a quien pueda darme noticias sobre su paradero. Su amantísima esposa, la señora Heald.

En Mataró, el señor Heald se enteró por su amigo de que su nombre aparecía en la prensa y que su esposa lo buscaba. Recapacitó sobre su comportamiento y pensó que era el momento de regresar. Lola estaba sola, en una ciudad extraña y sin apenas dinero. Tres días más tarde volvió junto a ella y le aseguró que la seguía amando con locura. Pero Lola, que se encontraba en el sofá, fumando un cigarrillo, le recibió con frialdad.

—¿Cómo has podido humillarme de esta manera? Huyendo como un cobarde y haciendo que todos me miraran con compasión y murmurando: «Mira, pobre mujer, tan joven y recién casada, abandonada por su esposo». —Sus palabras sonaron con desprecio.

—Te olvidas, Lola, de que me atacaste como una fiera, habías perdido el juicio… No sabía qué hacer, estaba resentido y asustado; pero ahora he vuelto, estoy aquí.

—En toda Barcelona solo se ha hablado de tu absurda huida, me has dejado en ridículo; mira, aquí tienes el periódico, lee: «Lola Montes ha sido capaz de atrapar a su marido infiel y llevarlo de vuelta al lecho conyugal». Todos se han reído de mí. —Acto seguido, ella cambió de estrategia y se disculpó—: Pero quizá me lo merezco por la forma como te he tratado… ¡Perdóname!

Lola abrazó a su esposo y le prometió que intentaría controlar sus accesos de cólera. Pero a pesar de sus buenas intenciones, no podía fingir. Su gentil y apático esposo era una pesada carga para ella. Aquella noche abrió su corazón al rey en una sincera carta en la que le contaba los problemas que atravesaba:

> Qué lástima que no estés cerca de mí para ver por ti mismo el eterno castigo que me he buscado. Este hombre no solo es aburrido, necio y brutal, sino que no tiene corazón y me insulta ante el mundo entero. ¿Cómo podría, tras conocerte a ti, entregarle mi amor a otro? Además, este hombre es un ignorante sin temple, prácticamente un lunático incapaz de dar un solo paso sin ayuda.

Añadió que no le había escrito antes porque le avergonzaba contarle el terrible desorden en el que se veía sumida su vida. Luis le pidió en la siguiente carta que le enviara un mechón de su cabello al igual que había hecho tiempo atrás, algo que sorprendió a Lola pues hacía año y medio que no se veían. Ahora él había dejado de escribirle todas las mañanas y dedicaba más tiempo a su esposa Teresa, a la que trataba de compensar por lo mucho que la había hecho sufrir.

A principios de diciembre, la pareja embarcó en el vapor costero *El Cid* rumbo a Cádiz. Era un viaje largo e incómodo de doce días con breves escalas en Valencia, Alicante y Málaga. En todas estas ciudades, donde la bailarina visitó sus principales monumentos, la prensa local se hizo eco de su presencia. El *Diario Mercantil* de Valencia, con fecha del 8 de diciembre, publicaba en las noticias de portada:

> Anteayer llegó a esta ciudad la célebre amazona y aventurera Lola Montes en el vapor *El Cid* y salió para Cádiz a las cinco de la tarde. En este corto espacio de tiempo recorrió lo más notable de la ciudad, mostrándose sumamente complacida y deseosa de repetir la visita. Cuentan la anécdota de que al venir del Grao la intrépida dama se empeñó en conducir la vieja tartana que la llevaba y a golpe de fusta consiguió que los dos caballos se lanzaran al galope. Se cuenta también que la dama compró una manta, y un gorro rojo de los que usan los labradores. Deseamos vivamente el regreso de esta notable mujer, que sin duda nos ofrecerá abundante material para una nueva gacetilla.

La convivencia diaria en el pequeño camarote del barco no ayudó a mejorar la relación entre la pareja. Cuando finalmente desembarcaron en el bullicioso muelle de Cádiz los nervios de Lola estaban a flor de piel. Le dolía la cabeza, se mostraba irritable y culpaba a su marido de la pérdida de sus queridas cotorras que habían escapado durante la travesía. El matrimonio Heald se alojó en la Fonda Jiménez, una de las más típicas y limpias de la ciudad, frecuentada por extranjeros llegados de todos los rincones de Europa. Cádiz, con sus casas encaladas, sus viejas tabernas y sus cafés cantante que ofrecían espectáculos de baile flamenco, agradó a Lola. No se parecía a las demás ciudades españolas, tenía un aire caribeño que la trasladaba a los exóticos puertos en los que había hecho escala rumbo a la India. En las cartas que le escribía al rey Luis le comentaba que Cádiz tenía una rica vida cultural y que contaba con cinco teatros y más de una treintena de cafés donde se celebraban reuniones y tertulias literarias. La presencia de la bailarina española despertó una gran curiosidad entre los gaditanos. A los periodistas que la entrevistaron les dijo que en 1842 había aprendido el castellano y las danzas españolas en una academia de baile en Sevilla, y que había debutado como primera bailarina en el Teatro Real. Una vez más mentía sobre su pasado sin ningún rubor.

Mientras Lola se dejaba agasajar por los admiradores que revoloteaban a su alrededor, George solo pensaba en abandonar aquel país extranjero. Su esposa le seguía atrayendo, pero no soportaba su altanería y la forma en que le trataba. Se mostraba autoritaria con él y disfrutaba poniéndole en evidencia delante de sus conocidos. Desde el día de la boda, su vida había sido una constante huida y ahora estaba cansado. Le preocupaba su salud, había adelgazado, apenas tenía apetito y las disputas le causaban un gran estrés. Lola no veía que George había llegado al límite.

—La verdad, no te reconozco. No sé lo que quieres conseguir comportándote así conmigo —le increpó una noche—. He hecho cuanto deseabas, te he seguido de aquí para allá, te he comprado todos los caprichos... Cuando te conocí me pareciste una dama, seductora y divertida, y ahora...

—¿Ahora qué, cariño? —le preguntó Lola con frialdad—. Te he decepcionado, pues lo lamento, me aburres y estoy harta de llevar siempre la iniciativa. Quiero pasarlo bien y tú lo estropeas todo. No te gusta el vino, no te gusta el flamenco, ni los toros... Solo te relacionas con ingleses y mis amigos te resultan incultos y crees que no están a tu altura. Sin duda me equivoqué al casarme contigo.

—Quizá, pero yo te amaba y parece que tú solo querías un marido ingenuo y rico como yo. He sido un estúpido al pensar que una mujer como tú podría amarme.

El 25 de diciembre, la señora Heald se disponía ilusionada a celebrar sus primeras Navidades en España. Su esposo salió temprano como de costumbre a dar un paseo con Turk, pero pasaban las horas y al mediodía aún no había regresado. George se había fugado de nuevo, aunque en esta ocasión con el perro más querido de Lola y uno de sus criados. La bailarina recorrió todas las fondas y tabernas en su búsqueda y al no encontrarle acudió a la policía para denunciar su desaparición. Cuando se enteró de que el señor Heald se había dirigido a Gibraltar donde pensaba embarcar en un vapor que zarpaba al día siguiente a Inglaterra, supo que esta vez lo había perdido para siempre. «Es inútil esperarle, no regresará. Van a ser las Navidades más tristes de mi vida —lamentó—. Esta vez las cosas han llegado demasiado lejos.»

El señor Heald le envió una nota de despedida desde el vapor *Pacha* de regreso a casa. En ella le declaraba que no le guardaba rencor, pero que no podía seguir viviendo así y añoraba su patria. Para Lola, en aquellos difíciles momentos, el único rayo de esperanza fue recibir también una carta de Luis. Aunque le reprochaba su comportamiento y la forma en la que le había traicionado con el joven Peissner, le adjuntaba los cheques correspondientes a los tres primeros meses de 1850. Este dinero suponía para ella un gran respiro. Ahora podría saldar sus deudas en Cádiz y regresar a Londres para intentar reconquistar el afecto de su marido. Cuando el rey supo que el señor Heald había huido y dejado sola a Lola, lamentó su comportamiento. «Me ha sido muy poco grato oír que tu esposo te ha abandonado. Lo siento. Luis», le escribió.

A principios de febrero de 1850, tras cuatro azarosos meses de viaje por España, la bailarina regresó a Francia y se instaló de nuevo en la ciudad costera de Boulogne. Para renovar el interés del monarca por ella le envió en aquellos días una meditada carta:

> Lo primero que hice fue mandar a buscar a Londres el paquete en el que se encuentran todas las cartas que me has escrito, y menos mal que lo hice sin perder tiempo, puesto que dos días después de que me enviaran la caja con tus documentos, el señor Heald acudió al abogado que las guardaba y le preguntó por ellas. Cuando se enteró de que yo las había pedido, se puso furioso. Dios sabe qué habría hecho con tus cartas si hubieran llegado a sus manos. Este hombre es muy depravado y capaz de lo más vil y deshonroso. Este caballero quiere anular el matrimonio, pero pienso resistirme, porque el otro matrimonio no fue legal. Me gustaría mucho confiarte todas las cartas que me escribiste, pero ¿cómo voy a mandarlas? No tengo dinero para pagar a alguien para que te las haga llegar. Si el señor Heald pudiera robármelas, seguramente las publicaría de inmediato. Pienso más en ti que en mí, aunque no tenga dinero ni para comprarme unos zapatos. Este monstruo también se ha llevado de mi lado al pobre Turk, mi único consuelo y amigo. No puedo hacer nada más que llorar, llorar durante todo el día y la noche. Es terrible estar sola y ser infeliz y pobre,

pero a pesar de todo, gracias a Dios, tus cartas están a salvo. Por el amor de Dios, no me abandones, toda mi esperanza está contigo. Tu devota, tu infeliz Lolita, una vez amada por ti.

El monarca le respondió enseguida. Llevaba tiempo pensando en cómo recuperar las cartas que aún obraban en poder de su favorita y deseaba ponerlas a salvo. Luis le agradeció el detalle y le aconsejó que se las hiciera llegar cuanto antes a través de un amigo banquero de total confianza. Añadió que cuando las tuviera en su poder le enviaría por adelantado los cheques de abril, mayo y junio. El rey había caído en la trampa, pero Lola no estaba dispuesta a desprenderse de ellas con facilidad. En la siguiente carta, Lola había cambiado de idea:

¿Por qué me escribes cartas tan frías? Es muy cruel por tu parte. No es culpa mía que sea infeliz y pobre. Por lo que respecta a tus cartas, ahora que estoy más sosegada y que la gente ya no me atormenta tanto, me gustaría conservarlas. Te las mandaré únicamente si salgo de viaje, lo cual no es probable porque para viajar hace falta dinero, algo que yo no tengo. Por favor, escríbeme cartas más amigables. Tienes un corazón muy caprichoso y te olvidas con gran facilidad, pero yo no soy como tú, yo sigo siendo tu devota y tierna Lolita para siempre. Esta noche me voy de incógnito a Londres, algo muy peligroso, pero debo ver al señor Heald para que me entregue dinero y las cosas que me arrebató.

Cuando Lola recibió los cheques que el monarca le había enviado desde Munich, dejó de escribirle durante un tiempo. Ahora su prioridad era viajar a Londres para salvar su matrimonio. Se trataba de una aventura peligrosa; si la policía inglesa la descubría, podrían detenerla y encarcelarla porque estaba acusada de bigamia. A pesar de todo, el viaje tuvo un final feliz. Cuando el pobre George abrió la puerta de su casa en plena noche y tuvo a Lola frente a él, la estrechó entre sus brazos y se le saltaron las lágrimas. No podía creer que su esposa se hubiera jugado la vida para venir a verle. Aquella prueba fue suficiente para convencerse de que todavía le amaba. Ella, agotada por la larga travesía desde Boulogne, le dijo:

—George, cariño, debes perdonarme, mis nervios me traicionan, mi vida no ha sido fácil, siempre he tenido que luchar sola y no tengo a nadie en el mundo. A veces no puedo controlar mis impulsos, me hierve la sangre y no me reconozco. Ahora te pido que olvidemos el pasado.

—Yo sigo amándote como antes, Lola, y me fascinan tu carácter y tu valor, pero pienso que tú necesitas otro tipo de hombre a tu lado, no nos unen las mismas cosas y a veces siento que me tratas como a un niño y que solo soy...

—Calla, no sigas —le interrumpió besando sus labios—, he añorado tanto tus caricias y tus besos, no necesito otro hombre a mi lado.

Después de hacer las paces y reconciliarse, Lola le convenció para que se instalaran de nuevo en París, donde tenía aún buenos amigos. A finales de marzo el periódico *Le Siècle* anunciaba a sus lectores: «Hay un gran alboroto en París. La emoción del público es grande. ¡Lola Montes ha regresado a nuestra ciudad!».

La señora Heald, que ahora había renunciado al nombre de condesa de Landsfeld, llegó a la ciudad con su doncella, un mayordomo y sus perros, y se alojó en el Hotel du Rhin en la céntrica place Vendôme. Unos días más tarde apareció su esposo con un séquito de sirvientes, cincuenta baúles, cinco carruajes y siete magníficos caballos. Había hecho caso omiso de sus tíos y tías, que le habían suplicado que se quedara pues aquella mujer sería su perdición. Lola estaba feliz porque había encontrado una impresionante mansión para alquilar que se adaptaba a la perfección a sus necesidades. Se trataba del Château Beaujon, justo al lado de los Campos Elíseos. Era una lujosa residencia, propiedad de un rico banquero, rodeada de un extenso parque y un jardín a la francesa. George firmó sin rechistar el contrato de alquiler por quince años. Estaba dispuesto a rehacer su vida con Lola y a formar una familia.

Mientras gastaba una gran suma de dinero en la decoración de su nuevo hogar, comprando muebles y antigüedades, Lola reanudó su vida social. Aunque la gente distinguida que antes la frecuentaba ahora le daba la espalda debido a su mala reputación, consiguió rodearse de un pequeño círculo de artistas esnobs y caballeros de vida liberal atraídos por su leyenda. No eran invitados de prestigio como antaño George Sand, Alejandro Dumas, Joseph Méry..., pero le divertían. A menudo se la veía pasear por los Campos Elíseos como una importante dama en su carruaje tirado por cuatro caballos blancos y con su cochero vestido de librea. A pocos metros la seguía el señor Heald en su precioso faetón negro de dos plazas.

En aquellos días la feliz pareja encargó un retrato a Claudius Jacquand, un artista muy cotizado que trabajaba en los círculos de la alta sociedad. Deseaban que el lienzo representara el momento de su petición de mano. Lola aparecía sentada en un elegante sofá y George de pie junto a ella, con su llamativo uniforme de la Guardia Real, sujetándole las manos mientras la miraba a los ojos. Sobre una mesa de malaquita cercana descansaba un joyero que mostraba los regalos de boda del oficial a su amada. Cuando el cuadro quedó finalizado, Lola lo colgó en un lugar destacado del salón principal a la vista de todos.

Esta clase de vida que llevaban era muy costosa y aunque George era rico, comenzó a recibir cartas de sus abogados reclamando con premura su presencia en Londres para discutir sus gastos e ingresos. A finales de mayo, Lola escribió a Luis por primera vez desde que le enviara los últimos cheques. Habían pasado tres meses y se excusó por el largo silencio diciendo que había estado muy enferma tras sufrir una grave recaída de sus fiebres palúdicas.

> Mi vida es desgraciada, muy desgraciada. El señor Heald es peor que un tirano conmigo. Y a fin de cuentas no puedo abandonarlo, porque no tengo con qué vivir. No tengo ni un solo penique. Me encuentro en una situación espantosa. Me has rogado que te devuelva tus cartas. Pero me habías jurado y prometido enviarme toda la vida esas pequeñas mensualidades, y ahora quieres quitármelo todo. Nadie que tuviera corazón, ni el más pobre, sería capaz de hacer eso. Si yo fuera independiente, sabe Dios que no diría nada. Sin embargo, en la crítica situación en la que me encuentro, resulta muy duro y cruel por tu parte. Sufrí tantísimo en tu país, y de todo lo que me diste ya no me queda nada. Debo decírtelo. Constantemente me insultan como si fuera una mujer perdida de la calle. Durante todo el tiempo que he estado en cama, el señor Heald no se ha ocupado de mí. Es más, se ha pasado todo el tiempo fuera de casa, en los teatros, y divirtiéndose con otras personas.

Luis hacía tiempo que había dejado de creer a Lola, por eso escribió a su embajador en Francia, el barón August von Wendland, y le pidió que le enviase un informe confidencial sobre las actividades en París de la condesa de Landsfeld. Cuando unos días más tarde recibió la respuesta del diplomático se sintió apesadumbrado. Wendland le contaba que el matrimonio Heald había alquilado una gran mansión, tenía criados, caballos y varios carruajes de su propiedad. Se los podía ver en los restaurantes de moda, en la Ópera y comprando en las mejores tiendas de la place Vendôme.

El rey no tardó en escribir a la bailarina y contarle muy molesto que conocía muy bien cómo era su nueva vida. La acusó de seguir engañándole y le repitió que no recibiría más dinero si ella no le entregaba las cartas. Lola se mostró muy ofendida y acusó al monarca de espiarla. No solo eso; le insinuó que un editor de Londres le había ofrecido mucho dinero por ellas para publicarlas. Y añadió: «Sé que tus cartas son muy valiosas para ti, pero si algo me ocurriera o cayeran en malas manos, no puedo asegurarte lo que ocurriría». Luis no respondió y volvió a acribillar a preguntas a su embajador Wendland sobre los detalles de la vida de su amante en París.

Aunque el matrimonio Heald vivía a lo grande, ya no podían llevar su extravagante y ostentoso tren de vida. A finales de julio enviaron a Londres cuatro de sus caballos pura sangre para que su venta cubriera algunos gastos, y estaban intentando devolver dos de sus carruajes al fabricante. El abogado del señor Heald estaba a punto de llegar a París para discutir qué medidas eran necesarias para salvar su comprometida situación sin que estallara un escándalo. Fue entonces cuando George decidió desaparecer y abandonar por tercera y última vez a su esposa. En esta ocasión no solo se llevó con él todos sus bienes, sino también la mayoría de los de Lola, incluido su título de condesa de Landsfeld, el modelo de mármol de la mano del rey Luis y todas las cartas que guardaba en un cofre.

Esta vez Lola sintió que había tocado fondo. Apenas tenía efectivo para pagar a los acreedores que a diario la asediaban frente a la verja de su mansión. Tampoco podía abonar el alquiler de su espléndida vivienda y el propietario la amenazó con embargarla. La bailarina partió en persecución de su esposo y volvió a instalarse en la ciudad de Boulogne, pero en esta ocasión sus esfuerzos fueron en vano. George solo quería que sus abogados redactaran un acuerdo que lo liberara para siempre de su mujer. Las pertenencias de Lola que se había llevado consigo le fueron devueltas, y los representantes de ambos cónyuges comenzaron las negociaciones para conseguir una separación lo más amistosa posible. El señor Heald accedió a pagar las deudas contraídas mientras vivía con su esposa en París y a pasarle una asignación de 50 libras mensuales. Era una cifra irrisoria para alguien como ella acostumbrada al lujo y a derrochar el dinero, pero no tuvo más remedio que aceptar.

Lola abandonó con pesar su preciosa villa en los Campos Elíseos y se mudó a un pequeño apartamento en la rue de St. Honoré que le había alquilado un amigo suyo, el conde Michel de Corail. El barrio era distinguido, a un paso de la place de la Concorde, y pronto todo el vecindario estuvo al tanto de la presencia de la famosa artista. Por las mañanas la solían ver entrar en la cercana iglesia de la Madeleine, algo que sorprendió a más de uno conociendo la mala reputación de la dama española.

Tras los últimos cuatro angustiosos años, Lola Montes

había empezado a buscar apoyo espiritual en la religión. A un periodista le había confesado que tenía ganas de retirarse de la vida pública y que se planteaba seriamente ingresar en un convento de las carmelitas en España. En aquellos días visitaba con cierta frecuencia a un sacerdote en la iglesia de la Madeleine. El clérigo le reprochó su vergonzoso estilo de vida y sus extravagancias, pero Lola se defendió alegando que su comportamiento se debía al abandono que había sufrido de niña por parte de sus padres. Era la excusa que llevaba años utilizando. Al recordar las palabras que un día le dijo el rey Luis: «Busca en tu interior el origen de tus desgracias», creyó que había llegado el momento de estar en paz consigo misma.

Lola estaba dispuesta a cambiar, pero, como siempre, su principal preocupación era de índole económica. El rey le había cancelado su renta en julio y no podía depender únicamente de la asignación del señor Heald. Necesitaba ganar dinero y pensó que sería un buen momento para publicar sus memorias. La idea le rondaba desde hacía meses pero debía encontrar a alguien que la ayudara a redactarlas. Un escritor se ofreció a plasmar los recuerdos de su extraordinaria vida en un francés «elegante y limpio» y a hacer un relato entretenido. La bailarina pactó la publicación por entregas con el director del periódico *Le Pays*, que tenía una buena tirada. Lola no se había planteado seriamente publicar las cartas del rey en su autobiografía, pero a través de un amigo le hizo saber al embajador Wendland que «a cambio de una pensión anual de 25.000 francos, la condesa estaría dispuesta a devolverle al rey su correspondencia y a abstenerse de utilizarla en sus memorias». El diplomático, sorprendido por lo que consideró un flagrante chantaje al monarca, acudió al ministro francés de Asuntos Exteriores y al de Interior para averiguar si podían hacer algo para evitarlo. Los ministros convocaron al editor de *Le Pays* y le informaron de que si algo de lo que se publicaba dañaba las relaciones de Francia con una potencia extranjera, sería encarcelado de inmediato. El periodista se negó a cooperar con las autoridades alegando que se hallaba protegido de la censura gracias a las leyes promulgadas al respecto por la nueva República.

El 8 de enero de 1851 apareció la primera entrega de las *Memorias* de la célebre aventurera Lola Montes. En la introducción su autora se dirigía personalmente al rey Luis I de Baviera y ofrecía un adelanto de los temas que se iban a tratar en la obra:

> Tus ideas como poeta, como artista, como filósofo, tus juicios, en ocasiones severos pero siempre valiosos, las elevadas ideas de un rey liberal, inteligente y cortés son lo que quiero mostrar ante Europa, que ahora se ha visto hundida en un materialismo estúpido, que ya no cree en nada, ya no piensa en nada, ya no actúa. La sociedad hace todo lo posible por convertir a las mujeres en hipócritas. Nos vemos incesantemente forzadas a decir lo contrario de lo que pensamos. Yo desvelaré muchas cosas escandalosas que han permanecido ocultas hasta ahora.

Las memorias de la bailarina eran una mezcla de «mentiras y vanidad», como las describió un periodista, y muy poco creíbles. Los lectores esperaban leer las confesiones de una mujer aventurera que había llegado a ser la amante de un rey y protagonizado sonados escándalos por toda Europa. En su lugar se encontraron con un relato nostálgico de su infancia en la India, sus triunfos como bailarina en los mejores teatros y su amistad con un viejo monarca, «el hombre más culto y bondadoso que había conocido en su vida». Lola fantaseaba sobre su estancia en Munich llegando a decir que la propia reina Teresa, como muestra de su más alta estima por la condesa de Landsfeld, le había hecho entrega de la insignia de la Orden de Teresa. También declaraba que el día más feliz de su vida había sido cuando el rey Luis le cogió de la mano y la condujo ante los nobles de su corte para anunciar: «Caballeros, les presento a mi mejor amiga».

Lola pensaba cobrar una buena suma de dinero por la publicación, pero *Le Pays* cambió de dueño y los nuevos propietarios, ardientes defensores de la República Francesa que ella trataba con tanto desprecio, se negaron a seguir publicando más entregas y a mantener ningún tipo de contacto con ella. Para la bailarina fue un duro golpe porque había puesto todas sus esperanzas en este proyecto y le había dedicado mucho tiempo y energía. El embajador Wendland informó satisfecho al rey de que las memorias de su amiga no habían despertado gran interés, que la condesa estaba furiosa por su fracaso y que desde hacía unos días no se dejaba ver en público.

Aquella primavera en París fue la más triste de su vida. Si antes Lola disfrutaba de la belleza de sus jardines en flor, de los paseos a orillas del Sena y los románticos atardeceres desde el Pont Neuf, ahora se sentía abatida. Estaba sola, con deudas y sin proyectos a la vista. A finales de marzo de 1851 su situación era tan precaria que intentó nuevamente que el rey se apiadara de ella. Un conocido suyo que en breve debía viajar a Munich se ofreció a llevarle una carta de su parte al monarca. Decía así:

> Oh, Luis, si supieras la situación tan miserable, aunque honrada, en que me encuentro. Soy pobre, muy pobre, pero el dinero que se consigue por malos medios siempre es malvado. Prefiero vivir como lo hago que poseer lujos gracias a la maldad. Oh, Luis, sé caritativo, recuerda que es Lolita quien te lo suplica, Lolita, que es la misma de antes para ti. Por la lástima que me tienes, Luis, ayúdame a recuperar la dignidad. Tus cartas, que el señor Heald no me permite devolverte, están a tu disposición. Son sagradas para mí. Voy a permitirle a un amigo mío que escriba lo que se conocerá como mis memorias, pero no se escribirá nada sobre Munich. Contesta a mi carta, solo algunas líneas, qué feliz me harías si me escribieras unas pocas líneas. Mi corazón es el mismo para ti. Tu siempre devota
>
> LOLITA

En esta ocasión el rey no respondió. Aquella sería la última de las cientos de cartas que se escribieron a lo largo de cuatro años. Una correspondencia llena de pasión, reproches, desilusión, mentiras, celos… Luis la leyó varias veces y finalmente la guardó en un cofre donde conservaba notas, poemas y recuerdos de su amada. Se sentía desengañado y triste porque Lola, que decía amarle y respetarle tanto, había intentado extorsionarle de la manera más vil. No esperaba algo así de ella y ya no le importaba lo que hiciera con sus cartas ni que le humillara delante de todo el mundo. Solo quería olvidarla, aunque durante mucho tiempo su ausencia le causaría un dolor insoportable.

Sin embargo, Lola era impredecible y muy pronto el rey volvería a tener noticias de ella. En el mes de junio el monarca se encontraba pasando unas semanas de descanso en su

Villa Malta, en Roma. Una mañana recibió una inesperada visita. Un joven irlandés llamado Patrick O'Brien afirmaba traer un envío urgente de parte de la condesa de Landsfeld. El monarca se negó a verle pero envió a una persona de confianza, el conde Franz Pocci, para que tratara con aquel desconocido. El aristócrata quedó sorprendido cuando el muchacho le entregó el paquete y vio su contenido. Allí estaban todas las cartas que llevaba tanto tiempo reclamando. Aquella noche, Luis al fin pudo dormir tranquilo al tener de nuevo en sus manos cientos de páginas llenas de sus secretos más íntimos. El rey le envió una nota de agradecimiento a O'Brien y 2.000 francos para que se los hiciera llegar a la condesa. Unos días más tarde, Luis mandó a la bailarina otros 3.000 francos como detalle por el bonito gesto que había tenido con él. Aquel fue el último envío de dinero que Luis le hizo.

En París, madame Montes se había mudado a otro apartamento en la rue de St. Honoré, luminoso y con mayor espacio. Tras el fracaso de sus memorias, mientras el señor Heald tramitaba su divorcio y sin la generosa asignación del rey, decidió regresar a las tablas. Hacía cinco años que no pisaba los escenarios desde que debutara en octubre de 1846 en el Teatro de la Corte de Munich. Había adelgazado, su salud no era buena y su rostro mostraba signos de cansancio. Pero aún tenía la determinación y la capacidad de seducir al público con su fogosidad española. Al fin y al cabo, después de la reina Victoria, era la mujer que más portadas de la prensa había acaparado en toda Europa.

Una vez decidida a retomar su carrera artística, Lola se puso en manos del bailarín Victor Mabille, propietario, junto con su padre, del célebre Jardin Mabille. Este salón de baile al aire libre en los Campos Elíseos estaba muy de moda en todo París. Era un lugar mágico iluminado con globos y lámparas de gas. Alrededor de un templete donde tocaba la orquesta se extendía la pista de baile rodeada de bancos y mesas. Todo estaba adornado con guirnaldas, farolillos chinos y banderolas que colgaban de las ramas de los árboles. Los ricos parisinos acudían a bailar valses, polcas y mazurcas, pero también se representaban espectáculos. Victor Mabille coreografió varios números para la condesa, entre ellos una tarantela, una danza bávara, una húngara y una tirolesa. Durante tres meses Lola asistió a clase y gracias al dinero que el rey Luis le había enviado por recuperar sus cartas pudo comprar los espléndidos vestidos que luciría en el escenario y pagar a su profesor de baile.

Durante aquel verano de 1851, la condesa continuó con sus ejercicios de danza. Había cumplido treinta años y aunque llevaba tiempo sin entrenar enseguida su cuerpo adquirió flexibilidad. Trabajaba duro pero también se divertía. En su casa organizaba veladas donde entretenía a caballeros de distintas nacionalidades, cantando con voz sugerente a los acordes de su guitarra o bailando un fandango. Aunque no hablaba bien ningún idioma, era capaz de pasar del francés al español o al inglés en una misma conversación. No había dejado el hábito de fumar y se la podía ver por las tardes echada en el sofá aspirando el humo de su cigarrillo mientras recibía las atenciones de algún rendido admirador. Uno de sus incondicionales en aquellos meses fue Edward Willis, un joven y emprendedor neoyorquino que, fascinado por la personalidad de la condesa, la convenció para que viajara a Estados Unidos, donde podría emular el éxito que Fanny Elssler había obtenido en su última gira. Otro de sus ilustres invitados era un hermano del famoso periodista James Gordon Bennett, director del *New York Herald*, quien también la animó a probar fortuna en su país.

El 12 de septiembre Lola Montes reapareció ante el público parisino en el Jardin Mabille. Había enviado cientos de invitaciones a sus amigos, conocidos y miembros de la prensa. Su actuación estaba programada para las ocho de la noche, pero se hizo esperar. La artista pidió al empresario que ofreciera ponche, cigarrillos y helados a los invitados para entretenerlos. Dos horas más tarde apareció deslumbrante con un vestido español de fantasía y el cabello recogido con una hermosa peineta de nácar. Su falda corta de volantes dejaba al descubierto unas bonitas piernas y el corpiño marcaba su pequeña cintura y un busto generoso. El público la recibió con aplausos y vítores. Presentó tres bailes con tres trajes distintos, cada cual más exótico y llamativo. Para regocijo de sus admiradores, repitió el famoso lanzamiento de liga que había marcado su estreno en la Ópera de París, hacía siete años. El crítico Théophile Gautier, que tan duramente la había tratado en el pasado, ahora reconocía que gracias a Mabille la bailarina había mejorado notablemente. Destacó a sus lectores que aunque madame Montes ya no era una jovencita, «mantenía su proporcionada silueta, sus ojos azules abrasadores y sus dientes blancos centelleantes».

Tras su éxito en París, la artista firmó un contrato con un agente teatral, el señor Roux, para hacer una larga gira por distintas ciudades europeas. En Boulogne, donde había pasado algunas temporadas y era muy conocida, obtuvo un rotundo éxito. Un crítico local escribió acerca del estreno: «La danza de Lola Montes es poesía en movimiento, en ocasiones fantástica, a menudo lasciva y siempre atractiva». En las semanas siguientes actuó en Bélgica, y en Bruselas tuvo lugar un desagradable incidente. Una mañana, en el Hotel de Suède donde se alojaba, le anunciaron que un caballero que representaba al señor Arnaud, el propietario del hipódromo de la ciudad, deseaba verla. Lola le recibió en el salón de su suite. Sentía curiosidad por saber qué quería ofrecerle.

—Querida condesa, disculpe que la moleste, imagino que estará cansada de su gira pero quiero hacerle una proposición que no podrá rechazar —le dijo en tono amable.

—Le escucho; aunque sea breve, tengo poco tiempo.

—El señor Arnaud, que es un rendido admirador suyo, desea proponerle una actuación muy especial en su hipódromo.

—Disculpe, no lo entiendo, creía que en el hipódromo solo actuaban caballos —contestó con cierta ironía.

—De eso se trata, madame, de caballos. El señor Arnaud quiere contratarla como amazona. Le pagará 3.000 francos por seis actuaciones. Solo tiene que recorrer al galope el circuito dos o tres veces cada tarde ante los asistentes. Causará usted sensación.

Lola escuchó atónita a aquel hombre bajito de pelo engominado, gruesos bigotes y falsa sonrisa. La idea de aparecer en las pistas montando a caballo para entretener al público le indignó. Hecha una furia y mirándole directamente a los ojos, le respondió a gritos:

—¡Me acaba usted de hacer una proposición humillante! No soy un fenómeno de feria, ¡soy una gran artista! Cultivo el arte de la danza y lo hago desde el buen gusto y el decoro. ¡Es un insulto que me crea capaz de caer tan bajo! Le ruego que desaparezca de mi vista antes de que pierda los nervios. —Y el caballero se marchó atemorizado por sus palabras.

Tras actuar una noche en Amberes, se dirigió a Colonia donde pensaba debutar a principios de octubre. Sin embargo, la gira se vio interrumpida cuando el jefe de policía anunció que la condesa de Landsfeld no era bienvenida en territorio prusiano. Las autoridades no habían olvidado los altercados que la dama española había protagonizado en el pasado y no deseaban que su talante liberal incitara a una revolución como en Baviera. Para la bailarina supuso un gran disgusto y una importante pérdida económica porque tenía cerradas varias actuaciones, incluida una en Berlín. Su agente Roux tuvo que improvisar y conseguir rápidamente nuevos contratos. La gira continuó por otras ciudades, desde Lyon hasta Marsella, donde no tuvo tanto éxito porque no dio tiempo a anunciar su llegada con antelación. Lola terminó cansada y enferma tras recorrer miles de kilómetros en tren y lentas diligencias, alojándose en mediocres hoteles y soportando todo tipo de incomodidades.

Al regresar a París se tomó unos días de descanso para recuperar la salud y pensar en su carrera. A estas alturas de su vida no podía engañarse. Sabía que su talento como bailarina dejaba mucho que desear y la gente acudía a verla por su escandalosa fama. Si se quedaba en Europa acabaría como una artista itinerante, una aventurera de aquí para allá. En ese momento tan crucial de su vida recordó las palabras de James Grant, el periodista inglés que la entrevistó en Barcelona: «América es una tierra de grandes oportunidades donde el pasado de uno no cuenta». Y pensó que valdría la pena intentarlo.

10

El sueño americano

Un ventoso día de noviembre de 1851, Lola Montes se embarcaba rumbo a Nueva York dispuesta a comenzar una nueva vida. La acompañaba su amigo Edward Willis, que era ahora su agente artístico y secretario. El vapor *Humboldt* zarpó de El Havre a primera hora de la mañana y cruzó el Canal hasta Southampton, donde recogió a más pasajeros. Uno de ellos eclipsó por completo a la condesa de Landsfeld. Era Lajos Kossuth, el noble húngaro que había declarado la independencia de Hungría frente a los Habsburgo austríacos durante la Revolución de 1848. Considerado un héroe, viajaba a Estados Unidos para recaudar fondos y buscar apoyo a su lucha entre las filas republicanas. A Lola, que ahora se comportaba como una caprichosa estrella, no le hizo ninguna gracia coincidir en el barco con otra celebridad que le robaba todo el protagonismo. Acusó a Edward de incompetente por haber comprado los pasajes sin averiguar quién viajaba a bordo y se lo echó en cara durante toda la travesía.

El viaje de quince días no fue un crucero de placer aunque Lola disponía de un camarote en primera clase, espacioso y confortable. En aquella época del año el viento del oeste soplaba con fuerza, las tormentas eran frecuentes y el mar estaba muy embravecido. Cuando el buen tiempo lo permitía, paseaba por la cubierta principal envuelta en uno de sus chales de cachemira y contemplaba absorta el horizonte mientras fumaba. Para su suerte, Kossuth se mareaba y pasó buena parte de la travesía en su cabina. En su ausencia, la bailarina aprovechaba el tiempo para fascinar a los pasajeros con sus extraordinarias aventuras. El barco era una torre de Babel donde en cualquier conversación se pasaba de un idioma a otro. La mayoría eran exiliados políticos con los que Lola pudo intercambiar opiniones. Ahora se declaraba decididamente liberal y encandilaba a los que la escuchaban con sus agudos comentarios y críticas a la tiranía que todavía reinaba en la Vieja Europa. En el *Humboldt* también viajaban familias enteras de inmigrantes italianos, irlandeses, judíos y alemanes que huían del hambre y la pobreza. Todos, al igual que ella, soñaban con hacer fortuna al otro lado del Atlántico.

Cuando llegaron a Nueva York, una multitud se apiñaba en el muelle del East River agitando banderas y pañuelos. Lola se quedó gratamente impresionada y pensó que aquellas personas se habían reunido para darle la bienvenida. Para su desilusión, enseguida comprendió que no era a ella a quien esperaban sino al patriota húngaro que descendió por la pasarela y fue recibido con música, vítores y salvas en su honor. La condesa esperó a desembarcar hasta que el hombre desapareció de su vista escoltado por autoridades y periodistas rumbo al ayuntamiento de la ciudad. Mientras le observaba desde la cubierta, musitó: «Estoy en América, me siento feliz y con energías renovadas. Muy pronto mi nombre brillará en los mejores carteles de Broadway. Este estúpido y engreído de Kossuth no me va a fastidiar mi momento de gloria».

A los pocos reporteros que se quedaron para informar sobre su llegada les sorprendió descubrir que Lola Montes, famosa por su carácter violento y su habilidad con la fusta, era en realidad una mujer de aspecto delicado y muy femenina. Sus expresivos ojos azules y su arrebatadora personalidad todavía impresionaban a los periodistas que la conocían. En sus primeras declaraciones en suelo americano la condesa dijo eufórica: «Señores, me siento feliz de estar en esta gran nación, último refugio de libertad y asilo para millones de personas que huyen de las tiranías que asolan Europa. Yo, como ellos, vengo a probar fortuna. El actual rey Maximiliano II ha embargado todas mis propiedades en Baviera y no tengo más remedio que regresar a los escenarios».

Desde el coche de caballos que la conducía al hotel descubrió una ciudad caótica y ruidosa con barrios polvorientos de calles de tierra donde los niños jugaban descalzos y dormían en cualquier esquina. Nueva York se encontraba en plena expansión y ya superaba el medio millón de habitantes. En su mayoría vivían en condiciones lamentables, hacinados en arrabales donde reinaba el crimen y la miseria. Five Points, de mayoría irlandesa, era el más pobre y peligroso de Manhattan; un reducto donde el hambre, la prostitución y la violencia convivían a diario. «Madame, ninguna persona decente entra en Five Points. Todos evitan pasar por ahí y dan un rodeo de varias manzanas para no atravesarlo», le advirtió el cochero. Al escuchar estas palabras, Lola se estremeció y por un instante se trasladó a los borrosos escenarios de su infancia. Si se hubiera quedado en Grange, su aldea natal, a lo mejor ella también se hubiera visto obligada a huir de la hambruna como aquellos desdichados. Sabía que en Nueva York no eran bien recibidos. Tenían fama de ladrones, borrachos y violentos. Si alguien descubría que la famosa Lola Montes era irlandesa sería el fin de su carrera.

Su representante había reservado para ella una suite en el remodelado Hotel Montgomery, en el centro de Manhattan. Esta parte de la ciudad era el polo opuesto a Five Points. Aquí se encontraban los más importantes edificios públicos como el ayuntamiento y el capitolio de estilo neoclásico. También Wall Street, el corazón financiero, donde los grandes bancos habían construido imponentes bloques de oficinas. Más allá del East River se extendían enormes campos salpicados de granjas, caseríos, aldeas y las residencias de verano de las ricas familias neoyorquinas.

La condesa de Landsfeld —como ahora se hacía llamar de nuevo tras su separación del señor Heald— llegó al hotel en compañía de su joven doncella Ellen y dos empleados que cargaban sus numerosos baúles. La dama nunca se separaba de su pequeña maleta de piel, cerrada con un grueso candado, donde guardaba las valiosas joyas que aún conservaba. Durante los primeros días apenas salió a la calle y solo concedió un par de entrevistas a los dos periódicos más prestigiosos de la ciudad, el *New York Herald* y el recién fundado *The New York Times*. Desde el principio Lola contó con el apoyo y las simpatías de James Gordon Bennett, quien había oído hablar de ella a su hermano. Bennett, de origen escocés, era el fundador y editor del *New York Herald* y uno de los periodistas más brillantes y destacados de su época. Hombre astuto y con buen olfato para los negocios, fundó un periódico sensacionalista que sabía sacar partido a los pequeños sucesos cotidianos. En Lola Montes encontró un auténtico filón y sus escándalos y aventuras en América le iban a proporcionar jugosas noticias que los lectores seguirían con avidez.

Lo primero que hizo tras recuperarse del viaje fue ponerse en contacto con Thomas Barry, el empresario y director de escena de Broadway. Había estado carteándose con él desde París y el hombre estaba impaciente por conocer a aquella mujer indómita y apasionada que había cautivado a reyes, emperadores y personalidades de toda Europa. Cuando Lola llegó a sus oficinas luciendo un precioso vestido de terciopelo con finos encajes y un coqueto sombrero adornado con plumas, el señor Barry la recibió con gran cortesía.

—¡Bienvenida, madame Montes! —exclamó mientras estrechaba su mano—. Es un honor conocer a una artista tan célebre, la mujer de la que todos hablan. Estoy seguro de que Nueva York se rendirá a sus encantos. Una dama tan aventurera y valiente como usted no pasará desapercibida, se lo aseguro.

—Señor Barry, gracias por sus palabras; estoy ansiosa por debutar en Broadway y espero que el público americano aprecie mis danzas españolas que tanto éxito han tenido en toda Europa.

—De este tema quería hablarle; a los americanos, madame, les gustan las comedias musicales. Sus boleros en solitario aquí no funcionarían. El público desea ver a una estrella, a la célebre condesa de Landsfeld acompañada de un gran ballet. Quieren espectáculo y usted no los puede defraudar.

—Disculpe —repuso Lola algo molesta—, pero dudo que el público neoyorquino sea más exigente que el del Covent Garden de Londres. He triunfado en los mejores teatros de Europa y...

—Por favor, madame Montes, no me malinterprete; conozco su exitosa trayectoria, confíe en mí. Le pondré a su disposición a uno de mis mejores coreógrafos. Trabajarán juntos y en tres semanas la veremos en los escenarios.

Lola tuvo que ocultar su orgullo y se despidió con amabilidad del empresario agradeciéndole su ayuda. En el fondo le indignaba tener que compartir protagonismo con otros bailarines. Pero estaba en un país del que apenas conocía las costumbres y si quería ganar dinero rápido no le quedaba más remedio que aceptar los consejos del señor Barry.

Las primeras semanas en América las consagró por entero a su carrera de bailarina. No había vuelto a subir a un escenario y tenía que recuperar la forma física tras meses de inactividad. A sus treinta años necesitaba mucha disciplina y someterse a agotadores ensayos para agilizar sus músculos. La condesa se puso en manos del coreógrafo George Washington Smith, considerado el mejor bailarín del país. Esta leyenda del ballet americano había hecho de todo, desde payaso en el circo hasta bailar la polca en los entreactos de *Hamlet*. Había sido *partenaire* de las más grandes divas del momento y en 1840 se había unido a la compañía de la legendaria Fanny Elssler en su gira americana, donde acabó cosechando un notable éxito como primer bailarín. Ahora se dedicaba a impartir clases y montaba coreografías para los importantes teatros de Broadway. Smith se propuso potenciar la fascinante personalidad de la condesa de Landsfeld para disimular sus deficiencias técnicas como bailarina. Lola se convirtió en su discípula más aplicada y exigente. Le preocupaba tener tan solo unas semanas para ensayar antes del estreno, pero George le prometió que crearía un papel a su medida para que se sintiera cómoda. Y así lo hizo; integró algunos bailes que Lola había aprendido con el profesor Mabille en París, con piezas de su propia creación. El resultado fue una comedia musical titulada *Betty la tirolesa*, donde ella interpretaba a una campesina alegre y despreocupada.

Cada mañana, caminaba bien abrigada sobre la nieve que cubría las aceras y se dirigía a ensayar al teatro situado a escasos metros de su hotel. A finales de diciembre, con un frío glacial, la gente buscaba refugio en los locales de diversión. Le gustaba Broadway, una larga y animada avenida repleta de grandes y monumentales teatros como el Astor Place o el Bowery, donde triunfaban las obras de Shakespeare. Junto a ellos había salas pequeñas de variedades, cines y salones de baile en los que las orquestas tocaban en directo los ritmos de moda. La ciudad tenía una rica vida cultural y el público neoyorquino pagaba caras las entradas para ver una ópera o un buen melodrama.

En aquellos días recordaba con nostalgia a su maestra de baile, la actriz Fanny Kelly. Habían transcurrido nueve años pero no había olvidado el día que la conoció en su casa londinense rodeada de sus gatos, ni tampoco sus consejos: «Para triunfar no basta con tener talento; hay que trabajar mucho, ser constante y superarse cada día». Gracias a ella se convirtió en una nueva mujer y dejó atrás un doloroso pasado. Aquellas Navidades, las primeras que vivía lejos de Europa, Lola se preparó con afán. Además de su papel de campesina tirolesa, ensayó con un cuerpo de baile otras obras que Smith montó para ella, como *Diana y sus ninfas*, donde aparecía bastante ligera de ropa para deleite de los caballeros. Pero sin duda su coreografía más original fue el *Baile de marineros*, en el que interpretaba a un joven marino que tras una tormenta corría al rescate de unos náufragos y regresaba a tierra firme con la bandera de la libertad ondeando en el mástil. Era la primera vez que vestía pantalones en un escenario. Esta danza contaba con un acompañamiento musical impresionante: el rugido del océano embravecido y los truenos de la tormenta como telón de fondo. Además, Smith ideó una compleja iluminación para recrear el naufragio, nada habitual en las coreografías de la época. También transformó la célebre *Danza de la araña* en un alegre y disparatado zapateado donde la artista se dedicaba a aplastar con frenesí unas imaginarias arañas que intentaban atacarla.

El 29 de diciembre, Lola Montes vio su nombre anunciado en grandes letras en la cartelera del Teatro Broadway. Aquella noche era su debut americano y había una enorme expectación. Las entradas se agotaron enseguida y más de tres mil personas llenaron la sala a la espera de ver en directo a la famosa y muy brava condesa de Landsfeld. El público era en su mayoría masculino, un «auditorio negro», como Lola lo bautizó debido a que todos los hombres vestían trajes oscuros. Apenas había mujeres entre los asistentes porque había corrido la voz de que se trataba de una obra «indecente y escandalosa». Lola tenía los nervios a flor de piel. El espectáculo estuvo a punto de ser suspendido debido a la intensa nevada que había caído durante toda la mañana. Cuando aquella tarde se levantó el telón, una docena de bailarines interpretaron unas alegres danzas tradicionales bávaras ante un decorado que imitaba los Alpes tiroleses. Unos instantes después apareció ella encaramada en la cima de una montaña nevada. Fue recibida con un clamoroso aplauso de bienvenida que duró varios minutos y que agradeció con repetidas reverencias. La orquesta comenzó a tocar y descendió al escenario al ritmo de la música. Estaba irreconocible con una peluca rubia de largas trenzas, una camisa blanca con su ajustado corsé negro ceñido a su cintura y una falda roja por encima de las rodillas. La condesa inició su baile tirolés y el público pudo comprobar que a pesar de que se movía con gracia y tenía una esbelta figura, sus pasos eran poco ágiles. Al finalizar el primer acto los aplausos fueron más tímidos y un silencio invadió la platea. Lola se retiró para cambiarse de ropa y reapareció vestida con un llamativo uniforme de oficial húngaro marchando a la cabeza de una compañía de soldados que interpretaban una marcha militar. Se oyó una gran ovación y tuvo que salir repetidas veces a saludar. «Damas y caballeros, les agradezco de corazón la amabilísima recepción que le han ofrecido a esta pobre extranjera en su noble país. Nunca la olvidaré», anunció emocionada, haciendo una reverencia.

La obra había durado apenas cuarenta minutos y aunque la mayor parte del público creía que Lola Montes era una bailarina mediocre, todos coincidían en que era muy expresiva, apasionada y se movía con gracia. Un joven crítico del periódico de noticias británico *The Albion*, que presenció su actuación en primera fila, escribió entusiasmado: «Imprime una gran energía en sus movimientos y dejó entrever para los curiosos algo de ese temperamento salvaje y latente con el que según los rumores tan generosamente está dotada». Lola estaba satisfecha pero echó en falta que tras la función nadie acudiera a su camerino. En todas las capitales europeas donde había actuado los ramos de flores se amontonaban por doquier en su tocador y siempre contaba con la agradable visita de algún admirador que se acercaba a felicitarla y le dejaba su tarjeta. Quizá su carácter violento y espíritu audaz, tan difundidos por la prensa, asustaban a los caballeros. «Ah, sin duda este país es diferente, los hombres temen a las mujeres hechas a sí mismas», pensó en voz alta mientras su doncella la ayudaba a desvestirse.

Su contrato inicial de siete días en el Teatro Broadway se amplió a tres semanas. A medida que se fue extendiendo la noticia de que la actuación y el vestuario de la artista eran modestos y muy decentes, cada noche más mujeres acudían a verla. El señor Barry se frotaba las manos; en cada función aumentaban los espectadores y Lola alternaba esta divertida comedia musical con los nuevos ballets que Smith había creado para ella. Su primera semana en Broadway aportó los mayores ingresos que jamás había registrado ese teatro en su historia. En cuanto a su caché, se convirtió en una de las artistas mejor pagadas del país. Pero, como siempre que alcanzaba un éxito, un contratiempo se cruzó en su camino. Su agente Edward Willis, cansado de que se inmiscuyera en sus asuntos, se peleó con ella. Lola le acusaba de irregularidades en el manejo de sus cuentas y él de no cumplir con sus compromisos artísticos. La disputa entre la famosa estrella y su representante dio mucho juego a la prensa sensacionalista. Durante varios días los dos protagonistas se intercambiaron cartas acusatorias e indignadas que aparecían publicadas en el *New York Herald* para diversión de los lectores. La discusión alcanzó su cénit con la extensa misiva que la condesa de Landsfeld envió al director de este periódico y que fue publicada el 15 de enero, justo cuando estaba a punto de concluir sus actuaciones en Nueva York. Sus palabras tuvieron tal resonancia que la carta fue reeditada por toda la prensa estadounidense y consiguió poner a la opinión pública de su parte.

Señor Bennett:

Estoy segura de que no le negará usted a una mujer extranjera un pequeño espacio en su periódico para realizar un llamamiento a la comunidad, inteligente y generosa, y así poderse defender de los injustos ataques que se producen contra ella y que buscan poner al público en su contra. Desde mi niñez, cuando oí hablar por primera vez de América, ya quería de todo corazón venir aquí alguna vez. Estudié sus instituciones y mis sueños más románticos estaban relacionados con su gran país. He tenido una vida alocada y singular pero nunca me he considerado perversa. Creo que se me ha maltratado, difamado e injuriado más que a ningún otro ser humano, hombre o mujer, que haya vivido aquí en el último siglo. Si todo lo que se dice de mí fuera cierto —incluso, si tan solo la mitad de lo que se dice de mí fuera cierto—, tendrían que enterrarme viva.

Lola aprovechaba para dar su particular versión de su estancia en la corte de Baviera donde, según ella, su único delito fue abrir los ojos al rey sobre la corrupción de sus ministros más cercanos, como su hombre de confianza Karl von Abel. También dejaba clara la relación «inocente» que mantenía con el viejo monarca.

La población de Munich estaba convencida de que yo era una enemiga cuando, bien lo sabe Dios, toda mi intención era mejorar su bienestar y felicidad, y hacerme querer por mis buenas acciones. Los jesuitas organizaron una revolución, y el buen rey fue destronado y condenado al exilio. He sentido como propias su desgracia y su destierro, y sigo manteniendo correspondencia con él. Es poeta, pintor, escultor y el caballero más virtuoso y bondadoso que haya en este mundo. Este hombre venerable se vio difamado por culpa de nuestra relación. Yo tan solo soy una mujer pobre y débil, y lo amo como a un padre. Era mi amigo, y mientras viva yo seré su amiga. Espero que las damas y caballeros americanos crean mi sencilla historia, narrada en mis humildes palabras. Juro por mi vida que lo que digo es cierto. No soy la mujer perversa de la que les han hablado. Nunca he causado daño conscientemente a nadie. No soy enemiga de nadie. Sé que me he equivocado muchas veces. ¿Y quién no? Puedo haber sido vana, frívola, ambiciosa, orgullosa; pero nunca pérfida, cruel o malvada. Hago un llamamiento a la prensa liberal y a los inteligentes caballeros que la controlan para que me ayuden en mi esfuerzo por recuperar la posibilidad de llevar una vida honrada.

Atentamente,

LOLA MONTES,
condesa de Landsfeld

Casi todo lo que Lola contaba era mentira, pero por primera vez reconocía en público que su orgullo, ambición y frivolidad le habían traído serios problemas. Con esta carta al director consiguió borrar de un plumazo su mala reputación y granjearse el afecto de muchas mujeres americanas que se identificaban con su forma de pensar.

Aunque Lola había recibido una calurosa acogida del público en Nueva York, le preocupaba su futuro. Era consciente de que no podía competir con las bailarinas jóvenes que enseñaban sus largas piernas en los escenarios de Broadway. Pese a que ella dedicaba tiempo a su cuidado personal y conocía numerosos trucos de belleza, las marcas de la edad la delataban. Cuando por la noche, antes de acostarse, se observaba en el espejo, veía un rostro más delgado y anguloso pero el brillo de su mirada permanecía intacto. La condesa sabía sacar partido a su físico, cuidaba su cutis con mascarillas y tónicos faciales a base de agua de rosas, se aplicaba pomada de abéñula en sus largas y espesas pestañas y utilizaba raíz de lirio molida para blanquear sus dientes. Cuidaba con especial esmero su larga y abundante melena ondulada que cepillaba con frecuencia y lavaba con champú que contenía clara de huevo. Los baños de agua caliente con aceites y esencias de flores también formaban parte de su ritual de belleza. «Los años no perdonan, he llevado una vida de excesos, he vivido intensamente, he amado con pasión. ¿Cuántas mujeres que conozco pueden decir lo mismo?», pensaba mientras se cepillaba con fuerza su cabello.

Las comedias ligeras que el coreógrafo Smith había adaptado a su estilo funcionaban bien pero no le permitían un gran lucimiento como artista. El público americano no se conformaría con su belleza y sus poses seductoras, así que pensó que podría triunfar como actriz representando en los escenarios su propia vida. Ya lo había hecho el director inglés Coyne cuando estrenó en Londres *Lola Montes, condesa por una hora* y el éxito había sido enorme. Pero el interés sería aún mayor si era ella la protagonista. «Haré de mi vida un espectáculo de amor, pasión, aventura y poder, y América acabará reconociendo mi talento», se dijo a sí misma, soñando con emular a las grandes actrices de su época.

Antes de abandonar Nueva York para continuar su gira americana, Lola conoció a Charles Ware, un joven dramaturgo que le presentó el señor Bennett. La condesa le encargó una adaptación teatral de las memorias que había publicado en *Le Pays* y le pidió que fuera respetuoso con el texto original y los diálogos porque, según ella, «reproducían con exactitud sus aventuras y desventuras en la corte bávara».

A mediados de enero de 1852 Lola y su compañía iniciaron una larga gira por las más importantes ciudades de Nueva Inglaterra, al nordeste del país. En aquellos días las fuertes nevadas dificultaban el transporte. Los trenes sufrían cancelaciones y viajar por carretera en diligencia era muy peligroso. La primera etapa fue Filadelfia, donde estrenaron con gran éxito en el teatro de Walnut Street. Su acogida fue similar a la de Nueva York y el contrato de una semana se prolongó a dos. Allí la bailarina acudió a un estudio fotográfico para hacerse un retrato y coincidió con una delegación de jefes indios de las tribus Cheyenne, Sioux y Arapahoe que regresaban a sus tierras tras una entrevista en Washington con el Gran Padre Blanco, el entonces presidente Millard Fillmore. Lola se quedó tan impresionada al ver a estos hombres ricamente emplumados y de rostros impenetrables, que insistió al jefe Luz en la Oscuridad para que le permitiera posar junto a él. El *New York Herald* rápidamente publicó la noticia de este encuentro insinuando que el jefe indio le había propuesto ser «la reina» de su tribu y reproducía la imagen de la artista cogida de su brazo. Algunos días más tarde este mismo periódico se vio obligado a rectificar pues el artículo era falso. Una vez más, había desafiado a las convenciones. La fotografía de una mujer blanca retratada en un estudio junto a un «salvaje» resultaba una provocación y contribuyó a fomentar su leyenda de intrépida dama. Lola se despidió de Filadelfia participando en una representación benéfica a favor de los bomberos. Su generosidad fue muy aplaudida y en agradecimiento las autoridades le otorgaron «a esta distinguida artista de renombre mundial» una medalla con el retrato del presidente George Washington.

La bailarina regresó brevemente a Nueva York antes de proseguir hasta Washington. Los periódicos informaron en aquellos días de que Lola Montes había ganado cerca de 16.000 dólares con sus actuaciones, una cantidad importante teniendo en cuenta que un profesional no llegaba a 500 al año. En la capital del país, donde pasó una semana, tuvo el privilegio de visitar las cámaras del Congreso y uno de sus galantes anfitriones la llevó a dar un paseo por la ciudad en su elegante coche de caballos. Luego fue a Richmond, donde ofreció tres actuaciones con la sala abarrotada a las que acudieron el gobernador de Virginia y otras destacadas personalidades de la vida política. Lola comenzaba a hacerse muy popular porque en todas las entrevistas que concedía a los medios opinaba sobre temas políticos candentes, como la abolición de la esclavitud, la ley seca o el derecho al voto de las mujeres, algo que consideraba una «asignatura pendiente» en aquella sociedad tan libre y avanzada.

La gira continuó con aforos completos, elogiosas críticas y algún escándalo que contribuía a darle mayor publicidad a la artista. Cuando se dirigía en tren a Boston protagonizó una de sus anécdotas más conocidas. Sentada cómodamente en su vagón, Lola encendió un cigarrillo y se puso a fumar tranquilamente mientras contemplaba el paisaje. Uno de los revisores se acercó a ella y le dijo: «Madame, usted no puede fumar aquí». Ella le escuchó impertérrita y con una pícara sonrisa le respondió: «Pues ya ve usted que sí puedo» al tiempo que le echaba una bocanada de humo a la cara. El joven se quedó anonadado ante la reacción de la pasajera y fue a quejarse a su supervisor, pero nadie se atrevió a molestarla y continuó fumando durante todo el trayecto para escándalo de las demás damas que compartían su vagón. Al llegar a Boston y como sabía que los periódicos locales informarían extensamente sobre este incidente en el tren, Lola se dirigió a un estudio fotográfico donde posó desafiante con un cigarrillo entre los dedos. No imaginaba entonces que esta imagen pasaría a la historia. Es una de las primeras fotografías que se conservan de una mujer fumando a mediados del siglo XIX.

A Lola le gustaba provocar, pero no todo el mundo aceptaba con agrado su comportamiento. En Boston, fue recibida por algunos de los personajes más destacados de la ciudad que la acompañaron en su recorrido por sus principales monumentos e instituciones educativas. Entre sus amables anfitriones se encontraba un rico comerciante que la invitó a conocer las escuelas públicas de Boston, que gozaban de muy buena reputación. Cuando llegó a la Escuela Femenina Wells no imaginaba el revuelo que su presencia iba a causar. El director de la institución presentó a la condesa de Landsfeld a las alumnas de una de las clases y la artista se quedó conversando un rato con ellas. Esta visita desató una ola de indignación entre los sectores más conservadores de la sociedad bostoniana. Algunas voces clamaban: «¿Por qué motivo unas niñas inocentes deben ser corrompidas por una mujer de dudosa moralidad?».

Al día siguiente, mientras desayunaba y leía la prensa local, Lola no daba crédito a los titulares: «Persona de mala reputación en las escuelas públicas», «Deshonra y vergüenza en nuestras aulas». Una vez más se topaba con el puritanismo que tanto detestaba y le divirtió comprobar que su inofensiva visita a la escuela había conseguido atraer mayor atención que los debates sobre la legislación que pretendía aprobar la ley seca en el país. Como de costumbre, se enzarzó en una disputa con los medios que la atacaban y envió una carta al editor del *Boston Daily Evening Transcript*, en la que le reprendía con severidad y le acusaba de atacarla por el simple hecho de ser «una mujer hermosa, trabajadora e independiente».

Tras cuatro meses de exitosa gira, regresó a Nueva York, donde alquiló una bonita mansión en el barrio de Waverly Place. Estaba harta de alojarse en pésimos hoteles y deseaba tener su propia casa donde recibir a sus amigos y admiradores. Esta residencia de dos plantas con enormes chimeneas y bien amueblada le recordaba a su casa de Munich. Ahora solo quería descansar y reponerse de la agotadora gira de miles de kilómetros que la había llevado por las principales ciudades de la costa Este de Estados Unidos. Su mayor ilusión era debutar como actriz en la obra sobre su vida *Lola en Baviera*. Aunque sabía que no era una buena bailarina, los críticos siempre habían destacado su talento dramático y buena presencia escénica. Estaba ansiosa por leer la adaptación teatral de sus memorias. Cuando tuvo el manuscrito en sus manos se encerró en su habitación y pidió a su doncella que nadie la molestara. Tras hojear las primeras páginas creyó que el escritor había tergiversado toda su vida. Lola se citó al día siguiente con él para transmitirle su opinión y sugerirle algunos cambios.

—Señor Ware, no dudo de su capacidad, pero me ha defraudado —le dijo molesta—. En estas páginas no me reconozco y se supone que esta obra es la historia de mi vida.

—Madame, permítame que le diga que si usted es famosa en todo el mundo es por su relación con el rey Luis I de Baviera. Es usted una leyenda, y su nombre, Lola Montes, es sinónimo de escándalo, desenfreno, fatalidad, lujo, audacia, poder —le respondió tratando de convencerla—. He escrito una obra que muestra todas sus facetas.

—Sí, tiene razón —dijo Lola, más serena—, pero recuerde que es un drama histórico basado en hechos reales. No es creíble que me presente ante el público como una mujer que fustiga con su látigo a ministros y gobernadores o que provoca una revolución para salvar el país de sus enemigos. Además, parece que el rey Luis sea una marioneta que solo obedece mis órdenes. No puedo admitirlo. Si por casualidad él se enterara, destrozaría su corazón.

—Le ruego que repase el texto con tranquilidad, verá que me he limitado a adaptar su manuscrito al gusto del público norteamericano. Esta obra está pensada como un gran espectáculo, con muchos actores y decorados diferentes. Debe ser ágil y entretenida. Estoy seguro de que triunfará.

Lola sabía que el señor Ware estaba en lo cierto: si quería ganarse al público neoyorquino, debía apostar fuerte y ofrecer algo original. El escritor había dividido la obra en las cinco etapas de su vida: «La bailarina», «La política», «La condesa», «La revolucionaria» y «La fugitiva». El argumento se desarrollaba en la corte de Baviera pero en clave de humor: el rey Luis ve bailar a Lola Montes y se queda embrujado por la «bella morisca» quien además de hermosa es una mujer muy culta. Esta, al ver que es un monarca viejo y fácil de engañar, le advierte que desconfíe de su primer ministro Abel que está compinchado con los jesuitas y tiene oprimido al pueblo bávaro. El rey, agradecido por su franqueza, la nombra condesa y la invita a vivir en palacio. Ella, muy sensata y decente, se niega y Luis le regala un hermoso palacio donde la visita a diario. Lola pasa sus días dando sabios consejos a Su Majestad y promoviendo la liberación de los presos políticos.

Esto indigna a los ministros jesuitas del país, que organizan una revolución para derrocarle. Este descubre el plan y destituye a todo su gobierno. Por consejo de la bailarina, el rey pide al pueblo de Munich que elija a sus representantes. Los jesuitas tratan entonces de envenenar a la condesa de Landsfeld, momento en el que se desencadena una guerra civil y ella es rescatada de las barricadas por un grupo de estudiantes bávaros que la ayudan a huir de la capital. La obra finaliza con los jóvenes llevando en volandas a la condesa de Landsfeld a los compases de *La Marsellesa* y al grito de: «¡Lola y Libertad!».

Al día siguiente fue a visitar al empresario Thomas Barry, que estaba ansioso por presentar el estreno mundial de *Lola en Baviera*. El debut de la condesa de Landsfeld como actriz había despertado gran interés entre el público. Era una idea original e inédita porque por primera vez se representaba una obra histórica en la que la protagonista se interpretaba a sí misma. Madame Montes le había decepcionado como bailarina pero sin duda era un animal escénico.

—¡Mi querida condesa! —la saludó entusiasmado—. Me alegra verla de nuevo, sé que su gira ha sido todo un éxito y ha cosechado buenas críticas pese a algún que otro escándalo…

—Le aseguro que no ha sido un viaje de placer —dijo Lola con gesto serio—. Chinches y Biblias me han acompañado por todos los hoteles de la costa. Pero ahora solo quiero centrarme en mi carrera de actriz. Me gustaría introducir algunos cambios en el libreto, no estoy satisfecha con el resultado.

—Por supuesto, pero debo decirle que en su ausencia yo también lo he leído y no he parado de reír, es una comedia muy divertida y usted estará espléndida. Estrenamos a finales de mes y no hay tiempo para muchos retoques. He apostado fuerte por usted; es una producción muy ambiciosa, con cinco cambios de decorado, vestuario y más de treinta personas en escena.

—Sí, pero yo pensaba en una obra dramática, y todo me parece falso y caricaturizado —se quejó Lola—. Además, apenas hay tiempo para ensayar y tengo que hacer pruebas de vestuario. Le advierto que no estoy dispuesta a salir de cualquier manera.

—Madame Montes, creo que usted es una mujer que nunca se rinde, ¿me equivoco? Pues bien, solo tiene que hacer de usted misma. Ahora no hay tiempo que perder, pondremos en marcha una sonora campaña publicitaria que seguro atraerá a un gran público. En cuanto a los demás actores, contará con los mejores; H.J. Conway será el primer ministro Abel y yo mismo interpretaré al rey Luis, tenemos la misma edad y creo que hasta cierto parecido.

—Mi buen y leal amigo el rey de Baviera —replicó Lola en tono cortante— es un hombre apuesto, culto y de corazón generoso. No se parece en nada a usted. Buenas tardes, señor Barry.

Mientras tanto, muy lejos de Nueva York, el verdadero rey Luis proseguía con su tranquila vida ajeno a la obra que estaba a punto de estrenarse en Broadway, donde él tenía un papel estelar. Aunque ya no se carteaba con Lola, estaba muy al tanto de sus aventuras en Estados Unidos. El monarca recibía los informes que le enviaba desde París su embajador bávaro, el barón Von Wendland, entre los que se incluían recortes de la prensa americana. En una carta el rey le agradecía al diplomático que le mantuviera al día sobre su amiga y como conocía bien a Lola, temía que esta acabara despilfarrando todas sus ganancias: «Veo que se mete en tantas peleas en el Nuevo Mundo como en el Viejo. No encuentra paz en ninguno de ellos. Hágame saber si regresa a París y cuándo lo hace. Sería mejor que se quedara en el cuarto o el quinto continente. No es el arte de su baile sino los recuerdos de su estancia en Baviera lo que le aporta beneficios, pero me temo que desgraciadamente no traerá mucho consigo cuando cruce de nuevo el mar, a pesar de que eso sería muy deseable puesto que debe invertir bien sus ganancias. El dinero se le escapa de las manos, y ella está acostumbrada a vivir rodeada de pompa y boato».

En aquella primavera el rey recibió una inesperada carta de Auguste Papon que le llenó de inquietud. No había vuelto a saber nada de él desde que fuera expulsado de Francia por las autoridades. Luis temía un nuevo chantaje, pero se encontró con un hombre muy distinto. Ahora Papon se hacía llamar hermano Antoine y había ingresado en un monasterio de los dominicos en Flavigny-sur-Ozerain, en la región de Borgoña. Arrepentido por su comportamiento, le informaba de la devolución a su embajador en París de todas las cartas que aún obraban en su poder. Luis agradeció al hermano Antoine ese gesto de buena voluntad. Por fin el rey pudo respirar tranquilo. Su amada Lola formaba parte del pasado y ya nada le unía a ella. Aquella extensa correspondencia que guardaba celosamente en un cofre bajo llave era el vago recuerdo de una pasión tardía y de unos años felices en los que recobró la juventud.

A finales de mayo de 1852, Lola regresaba a los escenarios de Broadway, pero esta vez no como bailarina sino como la heroína de su propia vida. Se habían vendido todas las entradas y la primera fila estaba ocupada en su mayoría por personalidades, críticos y periodistas ansiosos por informar sobre la nueva faceta de la siempre polémica artista. Los últimos días habían sido de auténtico frenesí. Se sentía muy insegura y había hecho modificar a la costurera hasta en tres ocasiones el deslumbrante vestido con el que era presentada en palacio ante la reina Teresa porque le parecía «anticuado y más propio de la corte de Versalles». Cuando las luces se apagaron y se alzó el telón, Lola apareció en medio de un suntuoso escenario que recreaba el interior de la Ópera de Munich. Estaba radiante con un vestido de satén blanco y azul, los colores de Baviera, rodeada de un grupo de elegantes caballeros con frac que aplaudían su actuación. Thomas Barry había conseguido convertir en un gran espectáculo «la lucha de la célebre condesa de Landsfeld contra la tiranía y el despotismo». La puesta en escena resultó impecable, los decorados muy realistas y el vestuario de la protagonista digno de una gran estrella. Al final del último acto, el público le dedicó una larga ovación. Lola tuvo que salir hasta en cinco ocasiones a saludar y recoger los ramos de flores que le lanzaban desde la platea. Las escenas en las que a golpe de fusta se enfrentaba a sus enemigos, los ministros jesuitas, causaron un gran revuelo y más de una carcajada.

La obra se mantuvo en cartel solo cuatro noches porque la artista ya había cerrado una larga gira por una docena de ciudades. La prensa de Nueva York en general se mostró favorable y en opinión de algunos críticos la dama debía abandonar la danza y dedicarse al drama. Todos coincidían en que su dicción no era buena, tenía una voz débil y un extraño acento, pero su personalidad resultaba irresistible. «De su ser emana una vitalidad, un arrojo y una sensualidad fuera de lo común. Menudo temperamento tiene esta mujer», comentó extasiado un caballero que se vanagloriaba de haber asistido a todas las funciones.

Lola hizo el equipaje y en compañía de su doncella y el coreógrafo Smith se dispuso a recorrer en tren la costa Este con su nuevo espectáculo. Dos días más tarde llegaba a Filadelfia, donde su nombre se anunciaba en grandes letras luminosas en la fachada del Teatro Walnut Street, uno de los locales más antiguos del país. Madame Montes ya no era una desconocida en la ciudad y su visita despertó una gran expectación. La comedia *Lola en Baviera* iba a estrenarse con un elenco completamente nuevo a excepción de la protagonista. Aunque era una práctica habitual, a la condesa le resultaba inconcebible que las compañías locales de los teatros americanos pudieran producir una obra como la suya, de cinco actos y treinta y cuatro personajes, con solo dos días de ensayo. Lola transmitió a Smith su inquietud, pues temía que el resto de los actores y la puesta en escena no estuvieran a la altura. El veterano bailarín, que tenía muchos kilómetros a sus espaldas, intentó tranquilizarla: «Madame Montes, vamos a recorrer más de una docena de ciudades, y es cierto, en cada función los demás miembros de la obra serán actores distintos. Pero aquí en América es lo habitual; no tema, la mayoría son artistas veteranos y los apuntadores hacen muy bien su trabajo. El público tendrá la última palabra y ya verá cómo los conquista a todos».

Aunque *Lola en Baviera* tuvo un lleno absoluto la semana que se mantuvo en cartel en Filadelfia, las opiniones estuvieron muy divididas. Un cronista anónimo del *Sunday Dispatch* le dedicó una crítica devastadora de una columna entera en la página de espectáculos. Reconocía que la dama española era una actriz bastante buena pero que el espectáculo carecía de interés y su argumento era absurdo. Lola estaba acostumbrada a las críticas y sabía que a esas alturas su personaje despertaba por igual odios y pasiones. Aunque siempre respondía a los ataques escribiendo extensas cartas a los directores de los periódicos, en esta ocasión prefirió no hacerlo. «No pienso rebajarme y responder a un hombre que oculta su identidad para atacar mi obra. El pueblo de Filadelfia me ha demostrado su cariño y esto me basta», pensó mientras rompía con rabia el periódico. A pesar de su actitud arrogante, esta crítica fue una de las que más le dolió.

Tras dejar atrás Filadelfia, la compañía llegó a Washington, donde la condesa tenía contratadas seis noches en el Teatro Nacional. De nuevo la asistencia fue masiva y las reseñas, bastante buenas. «No hay en ella sobreactuación, todo fue sencillo y natural. Su voz no es agradable, pero actúa bien», escribió un crítico local. A finales de semana la mala reputación de Lola Montes (a la que algunos medios insistían en calificar como una mujer «perdida y desvergonzada») había desaparecido. Ahora las mujeres constituían la mayor parte del público, encantadas con su graciosa y pícara *Danza de la araña*.

Al llegar a Baltimore, siguiente etapa de su viaje, se enteró de que en un teatro cercano al de su debut se representaba *Lola Montes, condesa por una hora*. La comedia de Coyne seguía con un éxito imparable por todo el mundo anglosajón. Lejos de molestarse, pensó que podía ser una buena publicidad para ella. Cuando un periodista acudió a su hotel para entrevistarla y le preguntó si no le disgustaba coincidir en la cartelera con otra obra basada en su vida, Lola, con su habitual desenvoltura, le respondió: «En absoluto, estoy encantada.

La gente puede elegir entre ver actuar a la verdadera condesa de Landsfeld o a una "intrusa" representando su vida. Creo que preferirán a la original».

En esta ciudad la artista protagonizó uno de sus habituales altercados del que se haría eco toda la prensa. Para atraer más público, en las dos últimas funciones decidió interpretar un alegre bolero al ritmo de sus castañuelas. Esta improvisación contrarió mucho a su coreógrafo y no hizo más que empeorar su ya difícil relación. Smith estaba harto de los caprichos y los cambios de humor de su estrella, que se mostraba cada vez más excéntrica e imprevisible. Un día no pudo más y le exigió una explicación:

—Madame Montes, soy el coreógrafo de esta compañía y usted no puede hacer lo que le dé la gana. Si deseaba introducir un cambio, debería habérmelo consultado.

—Querido —le interrumpió Lola—, creo que no lo ha entendido. Sé que mucha gente que asiste a ver mi obra se queda con ganas de verme bailar y no los puedo defraudar. He deseado dar un mayor realce a mi personaje y creo que mi bolero ha sido muy bien recibido.

—No, ya es hora de que alguien le diga la verdad. Usted no sabe bailar, pero se le da bien escandalizar y cautivar al público con sus provocativas poses. He trabajado con las más grandes divas de la danza y le aseguro que ninguna me ha dado tantos quebraderos de cabeza como usted —le soltó muy enojado.

—Pues si para usted solo soy una bailarina mediocre, señor Smith, mejor será que nuestros caminos se separen cuanto antes. —Así dio por zanjada Lola la conversación.

El contrato en Baltimore para seis días tuvo que acortarse debido a otro enfrentamiento con su maestro de baile.

Una noche la condesa perdió los nervios y se enzarzó entre bastidores en una pelea con él. Lola se había enterado de que el señor Smith andaba diciendo que ella no cumplía con sus compromisos profesionales y que era una artista poco seria. Estaba a punto de salir a escena y al cruzarse con él le propinó una sonora bofetada. El bailarín se retiró atónito, jurando que no volvería a trabajar con ella y gritando que era una estrella en declive. Unos segundos después, se levantó el telón y madame Montes actuó como si nada hubiera ocurrido. La última representación programada para la noche siguiente fue cancelada sin dar explicaciones, aunque el rumor sobre la furia de Lola corrió por toda la ciudad.

Aquel 18 de junio de 1852 los caminos de Lola Montes y George Washington Smith se separaron para siempre. La condesa acababa de despedir a uno de los artistas con más talento creativo del país y pronto se arrepentiría. El bailarín, ofendido y humillado, acudió a la prensa para denunciar el «comportamiento salvaje de la condesa de Landsfeld y su falta de profesionalidad», lo que no ayudaría a limpiar su imagen de artista problemática. Un año más tarde Smith debutaría como *partenaire* de la bailarina Pepita Soto, a la que Lola consideraba su más directa rival. Esta hermosa joven de ojos negros y melena ensortijada sí podía presumir de haber nacido en la ciudad de Sevilla en el seno de una familia de abolengo. Fue la primera bailarina española en triunfar en los escenarios americanos. Había llegado a Nueva York ese mismo año y tras su estreno en el Niblo's Garden llevó su repertorio de bailes populares como la cachucha, el zapateado y el jaleo de Jerez por toda la costa Este, impresionando al público con su belleza racial y su arte genuino. La crítica la apodó «la Taglioni andaluza» y Lola evitaba hablar de ella en las entrevistas porque era consciente de que no podía competir con su talento.

A finales de mes Lola Montes estaba de regreso en Nueva York con nuevos proyectos. Durante su gira había recibido la noticia de que el conocido empresario y actor británico Thomas Hamblin acababa de renovar el Teatro Bowery en Manhattan. Tenía una elegante fachada neoclásica jalonada por cinco esbeltas columnas y era uno de los más grandes de la ciudad, con capacidad para tres mil espectadores. Inaugurado en 1826, bajo el nombre de Teatro Nueva York, fue el primero en tener iluminación de gas y ofrecía espectáculos de ballet, ópera y dramas de gran calidad. Pero tras sufrir varios incendios y bajar los precios de las entradas a 12 centavos de dólar, la programación se había hecho más vulgar. En la cartelera se alternaban los espectáculos con animales, cómicos y musicales con actores blancos con las caras pintadas de betún parodiando los bailes y las canciones de los negros. Tras una costosa remodelación, Hamblin necesitaba reconquistar al público y devolver al teatro su antiguo esplendor. Pensó que *Lola en Baviera* sería la obra más adecuada para ganar respetabilidad y atraer una audiencia de más clase. Su intuición no le falló.

El 28 de junio el Bowery vivió una noche inolvidable. No había ni un asiento libre y Lola Montes ganó más de 1.000 dólares solo la primera semana. Estaba muy satisfecha, pero acostumbrada al refinamiento de los teatros europeos, el ambiente le pareció «demasiado popular para su gusto». En la platea había largas hileras de bancos corridos sin respaldo en lugar de asientos. El público en su mayoría era masculino y con poca educación. Si la obra los aburría, se dedicaban a lanzarse cáscaras de cacahuetes entre ellos y también a los actores. Los más jóvenes, que llenaban el gallinero, se sentaban en la primera fila con las piernas colgando y arrojaban monedas al escenario en señal de protesta. Lola, que sabía cautivar al público más difícil, no dudaba en responder a cualquier provocación y casi siempre los abucheos daban paso a sonoros aplausos.

Con la llegada del verano la artista pudo tomarse unas merecidas vacaciones. La mayor parte de los teatros de Manhattan estaban cerrados, el calor era bochornoso y decidió pasar unos días en plena naturaleza en las montañas de Catskill. Se sentía agotada, había perdido peso y necesitaba descansar. Un periodista que siguió sus pasos informó que disfrutaba «trepando por precipicios, vadeando arroyos y brincando entre las rocas». La intrépida aventurera Lola Montes parecía haber nacido en esta tierra de rudos pioneros. A la gente le llamaba la atención su indómito carácter y su fortaleza. Casi todos los días salía un rato a cabalgar por los bosques cercanos y aún podía presumir de ser una buena amazona. Le gustaba caminar y cuando se empeñaba en subir a lo alto de algún cerro, su joven doncella no podía aguantar su ritmo. El aire puro y el descanso le sentaron de maravilla y a finales de agosto regresó a la ciudad con energías renovadas.

Lola comenzó los preparativos para seguir su exitosa gira por la costa Este. En los meses siguientes actuó de nuevo en Boston con *Lola en Baviera* y en Filadelfia debutó el 11 de octubre con la *Danza de la araña* en el legendario teatro de Chestnut Street ante dos mil personas. El baile que la había hecho famosa en toda Europa indignó a los más conservadores y causó una gran escándalo. El crítico del *Daily Pennsylvanian*, que asistió al estreno, escribió enfurecido que era totalmente indecoroso y de mal gusto:

El gerente del Chestnut ha estado esta semana ocupado en el experimento de tratar de averiguar cuánta indecencia puede soportar el público sin expulsar a silbidos a la artista del escenario. La *Danza de la araña* fue representada por la señorita Lola Montes en las noches del lunes y el martes, para procaz deleite de los libertinos más sensuales y para disgusto de todo espectador refinado. En un ejercicio de absoluta obscenidad, este baile excede cualquier cosa con la que hayan insultado antes a cualquier público en esta ciudad. Todos los que fueron testigos del mismo quedaron estupefactos, no por el ampuloso estilo de la mujer (ella ya está más allá de cualquier esperanza), sino porque resultaba casi increíble que el gerente de cualquier centro de ocio público permita que una exhibición tal se presente ante un público respetable. Hubo varios indicios de tempestad que deberían haber puesto sobre aviso a la dirección acerca de lo que podía esperarse. En una o dos de las actuaciones algunas personas se pusieron en pie en la platea y denunciaron a la mujer y su desvergüenza. Fueron expulsados por la policía. Algunos caballeros que, desafortunadamente, habían traido señoras al teatro, se levantaron en medio de la exhibición y sacaron a toda prisa a sus honradas acompañantes del edificio.

El crítico también comentaba lo que era una práctica habitual en Lola: cuando veía que alguien se reía de ella o hablaba, detenía el espectáculo y se encaraba desafiante con la persona que creía le había faltado al respeto.

En la tarde del viernes algunas personas llegaron a silbar en la parte superior del teatro y la bailarina, con el dedo levantado, los desafió. No había más que unas pocas damas en el auditorio. La platea estaba abarrotada con la misma clase de personas que llenarían los asientos de primera fila en un pase de modelos. Por supuesto, a ellos sí les agradó el espectáculo, y una unánime petición de bis fue la consecuencia. Lola salió, hizo una reverencia, recogió un ramo y se retiró.

Lola leyó la crítica y montó en cólera. En América se topaba con el mismo puritanismo que en Inglaterra, donde una ley prohibía que las bailarinas se levantaran la falda al actuar. Es cierto que según la ciudad y el público ante el que actuaba dejaba más o menos al descubierto sus hermosas piernas. Pero nunca se trató de un baile indecente ni obsceno. La condesa escribió al director del periódico una extensa carta donde, entre otras cosas, declaraba que había representado esta danza ante todas las cortes europeas y que la había ejecutado al estilo español, de forma alegre y algo picante, como era habitual entre las mujeres del sur de España. Esta crítica en el *Daily Pennsylvanian* le dio una enorme publicidad y en sus siguientes actuaciones el público siempre le pedía a gritos: «¡La araña! ¡La araña!».

La artista llegó a Nueva Orleans el 30 de diciembre dispuesta a cosechar los mismos éxitos que en su anterior gira. Había ganado mucho dinero y era cada vez más famosa en Estados Unidos. Su nuevo agente, John Jones, la había animado a actuar por el sur del país. Este hombre grueso, bajito y sudoroso le parecía de lo más vulgar, pero conocía bien su oficio. Tenía una energía inagotable, al igual que su verborrea, y sabía negociar con los astutos empresarios que solo pensaban en sus propias ganancias. Desde el principio le advirtió de que en Nueva Orleans la competencia era muy dura.

Bautizada como «el pequeño París», había gran variedad de teatros donde actuaban importantes artistas llegados de todos los rincones del mundo. Para Lola era un reto triunfar en esta ciudad en la que Fanny Elssler había conseguido un lleno histórico en su gira americana. Smith, que entonces había formado parte de su compañía, fue testigo del furor que causaba, rayando casi en la histeria. Hubo quien llegó a pagar hasta 500 dólares por verla actuar, y el presidente Martin van Buren la invitó a la Casa Blanca. Lola conocía estas historias que se contaban entre bambalinas y soñaba con alcanzar, como ella, la fama en América. «Destacar aquí no es fácil, madame Montes, pero con su leyenda, belleza y audacia conquistará a los criollos», la tranquilizó el señor Jones.

Cuando el barco de vapor llegó al gran puerto del Mississippi, la exuberante vegetación de sus orillas y el ambiente festivo que se respiraba en el muelle la reconfortaron. Tras el frío invierno que había pasado en Nueva York, agradecía aquella humedad y el sol cegador. La condesa se alojó en el Hotel Verandah, donde su director la recibió con todos los honores y le pidió que firmara en su libro de huéspedes célebres. Lola estaba cansada y solo deseaba recuperar las fuerzas para su debut en el Teatro de Variedades. Aunque el calor en diciembre era suave, sufría de nuevo dolorosas migrañas. Su espaciosa habitación daba a un patio interior repleto de plantas tropicales. El canto de los pájaros y los aromas embriagadores de las flores le trajeron el recuerdo de su primera infancia en Calcuta. Mientras se recostaba en la gran cama con baldaquín cubierta con una vaporosa mosquitera le pareció oír la dulce voz de su aya Denali cuando le cantaba sus cálidas nanas.

Desde el primer instante a la condesa le atrajo esta ciudad

habitada por latinos, africanos y europeos. Sus casas alineadas, decoradas con balcones de hierro forjado y pintadas en tonos pastel recordaban su rica herencia francesa y española. Las inundaciones eran frecuentes y las epidemias de fiebre amarilla causaban estragos en la población, pero su posición privilegiada junto a la desembocadura del gran Mississippi atraía a hombres y mujeres en busca de fortuna. Nueva Orleans también tenía una cara más amarga. Miles de esclavos negros trabajaban en sus plantaciones de caña, tabaco y algodón en condiciones infrahumanas. La imagen de aquellos hombres, mujeres y niños atados de pies y manos en hilera esperando a ser vendidos al mejor postor caló hondo en Lola.

—Madame, si desea visitar nuestro mercado de esclavos, yo mismo la acompañaré —le dijo el director del hotel—, es muy animado.

—Es un comercio despreciable y solo espero que los abolicionistas ganen su lucha —le reprochó Lola con gesto ofendido—. Esto es algo impropio de un gran país como América.

—No se escandalice, madame Montes —exclamó el director tratando de justificarse—, la esclavitud siempre ha existido en todas las grandes civilizaciones. Esta ciudad ha prosperado gracias al algodón y los esclavos, no lo dude.

Aquella misma tarde Lola fue a visitar a Thomas Placide, actor y director del Teatro de Variedades, con el objeto de ultimar los preparativos. No había tiempo que perder, los miembros de la compañía local que formaban su nuevo elenco debían aprenderse sus papeles en apenas cuatro días. Para su satisfacción se habían vendido todas las entradas para el estreno previsto el 3 de enero, pero hubo que introducir algunos cambios. «Madame Montes —le sugirió el señor Placide—, tendrá que amoldarse al público, aquí la gente es conservadora y católica y el ataque a los jesuitas no caería bien. Hay que eliminar esa escena y ser respetuosa con los temas religiosos.»

Cuando el director la invitó a visitar su teatro, situado en la céntrica Gravier Street, sintió una gran decepción. Su agente le había dicho que era el más bonito de Luisiana pero le pareció modesto en comparación con el Saint Charles, lujosamente decorado y con un espléndido auditorio.

Al regresar al hotel, Lola tuvo la primera pelea con su flamante agente que resultaría tan efímero como los anteriores.

—Señor Jones, acabo de visitar el Variedades y no dudo de que sea muy popular, pero no creo que sea el lugar adecuado para estrenar *Lola en Baviera.* Me gustaría saber por qué no puedo debutar en el Saint Charles ante cuatro mil espectadores. ¿Acaso no estoy a la altura de Fanny Elssler?

—Madame Montes, los contratos con los teatros americanos se cierran con meses de antelación y usted es pura improvisación. Tanto el Saint Charles como el Orleans ya tienen completa su programación. Además debo serle sincero, los empresarios la temen, introduce cambios de última hora, ha despedido a su coreógrafo y nunca le parece bien su vestuario. No es usted una artista fácil…

—Le recuerdo, señor Jones, que le pago para que me consiga los mejores contratos en los teatros más importantes del país. Le sugiero que si quiere continuar trabajando conmigo sea más selectivo.

El 3 de enero Lola debutó en el Variedades con *Lola en Baviera* ante un público entusiasta que pagó por las entradas el doble de su precio habitual. La artista sabía negociar mejor que su representante y había conseguido aumentar su caché. El aforo estaba al completo y para su sorpresa la mayoría era público femenino, algo poco habitual. Al finalizar recibió largos aplausos y le lanzaron ramos de flores que inundaron el escenario. La actriz les dirigió unas cariñosas palabras de agradecimiento y se retiró. Sin embargo, al día siguiente las cosas no fueron tan bien. Mientras actuaba en el primer acto, un grupo de hombres sentados en uno de los palcos comenzó a hablar y a reír en alto. Lola, que enseguida se percató de lo que ocurría, hizo detener la música y se dirigió al público con estas palabras: «Damas y caballeros, estoy realmente encantada de actuar ante ustedes, pero si hay una conspiración en mi contra, me retiraré». Un silencio sepulcral se adueñó de toda la sala, los caballeros hicieron gestos de disculpa y la representación continuó sin mayores sobresaltos. Su reacción dejó estupefactos al elenco de actores y al apuntador que compartían escenario con ella. No conocían el temperamento de Lola Montes ni su pasado. Aquellas muestras de desconsideración hacia un artista la sacaban de quicio. Al enterarse de lo ocurrido, el director del teatro, Thomas Placide, la mandó llamar a su despacho. Con mucha diplomacia y aire paternal, primero la felicitó por el éxito de su estreno y después le comentó:

—Madame Montes, ignoro si en los teatros europeos es normal que una actriz interrumpa un espectáculo porque alguien habla en voz alta. Aquí resulta inaudito y es la primera vez que ocurre en mi local. Mis actores están acostumbrados a que la gente les lance huevos o verduras, y como son profesionales continúan la función.

—Lo siento, pero como soy la protagonista no puedo consentir que se me falte al respeto, y mis compañeros tampoco deberían permitirlo. No estoy acostumbrada a una gente tan vulgar... Son unos bárbaros sin educación —afirmó indignada.

—Mi querida señora, lamento que el público del Variedades no esté a su altura, pero le contaré una anécdota. En una ocasión el genial William Macready estaba representando *Macbeth* en el Astor Place de Broadway cuando alguien lanzó una silla al escenario que le cayó a escasos centímetros. Él, sin inmutarse, continuó la función y cosechó uno de sus mayores éxitos. Eso es lo mismo que debe hacer usted, actuar y nada más —sentenció.

—Señor Placide, usted no es quién para darme órdenes. Si no le gusta mi conducta, buscaré otro local. En Nueva Orleans hay muchos teatros donde elegir. —Y, sin despedirse, salió del despacho.

A pesar del incidente, que fue la comidilla del día entre los artistas de la ciudad, las críticas fueron favorables. La mayoría, como la del *Courrier de la Louisiane*, destacaban que su estilo interpretativo era «natural, sencillo y lleno de desparpajo a diferencia del tono histriónico de muchas de las actrices».

Para seducir al público, Lola sabía que había que innovar y ser original. Así, en su segunda semana de contrato en el Variedades decidió complementar sus actuaciones con su famosa *Danza de la araña*. A su llegada a Nueva Orleans había mandado fabricar una docena de pequeñas arañas con barba de ballena y goma, tan flexibles que parecían auténticas, y estaba convencida de que aquí el baile podría funcionar bien. Lola colocaba estratégicamente entre las enaguas, el corpiño y su larga melena a los peligrosos insectos y los iba atrapando con expresión de sorpresa y pánico al ritmo de una música muy pegadiza. En ocasiones exageraba la pantomima y provocaba las carcajadas del auditorio. Era una gran comediante aunque se empeñaba en ser reconocida como actriz dramática.

La *Danza de la araña* entusiasmó al público y se agotaron las localidades para todas las actuaciones previstas. Nadie se escandalizó y todos, hombres y mujeres, pedían un bis. Lola se tomó muy en serio su carrera como actriz y en aquellos días incrementó su repertorio. Actuó como protagonista en una obra francesa ambientada en el siglo XVIII y presentó la obra *Maritana, o la Doncella de Zaragoza*, escrita especialmente para ella, un drama inspirado en el asedio napoleónico de la ciudad. Aquí daba vida a una muchacha española que se disfrazaba de soldado para luchar en lugar de su cobarde amado. Y también por primera vez la condesa interpretó un papel cómico, el de lady Teazle en la obra clásica de Sheridan, *La escuela del escándalo.* Los críticos valoraron «su gracia y expresividad, y su esfuerzo encomiable» y le auguraron un brillante futuro como «reina» de la comedia.

El señor Placide, aunque tenía ganas de perder de vista a su conflictiva estrella, amplió su contrato en el Variedades a cuatro semanas. Lola le exigía unos altísimos honorarios pero su nombre era sinónimo de éxito. Fue su estancia más larga en un teatro de toda su carrera artística. Cuando la noche del 30 de enero de 1853 se despidió de su público con una reverencia y lágrimas en los ojos, Lola Montes había actuado «veintiocho noches en cinco obras distintas y cinco bailes». Sobre su escritorio se le acumulaban las ofertas de trabajo y el Teatro Orleans, el único de todo el país que contaba con una compañía propia de ópera francesa, le propuso contratarla para dos actuaciones donde bailaría sus danzas andaluzas.

Pero una noticia en el *New York Daily Times* la obligó a cancelar algunos compromisos. En un amplio artículo de la sección de sucesos, leyó que el ciudadano George Trafford Heald se había ahogado frente a las costas de Lisboa, en Portugal, cuando el barco en el que viajaba volcó tras sufrir un golpe de mar en mitad del océano. A Lola le afectó mucho la prematura muerte de su marido y durante unos días anuló sus compromisos para estar sola. George la había amado de verdad, por su culpa se había visto obligado a dimitir como oficial del ejército y se había enfrentado a toda su familia. Ahora lamentaba haberle tratado con tanta dureza, provocándole y sacándole de sus casillas. En el fondo guardaba un agradable recuerdo de él y en ocasiones todavía utilizaba su nombre y firmaba documentos como «Marie de Landsfeld Heald». Pero unas semanas más tarde Lola pudo leer con retraso el desmentido de la fatal noticia. Un periodista, en tono irónico, decía que el señor Heald estaba «vivito y coleando» y daba algunos detalles de lo ocurrido:

> Todavía no es necesario que Lola Montes se ponga de luto. Posteriores informaciones han confirmado que aunque la travesía del señor Heald había sido peligrosa, afortunadamente no había resultado fatal. El caballero había alcanzado Cádiz sin novedad en el *Sparrow Hawk*, a bordo del cual, por cierto, se encontraban, no una, sino dos bellas y jóvenes damas. Confiamos en que Lola Montes soporte la decepción con probada fortaleza.

El éxito de Lola en los escenarios de Nueva Orleans se vio empañado con un nuevo altercado que acabó en el juzgado. La artista llevaba unos días de mal humor y con problemas de salud. Se había visto obligada a guardar cama por un rebrote de las fiebres palúdicas y esto, unido al «humillante» desmentido de la muerte del señor Heald, contribuyó a crispar sus nervios. Se mostraba muy alterada y por las noches recurría a las gotas de láudano para dormir. Ellen, su doncella, había soportado sin rechistar su mal carácter durante semanas, pero había perdido la paciencia. La muchacha aprovechó la convalecencia de su señora para decirle que la abandonaba por un asunto personal. También le recordó que había firmado un contrato de seis meses con la promesa de que se le abonaría el pasaje de regreso a su casa. Ahora se había enamorado de un apuesto criollo y estaba decidida a instalarse en la ciudad. Lola escuchó impertérrita a su criada, pero cuando esta le exigió el pago del pasaje de regreso a Nueva York, perdió la compostura. Se levantó de la cama encolerizada, la acusó de ladrona y comenzó a golpearla. Ellen salió huyendo de la habitación y acudió de inmediato a la policía para acusar a madame Montes de maltratarla. «Pensé que me mataba, se volvió completamente loca. Mi señora no está en su sano juicio», declaró entre sollozos.

Dos policías se personaron en el hotel donde la condesa de Landsfeld se alojaba con una orden de arresto. Les habían advertido de su carácter agresivo y les sorprendió encontrarse frente a una dama bien vestida y atractiva que deseaba colaborar con la autoridad. Pero los agentes solo querían cumplir rápido con su deber y le pidieron que los acompañara a la jefatura. Entonces Lola, viéndose acorralada, cambió la expresión amable de su rostro y, con mirada incendiaria, exclamó:

—Señores, si se atreven a detenerme, ¡tengan por seguro que me defenderé! —les dijo a gritos mientras los amenazaba con un cuchillo.

Uno de los agentes consiguió distraerla y el otro la sujetó por los brazos y le arrancó el arma. Lola intentó soltarse con patadas, sacudidas y mordiscos. Era tal el escándalo que unos amigos de la condesa subieron desde el vestíbulo hasta su habitación para tratar de calmarla y convencieron a los policías de que la soltaran. Cuando se vio liberada, agarró con gran dramatismo un pequeño frasco de su mesa y se lo bebió delante de todos, gritando:

—¡Es veneno! Les juro que ya no tendré que sufrir otra humillación. —Y tras ingerir el líquido, cayó al suelo desmayada.

La habitación se fue llenando de más gente; unos corrían a buscar un antídoto, otros intentaban reanimarla y un pequeño grupo de clientes del hotel reprendieron a los policías por su brutalidad y por haber llevado a una «noble y buena mujer al extremo de quitarse la vida». En medio del caos, Lola revivió y se sentó en una butaca donde encendió un cigarrillo. Instantes después, se desvaneció de nuevo. Algunos ciudadanos distinguidos que acudieron en su ayuda prometieron a los agentes que se responsabilizaban de ella. Finalmente, los policías se retiraron sin efectuar la detención y Lola sobrevivió milagrosamente al supuesto veneno. Su actuación había sido de lo más creíble. Tras el disgusto, la artista se tomó la noche libre «para recuperarse de aquella brutal agresión» y canceló su participación en un concierto benéfico.

Una semana más tarde, Lola ya había olvidado a su doncella y estaba lista para dirigirse a su siguiente compromiso en Cincinnati. A bordo del vapor *Eclipse*, el mayor de su época, remontó el Mississippi junto a más de cuatrocientos pasajeros en un viaje fascinante por el interior de América. Llegó a su destino el 26 de febrero, y después de tres días de ensayos con la compañía local, estrenó en el Teatro Nacional su divertida comedia *Lola en Baviera*. En esta ciudad del estado de Ohio, la obra cosechó un enorme éxito de crítica y público. Había una importante comunidad de inmigrantes alemanes en la ciudad y Lola temió que la acusaran de tergiversar la historia de Baviera. El crítico del periódico germano *Der Deutsche Republicaner* fue implacable y declaró que la obra era en sí misma una estupidez mal escrita y la puesta en escena daba a los americanos una descripción absurda de las costumbres y los vestidos de una corte alemana. Sin embargo, Lola le cautivó como actriz y calificó de «actuación maestra» su interpretación:

> Hasta ahora no podíamos ni imaginar cómo era posible que hubiera alcanzado una influencia tan ilimitada sobre el rey Luis, que en cualquier otro aspecto no era un hombre débil ni maleable. Ahora, como ha obrado sus embrujos ante nosotros sobre el escenario, estamos completamente convencidos de que el pobre Luis no pudo ofrecer resistencia alguna. Sus expresiones y gestos eran completamente admirables, a menudo nos recordó a la señorita Rachel, que se acepta como modelo inalcanzable en esta disciplina. Su pronunciación es pura y correcta, el público no se pierde una sílaba. Esa horrorosa modulación y vibración de la voz, esos graznidos y chillidos que encontramos constantemente en las actrices americanas son completamente inexistentes en ella, y en este sentido ha ofrecido un contraste altamente positivo con las otras damas del elenco.

Lola se quedó dos semanas en Cincinnati con todas las entradas vendidas y un público femenino cada vez más numeroso. Allí consiguió un nuevo agente, Jonathan Henning, un joven telegrafista de veinticinco años al que contrató más por su atractivo que por su experiencia teatral. En su compañía regresó a Nueva Orleans a principios de abril y entonces Lola protagonizó otro sonado incidente.

En el Teatro de Variedades, donde tantos éxitos había cosechado, se celebraba una gala benéfica en favor de los actores. Como su relación con su director, Thomas Placide, no atravesaba un buen momento, él no la invitó a participar. Pero la condesa no pensaba perderse el espectáculo y gracias a sus encantos consiguió que el guarda de seguridad le permitiera acceder por una puerta trasera al escenario. Allí se quedó entre bastidores viendo las actuaciones y saludando a sus compañeros. Era algo habitual entre los artistas, pero Lola ignoraba que en el Variedades estuviera prohibido. Cuando el anciano señor George T. Rowe, telonero y apuntador de la compañía, la vio, le dijo de malos modos que no pintaba nada en aquel lugar y que debía marcharse. Lola se enfadó por la brusquedad de sus palabras y comenzó a abofetearle con su guante mientras pedía ayuda a Henning al grito de «Si eres un hombre de verdad, ¡dale su merecido!». Entonces el joven agarró a Rowe por el pañuelo que llevaba al cuello y comenzó a estrangularlo. Unos espectadores de la primera fila tuvieron que separarlos y la calma regresó cuando se personó el agente Hard para tomar declaración a los implicados.

A la mañana siguiente, el señor Rowe acudió temprano al tribunal y firmó una declaración jurada en la que demandaba a la condesa y a su representante por agresión violenta. Tras ser informada de los cargos que pesaban sobre ella, la artista y su pequeña corte de admiradores se personaron en el juzgado. Lola, tras pronunciar unas grandilocuentes palabras en su defensa, acusó al apuntador de los mismos cargos. La vista anunciada para el 14 de abril despertó una gran curiosidad en toda la ciudad. Desde primera hora una multitud se había reunido para disfrutar del espectáculo. Ver a esta renombrada artista con fama de «salvaje y descarada» era una diversión garantizada. Un joven reportero describió así al auditorio:

> Parados ahí con los ojos dilatados y los oídos atentos para atrapar cada mota de escándalo que flotaba en la hirviente atmósfera, se encontraban ciudadanos de toda condición: robustos campesinos y bellas damas perfumadas, fogosos galanes que adoran el olor de las muselinas, abogados y consejeros y un viejo borrachín con el cuello de la camisa alzado y gran papada.

Sin embargo, pronto cundió la desilusión cuando el joven Henning, acompañado del abogado defensor de Lola, declaró al juez que la condesa no podía asistir a la vista porque estaba muy enferma y solicitaban un aplazamiento. El fiscal se negó y mandó a unos agentes a que fueran a buscarla al hotel. Tras una larga espera, Lola Montes apareció deslumbrante en la sala abarrotada de curiosos. Como era su costumbre, cuando debía comparecer ante un tribunal cuidaba al detalle su imagen y actuaba como una gran dama. Sabía que la prensa observaría todos sus movimientos y nunca los defraudaba con su ironía y desparpajo. Se había tomado su tiempo para vestirse adecuadamente para la ocasión, pero el resultado final valió la pena, tal como anotó un reportero local:

> Iba vestida con elegancia y gusto, con una falda de hilo finísimo de color paja, una mantilla negra de crepé de China, un sombrero toscano envuelto en el más rico encaje y un velo de blonda blanca plagado de estrellas que se agitaba con la más mínima respiración y que sugería también una bruma púrpura que evocaba a la ninfa Cirene y que, aunque

oculta, enmarcaba su cabeza clásica y finamente cincelada. Al ser objetivo de un millar de ojos y verse observada con mayor atención que un fósil de dinosaurio o cualquier otra monstruosidad, su ingenio y autocontrol no la traicionaron. Tras advertir la multitud que atraía, señaló con inocencia que los agentes de la ley habían cometido un gran error al no cobrar entrada a dos dólares por cabeza.

La artista enseguida se convirtió en la absoluta protagonista y el público de la sala aplaudía todas sus intervenciones. Hasta el juez fue incapaz de reprimir una sonrisa ante su impertinente ingenio. El señor Rowe volvió a señalar a la bailarina y a su agente como sus agresores y Lola, por su parte, le acusó de haber comenzado él la pelea dándole una patada en la pierna. Mirando al jurado, señaló que era un hombre violento, poco agraciado y que le había hecho proposiciones deshonestas. Después compareció su nueva doncella, Josephine, como testigo y juró que su señora había regresado a casa con una marca roja en la pierna del tamaño de una moneda, debido a la patada que le había propinado el señor Rowe aquella noche. Lola, sentada junto a su abogado, exclamó en tono jocoso: «Podría consolarme si hubiera sido pateada por un caballo, ¡pero no por un asno!». Las carcajadas y los aplausos inundaron la sala. Una serie de testigos ofrecieron sus versiones de lo ocurrido, incluido el señor Placide, que reconoció no haber visto nada y que cuando le avisaron de los disturbios pidió a Lola que se marchara, y ella se negó y lo llamó a gritos: «¡Maldito mentiroso, maldito sinvergüenza y maldito ladrón!». Desde donde estaba sentada se la oyó responder: «¡Porque lo eres!», y de nuevo se oyeron risas de fondo.

Finalmente y tras cuatro horas de juicio, el fiscal decidió que el caso debía trasladarse a otro tribunal y la fianza de la condesa quedó fijada en 1.000 dólares. El abogado de la artista consiguió reducirla a la mitad alegando que «el señor Rowe no tenía heridas ni en un pelo de su cuerpo». Tras entregar el dinero, Lola salió triunfante de la sala entre aplausos y vítores. Regresó al hotel en un coche tirado por cuatro caballos y saludando con la mano a sus admiradores.

Ya en su habitación y más relajada, reconoció que se había cerrado muchas puertas en Nueva Orleans. La mayoría de los empresarios teatrales, como Thomas Placide, se negaban a contratarla por su terrible carácter. Fue su agente Henning quien la animó a abandonar la ciudad y a buscar nuevas oportunidades: «Lola, debo ser sincero, aquí ya has triunfado, todos te conocen, pero no será fácil que te contraten. En cambio en California los teatros se te disputarán. Los buscadores de oro quieren divertirse y pagan caras las entradas. Tú los enamorarás. ¿Qué me dices?».

Mientras le escuchaba pensó en las vueltas que había dado su vida. Hacía unos años era la reina en la sombra de Baviera y ahora estaba a punto de embarcarse rumbo a una tierra sin ley donde los hombres vendían su alma por el codiciado oro. Ella, la condesa de Landsfeld, una de las mujeres más famosas de toda Europa, actuaría para los rudos mineros en miserables pueblos y campamentos. Sentía que su carrera iba en declive pero, lejos de inquietarla, la propuesta le agradó. «¿Acaso no soy yo también una intrépida aventurera, una mujer hecha a sí misma que no le teme a nada ni a nadie?», pensó mientras ordenaba a Josephine que hiciera el equipaje. La fiebre del oro excitaba su imaginación y la idea de probar fortuna en el salvaje Oeste americano le resultaba de lo más tentadora.

11

La fiebre del oro

Lola estaba a punto de emprender el viaje más peligroso de su vida. Había decidido tomar la ruta más corta para llegar a California desde Nueva Orleans atravesando el istmo de Panamá. Un camino infernal a través de la selva impenetrable, a pie, en trenes de vía estrecha y caminos de mulas. «Madame Montes, le deseo mucha suerte. Durante días solo verá selva, fango y miles de insectos. El calor es sofocante y no existe el más mínimo confort», le dijo el director del Hotel Verandah cuando se despidió de ella. El hombre ignoraba que la extravagante y caprichosa artista era en realidad una curtida viajera conocida por su excelente puntería y su habilidad con la fusta. Siendo apenas una niña había visto morir a su padre de cólera en la India y desde entonces toda su vida había sido una sucesión de aventuras a las que se enfrentaba con un valor y un aplomo extraordinarios. Con una sonrisa, Lola le estrechó la mano y respondió: «Mi querido amigo, si le contara lo que esta dama habituada a las comodidades de la vida ha visto con sus propios ojos, seguramente no me creería».

En la primavera de 1853 la artista se embarcaba en el

vapor correo *Philadelphia* en dirección a la costa panameña. La acompañaba su doncella Josephine, su perra Flora —regalo de un admirador neoyorquino— y su agente Jonathan Henning. Tras sus problemas con la justicia, había recuperado el buen humor y se mostraba encantadora con todo el mundo. La primera parte del trayecto fue un placentero viaje por las aguas cristalinas del Caribe. Delfines y ballenas siguieron la estela del barco para deleite de los trescientos pasajeros que iban a bordo. Una semana más tarde llegaron al bullicioso puerto de Colón que presentaba un aspecto deplorable de abandono y suciedad. Por aquí pasaban a diario miles de hombres de todas las nacionalidades sedientos de fortuna. Los viajeros del *Philadelphia* subieron al ferrocarril con sus enormes baúles, maletas y hatillos a la espalda. Era el medio de transporte más fiable y seguro para alcanzar el puerto de Panamá en la costa del Pacífico, distante a ochenta kilómetros. Desde allí partían los barcos a California llenos de aventureros y cargados de mercancías. Con la llegada masiva de colonos atraídos por la fiebre del oro, un avispado empresario decidió construir un ferrocarril para ahorrar unas semanas de viaje a aquellos impacientes hombres a los que nada los detenía. Pero la falta de recursos, la muerte de miles de obreros debido a las fiebres y el difícil acceso habían demorado su inauguración.

La humeante locomotora se puso en marcha avanzando lentamente por una vía estrecha que se adentraba en la exuberante vegetación. Sentada en su vagón, Lola contemplaba los precipicios de vértigo y las mortales curvas que iban quedando atrás. Por un instante le recordó la dura ascensión a la ciudad de Simla, cuando en compañía de su esposo, el teniente Thomas James, tuvo que sortear un peligroso desfiladero encaramada en una silla de manos que transportaban cuatro porteadores indios. A mitad de camino, el tren se detuvo bruscamente en Barbacoas, un pueblo de chozas abandonado en medio de la espesura. Como aún no había finalizado la construcción del puente sobre el río Chagres, los pasajeros y su equipaje debían proseguir viaje en canoas aguas arriba hasta la aldea de Gorgona. Fornidos remeros negros eran los encargados de impulsar con pértigas estas largas y estrechas embarcaciones de madera. Aunque era una travesía peligrosa porque había que sortear varios rápidos y fuertes corrientes, Lola solo tenía una preocupación. Había oído que en esas latitudes eran frecuentes los asaltos a manos de bandidos. Temía que pudieran robarle sus valiosas joyas ocultas en el interior del forro de su bolsa de viaje. Le habían contado que la Compañía del Ferrocarril subvencionaba una milicia privada bien entrenada que se encargaba de linchar a los ladrones, pero sobre el terreno la seguridad no estaba garantizada. Aun así era preferible a la ruta por tierra desde Nueva Orleans hasta San Francisco, que cruzaba el inhóspito desierto del Colorado y donde los viajeros en territorio indio debían ir escoltados por soldados.

Lola y su pequeño séquito de porteadores nativos llegaron a Gorgona al anochecer. Era otro miserable pueblo con algunas chozas desperdigadas, tiendas de víveres y casuchas hechas con tablas. Su agente Henning intentó conseguir alojamiento en uno de los pocos hoteles que ofrecían refugio contra los mosquitos y las tormentas tropicales. El Hotel Nueva York, pese a su pomposo nombre, era una modesta construcción con paredes de madera pintadas en brillantes colores que ofrecía «limpieza, descanso y comida». La propietaria era Mary Seacole, una intrépida mulata de origen jamaicano que junto a su hermano había montado dos hoteles en la ruta que cruzaba Panamá aprovechando la llegada masiva de buscadores de oro. Esta emprendedora y enérgica dama era muy popular en la zona por sus dotes sanadoras. En la selva pañamena las epidemias de cólera y disentería causaban estragos y ella trataba a los enfermos con plantas medicinales hasta que recuperaban la salud. También acompañaba con sus rezos a los moribundos que no conseguían sobrevivir en este ambiente tan insalubre.

Mary ya había oído hablar de la bailarina y desde el primer instante le disgustaron su porte altanero y sus exigencias. Le pareció una mujer problemática y se negó a darle hospedaje. Lola, que se encontraba cansada y hambrienta, intentó ganarse su confianza:

—Señora Seacole, permítame que me presente, soy la artista Lola Montes y me dirijo con mi representante y mi doncella a Panamá. Necesito dos habitaciones; le pagaré bien por ellas.

—Madame Montes —le respondió Mary sin apenas prestarle atención—, sé muy bien quién es usted, pero lamento decirle que mi hotel está completo y tendrá que buscar otro lugar. Puedo ofrecerle algo de comida, si lo desea, pero nada más.

—Estoy agotada, me urge cambiarme de ropa y darme un baño caliente, mi perra Flora también necesita descansar. Le ruego que me dé la mejor habitación —insistió.

—Me parece que no me ha entendido bien —le aclaró con firmeza—. No dudo de que estará acostumbrada a conseguir siempre lo que desea, pero esto es Gorgona, un lugar que no aparece en los mapas, y este es mi hotel, y aquí mando yo. Las mujeres como usted no son bienvenidas. Aquí solo admitimos damas respetables y, viéndola a usted, dudo que lo sea.

Lola ignoró el ofensivo comentario que acababa de escuchar. Estaba demasiado débil para discutir y solo deseaba dormir unas horas y comer un plato caliente. Al igual que la mayoría de las viajeras que hacían esa travesía, había cambiado sus finas enaguas y corsés por cómodas ropas masculinas. En sus memorias Mary Seacole recordaba así su encuentro en la selva con la condesa de Landsfeld: «Ha llegado la célebre Lola Montes, es una mujer guapa y de ojos malignos, viste de manera extravagante y varonil, un abrigo con solapas de terciopelo, una pechera ricamente bordada, sombrero negro de ala ancha, prendas íntimas francesas y unas elegantes y bien lustradas botas con espuelas».

La artista no tuvo más remedio que dirigirse a otro hospedaje situado justo enfrente del Hotel Nueva York. Por lo general, cuando atracaba un barco en el puerto de Colón, el número de pasajeros que se quedaban en Gorgona siempre excedía la oferta de camas y muchos tenían que dormir al raso sobre una estera. Lola, ajena a esta situación, se presentó ante el dueño como la condesa de Landsfeld y exigió una habitación para ella sola y un lecho para su mascota. Cuando el hombre le dijo que todas sus camas estaban alquiladas para esa noche y que no pensaba dejar en el suelo a uno de sus huéspedes, Lola le respondió en tono amenazante: «Señor mío, no me importa dónde o cómo duermen los demás, pero le hago saber que mi perra ha dormido en palacios. Consiga un colchón para ella y no me haga perder el tiempo, estoy muy cansada y nerviosa». El hotelero, intimidado por el tono autoritario de la dama, accedió sin rechistar a sus demandas. Cuando a la mañana siguiente intentó cobrarle cinco dólares por la cama suplementaria de Flora, la bailarina le apuntó con su pistola y consiguió que le bajara la tarifa. Después, muy alegre, se dirigió al bar e invitó a un trago a todos los clientes.

El último tramo de la ruta panameña era la etapa más temida por los pasajeros del *Philadelphia*. Los siguientes cuarenta kilómetros se hacían a lomos de mulas ensilladas que avanzaban muy lentamente en medio de la enmarañada vegetación tropical. Era la estación de lluvias y el empinado sendero resultaba casi intransitable. Los animales cargados con los pesados baúles y provisiones marchaban a duras penas entre el barro y la maleza. Asaltados por los mosquitos, los viajeros intentaban hacer caso omiso de los murmullos procedentes de la espesura. Abundaban los reptiles, los monos aulladores y los pumas, muy temidos por los nativos. Finalmente llegaron al puerto de Panamá, un pueblo sin encanto en pleno crecimiento donde se abrían almacenes, restaurantes, bancos y se construían elegantes edificios públicos de ladrillo. Aunque Lola publicó una nota de agradecimiento en el periódico local diciendo que el «cruce del istmo había sido muy satisfactorio y que no habían contraído ninguna enfermedad», más tarde reconocería que fue una travesía muy dura incluso para una mujer aventurera como ella.

La condesa se alojó en el Hotel Cocoa Grove, con vistas a una playa de arena blanca y palmeras, alejado del centro. Durante unos días pudo descansar y olvidar los contratiempos del viaje. Allí también se hospedaba un grupo de caballeros que acababan de llegar de Nueva York. Algunos eran distinguidos políticos de la administración del recién elegido presidente Franklin Pierce. Entre ellos había varios periodistas y Lola entabló conversación con el editor del *San Francisco Whig and Commercial Advertiser*. Se llamaba Patrick Purdy Hull, era un joven de veintinueve años robusto y campechano con el que congenió enseguida. Aunque no era atractivo y vestía de manera descuidada, tenía gran sentido del humor y una animada conversación. La artista se alegró al saber que se encontraba en la lista de pasajeros que pronto zarparían como ella rumbo a San Francisco.

Tras haber sorteado todo tipo de peligros en canoas y a lomos de mula, el viaje en el majestuoso vapor *Northerner* de la compañía Pacific Mail fue muy placentero. Aunque a la condesa su camarote no le pareció lo suficientemente confortable y se enfrascó en una pelea con el capitán para conseguir uno más amplio y fresco, se mostró muy cordial con la tripulación. El coronel Thomas Buchanan, que se encontraba entre los pasajeros, escribió en una carta a su esposa: «La señora Lola Montes es una mujer sin duda de carácter. La vi discutir con el capitán y le arrojó su bebida encima. Al parecer no estaba conforme con su cabina y quería una superior. Es una mujer rápida y, en conjunto, sorprendente. Descubrí que es muy culta y está muy bien informada. Sin ser una belleza, es una mujer de una apariencia muy llamativa y tiene un rostro que no puede olvidarse fácilmente».

Su nuevo admirador, el periodista Patrick Hull, la mantuvo entretenida con sus historias de audaces pioneros y chistes picantes. Por fin había encontrado en América un hombre que le gustaba y la hacía reír. No era culto ni elegante, pero sí ingenioso y lo pasaban bien juntos. Durante las dos semanas que duró la travesía Lola tuvo tiempo para conocerle mejor. Había nacido en Mansfield, Ohio, y en 1850 había llegado a San Francisco como delegado para supervisar el censo en California. La ciudad, que estaba en pleno crecimiento, le pareció que ofrecía muchas oportunidades para progresar y se quedó trabajando como periodista. Primero lanzó el *Pacific Courier*, una aventura que apenas duró cinco meses, y después fundó junto a sus socios el *San Francisco Whig*, que tuvo una mejor acogida.

Lola le desveló algunos detalles de su pasado. No dudó en contarle el éxito que había obtenido en toda Europa como bailarina española y en hablarle de su amistad con el rey de Baviera al que había cautivado «por su inteligencia y su don de gentes». Le insinuó que su primer matrimonio había sido un error de juventud y se presentó como la viuda del señor Heald, su último marido, aunque no tenía constancia de que hubiera fallecido. Hull, fascinado por su seductora belleza y carácter desinhibido, la animó a que hiciera una gira por los pueblos mineros de Sacramento, Grass Valley, Nevada City, Marysville... El periodista conocía bien la dura vida de aquellos buscadores de oro que se gastaban el dinero en bebida y diversión, sus únicos alicientes. Estaba convencido de que Lola podría triunfar en aquel lejano y aún salvaje Oeste americano.

En la madrugada del 21 de mayo de 1853, el *Northerner* surcaba las aguas del Golden Gate y fondeaba frente a la bahía de San Francisco. El día era despejado y Lola pudo contemplar la espléndida belleza de la extensa ensenada coronada por verdes colinas. Cuando puso el pie en tierra firme se vio rodeada de una multitud que abarrotaba el muelle. Toda aquella gente esperaba ansiosa la llegada del correo que transportaba el barco en sus bodegas. Un envío sin precedentes porque se trataba de 275 sacas con preciadas cartas y la expectación era muy grande. Entre el gentío fueron muchos los que reconocieron a Lola Montes. La artista respondió con amabilidad a las preguntas que le hicieron algunos periodistas locales que esperaban su llegada. Al día siguiente el *Golden Era* destacó: «La mundialmente famosa Lola Montes, condesa de Landsfeld, llegó a la ciudad a bordo del *Northerner*», y el *San Francisco Whig* anunció a sus lectores: «Entre los pasajeros del *Northerner* se encuentra Lola Montes, condesa de Landsfeld. Ha llegado con calma y discreción, y sin duda tendrá éxito en esta nueva empresa». El tono adulador se debía a que su amigo y copropietario del periódico Patrick Hull se había enamorado de ella durante la travesía.

San Francisco sorprendió a Lola porque imaginaba un lugar más provinciano y salvaje. Nada quedaba del antiguo pueblo de Yerba Buena fundado en 1769 por una expedición española y que apenas contaba con quinientos habitantes. Cuando corrió la voz del oro, el diminuto villorrio se transformó en una pequeña ciudad donde se mezclaban todas las razas y credos. Un paraje sin ley de calles de tierra empinadas con algunos edificios de madera, barracones y tiendas de lona. Un lugar de tránsito para los buscadores de este preciado metal que cruzaban medio mundo en pos de la fortuna. Entonces no había acequias ni alcantarillas y el cólera y la disentería frustraban los sueños de muchos hombres en plena juventud. La ciudad a la que Lola llegó aquella radiante mañana de primavera ya no era aquel gigantesco campamento de hombres de paso, sino una vibrante y sofisticada localidad de cincuenta mil habitantes con edificios de ladrillo y piedra.

Se alojó como una gran artista en el mejor hotel de la ciudad. No había cerrado ningún contrato con antelación ya que la fecha de llegada de los barcos era imprevisible, pero los directores teatrales enseguida llamaron a su puerta. A los pocos días llegó a un acuerdo para actuar en el Teatro Americano, considerado el más elegante de California y que había sido renovado recientemente para acoger a tres mil espectadores. En esta ocasión ella misma tuvo que negociar su contrato con el gerente del local, Lewis Baker, porque su agente había dimitido nada más llegar. Durante la travesía se habían peleado por asuntos económicos y Lola apenas le prestó atención, dedicada como estaba a conquistar con sus encantos al simpático periodista americano. Henning se presentó de manera inesperada en su habitación y, muy nervioso, le dijo:

—Renuncio a mi cargo, debo confesar que me equivoqué, no estoy preparado para aguantar este tipo de vida y tus cambios de humor me desconciertan. Regreso a Nueva Orleans, de donde nunca debí partir.

—No, amigo mío, no vas a dimitir porque soy yo quien te despide. Regresa a tu antiguo y aburrido trabajo de telegrafista, ya ves lo que me importa el dinero —le respondió enfurecida mientras rompía delante de él un cheque de 200 dólares.

—Había escuchado muchas cosas de ti, Lola, pero tu comportamiento es impropio de una dama. Te deseo suerte en California, la vas a necesitar si no controlas tu arrogancia y tu terrible carácter. —Y el joven desapareció de su vida.

Como de costumbre, este incidente entre la condesa y su agente artístico fue recogido por la prensa local y sirvió de publicidad antes de su esperado estreno.

Apenas cinco días después de su llegada, Lola Montes debutó en el Teatro Americano con *La escuela del escándalo*, una comedia ambientada en el siglo XVIII que la compañía residente conocía bien y cuyo papel de lady Teazle era uno de sus favoritos y causó sensación. Las entradas se vendieron a cinco dólares, y en la reventa se abonaron hasta tres veces su precio, una cantidad muy por encima de lo que el público había pagado en Nueva York. La crítica fue bastante favorable. El *Alta California* declaró:

> La señorita Lola ha puesto de manifiesto toda la gracia y vitalidad que podría esperarse de alguien que ha enloquecido a príncipes y ha azotado sin piedad a ministros, editores y asaltantes.

Y el *Golden Era* escribió:

> Como todo el mundo y el resto de la humanidad ya ha visto u oído hablar de esta mujer extraordinaria, no nos detendremos en ella con tanto detalle como su fama podría exigir. Baste decir que Lola Montes, la artista, la política, la aristócrata y la «hermosa dama del látigo», se encuentra entre nosotros, y que su nombre ha atraído al Teatro Americano al público más deslumbrante y numeroso que jamás se haya visto en esta ciudad, y que han ofrecido el más unánime de sus apoyos a los talentos de esta mujer. No podemos decir que admiremos las dotes interpretativas de Lola, pero sí pensamos que su baile es «celestial». Un éxito para la condesa de Landsfeld. Aparecerá de nuevo en el Americano mañana por la noche.

Llevaba apenas dos semanas en San Francisco y ya era una celebridad. Había ganado mucho dinero —solo en la noche de su estreno la taquilla recaudó 4.500 dólares— y se codeaba con lo más granado de la sociedad californiana. En una ciudad donde abundaban los teatros y la competencia era grande había conquistado al público con su fama de mujer temeraria y racial belleza. Desde su llegada y gracias al señor Hull, que se había convertido en su amigo y protector, la prensa seguía muy de cerca sus pasos. «Su vida ha sido una sucesión desenfrenada de excentricidades y escándalos. Sus amantes fueron reyes, príncipes, marajás, periodistas y aventureros, algunos incluso murieron por ella», se podía leer en uno de los folletos que el Teatro Americano distribuía como publicidad de su espectáculo.

La artista se dejaba ver con frecuencia en público y asistía a los estrenos del Washington Hall y del Teatro Jenny Lind, donde se representaban dramas de Shakespeare, pantomimas y óperas en cinco idiomas diferentes. También le gustaban las carreras de caballos que se celebraban los domingos en las pistas del hipódromo. A Lola le divirtió saber que un admirador había puesto su nombre a una de sus briosas yeguas. Era un rico caballero dedicado a las finanzas que invitó a la artista a ver correr a «Lola Montes» en una carrera benéfica. Al finalizar la prueba la condesa posó sonriente junto a la yegua ganadora y dijo unas palabras al público. «Señores, me siento muy dichosa al saber que esta hermosa yegua bautizada con mi nombre ha ganado esta carrera. Me agrada haber traído suerte a estas pistas y desde aquí aprovecho para reclamar la celebración de una carrera de caballos femenina en San Francisco, en la que estaría encantada de participar. Animo a las mujeres aquí presentes a que apoyen esta iniciativa», sugirió para sorpresa de todos.

Las gentes de San Francisco estaban ansiosas por ver en los escenarios a la bella y sensual condesa de Landsfeld, y no los decepcionó. Su *Danza de la araña* causó furor, pero la reacción del público dejó a Lola muy confundida. Para su sorpresa, mientras intentaba sacudirse las arañas de su ropa al ritmo de una trepidante melodía, los hombres le gritaban: «¡Búscala más arriba, preciosa!», «¡Por ahí, más abajo y que veamos tus hermosas piernas!». La bailarina, muy ofendida, detuvo el espectáculo y los reprendió duramente, pero no consiguió que se callaran; por el contrario, el intercambio de réplicas continuó un buen rato hasta que Lola decidió proseguir su actuación. Alguien debía de haberla informado de que en California era habitual que la gente participara en los espectáculos y que los actores les seguían el juego sin darle la menor importancia. Cuando en este mismo escenario se representaban obras de William Shakespeare, el público siempre intervenía. Si se sabían de memoria algunas frases de la obra, las repetían al mismo tiempo que el protagonista; silbaban, daban palmas y cantaban las canciones.

La interpretación de Lola fue muy aplaudida pero tuvo críticas controvertidas. Corrió el rumor de que el baile podía no ser apto para las damas respetables, puesto que la actriz se veía obligada a buscar a la araña entre su falda «a alturas más elevadas de las que resultarían adecuadas en un lugar tan público». Un editor que nunca había llegado a ver en persona el baile escribió que esta danza «no puede ser vista por una mujer de mente virtuosa en presencia del sexo opuesto sin que sus mejillas se enrojezcan con vergüenza y modestia ultrajada». Sin embargo, otro que sí había asistido a la función replicó: «Su baile no tiene nada de obsceno y, por el contrario, Lola Montes luce unas faldas mucho más largas que las de otras bailarinas que hemos visto sobre los escenarios de California».

A finales de mayo, la compañía del Teatro Americano ultimaba los preparativos para el estreno de *Lola en Baviera*, que se anunciaba en cartel como una obra «única y extraordinaria basada en hechos reales». Lewis Baker había apostado fuerte por esta gran producción de más de cincuenta figurantes. Lola había traído consigo a su inseparable director de orquesta, partituras, obras de teatro, programas de baile y vestuario personal, pero los actores de reparto, decorados, efectos escénicos, orquesta y la publicidad debía suministrarlos la gerencia del teatro. A la condesa no le gustaba la actitud de algunos figurantes, que parecían «estar en las nubes y no entender el contexto histórico de la obra». En esta ocasión sus quejas tenían sentido porque los ensayos resultaron insuficientes y los actores principales no pudieron memorizar bien sus papeles.

Al día siguiente del estreno madame Montes se encerró en la habitación de su hotel y pidió que nadie la molestara. Aunque solía decir que no hacía caso a las críticas, estaba impaciente por leer la prensa. Fumando un cigarrillo tras otro, buscó su nombre en las páginas dedicadas a espectáculos. Comenzó con el *San Francisco Daily Herald*, que siempre la había tratado con un especial respeto. En un extenso artículo informaba a sus lectores del lleno total en el Teatro Americano y destacaba que aunque los figurantes no estuvieron a la altura, porque no se sabían bien su papel, los actores principales consiguieron salvar la obra. Sin embargo, el crítico del *Alta California* no fue tan benévolo y en su texto consideró que la función no resultaba muy halagadora para su estrella principal: «La obra representa a Lola como una mujer coqueta, caprichosa e irresponsable, bien es cierto que con buenas intenciones, pero no la retrata como la astuta diplomática y capacitada líder que ha pasado a la historia». Lola cerró con gesto contrariado el periódico, pero tuvo que claudicar porque reconocía que la gente quería entretenimiento y espectáculo. «Tienen razón, esta obra es una farsa, una absurda comedia que no refleja para nada el papel que he desempeñado en la historia de Baviera, ni la influencia que ejercí en el rey Luis», suspiró mientras su doncella Josephine la ayudaba a vestirse. Estaba desilusionada, pero aún confiaba en cautivar al público californiano.

Aunque había conseguido fama y dinero, su contrato en San Francisco duró menos de tres semanas. *Lola en Baviera* mejoró en las siguientes representaciones, pero cada noche atraía menos espectadores. Pocos deseaban ver su actuación más de una vez y se quejaban de que la artista no tuviera un repertorio más variado. Lola compensaba el desinterés con una actuación adicional de su famosa *Danza de la araña*, pero la competencia era muy dura. La relación tirante que mantenía con el gerente del teatro tampoco facilitaba las cosas. A estas alturas Lewis Baker no estaba dispuesto a seguir soportando a la arrogante diva, y para su decepción pronto descubrió que sus bailes resultaban indecentes para algunos y que su actuación producía aburrimiento. Un caballero que asistió una noche a ver la obra mandó una carta al director del *Herald*, que se publicó para gran malestar de la artista. Decía así:

> Con el permiso de la condesa, creemos que *Lola en Baviera* es algo pedestre, y de no haber sido por la cercanía de un bárbaro que se entretuvo durante la velada poniendo a prueba su puntería con el tabaco que mascaba dirigido a nuestros zapatos, habríamos disfrutado con mayor facilidad de nuestra siesta. Además, Lola se apropia de la mayor parte del diálogo, apenas permite que los bávaros puedan decir nada por su cuenta y se reserva todas las agudezas y réplicas para sí misma.

Cuando el 8 de junio de 1853 el señor Baker rescindió el contrato, respiró aliviado. Lola no podía disimular su desilusión porque había imaginado una brillante carrera en California. Sin embargo, no estaba dispuesta a darse por vencida y comenzó los preparativos para emprender una larga gira por los pueblos mineros del norte. Fuera de San Francisco no había compañías residentes fijas y llevar consigo a actores secundarios resultaba demasiado caro y engorroso. Entonces pensó que podría recorrer el Oeste americano representando sus fandangos, boleros y cachuchas acompañada de un pequeño conjunto musical. Lola eligió a uno de los pocos amigos que había hecho durante su breve estancia en la ciudad. Michael Hauser, más conocido por el nombre artístico de «Miska», era un violinista húngaro de gran talento que siendo muy joven había salido de gira por Europa y Norteamérica. La condesa había asistido a un recital privado que el artista había ofrecido en un hotel de San Francisco y más tarde habían coincidido en una gala benéfica. El músico, de treinta y un años, era un bohemio al que le apasionaba viajar. En una carta a su hermano en Viena, donde le contaba sus aventuras en América, le describía con poética admiración a su querida amiga Lola Montes. Reconocía que se trataba de una mujer voluble e imprevisible, pero también de la más inteligente, valiente y atrevida que había conocido.

Lola le pidió a Miska que se uniera a la *troupe* que estaba formando para actuar por el interior. El violinista, cautivado por la belleza y el carácter emprendedor de la artista, aceptó dichoso acompañarla. La gira comenzaría en Sacramento, pero antes había decidido casarse con el periodista Patrick Hull en una ceremonia muy íntima. La prensa se había hecho eco de los rumores acerca del posible enlace entre la célebre condesa de Landsfeld y el joven editor del *San Francisco Whig*, pero nadie conocía ni el lugar ni la hora donde tendría lugar el feliz acontecimiento.

En la madrugada del 2 de julio de 1853, un grupo de amigos y personalidades locales se reunieron ante la vieja iglesia de adobe de la Misión de Dolores de San Francisco. Todos habían recibido el día anterior una inesperada invitación para asistir a la boda y acudieron a la hora fijada: las seis de la mañana. En el interior y a la espera de que llegaran los novios, los asistentes se fueron acomodando en los bancos de madera. Con algo de retraso, Lola apareció del brazo del señor Hull vestida con un sencillo traje de lino blanco adornado con encajes. Llevaba el cabello recogido en un original moño con perlas. Mientras se dirigía al altar se volvió e hizo una señal para que cerrasen las puertas de la iglesia y mantener fuera a los curiosos. La novia llevaba en la mano dos jarrones con rosas blancas artificiales que entregó como ofrenda al padre Fontaine, encargado de oficiar la breve ceremonia.

Tras las palabras del cura, los novios se dirigieron a la sacristía, donde Lola firmó el acta de matrimonio con el nombre de María Dolores Eliza Rosana Landsfeld Heald y afirmó tener veintisiete años, cinco menos de su edad real. Allí mismo se ofreció una sencilla recepción a los invitados con tarta, puros y cigarrillos. Unas horas más tarde la pequeña comitiva regresó al Gates House, en el que habían reservado una habitación para descansar y cambiarse de ropa antes de emprender viaje a Sacramento. No hubo banquete nupcial y Lola y Patrick se fueron al Tivoli, un restaurante muy popular donde desayunaron huevos fritos con tocino, pan recién horneado y café de puchero.

Lola le confesó a una amiga que se había casado con Hull porque «sabía contar historias subidas de tono que la hacían reír y era el mejor narrador de cuentos que nunca había conocido». La verdadera razón era de índole más práctica. Contraer matrimonio con Patrick le permitía retirarse de manera respetable de los escenarios de San Francisco, donde no había obtenido el triunfo deseado. El orgulloso esposo se pavoneaba frente a sus amigos de haberse casado con la mujer más deseada de Europa. Le divertía la aventura de acompañar a Lola en su gira americana y de paso escribir algunos artículos para su periódico.

Cuando se conoció la noticia de su boda, algunos medios dudaron sobre cuánto duraría esa unión y circularon chistes acerca de la mala reputación de la novia. El *Shasta Courier*, que nunca apoyó a la artista, fue el más irrespetuoso al referirse a ella como «la célebre actriz de "virtud" intachable». Tras despedirse de amigos y autoridades, la pareja subió al vapor *New World*, que remontaba el angosto río en dirección a Sacramento. «Mi amada condesa, este es el preludio de la maravillosa vida de aventuras y privaciones que nos aguarda», le había dicho Patrick en tono burlón mientras cruzaba el umbral del camarote con ella en brazos.

Al día siguiente llegaron al puerto de Sacramento atestado de barcos de todos los países. El matrimonio Hull se registró en el Orleans, un buen hotel recién inaugurado que contaba con bañera y calefacción en todas las habitaciones.

Hacía cinco años que un descubrimiento fortuito en estas tierras había cambiado el rumbo de la historia de California. En la inmensa propiedad del rancho del general John Sutter, un pionero de origen suizo llegado a California cuando la región aún pertenecía a México, se encontraron las primeras pepitas de oro. Aunque pidió a sus hombres que guardaran el secreto, a los ocho días la noticia se divulgó con rapidez. Toda la prensa americana anunció en grandes titulares que se había descubierto oro en California. Muy pronto la «Tierra Dorada» se vio invadida por oleadas de gentes procedentes del este, a pie, a caballo o en carro. Después llegarían a miles de Europa, China, Australia y América Latina. Para Sutter el oro fue su ruina. Todos sus trabajadores lo abandonaron ansiosos por hacerse ricos mientras sus tierras eran invadidas por ocupantes ilegales que robaron sus cosechas y ganado. Cuando Lola llegó a Sacramento, el general estaba luchando por mantener sus inmensas concesiones de terreno mexicano frente a las hordas de «argonautas», como se hacían llamar aquellos desesperados sedientos de oro.

La ruda población fronteriza que había crecido en torno a un fuerte y un pequeño asentamiento indígena se había convertido de la noche a la mañana en la ciudad de Sacramento, con calles bien trazadas, edificios de madera, tiendas y una iglesia. Abundaban los garitos de juego, bares, restaurantes y burdeles. Allí la vida no era fácil y existían pocas comodidades. Los hombres caminaban por la calle con sus pistolas al cinto, los asesinatos a manos de forajidos estaban a la orden del día y los ajustes de cuentas se cobraban a diario alguna vida. Los precios eran desorbitados y los comerciantes chinos que vendían víveres y utensilios a los mineros ganaban una fortuna. A su llegada Patrick llevó a Lola a comer a un restaurante donde el menú consistía en pierna hervida de oso grizzly, filetes de burro y liebre. La artista comió a gusto y no le hizo ascos a nada, aunque la carne de burro le pareció «dura como una suela de zapato».

Lola tenía un nuevo representante, James Adams, que compaginaba su trabajo con el de agente de la compañía de transportes Wells Fargo. El hombre llegó unos días antes para cerrar un contrato en el Teatro Eagle de Sacramento. La condesa de Landsfeld, como se hacía llamar de nuevo, ofrecía en su programa un amplio repertorio de danzas, con varios cambios de vestuario y el acompañamiento de sus músicos. Pero la competencia era grande porque había muchos locales dedicados a la diversión y al espectáculo. En 1853 triunfaban artistas como el famoso violinista noruego Ole Bull, que hacía saltar las lágrimas a los mineros con su romántica balada *Hogar, dulce hogar* y estaba considerado uno de los mejores músicos de todos los tiempos.

El señor Adams temía la reacción de la dama al conocer los tugurios del Oeste donde tenía programado actuar. El Dramatic Hall de Nevada City antes había sido un granero y el único teatro de Grass Valley era una habitación encima de un bar en el que los hombres, cuando bebían más de la cuenta, se liaban a puñetazos o a tiros.

Su representante la avisó del tipo de locales que se encontraría y del público que iría a verla:

—Señora condesa, espero que se sienta cómoda; estos teatros, por llamarlos así, son muy viejos y no reúnen demasiadas condiciones. Debo confesarle que el público de Sacramento tiene fama de ser muy brusco y más de un actor consagrado se ha visto expulsado del escenario por una lluvia de huevos y verduras.

—Querido amigo, he estado en sitios peores, se lo aseguro —dijo ella para tranquilizarle—. A estas alturas de mi vida creo que ya nada puede sorprenderme. Sé que vendrán mineros, cazadores y tramperos que no han visto en meses a una mujer. Estoy segura de que me respetarán y a pesar de su rudeza serán capaces de controlarse ante una dama.

—Así lo espero —respondió dubitativo el señor Adams—. Solo le aconsejo que no los provoque ni los aburra con discursos, se matan trabajando todo el día y solo quieren divertirse.

La noche del estreno había una gran curiosidad por ver bailar a la mujer que había provocado una revolución en Europa y destronado a un rey. El Eagle de Sacramento era una modesta construcción de tablas de madera y techo de chapa. Su escenario estaba hecho de cajas de embalar y se iluminaba con lámparas de petróleo. Los asientos eran largos listones soportados por barriles de cerveza. En las mesas se utilizaban velas en las botellas como luces bajas para dar más intimidad. Los incendios estaban a la orden del día y los teatros de California se reconstruían en apenas unas semanas. Las damas podían entrar en el Eagle por una escalera exterior para no tener que atravesar el bar donde los hombres fumaban, bebían whisky y jugaban a las cartas rodeados de hermosas mujeres ligeras de ropa.

A Lola no le disgustó el local y se limitó a comentar en tono de humor que era «del tamaño del salón de su casa de Munich». Calculó que si vendían todas las entradas cabrían entre setenta y cien personas. Por fortuna, nadie le habló de las ratas y las pulgas que campaban a sus anchas, ni de la mala costumbre que tenían los californianos de escupir en el suelo. La artista interpretó un bolero, una danza tradicional bávara, otra vestida de marinero y cerró la representación con su *Danza de la araña.* Todo el peso del programa recaía en su violinista Miska, que con su virtuosismo emocionó al público. Lola recibió una gran ovación y se retiró a su hotel muy satisfecha. Pero la segunda noche fue distinta. Cuando estaba bailando un fandango, se escuchó una sonora carcajada de algunos de los espectadores de la primera fila. Lola hizo una señal con la mano a su director de orquesta para que detuviera la música y avanzó decidida hasta el borde del escenario. Con gesto serio y mirada furibunda, exclamó: «Damas y caballeros, Lola Montes siente demasiado respeto por la gente de California para no darse cuenta de que esta risa estúpida viene de algunos adolescentes bobos. Venid aquí, dadme vuestros pantalones y tomad mis faldas. ¡No merecéis que os llamen hombres! Lola Montes está orgullosa de ser quien es, pero no tenéis el valor necesario para enfrentaros a una mujer que no os teme, que os desprecia. Sí, esta mujer». La artista quiso continuar su elocuente discurso, pero el alboroto que provocaron sus palabras se lo impidió. En un instante docenas de huevos y manzanas podridas saltaron por el aire y no tuvo más remedio que huir y buscar refugio tras el telón. La desaparición de la artista dejó al público desconcertado y dividido. Unos silbaron, otros aplaudieron y otros exigieron que se les devolviera el dinero. El director del teatro, Charles King, anunció que Lola Montes concluiría en breve su actuación. Pero a medida que pasaban los minutos la gente comenzó a impacientarse. El gerente del teatro pidió a Miska Hauser que actuara de nuevo y le ofreció 100 dólares si lograba calmar los ánimos de los asistentes. El hombre salió a escena y, para su sorpresa, los abucheos y burlas cesaron. Con gran entusiasmo interpretó *El pájaro en el árbol*, una pieza que él mismo había compuesto en la que imitaba con su violín el canto de un jilguero. Agradó tanto a la concurrencia que le pidieron un bis. Cuando Lola escuchó los aplausos que le dispensaban al músico, salió al escenario y se puso a bailar al ritmo de las castañuelas. Pero una vez más se enfrentaron a ella y el salón se convirtió en un campo de batalla. Se destrozaron bancos y asientos, se rompieron cristales y algunos gritaron: «¡Sinvergüenza, nos han robado el dinero!». El gerente suplicó al músico que continuara su actuación y Miska interpretó otra pieza de su reducido repertorio. Finalmente, Lola accedió a concluir el programa con la *Danza de la araña*, tal como estaba planeado, pero algo agravó la situación. Mientras intentaba defenderse de las arañas imaginarias que la atacaban, se acercó a un ramo de flores que un admirador había arrojado, y lo pisoteó repetidas veces. Aquel gesto se interpretó como una grave provocación y la gente abandonó en tropel la sala.

Lola tuvo que regresar al Orleans custodiada por unos agentes de la policía, pero la velada aún no había finalizado. Unas horas más tarde, medio centenar de personas se presentaron frente al hotel y comenzaron a increparla armados con ollas, sartenes y silbatos. La artista se asomó a la ventana envuelta en una bata de seda y, levantando desafiante su pistola, exclamó: «¡Cobardes, canallas de poca monta, perros rastreros! ¡Haraganes! No despreciaría a un perro sarnoso tanto como a vosotros». Sus insultos fueron recibidos con silbidos, abucheos y risotadas.

El marido de Lola, que hasta el momento no había intervenido, le pidió que se apartara de la ventana y dejara de provocarlos. Patrick, testigo de la humillación en el teatro, estaba muy enojado. Imaginaba que se había casado con una gran artista pero ahora le resultaba menos atractiva y sentía lástima por ella. Cuando, ya entrada la noche, el grupo se dispersó, su esposo le reprochó su actitud:

—Lo que has hecho ha sido una estupidez. Los has insultado poniéndote a su altura. Yo te dije que la gente de Sacramento no se andaba con tonterías; esto no es París, querida, es el Oeste americano. Aquí los hombres van armados, no juegues con fuego —le advirtió.

—No pienso acostumbrarme a que me insulten y se burlen de mí —replicó la bailarina—. Nunca había actuado para gente tan ordinaria y grosera. ¿Has visto cómo me han lanzado huevos y se han reído en mi cara? ¿Cómo puedes estar tan tranquilo?

—Lola, olvida lo que ha pasado, tienes que cumplir tu contrato y cuando reaparezcas, discúlpate y muéstrate arrepentida, seguro que cambiarán de actitud y te aplaudirán como el día del estreno.

Aquella noche Lola tuvo que recurrir al láudano, del que cada vez dependía más, para conciliar el sueño. Estaba inquieta y la idea de volver a actuar para estos hombres violentos y soeces le irritaba. De repente sintió la misma angustia que la noche en que una muchedumbre enloquecida acudió a su residencia de la Barerstrasse pidiendo a gritos que se marchara de Munich. Entonces no le faltó valor para enfrentarse a ellos, pero tenía a su lado a su fiel amante, el estudiante Elias Peissner, y al propio rey dispuesto a dar su vida por ella. Pensó en el consejo que le había dado Patrick y que debía ganarse como fuera al público de Sacramento. Ella sabía cómo hacerlo y le había funcionado en otras ocasiones. Se presentaría como una pobre mujer incomprendida, enferma y perseguida por sus enemigos que por encima de todo amaba al pueblo americano. «Volverán a besar mi mano, a admirar mi talento; no saben quién es Lola Montes», se dijo a sí misma mientras encendía un cigarrillo.

Dos días después, un cartel anunciaba que interpretaría de nuevo sus danzas españolas. Tras los últimos incidentes se tomaron fuertes medidas para garantizar la seguridad de la artista. Antes de la representación el jefe de policía de la ciudad se presentó ante el público y anunció que el primer hombre que diera muestras de la menor indisciplina sería arrestado. Se habían repartido muchas invitaciones entre algunos ilustres ciudadanos para garantizar el buen desarrollo del espectáculo. Entre ellos destacaba la presencia del mismísimo general John Sutter, que fue recibido con entusiasmo por los asistentes.

Cuando estaba a punto de levantarse el telón y con un lleno completo, el director del teatro apareció en escena y rogó a los presentes que tuvieran la amabilidad de permitir que la artista Lola Montes se dirigiera a ellos. La bailarina apareció radiante y, con gesto serio, comenzó a hablar: «Damas y caballeros, la última noche tuvo lugar un incidente en este teatro que lamento profundamente. Es un auditorio pequeño, casi como un salón. Estoy cerca de ustedes, casi a su lado, y el sonido no siempre se distingue con claridad. Sufro de palpitaciones y desde que llegué a Sacramento me he visto muy afectada por ellas, lo que hace que en ocasiones me sienta muy mal. Mientras bailaba golpeé con mi pie varias veces en el suelo sobre el escenario, y algunos se rieron, supongo yo que para insultarme. Tengo muchos enemigos, que me han seguido desde Europa y me han espetado sus injurias, y me imagino que son algunos de ellos los que llegaron aquí con tales intenciones. Sabía que no se trataba de ningún americano, puesto que he recibido su amor y su aprecio allí por donde he ido». A continuación explicó que todo había sido un absurdo malentendido y que sus pisoteos formaban parte de su mundialmente famosa *Danza de la araña*, que había representado con gran éxito en las principales capitales europeas. Añadió que, absorta en su papel y en el frenesí de la danza, había aplastado sin querer el ramo de flores. Para acabar, declaró en tono solemne: «Borraré de mi memoria lo que aquí ha ocurrido. No me rebajaré a tal altura y no hablaré más de ello. Damas y caballeros, si desean que continúe con mi baile, solo tienen que decirlo y gustosa me quedaré».

Al concluir su discurso sonó una gran ovación y se escucharon gritos de «¡Viva Lola Montes!», «¡Bravo, Lola!». Entonces la artista se inclinó en una humilde reverencia y abandonó el escenario. Luego reapareció deslumbrante e interpretó con pasión todos los bailes previstos en el programa, incluido su número de la araña. Fue tal el éxito conseguido, que tuvo que salir hasta en cinco ocasiones a saludar. Los que unos días atrás la insultaban y acusaban de ladrona e intrigante, ahora la aclamaban. La velada fue un rotundo éxito y el público, según los críticos, «hizo que el pequeño teatro temblara hasta los cimientos con el delirio de sus aplausos».

Las tres restantes actuaciones previstas tuvieron una buena acogida, pero otro incidente devolvió su nombre a los periódicos. El *Daily Californian* acusó a la bailarina de haber regalado entradas para así llenar la sala. Lola replicó de inmediato con la siguiente carta:

> Al director del *Californian*:
>
> El extraordinario artículo sobre mi persona que apareció esta mañana en su periódico exige una respuesta extraordinaria. Utilizo esta palabra, «extraordinaria», porque estoy sorprendida de que un editor respetable mienta de manera tan descarada y carezca de tal forma de cortesía y caballerosidad como usted. Soy una mujer. No defiendo los derechos de las mujeres, ¡¡¡pero al mismo tiempo pretendo reivindicar los míos de forma sumarísima ante cualquier mequetrefe!!! Tras un insulto de esta magnitud le reto a que luche contra mí. Le permito elegir entre dos armas, pues soy de naturaleza magnánima. Puede usted escoger entre

mis pistolas de duelo o probar suerte con una caja de pastillas. Una contendrá veneno y la otra no, por lo que las probabilidades se igualan. Exijo que este asunto quede resuelto a través de sus padrinos tan pronto como sea posible, ya que mi tiempo es tan valioso como el suyo.

María de Landsfeld Hull
Lola Montes

El editor ignoró la carta, pero la anécdota, bajo el título de «Pistolas o veneno», se reimprimió en los principales periódicos locales y añadió una nueva página a la leyenda de Lola Montes.

Tras la última representación en el Eagle, del que se despidió asegurando que «el sol siempre brillaría en su pecho cuando pensara en la noble ciudad de Sacramento», ella y su esposo realizaron un rápido viaje en vapor a San Francisco. Patrick había decidido dejar su trabajo en el periódico y vender sus acciones en el *San Francisco Whig*. Acompañar a su esposa de gira le iba a ocupar mucho tiempo y Lola cada vez le exigía más dedicación. La artista había firmado un contrato con el teatro de Marysville, una ciudad minera situada a unos sesenta kilómetros al norte de Sacramento. A mediados de julio, Lola Montes y su comitiva embarcaron a bordo del *Comanche*, un pequeño vapor fluvial construido a imitación de los que navegaban por el río Mississippi, pero la artista ignoraba que las noticias de sus escándalos en Sacramento se habían extendido como la pólvora por todo el interior.

Su paso por esta tranquila ciudad minera fue todavía más humillante que su segunda actuación en Sacramento. Su espectáculo aguantó en cartel tan solo un fin de semana y Lola estaba de muy mal humor. La primera noche discutió con el público, que apenas había aplaudido sus bailes, y ella los acusó desde el escenario de ignorantes y de no saber apreciar el arte de la danza española. Al día siguiente discutió con Miska y este abandonó indignado la compañía. No estaba dispuesto a aguantar por más tiempo el mal genio y los caprichos de su amiga. Su estrecha relación se había roto y aquella misma noche regresó a Sacramento.

Los problemas también afectaron a su matrimonio. La policía tuvo que intervenir en una discusión a gritos que tuvo con su esposo en el hotel donde se alojaban. Lola descargó toda su rabia contra él y Patrick le echó en cara que estaba acabada como artista. Cuando escuchó estas palabras, perdió los modales y le echó a empujones de la habitación. Después cogió sus maletas, abrió la ventana y las arrojó a la calle desde un segundo piso para diversión de los transeúntes que pasaban por allí.

Aunque los periódicos de San Francisco y Sacramento insinuaron que Lola Montes había puesto fin a su matrimonio, unos días más tarde se los vio de nuevo juntos en actitud cariñosa. Habían olvidado lo ocurrido y comenzaron los preparativos para continuar su gira rumbo a Grass Valley, un pintoresco pueblo minero a los pies de la cordillera de Sierra Nevada. Lola aún tenía a su lado a Charles Chenal, que se les había unido en San Francisco y que tocaba el clarinete, la flauta y el piano. Y también a su director de orquesta, Charles Eigenschenk, que cuando la ocasión lo requería actuaba como solista de violín. En los toscos y remotos campamentos mineros a donde ahora se dirigía no necesitaba más.

Apenas sesenta kilómetros separaban Marysville de Grass Valley, pero el viaje en diligencia por sinuosas carreteras de tierra batida y rocas resultaba largo e incómodo. La comida en las estaciones era mala, el polvo del camino se filtraba a través de las ventanillas y los constantes baches ponían a prueba los nervios de los pasajeros. Al atardecer la diligencia atravesó el verde valle de Wolf Creek y llegó a la estación de Grass Valley. Entonces Lola, sudorosa y con el vestido cubierto de polvo, no imaginaba que este lugar se convertiría en su hogar durante los siguientes dos años. La llegada de cualquier carruaje causaba un gran revuelo y numerosos curiosos se apiñaron en la estación para ver a los recién llegados. Aquel día llamó la atención una sofisticada dama que descendió del vehículo llevando en sus brazos un caniche. Enseguida fue reconocida como la mundialmente famosa Lola Montes, la mujer de escandaloso pasado. Un joven periodista del *Sacramento Union* se acercó para entrevistarla. Aunque estaba agotada del viaje, le atendió con cordialidad y respondió paciente a todas sus preguntas:

> —Madame Montes, ¿qué le trae a Grass Valley?
>
> —Tras mis éxitos en San Francisco, mi esposo me animó a emprender una gran gira por los pueblos mineros y estoy segura de que aquí, en Grass Valley, sus habitantes, gentes honradas y trabajadoras, apreciarán mis danzas españolas.
>
> —Una mujer como usted, una auténtica condesa que ha recorrido medio mundo, ¿no se aburrirá en este lugar tan tranquilo y remoto?
>
> —Señor, yo nunca me aburro, soy inquieta por naturaleza y siempre estoy haciendo planes. Estoy ansiosa por montar a caballo, recorrer sus montañas y conocer sus minas de oro. Y si los mineros así lo desean, actuaré en Nevada City, Marysville, Weaverville y allí donde me llamen.

—Bienvenida, pues, madame Montes, y felicidades por su reciente matrimonio. Deseamos que Grass Valley cumpla con todas sus expectativas.

Grass Valley era una pequeña localidad sin pretensiones de apenas dos mil almas, con las calles sin pavimentar y rústicos edificios de madera de uno y dos pisos, tiendas de lona y varios aserraderos. En nada recordaba el idílico pueblo minero de 1848, cuando estalló la fiebre del oro. Entonces en los ríos Sacramento y Americano bastaba con coger un cedazo, moverlo un poco y las brillantes pepitas de oro salían a la luz. Esa época romántica de aventureros solitarios había quedado atrás y en su lugar se escuchaba día y noche el incesante martilleo de las máquinas que pulverizaban la dura roca en busca de vetas. El oro fácil de la superficie era escaso y solo muy de vez en cuando algún minero afortunado tropezaba con una pepita que le permitía retirarse.

El año que Lola llegó, acababan de inaugurar el primer restaurante, una bolera, una librería y un burdel. El único hotel, el Beatty House, no ofrecía ningún confort para las mujeres que se hospedaban en él. Las literas estaban dispuestas en hileras en las habitaciones y apenas había intimidad. Por un dólar se podía dormir sobre simples repisas de madera, pero había que traer la ropa de cama. No resultaba un lugar adecuado para una dama y el matrimonio Hull se alojó en una bonita casa de Mill Street, situada a poca distancia del centro del pueblo. Conocida como «la Cabaña de Gil», era propiedad de Gilmor Meredith, un amigo soltero de Patrick que trabajaba en San Francisco como representante de la compañía de transporte marítimo y fluvial Pacific Mail Steamship.

La expectación por ver actuar a Lola Montes era muy

grande y las localidades se agotaron enseguida. Los mineros llegaban desde lugares muy lejanos para verla, pagaban gustosos los cinco dólares de la entrada y se quedaban en el pueblo para asistir a la siguiente función unos días más tarde. La primera aparición de la condesa estaba prevista para el miércoles 20 de julio de 1853. Lola ofreció dos actuaciones en Grass Valley, en el salón del pequeño Teatro Alta situado sobre un bar, y ambas tuvieron una clamorosa acogida. Se presentó solo como bailarina y confió en que sus sensuales movimientos y vistosos trajes cautivasen al público, en su mayoría mineros ávidos de contemplar a una mujer hermosa. La artista interpretó sus danzas españolas a la tenue luz de las lámparas de petróleo que iluminaban el local. Durante los cambios de vestuario sus dos músicos entretenían al público con viejas baladas que los hombres cantaban al unísono elevando sus jarras de cerveza. Pero la *Danza de la araña* era uno de los números favoritos de los mineros y mientras la artista giraba sobre sí misma intentando deshacerse de ellas, los espectadores marcaban el ritmo con los pies dando palmas mientras gritaban: «¡Arriba, Lola, tú puedes con ellas!», «¡Saca la fusta, cariño, y aplástalas a todas!».

Lola, muy animada, se dirigió con su compañía a Nevada City, otro importante campamento minero emplazado a pocos kilómetros de Grass Valley. En esta ocasión actuó en el Dramatic Hall, un modesto local situado sobre una licorería donde fue muy bien recibida. El gentío que llenaba la sala había pagado el doble de una entrada normal, pero les mereció la pena. Durante una semana Lola bailó para estos hombres rudos y solitarios que lo habían abandonado todo en busca de fortuna. Muchos estaban enfermos, entregados a la violencia y al alcohol. Y sin embargo nunca le faltaron al respeto. La última noche, un admirador había escrito para ella un hermoso poema en la cara posterior de uno de los programas, que dejó en un banco de madera. Salió publicado en el *Daily Herald* de San Francisco:

A Lola Montes

Hermosa Lola:
al mirar tu rostro creer no pudiera,
ni al ver esos ojos brillar,
que exista en tu alma ni un rastro siquiera
de nada que el mundo pueda condenar.
¡No, Lola, no!

Leo en esos ojos y en tu clara frente
voluntad —y ánimo—, no lo voy a negar;
veo un espíritu amante y ardiente
mas no libertino, ni hablar.
¡No, Lola, no!

No te creeré fría, cruel, ni obscena.
Has sido la víctima del hombre desalmado.
Te asignó la pena, colgó tus cadenas
para que en ti caigan los pecados del mundo.
¡No, Lola, no!

Cuando Lola lo leyó no pudo evitar emocionarse y los ojos se le empañaron de lágrimas. Por un instante recordó los poemas que el rey Luis le había escrito durante su tormentosa relación, que al principio le complacían, pero luego le resultaban cursis y empalagosos. En aquel instante de su vida, cuando se encontraba desmoralizada y a punto de dejar los escenarios, descubrir que aún era capaz de inspirar estos sentimientos en un desconocido fue muy halagador. Siempre había necesitado sentirse amada para dar lo mejor de sí misma en el escenario.

A comienzos de agosto, Lola se hallaba de regreso con su esposo en Grass Valley y se instalaron en la acogedora cabaña del amigo de Patrick. Aunque desde su llegada habían intentado mantener las apariencias, su matrimonio estaba en crisis. Ella quería seguir actuando, pero su carrera como bailarina estaba en decadencia. Como ya le había ocurrido en otros lugares, tras la expectación y el entusiasmo del primer día llegaba la decepción. La mayoría acudían a su espectáculo atraídos por su voluptuosa belleza, y su fama de «mujer inmoral», pero los mineros preferían las obras de Shakespeare que representaban compañías de actores ambulantes. Las tragedias épicas les encantaban porque su propia vida era una lucha constante contra los elementos.

Lola se vio obligada a suspender la siguiente función que tenía contratada en el Alta porque la sala estaba casi vacía y hubo que devolver el dinero de las entradas. A cambio ofreció una actuación privada a una docena de hombres de paso por el pueblo a los que deleitó con su *Danza de la araña*. No trascendió lo que le pagaron por esta *soirée* especial, pero al parecer «se superó como nunca». Patrick no dejaba de echarle en cara que sus boleros eran anticuados y demasiado castos:

—Lola, yo conozco a estos hombres bien, tus bailes españoles son aburridos y siempre iguales —le reprochó con dureza—. Aquí quieren diversión, que las artistas les animen la vida y compartan un trago con ellos.

—Estás hablando con tu esposa. Yo no soy una bailarina

cualquiera, no tengo por qué beber con esos hombres ni corear con ellos sus ridículas canciones. No estoy dispuesta a rebajarme más.

—Pues, cariño, me temo que ya puedes guardar en tu baúl tus preciosos trajes porque hoy también han suspendido la función por falta de público. —Una media sonrisa afloró en su rostro.

—Si es así, ya he tomado una decisión. ¡Se acabó! Lo dejo. Mi carrera como bailarina en los campamentos mineros ha terminado, ¿te alegra? Ya puedes irte al bar con tus amigos a celebrarlo.

Las continuas peleas y discusiones con su esposo le provocaban fuertes migrañas. Patrick, el joven alegre y despreocupado, empezaba a resultarle insufrible. Odiaba su fanfarronería y la forma en la que la trataba. Pero Grass Valley le gustaba, el paisaje era majestuoso y el aire de la montaña le sentaba bien a su salud. En ocasiones cerraba los ojos y por un instante creía estar en los Alpes bávaros y le parecía oír la voz del rey Luis, del que no había vuelto a tener noticias. ¿Seguiría en Munich o habría escapado a su hermosa Villa Malta en Roma, su refugio preferido? Por primera vez pensó en asentarse una larga temporada en este pueblo tranquilo y hospitalario. El *Nevada Journal* del 5 de agosto de 1853 escribió:

> La señora Lola parece haber quedado cautivada por el encanto de la población de Grass Valley, y desde hace algunos días disfruta de la hospitalidad del hogar del señor Meredith en Mill Street. Es una escena acogedora la de estas tardes frescas y deliciosas en las que vemos a la adorable condesa balancearse con gracia en una hamaca bajo el porche, rodeada por su galante anfitrión y un selecto círculo de

fieles que se rinden ante este altar de belleza y de genio. De hecho, «Gil» es la envidia de todo el pueblo; aunque se merece el éxito del que goza con esta bella dama, puesto que posee un corazón noble y unos modales encantadores. Es un tipo afortunado por tener a una auténtica condesa alojada en su residencia de soltero.

Y fue entonces cuando Lola Montes decidió comprar la cabaña de su anfitrión. Se había enterado por su esposo de que el señor Meredith, tras enriquecerse explotando una rica mina de cuarzo, pensaba regresar a San Francisco. El joven aventurero había llegado a Grass Valley atraído por la fiebre del oro y había construido esta cabaña como oficina de trabajo y vivienda. Era sin duda la más hermosa del valle, pintada de blanco, a la sombra de un viejo roble de frondoso ramaje y rodeada de una valla de madera. No era muy grande pero resultaba bastante confortable y con bonitas vistas a las montañas. En la planta baja un estrecho vestíbulo central daba paso a las habitaciones, que se abrían a ambos lados del pasillo. Al fondo unas empinadas escaleras conducían a una buhardilla, que era su refugio preferido. Con todo, lo mejor de la casa era el amplio porche cubierto que la rodeaba. Al atardecer Lola solía sentarse en él y se balanceaba plácidamente en la hamaca. Había un edificio anexo para alojar a invitados y criados, una cuadra para los caballos y una despensa para el almacenamiento de víveres y herramientas. Un jardinero chino se ocupaba de la huerta que él mismo cultivaba y que daba excelentes verduras que hacían las delicias de los invitados. Lola estaba decidida a abandonar por un tiempo los escenarios y a tener su propio hogar en este pueblo minero rodeado de valles y bosques frondosos.

—Señor Meredith, quiero darle las gracias por su hospitalidad y decirle que hacía tiempo que no me sentía tan a gusto en un lugar. Es sin duda la mejor cabaña de todo el valle y estoy segura de que con un toque femenino podría ser aún más encantadora.

—Agradezco sus palabras, soy un buen amigo de su esposo y ha sido muy agradable tenerles aquí. Estoy contento al ver que el bueno de Pat ha encontrado a una mujer como usted, hacen buena pareja y pueden quedarse en mi casa el tiempo que deseen.

—De eso quería hablarle; como sabe, nos casamos hace poco y desde nuestra boda hemos ido de aquí para allá. Estamos pensando en instalarnos un tiempo en Grass Valley y creo que en breve usted regresará a Nueva York. Me gustaría comprar su casa. ¿Qué me dice?

—Señora Lola, me halaga su propuesta y, la verdad, me sorprende. Lo cierto es que me apena venderla, pero estoy seguro de que usted la cuidará. —Y de pronto pareció decidido—: Trato hecho, mi cabaña es suya y de Pat, les deseo que sean tan felices como lo he sido yo.

La noticia de que Lola Montes había comprado la casa de Mill Street fue rápidamente recogida por toda la prensa local. Eran muchos los que no entendían cómo una dama tan culta y refinada, que había viajado por todo el mundo y tenía el título de condesa, había elegido vivir en ese remoto y polvoriento pueblo minero. Ella, sin embargo, se encontraba feliz y de excelente humor. Planeaba hacer excursiones a caballo por los alrededores, visitar los aserraderos, las minas de cuarzo que ocultaban vetas de oro y conocer una colina situada al norte del pueblo que llevaba su nombre. Era habitual bautizar los yacimientos mineros con nombres de mujeres famosas, y

Lola Montes Hill («Colina de Lola Montes») ya existía antes de su llegada a California.

La bailarina adquirió la cabaña de soltero de Gilmor, pero no pudo disfrutarla con su esposo. Pronto se extendió el rumor de que Patrick y ella iban a divorciarse. Solo llevaban dos meses en Grass Valley y una noche que el periodista llegó a casa huraño y algo ebrio, Lola no pudo más y estalló:

—No eres más que un holgazán que pretende vivir a mi costa. Te pasas el día con los brazos cruzados, bebiendo whisky en los bares y jugando al billar mientras yo tengo que ganarme la vida decentemente. Soy una artista y me debo a mi público.

—¿Qué público, Lola?, ¿esos hombres que te devoran con los ojos, escupen en el suelo y solo piensan en acostarse contigo? Por favor, vuelve a la realidad, Lola; a pesar de tus aires de grandeza, no eres más que una vulgar artista acabada.

—¡No te permito que me hables así! —le gritó ella, muy alterada—. Hemos acabado; recoge tus cosas y lárgate, no te necesito a mi lado. ¡Fuera de aquí! No quiero volver a verte.

Aquella noche Patrick Hull durmió en una de las literas del Beatty House y unos días más tarde se le vio subiendo a la diligencia con destino a San Francisco. Aunque durante semanas los periódicos siguieron publicando artículos acerca de los motivos de su separación, Lola expresó el deseo de que «su marido no la molestara más». Los más cercanos a la pareja explicaron que la dama había echado de su casa al periodista porque era evidente que él pretendía vivir a su costa. Su tercer matrimonio había sido el más breve y la condesa continuó haciéndose llamar Marie de Landsfeld Heald o señora Heald, en recuerdo de su segundo esposo.

Tras unas semanas en las que apenas se dejó ver en público, Lola abandonó en octubre su plácido retiro. Antes de que llegara el crudo invierno y la nieve cortara los caminos, viajó en el vapor *Sacramento* a San Francisco para comprar algunos muebles para su casa. Entre los artículos destacaba una pianola de gran tamaño que causó sensación en Grass Valley. También aprovechó su viaje para adquirir varios animales de compañía, y hasta un cachorro de oso grizzly. Ahora que en su nueva vivienda tenía suficiente espacio, contaba con una notable colección de animales: además de su caniche Flora, cuatro perros, una cabra, una oveja y un cordero, un caballo, tres canarios, un gato montés y un perro lobo que la seguía a todas partes. Pero fue su oso, al que bautizó como Major, el que despertó mayor curiosidad entre los vecinos. Lo tenía encadenado a un árbol en un rincón del patio y los niños al salir de la escuela se acercaban a verlo.

Alejada de los escenarios, Lola pasaba mucho tiempo en su cabaña entretenida trabajando en el patio trasero, que convirtió en su jardín. Poco después de instalarse escribió a un amigo para pedirle que el general John Sutter le mandara semillas de flores y esquejes de los viñedos de su célebre rancho. Así lo hizo, y en poco tiempo contó con un pequeño vergel de árboles frutales, viñedos y un cuidado jardín de flores y cactus. Cuando un periodista le preguntó si no se iba a aburrir en un lugar como ese, Lola le respondió: «Lo dudo; tendré tiempo para leer, escribir a mis amistades, cultivar rosas, disfrutar de la compañía de mis perros y recibir en mi cabaña a gente interesante». Lola establecería muy pronto su propia corte en el corazón de Nevada.

Su casa se convirtió en el centro de la vida social de Grass Valley y sus veladas eran conocidas incluso en San Francisco.

Siempre contaba con un círculo de admiradores. Cada semana llegaban distinguidos caballeros de todos los rincones de Estados Unidos deseosos de invertir en las minas de oro de Grass Valley que tan buen rendimiento daban. Eran jóvenes cultos y educados, ingenieros, empresarios, banqueros... de buenas y acaudaladas familias americanas. Los miércoles por la tarde, Donna Lola («Señora Lola»), como la llamaban en Grass Valley, solía celebrar animadas reuniones con hombres de negocios y artistas variopintos. Era, como antaño en París y Munich, la perfecta anfitriona. Sabía atender a sus invitados y entretenerlos hasta altas horas de la madrugada. Los deleitaba con algunas de las óperas más famosas, como *Zampa* o *La Favorita*, que hacía sonar en su pianola. Había siempre abundante comida, licores, buenos puros y animada conversación. En ocasiones Lola, cuando se sentía muy animada, cogía la guitarra y cantaba alguna canción española o regalaba un baile improvisado a sus comensales.

Le gustaba agasajar a los artistas que llegaban a Grass Valley de gira, y a falta de un buen hotel, los invitaba a quedarse en su cabaña. A mediados de agosto llegó al pueblo Ole Bull, el violinista noruego que había triunfado en Europa. Lola organizó una velada en su honor y reunió a un reducido grupo de amigos para que conocieran al talentoso músico. El señor Bull se sintió tan a gusto que ofreció a los asistentes un improvisado recital en el que demostró su maestría con el violín. Charles Warwick, un actor que llegó a Grass Valley con una carta de presentación para Lola, también disfrutó de su hospitalidad. Años más tarde así recordaba su primer encuentro con la condesa de Landsfeld en su rústica vivienda:

> Encontré a la gentil Lola en el jardín trasero, jugando alegremente con un par de osos que tenía como mascotas, con los que parecía gozar de una simpática y juguetona familiaridad. Tenía la cabeza descubierta, quemada por el sol hasta parecer casi mexicana, y el cabello le caía en rica abundancia sobre los hombros. Su atuendo era de la confección más sencilla y el material más simple, un vestido común, con falda y mangas cortas, que dejaba los bien moldeados brazos desnudos casi hasta los hombros. Yo estaba preparado para encontrar una mujer de mundo, una aventurera astuta y especuladora que, tras hacerse con el corazón del viejo rey de Baviera y revolotear de una corte europea a otra como un cometa errabundo, había llegado hasta nosotros por puro aburrimiento.

Al señor Warwick le sorprendió el buen talante de Lola y cómo en tan poco tiempo se había convertido en una de las personalidades más solicitadas de Grass Valley:

> Solo puedo declarar que cuando la encontré era una mujer generosa, caritativa y de buen corazón. Durante mi corta estancia en Grass Valley llegué a conocer a todos los personajes principales del lugar, puesto que frecuentar a Lola suponía un pasaporte para gozar de la compañía de la mejor sociedad de aquella agreste población minera. La condesa era la figura favorita de todas las clases, desde los toscos e incultos mineros hasta las personas más ricas e influyentes de aquel El Dorado rural, y aquella comunidad semicivilizada la consideraba como una especie de «hija del regimiento».

Entre los más rendidos admiradores de Lola estaba uno de los pilares de Grass Valley, John E. Southwick, director y dueño de una parte de la mina Empire. Era un caballero maduro, educado y de porte elegante, hijo de un comerciante de Nueva York de considerable fortuna. Cuando vio actuar en el teatro a la bailarina, cayó rendido ante sus encantos y se ofreció a ayudarla económicamente. Johnny, como ella le llamaba en la intimidad, financiaba algunas de las brillantes fiestas y veladas que Lola organizaba en su casa. Si él recibía visitas de políticos y futuros inversores, los invitaba a la casa de su amiga donde ambos ejercían de anfitriones.

Un día la animó a adquirir participaciones sobre esa mina que iba a convertirse en la más rica de toda la historia de California:

—Mi querida Lola, conoces bien mis sentimientos y me gustaría ayudarte. Como sabes, soy uno de los primeros inversores de la mina Empire, y debo reconocer que también soy un hombre muy rico. Va a ser la mina más productiva de toda California y tú, querida mía, también puedes ganar mucho dinero.

—Gracias, Johnny, pero no se me dan bien los negocios; yo soy solo una artista y debo reconocer que cuando tengo dinero no sé ahorrar, se me escapa de las manos.

—Para eso me tienes a mí, para aconsejarte; tú solo tienes que pensar en tu futuro y comprar participaciones de la Empire. No te arrepentirás, cariño —le insistió en tono paternalista para convencerla.

La condesa siguió los consejos de John Southwick e invirtió 20.000 dólares en su mina, una considerable cantidad que le reportó grandes beneficios.

Aquel primer invierno en Sierra Nevada fue el más duro

que Lola recordara. Un día de diciembre se despertó y se encontró que todo el paisaje a su alrededor estaba cubierto por una capa de nieve de medio metro. Grass Valley había quedado casi sepultado tras una tormenta infernal que derribó varios árboles centenarios cercanos a su cabaña. Para poder bajar al pueblo, improvisó un original trineo tirado por una yunta de caballos que decoró con varios cencerros de vaca. Las gentes de Grass Valley la vieron pasar «veloz como un meteorito entre los copos y las bolas errantes de nieve que lanzaban los niños». El día de Navidad, la artista instaló un gran abeto decorado en el salón de su casa e invitó a las pocas niñas que había en el pueblo a una divertida fiesta. Las obsequió con regalos, jugó con ellas, hizo sonar la pianola y les preparó una deliciosa merienda. Siempre le habían gustado los niños y en ocasiones había confesado que lamentaba no haber podido ser madre.

Lola recibió el año de 1854 muy animada y con buena salud. Aquella vida sencilla y retirada, sin preocupaciones, le sentaba a las mil maravillas. Por primera vez en mucho tiempo podía ser ella misma. No necesitaba fingir ni inventarse un pasado porque nadie le preguntaba por él. No volvió a tener migrañas ni los ataques de fiebres que la obligaban a guardar cama. Tuvo tiempo para meditar y estar a solas consigo misma. Entonces comenzó a leer detenidamente la Biblia que le prestó una vecina. Sentía en su interior que había madurado y quería dejar atrás a la mujer frívola y ambiciosa que había sido en el pasado.

En febrero su nombre estaba de nuevo en boca de todos, aunque en esta ocasión por culpa de su oso. Major había crecido mucho y seguía encadenado en un rincón del patio trasero. Un día que la condesa le daba de comer unos azucarillos, el animal le hundió los dientes en la mano y trató de atacarla con sus garras. Un hombre que pasaba por allí acudió en su ayuda y consiguió liberar su mano de las fauces del animal. Aunque Lola sentía afecto por él y era la primera vez que se comportaba de manera violenta, decidió venderlo por temor a que pudiera lastimar a algún niño. Pronto apareció un curioso anuncio en el *Grass Valley Telegraph* el 9 de marzo de 1854:

> Se vende oso grizzly. Para más información, presentarse en la residencia de la señora Lola Montes, en Mill Street, Grass Valley. Valga decir que, al igual que su dueña actual, el señor grizzly es de naturaleza amable y no consta que jamás haya vulnerado los derechos de terceros sin previa provocación. El animal sería una gran adquisición para el divertimiento de familias y niños, por no hablar de sus otras excelentes cualidades.

Este incidente con el oso fue el primero de una serie de infortunios que Lola sufrió en aquellos meses y que pusieron en evidencia su espíritu intrépido. Con la llegada de la primavera y el buen tiempo se animó a montar a caballo y explorar las montañas cercanas. En una de sus salidas sufrió una aparatosa caída. Mientras cabalgaba por una escarpada cuesta, a poca distancia de su cabaña, vio unas flores al otro lado del camino. Para ir a cogerlas intentó saltar con su caballo una zanja ancha con tan mala fortuna que el animal resbaló y cayó hacia atrás. Lola salió despedida por los aires y acabó en las aguas heladas y poco profundas de un riachuelo. No sufrió ninguna fractura, tan solo leves contusiones, y en unos días se la vio trotando «como un indio piel roja» por el valle seguida de sus perros. En julio salió de excursión a las montañas de Sierra Nevada con un grupo de amigos y tuvo que adelantar su regreso porque el encargado de las provisiones desapareció con sus mulas en plena noche. Cuando finalmente llegaron a Grass Valley, llevaban dos días sin comida y Lola estaba de muy mal humor porque creía que se trataba de una venganza contra ella. Más tarde se descubrió que el hombre extraviado había sufrido un accidente y que había estado deambulando buscando sus animales hasta que fue rescatado.

Pasaban los meses y la bailarina seguía disfrutando de su apacible y bucólica vida en Grass Valley, donde había pocos alicientes para las mujeres. Nadie hubiera reconocido a la sofisticada y elegante Lola Montes de antaño, vestida a la última moda, que frecuentaba los ambientes más selectos de París o Londres. Desde su llegada renunció a sus vestidos de seda y finos encajes, a los sombreros adornados con flores y plumas, y a sus delicados botines de cabritilla. Apenas se maquillaba, tenía el rostro curtido por el sol y el cabello casi siempre lo llevaba suelto, oculto bajo un sombrero de paja de ala ancha. En ocasiones especiales se envolvía en alguno de sus vistosos chales de cachemira, pero nunca lucía sus joyas, que guardaba en su cabaña a buen recaudo. En Grass Valley no había muchas ocasiones para arreglarse. La vida social giraba en torno a las iglesias, los teatros y clubes como la Sociedad Literaria de Grass Valley y el Círculo de Costura, donde las damas se reunían a bordar mientras se ponían al día de los chismes. Lola se mantuvo apartada de estas reuniones; no era miembro de ningún comité y tampoco asistía a misa. Como les contaba a sus amigos de Sacramento, por primera vez en muchos años disfrutaba de los pequeños placeres de la vida, de la compañía de su caniche Flora, de una cena con artistas de paso por el pueblo, de las cartas que escribía a sus amigos en Europa y de los bellos atardeceres en su porche.

De vez en cuando los periódicos locales informaban de que la artista pensaba regresar a los escenarios y hacer una gira por las minas del sur, pero no era cierto. Un corresponsal del *Golden Era*, que pasaba por el pueblo y le hizo una breve visita, escribió: «Lola Montes, también conocida como la señora Hull, sigue todavía aquí, apartada en su retiro rural, y parece disfrutar de su estancia. De vez en cuando se la puede ver montada a caballo mientras da caladas a su puro con tanto entusiasmo como si fuera un dandi de Broadway». Desde su llegada a Estados Unidos, la prensa americana había seguido muy de cerca sus pasos, pero al retirarse de los escenarios nada se sabía de ella. Y fue entonces cuando protagonizó otra de esas escenas que tanto gustaban a la prensa sensacionalista y la devolvían por un instante a la actualidad.

En noviembre se vio involucrada en un altercado con el editor del *Grass Valley Telegraph*, un hombre llamado Henry Shipley. Este escritor con fama de charlatán, soberbio y gran bebedor nunca había mostrado la menor simpatía por Lola Montes. La bailarina ya se había enfrentado verbalmente a él cuando amenazó a tres músicos diciendo que pensaba escribir una reseña que «pondría en su sitio a estos artistuchos». Lola le rogó que respetara a aquellos que se ganaban honestamente el pan en los escenarios. Aunque Shipley le prometió que no publicaría ninguna crítica, no cumplió su palabra y escribió un extenso artículo donde, entre otras cosas, sugería que la compañía de cantantes se había reunido «con el solo propósito de atormentar a todo aquel que se situara a una distancia suficiente para escucharlos». Luego el periodista se presentó en su casa para intentar hacer las paces, pero Lola le expulsó a punta de pistola después de que él la amenazara con desenmascararla y demostrar al mundo que no era más que una «artista envejecida que ya no era capaz ni de sacudirse las arañas de su cuerpo».

No obstante, lo que más había irritado en esta ocasión a la artista fue un comentario que Shipley hizo en su periódico acerca de la reina Isabel II de España: comparaba a la soberana española, célebre por su ardiente sexualidad y su lista interminable de amantes, con Lola Montes. Ambas eran, además, y según él, expertas en interferir en asuntos de gobierno. El editor terminaba su artículo diciendo que «el rey Luis se hubiera quedado maravillosamente encantado de tener a las dos en su corte de Baviera».

Cuando la condesa lo leyó, salió de su cabaña indignada con el recorte de prensa en una mano y su fusta de cuero en la otra. Encontró a Shipley sentado a la barra del bar Golden Gate, en Main Street, bebiendo tranquilamente un whisky. Con paso firme y mirada furibunda, se acercó a él y exclamó en voz alta:

—Le advertí que si volvía a provocarme se las tendría que ver conmigo, patán. No es más que un borracho, un cobarde que ataca a las mujeres sin que puedan defenderse. ¡Pues ya ve que yo sí sé defenderme! —le gritó mientras le golpeaba con la fusta.

—Ya veo que la lectura de mi artículo le ha disgustado —le respondió con mirada burlona mientras la agarraba por el brazo—. Estese quieta y controle sus nervios, no deseo herirla, madame Montes.

—Usted no es quién para darme órdenes, estúpido, sinvergüenza, arrogante —continuó Lola, alzando la fusta fuera de sí.

Los clientes del bar se quedaron sorprendidos contemplando la escena. La imagen de una mujer vestida de negro y con un llamativo sombrero de plumas fustigando a un joven rubio de pobladas patillas y alta chistera era un divertido espectáculo. Lola apeló a los mineros allí presentes para que la defendieran, pero de nada sirvió aunque les ofreció pagar una ronda gratis de bebida. A cambio solo recibió un aluvión de sonoras carcajadas y gritos de «¡Brava Lola!», «¡A por él, hermosa!». El señor Shipley permaneció sentado impasible, fumando su pipa y apurando su trago mientras la condesa le insultaba a sus espaldas. Finalmente se levantó, pagó la cuenta y se retiró triunfante, dejando en evidencia a su atacante y enemiga. Después Lola abandonó el bar y regresó a su casa muy alterada. Lamentaba haberse mostrado tan violenta delante de las gentes de Grass Valley, que no conocían esa faceta suya. Pero no podía evitarlo. Cuando alguien ofendía su honor, estallaba y era incapaz de controlarse.

En el pueblo, donde resultaban muy comunes las peleas en los bares, el incidente se olvidó rápido, pero la noticia de que Lola Montes había atacado con su célebre fusta al editor de un periódico americano recorrió toda Europa. Para la bailarina no fue fácil superar la sensación de ridículo y los comentarios satíricos que suscitó su conducta, y durante las semanas siguientes se recluyó en su cabaña y su nombre no volvió a aparecer en los periódicos.

Sin embargo, todos los que la conocieron en aquella época guardaban un grato recuerdo de ella. Aunque podía resultar algo excéntrica, resaltaban su buen talante y su generosidad con los más pobres. Algunos la recordaban cabalgando durante largos kilómetros para llevar comida y medicamentos a un pobre minero. O permaneciendo en vela toda una noche ante la cama de un niño enfermo cuya madre no podía contratar a una enfermera. Un reportero llegado de San Francisco escribió en aquellos días: «Lola Montes revoloteaba de pueblo en pueblo para llevar a cabo sus obras de caridad. Siempre atenta y solidaria con los más necesitados, se ganó el corazón de los más humildes».

Lola llevaba año y medio en Grass Valley y corrió de nuevo el rumor de que la artista pretendía regresar a los escenarios. A principios de 1855 viajó a San Francisco para intentar contratar a veteranos artistas californianos y poder salir de gira en verano. En esta ocasión su destino era Australia, otra tierra prometida donde abundaban las riquezas y las minas de oro atraían como un imán a miles de aventureros. Un país que se encontraba viviendo su propia fiebre del oro y donde los ricos mineros también estaban dispuestos a pagar buenas sumas de dinero por unas horas de entretenimiento. A Lola le encantaba su cabaña, pero no se imaginaba acabando sus días en un sitio como Grass Valley. Además, el pueblo estaba cambiando y había perdido su aire pintoresco y tranquilo. Las rústicas casas construidas con listones de madera de Main Street eran derribadas y en su lugar se levantaban mansiones de ladrillo de estilo victoriano propiedad de los nuevos magnates de la minería. Cada semana llegaban familias enteras dispuestas a asentarse en este pueblo de las montañas cuyos yacimientos funcionaban a pleno rendimiento.

Siempre había sido muy inquieta y aunque ahora se sentía más cansada, deseaba seguir viajando y ganar más dinero para poder retirarse en una bonita casa de la campiña inglesa que tanto le gustaba. Estaba decidida a renovarse como artista y, si su salud se lo permitía, soñaba con llevar su propia compañía hasta Hong Kong, Filipinas y regresar a los escenarios de su niñez en la India; después proseguiría rumbo a Turquía y Egipto para alcanzar finalmente Europa. Sabía que no iba a ser fácil, tendría que ensayar de nuevo largas horas, renovar su vestuario y sobre todo reunir a un buen elenco de actores dispuestos a viajar con ella a las antípodas. No era la joven enérgica y seductora de antaño, pero seguía siendo un espíritu libre y rebelde.

En mayo había conseguido convencer a su director musical Charles Eigenschenk para que se uniera a su gira australiana. La pequeña compañía incluía a un actor moreno, alto y atractivo para los papeles cómicos y románticos, el joven Augustus Noel Follin. Tenía veintisiete años, un acentuado carácter melodramático y utilizaba el nombre artístico de Frank Folland. Había dejado a su mujer, de la que estaba separado, y a sus dos hijos en Cincinnati para ir en busca de fortuna al Oeste. Como muchos otros, no logró hacerse rico y se vio obligado a trabajar como limpiabotas, en la taquilla de un teatro y a actuar en papeles menores de comedias para subsistir. Había conocido a Lola un año antes en una de sus veladas musicales en Grass Valley y la condesa le había impresionado por su desbordante energía, talento y especial magnetismo. El actor aceptó enseguida su propuesta y más cuando ella le aseguró que también sería su representante. Se comprometió a pagarle 100 dólares semanales más un buen porcentaje de los beneficios.

Aunque era algo reservado, Frank le contó a Lola que su madre había fallecido siendo él un niño y su padre, Charles Follin, se había vuelto a casar con una neoyorquina, Susan Danforth; de este segundo matrimonio nació su hija Miriam, a la que el actor estaba muy unido. Unos días antes de partir Frank les escribió una carta de despedida. No se atrevía a decirles que se había enamorado de la célebre artista Lola Montes y en ella se mostraba misterioso y preocupado por su porvenir:

> Apenas tengo ánimos para escribir. He intentado hacerlo en veinte ocasiones durante la última semana, pero no lo he logrado. Ahora que ha llegado el momento os envío algunas líneas lleno de desesperación: dentro de tres días abandonaré California. Me marcho a Honolulú, Sidney, Australia-China-Calcuta-Bombay-Constantinopla e Inglaterra, y de ahí a París y a Nueva York. Estaré fuera dos años o más. Me voy con la condesa de Landsfeld, Lola Montes, como su representante. Si tengo éxito, ganaré 25.000 dólares. No tengo nada que perder y lo tengo todo por ganar. La situación en California lleva muy parada durante meses. Pero no me atrevo a revelar más. Moriría si lo hiciera. Que Dios os bendiga. Os quiere,
>
> FRANK

En aquel cálido mes de junio Lola cerró su cabaña de Grass Valley y se despidió con tristeza de sus admiradores y vecinos. Antes de tomar la diligencia a San Francisco hizo testamento y se lo entregó a su buen amigo y protector John Southwick, de la mina Empire. Se rumoreaba que la bailarina, gracias a sus inversiones en minería, había ganado mucho dinero y tenía varias propiedades de terreno en el condado de Nevada.

La noche anterior a su partida, la actriz Laura Keene, que acababa de regresar de una gira por Australia, y otras amistades de Lola del mundillo teatral se reunieron en la suite donde se alojaba la artista en el Hotel Internacional. Querían brindar con ella y desearle éxito en su nueva andadura.

—¡Por Lola! ¡Por Australia, tierra de oportunidades! ¡Por una gira exitosa en Victoria, Sidney, Ballarat, Bendigo...! ¡Y por su compañía, que es la mejor!

—Por vosotros, mis amigos —respondió Lola emocionada, levantando su copa—, porque me habéis devuelto la alegría de vivir y la confianza en mí misma.

A Lola Montes no le gustaban las despedidas y trataba siempre de evitarlas, pero aquella tarde del 6 de junio de 1855 un numeroso grupo de amigos y admiradores la esperaba en el muelle de San Francisco. Desde muy niña se había tenido que acostumbrar a separarse de sus seres queridos y comenzar una nueva vida rodeada de extraños. A sus treinta y cuatro años, afrontaba con ilusión este nuevo desafío, aunque en los últimos días estaba cansada y notaba un molesto hormigueo en las piernas. Tuvo palabras cariñosas para todos y les prometió que regresaría a California tras su periplo australiano. Muchos de los que estaban allí habían viajado desde Grass Valley para acompañarla hasta el último momento.

A la hora prevista el capitán del *Fanny Major* dio la orden de levar anclas y desde la cubierta Lola oyó los gritos de sus amigos: «¡Que Dios te acompañe!», «¡Vuelve pronto!». Mientras observaba desde la cubierta cómo el majestuoso bergantín abandonaba las tranquilas aguas del Golden Gate, tomó del brazo al apuesto Frank Folland y apoyó la cabeza en su hombro. No podía ocultar que le había contratado porque le gustaba, y aunque no era un buen actor, le parecía un diamante en bruto. Tenía presencia, una voz grave y un aire melancólico que resultaba muy seductor. Tras el desengaño de su último matrimonio no pensó que volvería a sentirse atraída por un hombre, pero Frank era diferente. Quizá ahora, en plena madurez, había encontrado al compañero que necesitaba a su lado.

Mirándole a los ojos y esbozando una sonrisa, le susurró: «Querido, no te arrepentirás, vas a ganar mucho dinero en Australia y junto a mí no te sentirás nunca solo». Él contempló su rostro, todavía hermoso, y la besó en los labios.

12

Cae el telón

Cuando el *Fanny Major* amarró en los muelles del puerto de Sidney se desencadenó una inesperada tormenta. En apenas unos minutos comenzó a llover a raudales, soplaba un viento huracanado y el cielo se cubrió de espesas nubes negras. Para Lola, de naturaleza supersticiosa, fue un mal presagio. Los dos meses de travesía habían sido especialmente duros y tediosos. El mal tiempo y el fuerte oleaje provocaron mareos a la mayoría de los pasajeros. Aunque Lola estaba muy animada ante su nueva gira australiana, a medida que pasaban las semanas le embargó la inquietud. Llegaba sin contrato ni cartas de recomendación, pero dispuesta a hacerse un hueco en aquella tierra de pioneros. La idea de fracasar de nuevo en un país tan remoto, del que nada sabía, la angustiaba. Durante el largo viaje aprovechó el tiempo a bordo para ensayar su obra *Lola en Baviera* con los miembros de su nueva compañía. «¿Seré aún capaz de cautivar al público con mi ingenio y mi belleza? ¿Conocerán estas gentes algo de mi pasado o solo seré una artista célebre en plena decadencia?», se preguntaba.

La ciudad de Sidney, a orillas de Port Jackson, le sorprendió gratamente. Había escuchado tantas historias sobre los peligrosos convictos que allí habitaban que le pareció un lugar de lo más civilizado. Desde su fundación, esta colonia británica había sido el destino de miles de presos llegados del Reino Unido, donde las cárceles estaban saturadas. Los reos que cumplieron su condena en la colonia trabajaron duro como mano de obra en la construcción de puentes, carreteras, puertos y penales. Cuando en 1851 se descubrió oro en Nueva Gales del Sur, la noticia se extendió como un reguero de pólvora y llegaron hordas de aventureros de todos los rincones del mundo. Ciudades como Victoria, Ballarat y Bendigo habían crecido de la noche a la mañana gracias a la fiebre del oro. Los mineros más afortunados estaban dispuestos a gastarse el dinero para ver un buen espectáculo de entretenimiento, y más si actuaban mujeres hermosas. A primera vista Sidney parecía una réplica exacta de Londres, con sus anchas y bien trazadas avenidas por donde circulaban elegantes carruajes. Había hoteles de lujo, tiendas de moda, mansiones de estilo victoriano y parques públicos cubiertos de césped.

Lola y el actor Frank Folland se alojaron en el Hotel de Petty, situado en la céntrica y animada York Street. Era una mansión colonial de dos plantas que contaba con cuarenta habitaciones con baño y las mejores vistas de la ciudad. Estaba rodeado de un extenso jardín de frondosos árboles que protegía a los clientes de las miradas curiosas y garantizaba su privacidad. Todos los visitantes distinguidos que pasaban por Sidney se hospedaban allí y era el lugar de encuentro de empresarios, inversores y residentes acaudalados de Nueva Gales del Sur, Victoria y otras colonias. Lola pronto descubrió que era tan conocida en las antípodas como en Europa. Reporteros de los periódicos más importantes acudieron a entrevistarla y a los pocos días firmó un contrato para seis actuaciones en el Teatro Victoria de Sidney. Era el más antiguo y famoso de la ciudad, tenía capacidad para tres mil espectadores y en él habían actuado los más renombrados artistas de la época. Su interior estaba decorado con gran lujo y suntuosidad: las butacas tapizadas en terciopelo rojo, los palcos dorados ricamente ornamentados y de su bóveda acristalada colgaban dos enormes lámparas de araña. La bailarina comenzó enseguida los ensayos para el estreno de *Lola en Baviera* y contrató a veteranos actores locales para completar el reparto. Había una gran curiosidad por ver actuar a la condesa de Landsfeld, «la dama que había conquistado con su belleza a algunos de los hombres más ilustres y poderosos de Europa», tal como se anunciaba en el programa.

El jueves 23 de agosto de 1855, el debut de la mundialmente famosa Lola Montes atrajo a un público numeroso, en su mayoría masculino. Los rumores de que la obra podía resultar perniciosa para la moral hicieron que las esposas y las damas de la buena sociedad se quedaran en casa. La sala estaba abarrotada y entre las personalidades locales que ocupaban las primeras filas de la platea se encontraba el gobernador de Nueva Gales del Sur. La obra obtuvo un gran éxito y tras su actuación la bailarina se dirigió al auditorio desde el escenario y agradeció a todos su cálida acogida. También aprovechó para hacer un llamamiento a las mujeres de Sidney, animándolas a que se dejaran ver por el teatro. Aunque los periódicos más conservadores, como el *Sydney Morning Herald*, pasaron por alto la actuación de la artista, a la que consideraban una mujer de mala reputación, en general recibió buenas críticas. Solo el corresponsal en Sidney del *Argus* de Melbourne fue extremadamente duro con ella y, tras verla el día del estreno, llegó a la conclusión de que su paso por la ciudad iba a ser un rotundo fracaso:

> Me veo obligado a decir que discrepo por completo con aquellos que piensan que Lola tiene el menor talento como actriz. La obra en la que actuó es probablemente la mayor basura y la peor patraña que jamás se ha presentado ante un público de habla inglesa. No hay indecencia en su actuación, pero todo el tono de la obra, tanto social como político y religioso, resulta en extremo inmoral y libertino.

Cuando Lola leyó la reseña se enojó, pero decidió no responder como era su costumbre. Quería evitar una reacción que pudiera dañar su imagen pública. Este tipo de críticas moralistas la sacaban de quicio y la herían en lo más profundo. Se decía a sí misma que había nacido en una época equivocada y que su único pecado era ser una mujer libre y hecha a sí misma. Su amante Folland intentó calmarla, pero ella se mostraba inconsolable.

—¡Es intolerable, odio la hipocresía victoriana! —gritaba Lola mientras destrozaba con sus manos el ejemplar del *Argus*—. Ni aquí me puedo librar de la censura de estas mentes estrechas que solo ven en mí un ser pecaminoso…

—Tranquilízate, Lola, no debes ponerte nerviosa —le aconsejó Frank, sorprendido por su violenta reacción—. Ahora lo importante es tu salud, tenemos por delante una larga gira.

—Es un artículo infame, un insulto para cualquier mujer. Si tuviera aún fuerzas, agarraría mi fusta y los pondría en su sitio.

—Querida, tú estás muy por encima de esta basura. Eres Lola Montes, condesa de Landsfeld, y no debes rebajarte. El público te adora y has estado maravillosa.

Tenía previstas seis actuaciones en el Teatro Victoria pero no pudo cumplir con sus compromisos. Desde su llegada los problemas de salud la atormentaban y aunque en público intentaba mostrarse animada, no podía disimular el cansancio. En un principio pensó que la fatiga se debía al largo viaje, pero continuó con sus terribles jaquecas y mareos. Durante una función se desmayó en el escenario y tuvo que atenderla un médico en su camerino. Con voluntad y a costa de un gran esfuerzo, los días siguientes actuó en las representaciones previstas y bailó su famosa *Danza de la araña*, que, según se anunciaba, «había presentado en el Teatro Broadway de Nueva York durante doscientas noches consecutivas». En esta ocasión el público abandonó el teatro decepcionado porque, al contrario de lo que imaginaban, la búsqueda del peligroso insecto entre sus ropas fue de lo más recatada. La última noche en la fachada del Teatro Victoria se colgó a toda prisa el cartel: «Por motivos de salud, la artista Lola Montes no actuará hoy».

En realidad había llegado al límite de sus fuerzas. Además de los ensayos de *Lola en Baviera*, había añadido otras obras nuevas en su repertorio que interesaban a un público más variado. Eran comedias ligeras románticas, de uno o dos actos, que interpretaba con su amante Frank Folland. Cada día se sentía más atraída por este joven solitario, inseguro y de humor cambiante que se había convertido en su principal apoyo. En el escenario no podían ocultar la atracción que sentían y formaban una pareja muy compenetrada. Aunque entre bastidores discutían a menudo porque los dos eran muy dados al dramatismo, Lola sabía que parte de su éxito se lo debía a él. Juntos actuaron en *Antonio y Cleopatra*, *Locuras de una noche*, *La llamada matutina* y *Doncellas en alerta*, piezas que estrenaron durante su estancia en Sidney. Folland se tomó muy en serio la gira, trabajó duro ensayando largas horas y memorizando todos los papeles que tenía como protagonista. El esfuerzo valió la pena porque consiguió en poco tiempo ganarse el favor de la crítica y el público australiano.

Por recomendación de su médico, Lola se vio obligada a guardar cama, pero sus admiradores no se olvidaron de ella. Cada mañana su doncella le traía ramos de flores acompañados de tarjetas de visita con palabras de admiración y buenos deseos para que se recuperara pronto. Los días que estaba más animada solía reunir en su suite a un pequeño círculo de bohemios y estrafalarios personajes de la ciudad. El crítico teatral del *Sidney Morning Herald* fue invitado a una de estas divertidas veladas en el Hotel de Petty y se quedó asombrado del variopinto grupo que rodeaba a la artista: «En aquel salón había un niño indio con un turbante vestido de blanco sentado sobre las rodillas de madame Montes; a su lado, un artista con chilaba fumaba en pipa de agua junto a su esposa, una conocida activista defensora de las mujeres. También estaba presente su apuesto amante Folland, una joven promesa del teatro de grandes ojos oscuros y largas piernas, así como el perro pastor de Lola. Junto a ellos, una bailarina francesa, un mago ruso y los actores y actrices que había traído con ella de gira desde California». Fumar era una de las principales diversiones en estas reuniones y a Lola le gustaba mostrar a sus invitados la «manera española de disfrutar el tabaco en lugar de expulsar el humo antes de saborearlo, al absurdo estilo de los ingleses». Según un testigo, daba una larga calada al cigarrillo y a continuación tomaba un sorbo de agua con calma antes de exhalar una nube de humo por la boca y la nariz. Aunque Frank, preocupado por su delicada salud, le pedía que dejara el tabaco, Lola se negaba en rotundo. «Querido, es el único vicio que me mantiene viva», le respondía con una pícara sonrisa.

En aquella época la artista era muy aficionada a la moda del espiritismo y en ocasiones animaba a sus amigos a jugar a las mesas giratorias. Lola colocaba una mesita redonda con una base de tres patas en el centro de la habitación y pedía a los asistentes que se acercaran y apoyaran las manos sobre su superficie para invocar a los espíritus. La mesa se movía, giraba o se sostenía sobre dos patas para responder a las preguntas. Durante su convalecencia había devorado el libro *El lado oscuro de la naturaleza*, un tratado en dos volúmenes sobre ciencias ocultas, y se consideraba una experta en el tema. En una ocasión los golpes de la mesa armaron tanto escándalo que despertaron a algunos huéspedes y el director del hotel pidió a Lola que abandonara esas prácticas.

A principios de septiembre, la condesa seguía triunfando sobre los escenarios con sus comedias románticas y su *Danza de la araña*, a la que imprimió un toque más atrevido. Pero aunque ganaba dinero y había conquistado al público de la ciudad, las cosas no iban del todo bien. Los problemas y los roces entre los miembros de la compañía eran cada vez más habituales. Algunos actores se negaban a actuar en los papeles que se les había asignado y se quejaban del favoritismo que Lola tenía por Folland. A estas alturas la artista ya tenía claro que no podría actuar en China, Hong Kong, la India y otros destinos más lejanos como había sido su deseo inicial. Los actores más veteranos de los escenarios de Sidney la persuadieron de que abandonara sus planes porque no le resultaría rentable. Su gira inicial de un año ahora iba a limitarse a las principales ciudades australianas. No tenía sentido seguir manteniendo a su *troupe* cuando había actores locales muy profesionales y dispuestos a trabajar por menos dinero.

Lola consiguió un buen contrato para actuar en Melbourne y a medida que se acercaba la fecha, los miembros de la compañía se mostraban más inquietos. No sabían si iba a contar con ellos y exigieron reunirse con ella en el Teatro Victoria para aclarar todas las dudas. La señora Montes no se presentó, pero sí lo hizo su agente para anunciar que la compañía quedaba disuelta y que la artista solo se iba a llevar de gira a Frank Folland y a su director de orquesta y violinista, el señor Eigenschenk. Al conocerse la noticia se armó un gran revuelo entre los afectados porque todos habían firmado un contrato y la propia Lola se había comprometido a abonarles el precio del pasaje de regreso a San Francisco al finalizar la gira. Los actores no estaban dispuestos a quedarse de brazos cruzados y se movilizaron para encontrar abogados que defendieran sus derechos.

Ante el escándalo que se avecinaba Lola comenzó los preparativos para abandonar cuanto antes la ciudad. La prensa pronto se hizo eco de la noticia y la bailarina se defendió contando su propia versión de los hechos. Según ella, los actores californianos de su compañía no eran buenos profesionales, se negaban a acatar sus órdenes y cobraban salarios muy elevados. A pesar de lo «generosa» que se había mostrado con todos, ahora se volvían en su contra y se negaban a actuar. Mientras los abogados de ambas partes se apresuraban en tramitar las demandas, Folland, al que había nombrado su agente, compró los pasajes para viajar en el vapor *Waratah*, que debía zarpar el 8 de septiembre hacia Melbourne. Cuando a primera hora de la tarde la artista estaba a punto de embarcar, el alguacil Thomas Brown, del Tribunal Supremo de Nueva Gales del Sur, se abrió paso entre la multitud para entregar una orden de arresto a «Marie de Landsfeld Heald, denunciada bajo el nombre de Lola Montes». Ella, al verle, consiguió escabullirse, subió a toda prisa por la pasarela y se encerró con llave en su camarote. Cuando las grandes ruedas del vapor comenzaron a girar y el sonido de la humeante chimenea anunció la partida, la bailarina respiró aliviada. El capitán del barco, admirador de la artista, se negó a entregar a la condesa a las autoridades y el orondo señor Brown contempló abrumado desde el muelle cómo su presa huía. Finalmente, los actores abandonados a su suerte recibieron una indemnización por parte de los abogados de Lola. Las demandas no prosperaron y la artista no sufrió mayores contratiempos.

En la mañana del 11 de septiembre, el *Waratah* navegaba hacia las tranquilas aguas de la bahía de Port Phillip rumbo a Melbourne. Esta población era muy distinta de la «limpia, puritana y muy británica» capital de Sidney. Una ciudad joven, salvaje y fronteriza, inmersa aún en la fiebre del oro. Gentes de todas las nacionalidades paseaban por sus calles sucias y llenas de barro donde se sucedían comercios, casas de juego, bares y burdeles. Aunque había algunos edificios públicos de ladrillo y viviendas de madera de dos pisos con amplios porches, en los alrededores se extendía un amasijo de tiendas de campaña donde los buscadores de oro se quedaban antes de continuar hasta las localidades mineras de Bendigo y Ballarat.

En Melbourne los hombres perdían sus fortunas de la mañana a la noche y Lola estaba dispuesta a ganar mucho dinero. Cuando llegó del brazo de su amante al Hotel Grand Imperial, solo soñaba con darse un buen baño caliente y olvidar la tensión de los últimos días. Pronto tuvo noticias de que algunos de sus viejos amigos de Europa también se encontraban en la ciudad.

Uno de ellos era el violinista Miska Hauser, al que había visto por última vez cuando discutieron y se separaron en Marysville durante su gira por California. El músico temía que su amiga estuviera enfadada con él, pero cuando ella se enteró de que aquellos días andaba por la ciudad le escribió una cariñosa nota en la que le invitaba a pasar a visitarla por el hotel. En sus memorias Hauser recordaba que se encontró a la condesa en su habitación echada en un sofá mientras se liaba unos cigarrillos y consultaba unas cartas de tarot que tenía desplegadas sobre la mesa. El salón estaba lleno de cajas, sombrereras, maletas y baúles a medio desempaquetar. Lola estaba muy animada y no paró de contar chistes e historias toda la tarde. Aunque la vio más delgada, aún resultaba una mujer fascinante y afirmaba que como bailarina había mejorado mucho y era más refinada.

Días más tarde la artista estrenó *Lola en Baviera* en el Teatro Real Victoria, menos opulento y elegante que el de Sidney pero con capacidad para tres mil personas. El local contaba con varios bares y en los entreactos el público salía corriendo en busca de un buen brandy o un trago de whisky. Aquella cálida noche de septiembre las localidades se agotaron y el aforo estaba lleno, a pesar de que las entradas se habían vendido muy por encima de su precio habitual. Folland interpretó el papel de vanidoso y ridículo barón Von Poppenheim y el resto de los personajes corrieron a cargo de los miembros residentes de la compañía local. La obra, que apenas se había ensayado, no causó una gran impresión entre los críticos de los principales periódicos de la ciudad. La reseña que publicó el *Age* de Melbourne en un extenso editorial destrozó a Lola:

> No discutimos su versión de los sucesos de Baviera que culminaron con su «*affaire* real» de marzo de 1848... De lo que nos quejamos es de que la obra titulada *Lola en Baviera* carece por completo de argumento, ritmo y credibilidad. El diálogo es una secuencia de intervenciones absurdas y bromas rancias tan malas que el público solo podía reírse de ellas con desprecio. Nadie duda que en el pasado madame Montes fuera una buena actriz, pero en la actualidad sus cualidades dramáticas dejan mucho que desear. Debería plantearse seriamente dejar paso a las nuevas generaciones de jóvenes y talentosas actrices y regresar a Europa donde seguramente algún caballero aún caerá rendido a sus pies.

Por primera vez desde que partió de California, pensó seriamente en retirarse de los escenarios. La crítica del *Age* le había herido profundamente porque decía la verdad. Era muy consciente de que ya no conseguía atraer como antaño al público y de que había perdido agilidad. Tenía treinta y cuatro años, aunque aparentaba más debido a sus achaques y porque ya no cuidaba tanto su imagen. Muchas veces salía a la calle sin maquillar, con el cabello despeinado y la ropa sin planchar. Al igual que cuando vivía en su cabaña de Grass Valley, había renunciado a sus joyas y a los vaporosos vestidos de seda y encajes. Solía llevar largas levitas de corte masculino sobre prendas de algodón muy holgadas, guantes y sombreros de ala ancha. En el escenario se cansaba con facilidad, ya no podía bailar con las energías de antes ni repetir los bises que le pedían.

Al día siguiente del estreno Lola le confesó a su amante Frank que estaba agotada y que pensaba abandonar los escenarios:

—Creo que el crítico del *Age* tiene razón —lamentó con pesar—, debería retirarme ahora que aún estoy a tiempo. Ya no puedo competir con esas jovencitas ligeras de ropa que encandilan a los mineros con sus largas piernas y corpiños ajustados. Anularé la gira y regresaremos a mi cabaña de Grass Valley, a mi hogar…

—Lola, no digas tonterías. Has invertido mucho esfuerzo y dinero en esta gira, ¿y ahora vas a tirar la toalla? No te reconozco.

—Estoy harta de luchar, harta de actuar para hombres que me devoran con los ojos, de representarme a mí misma sobre los escenarios. Estoy cansada de vivir así, de un lado para otro, como una pobre nómada.

—Escúchame bien —le dijo Frank mientras cogía un periódico de la mesa—, mira lo que el *Herald* dice de ti: «Esta mujer capaz, hermosa y fascinante cautivó ayer al público con su gracia y talento». Lola, seguiremos adelante, nos han contratado en otras ciudades y cumpliremos nuestros compromisos y después…

—Y después nuestros caminos se separarán, ¿verdad? —preguntó ella mientras le abrazaba con ternura.

Frank no respondió. Necesitaba seguir con la gira y ahorrar el dinero suficiente para mantener a sus dos hijos pequeños. Hacía cuatro meses que había zarpado del puerto de San Francisco rumbo a Australia y los echaba mucho de menos. También a su hermanastra Miriam, a la que estaba muy unido y a la que escribía con frecuencia largas cartas. Un día le enseñó a Lola una fotografía que llevaba siempre consigo de la joven y a la condesa le impresionó el parecido que guardaba con ella. Era morena, de tez pálida, ojos azules y lucía una larga melena azabache. Le pareció tan bella que insistió en quedarse su retrato durante unos días antes de devolvérselo. Frank le prometió que un día se la presentaría. «Cuando regresemos a Nueva York la conocerás. Os llevaréis muy bien, además os parecéis mucho físicamente», le dijo.

En su cuarta noche en Melbourne, Lola reapareció en los escenarios en el papel de duquesa en una obra más frívola, *Locuras de una noche*, y representó con Folland la comedia *Antonio y Cleopatra*. El *Age* en esta ocasión alabó el talento de la artista para la comedia ligera y destacó sus innatas dotes para el humor. Aun así, la afluencia de público era cada vez menor y a pesar de que continuaba con sus dolorosas migrañas, añadió a su repertorio la *Danza de la araña* con la esperanza de llenar el local. Cuando se anunció en cartel que Lola Montes iba a representar por primera y única vez este espectáculo con el que había triunfado en los mejores teatros de Broadway, se agotaron todas las entradas. Un periodista calculó que a su estreno acudieron unas tres mil personas y Lola no defraudó. Interpretó el baile con su habitual gracia y picardía, acompañada por los aplausos de los asistentes. Al finalizar, el público estalló en una gran ovación y la artista, muy emocionada, les ofreció una graciosa reverencia.

De nuevo la crítica estuvo dividida y mientras unos alababan la elegancia con la que ejecutó la danza, el *Argus* arremetió contra ella por considerar que se trataba de un espectáculo que atentaba contra la moralidad pública y que no era digno del Teatro Real. El crítico además se atrevió a insinuar que la artista había necesitado ayuda para salir a saludar porque estaba borracha. Como era de esperar, Lola respondió enseguida al *Argus* con una carta al director del *Herald*, periódico de la competencia. En ella defendía el arte y la pureza de su baile que había sido representado en los mejores teatros europeos. Con esta publicidad el director del Teatro Real amplió su contrato para bailar la *Danza de la araña* durante tres noches más. De nuevo se vendieron todas las localidades y el anfiteatro se llenó de hombres ansiosos por ver la polémica danza de la que todos hablaban.

Antes de que se levantara el telón apareció el actor Frank Folland y leyó un mensaje de Lola Montes en el que explicaba que esta original danza era un baile popular de su país natal, España, y pedía al público que le dijera si querían verlo. La respuesta de los espectadores fue unánime y se pudo escuchar entre vítores y aplausos el grito de: «¡Araña, araña!». Folland juró por su honor de caballero que las acusaciones vertidas contra la artista en el *Argus* carecían por completo de fundamento. Aclaró que Lola nunca acostumbraba a beber y desafiaba a cualquiera a que declarase haberla visto hacerlo ni una sola vez. Tras su intervención, pidió un fuerte aplauso para la artista. En esta ocasión Lola moderó su interpretación y la araña no llegó a trepar tan alto por sus faldas ni por su escote como en anteriores actuaciones.

El 24 de septiembre Lola y su compañía finalizaron su primer contrato en Melbourne y partieron en un vapor hasta la ciudad portuaria de Geelong, donde la condesa debutó esa misma noche. El teatro de la ciudad era modesto y de pequeñas dimensiones, con una capacidad para quinientas personas. Había mucha curiosidad por ver el sugerente baile interpretado por la hermosa condesa de Landsfeld y no quedaba ni una entrada. Para evitar malos entendidos y acallar los rumores sobre la inmoralidad del espectáculo, Lola hizo añadir el siguiente texto para la *Danza de la araña* en los programas: «Una joven española, mientras se entretiene bailando, recibe la picadura de una tarántula y, al tiempo que el veneno se extiende gradualmente por todo su cuerpo, ella se siente aturdida y cansada, y se desmaya en el escenario, o se tambalea confundida». En Geelong, la artista volvió a caer enferma a causa de una bronquitis y permaneció en la habitación de su hotel dos semanas. Después regresó a los escenarios, y aunque su salud aún era débil, consiguió cumplir con todos sus compromisos actuando ante un público entregado.

A finales de noviembre Lola embarcó en el vapor *Havilah* y tres días más tarde llegó a Adelaida. La capital del estado era menos cosmopolita que Sidney y tenía fama de ser muy puritana. El empresario del Teatro Victoria anunció el estreno de la «genuina y extraordinaria artista Lola Montes, condesa de Landsfeld, princesa de Baviera» en dos alegres comedias que hicieron las delicias del público. El último día representó su *Danza de la araña*, pero de manera tan recatada para no ofender a las autoridades ni a las damas presentes que se vio obligada a dar una explicación. Tal como informó un periódico local: «Hacia el final, Lola Montes, muy cansada y sin aliento, fue convocada ante el telón para recibir una lluvia de ramos de flores. Se dirigió al público en los términos siguientes: "Damas y caballeros, no me ha sido posible representar la danza como me habría gustado. Estoy muy cansada y llevo todo el día indispuesta. Este es uno de los bailes más difíciles del mundo. Espero que vuelvan para vernos de nuevo, y confío en encontrarme mejor. Me siento muy agradecida por el juicio que han emitido esta noche acerca de mi danza española"».

Tras cosechar un gran éxito en Adelaida, donde todas las noches llenó el auditorio, Lola y sus artistas volvieron a Sidney. La bailarina recibió la llegada del nuevo año de 1856 instalada en el lujoso Hart's Hotel, en Church Hill, rodeada de admiradores y viejos amigos que acudieron a darle la bienvenida. A pesar de las críticas sobre su falta de talento y lo indecoroso de su baile, había ganado bastante dinero. En solo dos meses había ofrecido más de treinta representaciones en Melbourne y en Geelong. Ahora le quedaba por completar su gira australiana actuando en las ciudades perdidas del interior donde recibían a las artistas con grandes muestras de entusiasmo. Lola había retrasado su debut en los campos mineros hasta que se hubiera erigido un teatro apropiado para ella. Los dueños del Hotel United States de Ballarat habían accedido a sus deseos y se estaba acabando a toda prisa la construcción de un nuevo Teatro Victoria en la calle principal. El imponente auditorio era el de mayor tamaño de todo el estado, contaba con una magnífica acústica y los últimos adelantos técnicos. El diseño de su fachada era una copia exacta del Teatro Olympic de Melbourne y podía albergar hasta dos mil personas. Para los actores había seis vestuarios y para la señora Montes un gran camerino privado y decorado con el mayor lujo.

Lola llegó a Ballarat a mediados de febrero y una muchedumbre rodeó el hotel donde se alojaba para darle la bienvenida enarbolando banderas de distintos países, incluida la de Baviera. Aquella misma noche debutó en el Nuevo Victoria abarrotado de gente. Los mineros se quedaron tan encantados con su actuación que algunos arrojaron al escenario pepitas de oro entre gritos de: «¡Bravo, Lola!», «¡Qué preciosa eres!». Este tipo de comentarios le resultaban desagradables, pero los prefería a la arrogancia de los ingleses. Durante su estancia las autoridades locales la invitaron a visitar algunas de sus famosas minas de oro y el coraje de la artista sorprendió a todos: iba a bautizar la gran mina Victoria Reef y habían dispuesto un elegante sillón de piel para que pudiera descender cómodamente hasta el pozo, pero Lola rechazó indignada este lujo innecesario; tal como escribió un periodista presente, «la artista, tras colocar su bello pie en el lazo de la soga, agarró la cuerda con una mano y, con una copa de champán en la otra, descendió en medio de un gran murmullo de aprobación». Una vez más la condesa los había cautivado con su audacia y espontaneidad.

En Bendigo, otra ciudad importante por su abundancia de oro, Lola sobrevivió a un aparatoso accidente. Cuando la compañía estaba representando la obra *Asmodeo o el pequeño diablo*, estalló una fuerte tormenta y un rayo atravesó el tejado del teatro, partiendo en dos el escenario. Lola y su *partenaire* Frank Folland, que se encontraban en ese momento actuando, vieron de pronto un fogonazo cegador seguido de una fuerte explosión. En un instante las gasas del decorado ardieron y un fuerte olor similar a la pólvora invadió el local. Un tramoyista se hirió en la mano y otro en la espalda por las astillas que salieron disparadas por el impacto. El pánico se adueñó del público y la gente comenzó a gritar. Entonces Lola, en medio del caos, tranquilizó a los presentes con estas palabras: «Señores, habíamos planeado efectos de rayos y truenos a lo largo de la representación, pero lo que nadie imaginaba era que iban a tener tanto realismo. En todo caso, si vuelve a ocurrir otro incidente y no podemos continuar, les propongo ir todos al bar y tomar un trago de brandy para olvidar el contratiempo». Los mineros aplaudieron con entusiasmo su intervención y acto seguido Lola dio instrucciones a su equipo para que la función continuase. El telón se bajó y tras unos minutos volvió a alzarse y la obra siguió sin más. La prensa local alabó su sangre fría y más cuando el rayo había pasado casi rozando su hombro. «Debo agradecer a la Providencia su bendición divina puesto que nadie ha resultado herido de gravedad, ha sido milagroso», declaró a un periodista del *Bendigo Advertiser.*

En primavera, la gira australiana llegó a su fin. Durante más de diez agotadores meses Lola y su compañía habían actuado en los principales teatros del país. Ahora ella y Frank solo pensaban en regresar a California. Tras descansar unas semanas en Sidney y despedirse de todos sus amigos, a finales de mayo los dos artistas llegaron a Newcastle, en Nueva Gales del Sur. Allí se embarcaron en una elegante goleta de tres mástiles rumbo al puerto de San Francisco. Aquella soleada mañana de mayo de 1856, Lola, sentada en la cubierta del barco, observaba cómo la costa australiana se iba alejando en el horizonte. Se alegraba de haber emprendido aquella aventura a pesar de todos los contratiempos y sus problemas de salud. Tenía dos meses de travesía por delante para tomar una decisión. No sabía si podría continuar con su carrera artística y si Folland seguiría a su lado. El actor deseaba reunirse cuanto antes con su hermanastra Miriam en Nueva York y después viajar a Cincinnati para pasar unos días con sus hijos. Quizá se reconciliara con su esposa y sus caminos se separarían para siempre. Habían pasado casi un año juntos y Lola seguía enamorada de él. La idea de retirarse sola a su cabaña de Grass Valley no le tentaba en absoluto.

El 7 de julio, cuando el barco se encontraba a la altura de las islas Fiji, el actor Frank Folland cumplía veintinueve años.

Lola quiso festejarlo por todo lo alto y durante la cena se descorcharon varias botellas de champán. Hubo baile, risas y la fiesta se prolongó hasta bien entrada la madrugada. En un momento dado el actor, que había bebido más de lo habitual, abandonó el comedor y subió a cubierta para tomar el aire fresco y despejarse un poco. Lola se quedó hablando con otros pasajeros, pero al cabo de un rato se percató de su ausencia. Comenzaron a buscarle y pronto los peores pronósticos se hicieron realidad. A Frank se lo había tragado el mar. Fue el capitán el encargado de informar a Lola sobre el trágico accidente:

—Madame Montes, lamento darle una mala noticia. Mis hombres no han encontrado al señor Folland y hemos revisado todo el barco. Me temo que ha sufrido un accidente.

—¡No! ¡No es posible! No puede haber muerto. Hay que seguir buscándole, se lo suplico —le respondió entre sollozos y muy alterada.

—No serviría de nada, señora; su amigo ha debido de caerse por la borda y con seguridad ha muerto ahogado. Anoche había una fuerte tormenta con gran oleaje. —El rostro del capitán no admitía dudas.

—¡Dios mío! ¿Por qué no me has llevado a mí? Me quiero morir —se lamentó Lola, soltando un grito desgarrador.

Estaba conmocionada. Aún tenía por delante un largo viaje y se recluyó en el camarote sumida en sus recuerdos. Cada día que se levantaba veía las maletas abiertas de Frank, la cama donde dormía y su ropa colgada del armario. Dio la orden de que nadie tocara nada, quería que todo se conservara igual que cuando él vivía. En esos días sentía una profunda crisis espiritual. Las trágicas muertes de los hombres que más había amado en su vida, Henri Dujarier, George Lennox y ahora Folland, eran un castigo por los pecados que había cometido. Años más tarde, recordando lo mucho que le afectó la desaparición de Frank, escribió:

> Una vez que viví por y para el mundo, me vi empujada a cometer todos los pecados y a valerme de todos los engaños. Entonces amé aquel mundo. Lo era todo para mí. Besaba y adoraba las cadenas que me unían a él. ¿Y por qué lo hacía? Porque de ello dependía mi felicidad, los vicios eran como el pan para mí. Oh, me llevó años y años escapar de aquella degradación. Me despreciaba a mí misma, despreciaba el pecado. Traté de reformarme desde dentro, no como un espectáculo para la galería, puesto que nunca he sido una hipócrita, sino mediante una profunda transformación interna hacia la luz que es la verdad. Me encontraba en un estado espantoso, terriblemente espantoso. Comencé a ver lo monstruoso que era mi espíritu.

Cuando el 26 de julio el barco surcó las aguas del Golden Gate y se adentró en la bahía de San Francisco, la artista ya había tomado una importante decisión. Iba a dedicarse a cuidar de la familia de Folland y a ayudarlos económicamente en lo que pudiera. Se consideraba responsable de lo ocurrido al actor y su muerte fue un punto de inflexión en su vida. Su regreso a la ciudad no despertó la misma expectación que tres años antes, cuando numerosos periodistas la esperaban ansiosos en el muelle. Solo el *Golden Era*, que siempre la había apoyado, se hizo eco del doloroso momento que atravesaba:

> Los admiradores de la «Divina Lola» estarán tristes al oír que la muerte de su agente Noel Follin (de nombre artístico Frank Folland) casi la ha enloquecido. Desde que sucedió la tragedia, se muestra inconsolable. Ha declarado que era el único hombre al que había amado de verdad, lo que resulta poco elogioso para sus dos anteriores maridos. También ha confesado que de ahora en adelante dejará de lado la vida superficial que ha llevado. Ahora su ánimo se ha visto sumido, como consecuencia de su dolor, en una constante melancolía e indiferencia hacia todo. Ha perdido el gusto incluso por los cigarrillos, que ya no fuma. Deseamos que se recupere pronto y que todavía viva mucho para romper mil corazones más.

La bailarina alquiló una pequeña casa con jardín en el barrio de Telegraph Hill, en una de las colinas que rodean la ciudad, y allí se instaló con su doncella y sus animales de compañía. Ahora tenía una nueva mascota, un spaniel llamado Gip, además de otros perros que había acogido de la calle. También varias aves exóticas que se había traído de Australia, entre ellas una cacatúa blanca y un ave lira de larga y vistosa cola. Un visitante describió la vivienda como un pequeño zoo lleno de plantas y una gran variedad de animales: «Las habitaciones estaban llenas de bonitas jaulas de hierro con exóticas aves multicolores y solía pasear por las calles con una magnífica cacatúa blanca posada en su hombro y seguida por una jauría de perros que también cuidaba. Nadie la hubiera reconocido porque en ocasiones cubría su rostro con un velo negro en señal de luto por la muerte de su agente».

Lola no se olvidó de escribir a la viuda de Frank Folland, que residía en Cincinnati, notificándole su fallecimiento y ofreciéndole su ayuda para ella y sus dos hijos. También le comunicó la triste noticia a su padre Charles Follin y a su madrastra Susan Danforth, en Nueva York, sin olvidar a su querida hermanastra Miriam. En aquellos tristes días otra noticia supuso un nuevo golpe para ella. Un periódico de California informaba en su sección de necrológicas de la muerte de su segundo esposo, George Trafford Heald, ocurrida el 20 de junio en el Hotel Pavillion de Folkestone donde se encontraba de vacaciones. La noticia llegaba con un mes de retraso y le afectó mucho. Con solo veintiocho años, el joven oficial había muerto víctima de la tuberculosis tras una larga y dolorosa convalecencia. Lola lamentó su temprana pérdida y en su memoria decidió seguir utilizando en algunas ocasiones el apellido Heald.

A pesar de la tristeza y el poco ánimo que tenía, intentó reanudar su vida social. Envió docenas de invitaciones a personalidades de la ciudad, artistas y empresarios teatrales. Pero ahora sus antiguos conocidos y miembros de la buena sociedad californiana la rehuían. Lola les parecía una artista solitaria y decadente que en nada recordaba a la cautivadora condesa de Landsfeld. Sin embargo, los que creían que estaba acabada no la conocían. Es cierto que en Sidney se había planteado seriamente abandonar su carrera y comprarse una casita en la campiña inglesa para envejecer rodeada de sus queridos perros. Pero ahora, tras amueblar su nueva casa y recuperarse de una grave bronquitis, lo cierto es que se aburría. Regresar a los escenarios la ayudaría a olvidar la muerte de su amado Frank y podría ganar más dinero para su familia.

Lola sabía que nadie vendría a llamar a su puerta y finalmente se animó a visitar a un viejo conocido, el señor Charles Chapman, director del Teatro Americano. En este importante auditorio, el más elegante de toda California, había debutado hacía tres años con uno de sus papeles favoritos, el de lady Teazle en la divertida comedia *La escuela del escándalo.* A Chapman le sorprendió su visita porque había oído el rumor de que la artista se había retirado definitivamente.

—¡Señora Montes, qué alegría verla de nuevo! Está espléndida, como siempre. Supe que había llegado a la ciudad pero mis obligaciones me han impedido hacerle una visita. Por cierto, he seguido sus triunfos en Australia; sé que ha vuelto locos a los mineros...

—Querido Charles, no tiene por qué halagarme, nos conocemos hace tiempo. Sabe que ya no soy la misma, he estado enferma y he recorrido tantos kilómetros que he acabado exhausta. Pero necesito trabajar y ganar dinero. He sufrido una pérdida irreparable, mi antiguo representante se ahogó en las aguas del Pacífico. Quiero ayudar a sus dos hijos, me siento en deuda con ellos.

—Lo comprendo, sé que está pasando una mala racha y puede contar con mi apoyo. Justamente en el mes de agosto los actores salen de gira y los teatros necesitan artistas para llenar sus salas. Usted es toda una leyenda en América. Si llegamos a un acuerdo, programaremos obras ligeras que ya conoce con algunos de sus bailes exóticos, como «El Olé» o la *Danza de la araña.* ¿Qué me dice?

—Estoy segura de que nos entenderemos. Aún puedo dar mucho de mí como actriz y debo confesarle que echo en falta los aplausos y el cariño de mi público. —Y tras estrecharle la mano se levantó con aires de gran diva y abandonó su despacho.

El 7 de agosto de 1856, Lola Montes, condesa de Landsfeld, regresaba a los escenarios del Teatro Americano con el estreno de *La llamada matutina* y *Locuras de una noche*. Estas comedias románticas y ligeras que siempre interpretaba con Folland habían conseguido un enorme éxito en Australia. Ahora formaba pareja con otro actor joven, Junius Booth, pero no tenía la misma complicidad que con su antiguo compañero. La condesa triunfó durante las dos semanas que se mantuvo en cartel y recaudó una buena suma de dinero. Algunas noches intercalaba alguno de sus bailes, como el de la araña, que seguía atrayendo a un numeroso público masculino. Los críticos, a los que tanto temía, elogiaron sus actuaciones y todos coincidieron en que se había convertido en una gran artista. El *Alta California* escribió: «Resulta sorprendente lo mucho que ha mejorado esta dama como actriz desde que llegó por primera vez a California. El espectáculo ha sido uno de los más exitosos que nunca haya ofrecido otro artista en la ciudad, con la sala llena a rebosar».

Tras la buena acogida del público de San Francisco, firmó un contrato para actuar en Sacramento, pero antes subastó todas sus joyas. Hacía tiempo que pensaba desprenderse de las valiosas alhajas que le había regalado el rey Luis I de Baviera, pero siempre en el último momento le había dado miedo quedarse sin ellas. Las joyas, para una mujer artista y soltera como ella, le aseguraban un buen retiro. Pero ahora deseaba cerrar una etapa y dejar atrás a la vanidosa y despilfarradora Lola Montes. El dinero recaudado lo destinaría íntegramente a pagar la educación de los dos huérfanos del actor y joven promesa Frank Folland.

Los principales periódicos de la ciudad anunciaron en grandes titulares la gran subasta de joyas de la condesa de Landsfeld. Una magnífica colección valorada en 30.000 dólares que, según un periodista, «superaba por su importancia y valor económico a cualquiera que pudiera obrar en manos de un particular en todo Estados Unidos». La conocida casa de subastas Duncan & Company de San Francisco abrió su sala de exposiciones al público y más de cinco mil personas pudieron contemplar durante unos días los espléndidos collares, broches, cruces y pendientes de oro, diamantes, rubíes y esmeraldas que el rey Luis había obsequiado a su amante. Sin embargo no todos los lotes —más de noventa— que salieron a la venta consiguieron comprador. San Francisco era una ciudad pequeña y, a diferencia de Nueva York, no había grandes fortunas dispuestas a adquirir colecciones de joyas antiguas como las de Lola. La subasta, que fue muy animada y atrajo a muchos curiosos, solo consiguió recaudar unos 10.000 dólares. Para la artista fue una decepción, pero suponía una cuantiosa herencia para los hijos de Folland.

En Munich, donde todo lo relacionado con la vida de Lola Montes seguía interesando, los periódicos también recogieron la noticia de la subasta de joyas de la condesa de Landsfeld. El rey Luis, que en aquel mes de agosto festejaba su 70.º aniversario, hacía tiempo que había «arrancado a Lola de su corazón». Pero cuando se enteró de que su amada había vendido todas sus alhajas, sintió una nueva decepción. Aún conservaba en un cofre bajo llave todas las cartas que le había escrito durante su apasionado romance. Y cientos de poemas que su adorada Lolita le había inspirado, algunos trágicos y llenos de despecho que nunca le llegó a enviar. Sí, el anciano monarca la había olvidado, pero de vez en cuando aún se encerraba en la soledad de su alcoba y leía las cartas que le trasladaban a una época feliz.

Lola Montes debutó en el Teatro Forrest de Sacramento a principios de septiembre y en las cinco representaciones programadas llenó el aforo. La primera noche que interpretó su *Danza de la araña*, mucha gente se quedó fuera del local sin poder entrar. Instalada en su hotel, Lola recordó cuando en 1853 llegó a esta ciudad minera del brazo de su esposo, el periodista Patrick Hull. No había vuelto a tener noticias de él y nunca quiso dar explicaciones del motivo de su ruptura. En aquella ocasión actuó en el Eagle, un pequeño local construido con tablas de madera y alumbrado por lámparas de petróleo. Sonrió al pensar en la noche de su debut cuando se enfrentó a los rudos mineros que abuchearon su actuación y como respuesta recibió una lluvia de huevos y manzanas podridas. Ya nadie recordaba el incidente y Lola pudo comprobar con satisfacción que su poder de convocatoria seguía siendo tan grande como siempre.

Desde Sacramento, la artista viajó a la localidad de Grass Valley, que había sido su hogar durante dos años. Fue una visita corta y muy emotiva porque, estando en Australia, se enteró de que el pueblo minero había sufrido un gran incendio. A lo largo de la calle principal el fuego quemó iglesias, tiendas y algunas de las elegantes mansiones victorianas recién construidas por las ricas familias de inmigrantes. Aunque no hubo que lamentar víctimas, fue un golpe devastador para esta población que ahora estaba resurgiendo de sus cenizas.

Cuando al atardecer llegó en diligencia a la estación de Grass Valley sintió un nudo en el estómago. Temía que su acogedora cabaña también hubiera quedado arrasada. Al llegar frente a la puerta de la valla se sorprendió al ver que todo parecía intacto. El viejo roble seguía en pie y los rosales habían sobrevivido al viento y a la nieve. El porche estaba cubierto por una gruesa capa de hojas de los árboles y algunos cristales de las ventanas se habían roto. Sin embargo, la iglesia y los edificios de alrededor habían sufrido peores daños. Lola, en aquella época de espiritualidad y arrepentimiento, pensó que lo ocurrido era una señal: «El buen Jesús ha perdonado mis pecados y yo voy a ser su mejor discípula».

La artista consiguió vender en poco tiempo su cabaña de madera que antaño fue la envidia de todo el valle. El mobiliario que aún quedaba lo regaló a algunos de sus vecinos que lo habían perdido todo. La pianola que había hecho las delicias de los niños y con la que amenizaba sus famosas veladas la obsequió a la iglesia episcopal. Los habitantes de Grass Valley siempre la recordarían como una de las más ilustres personalidades que vivieron allí. Un periódico local publicó en aquellos días: «La señora Montes era una criatura de corazón generoso que se arruinó con sus extravagancias y sus obras de caridad. Los más pobres siempre guardarán un cariñoso recuerdo de ella. A menudo se la veía ofreciendo consuelo a unos y ayuda económica a otros. La echaremos de menos».

Con la llegada del otoño su salud empeoró. La humedad y el fuerte viento que soplaba en la bahía de San Francisco no le sentaban bien. Volvieron las migrañas y le dolían las articulaciones de todo el cuerpo. Tras actuar durante varias semanas en el Teatro Metropolitan con su repertorio de bailes y comedias ligeras, creyó que había llegado el momento de regresar a Nueva York. A estas alturas ya había recibido noticias de la familia de Folland. Su viuda, Caroline, no quería saber nada de ella; en cambio la madrastra, Susan Danforth, se mostró dispuesta a aceptar toda la ayuda económica que quisiera ofrecerle. Quedaron en verse pronto en Nueva York; además, Lola estaba muy ilusionada por conocer también a su hija Miriam.

La última actuación de Lola en California fue la noche del 17 de octubre. Interpretó la obra *Yelva*, seguida de su *Danza de la araña* ante un público entusiasta. Los aplausos la obligaron a salir varias veces a escena y algunos caballeros le lanzaron ramos de flores. Lola tuvo unas emotivas palabras para los asistentes y aseguró que nunca olvidaría el cariño del público californiano. Ante su inminente partida los críticos también fueron benévolos y el *Daily Evening Bulletin* escribió:

> Parece muy obvio, para todos salvo para ella, que sus días de bailarina han acabado. Aunque sigue siendo bastante elegante en sus posturas, ya no demuestra, ni se espera que lo haga a su edad, el grado de elasticidad y energía que se necesita para mantener una buena posición como bailarina. Oponerse a la naturaleza es una tarea vana. Sin embargo, en algunas de sus últimas actuaciones, con piezas tales como *Locuras de una noche* y otras obras ligeras, ha mostrado que es una de las actrices más elegantes y despiertas del panorama artístico, y es una pena que no se limite a tales papeles.

Un mes más tarde Lola Montes embarcaba en el vapor correo *Orizaba* de la compañía Pacific Mail. Al mediodía, en el animado muelle de Washington Street, un puñado de amigos y admiradores se reunieron para despedirla. La artista agradeció muy conmovida su presencia y recibió de todos ánimos y buenos deseos. Esta vez viajaba ligera de equipaje, acompañada por su doncella y su inseparable perro Gip. La travesía, de un mes de duración, iba a ser especialmente dura para Lola, que aún no se había restablecido del todo de su última bronquitis. Primero el barco pondría rumbo a la localidad de San Juan del Sur en la costa del Pacífico de Nicaragua, y de ahí los pasajeros debían continuar en tren hasta el Gran Lago de Nicaragua. Después aún quedaba descender en barca por el río San Juan para alcanzar la costa del Caribe. Allí los esperaba el vapor *Tennessee* para llevarlos a su destino final.

Cuando el 16 de diciembre Lola llegó a Nueva York caía una intensa nevada. Faltaban pocos días para la Navidad y las calles se habían engalanado con adornos, guirnaldas y luces de colores. Los estanques helados por las bajas temperaturas eran improvisadas pistas de hielo donde los niños patinaban entre risas. Aunque había estado ausente cuatro años, aún conservaba buenos amigos en la ciudad. En esta ocasión se alojó en un hotel modesto en el barrio de Brooklyn porque ahora tenía que controlar sus gastos. Antes de partir de San Francisco había puesto en orden sus finanzas y redactado un nuevo testamento que anulaba el que había hecho en Grass Valley. En este legaba todas sus posesiones «a la señora Susan Danforth, madrastra de Noel Follin (Frank Folland) en usufructo para los hijos del actor» y pidió que fueran educados en la fe espiritualista. Con sus joyas vendidas y todos sus ahorros donados a la familia de Folland, apenas tenía dinero para vivir un mes en una ciudad como Nueva York.

A finales de diciembre, la bailarina citó a la señora Danforth y a su hija Miriam en el hotel donde se alojaba. Cuando Lola se encontró frente a frente con Susan se postró de rodillas ante ella y, entre sollozos, gritó:

—Debe perdonarme. ¡Yo maté a su hijo! ¡Fue todo culpa mía!

—Señora Montes, le suplico que se levante —le dijo Susan agarrándola suavemente por el brazo—. Tranquilícese, usted no es la culpable de la muerte de mi querido Noel, no se mortifique más.

—Sí, soy culpable porque podía haberlo evitado, yo le organicé una fiesta de cumpleaños y bebimos mucho, y él entonces se retiró y yo tardé en darme cuenta... Y una ola me lo arrebató. ¡Oh, Dios! ¡Ayúdame a llevar esta pesada carga!

Lola les explicó muy afectada que este terrible suceso había resultado traumático para ella, y que ya no era la misma. El dinero no le importaba y entregó a la madrastra una copia del testamento que había firmado en su favor. Susan se quedó muy impresionada por las muestras de dolor y la generosidad de la artista. Había oído hablar mucho de Lola Montes y desde luego no imaginaba encontrarse ante una mujer tan arrepentida y piadosa. Ya más calmada, la bailarina se fijó en Miriam, cuya foto tanto la había fascinado. La muchacha era aún más hermosa al natural, vestía con gusto y se mostró muy cariñosa con Lola. A pesar de su aspecto inocente, Miriam ya conocía los sinsabores de la vida. Se había casado a los diecisiete años cuando su madre descubrió que mantenía relaciones con un joyero que le doblaba la edad. La señora Follin le dio a elegir al caballero entre casarse con su hija o ir a la cárcel por corromper a una menor. El matrimonio se celebró a toda prisa, pero tras el enlace Susan se llevó a su hija a casa y le prohibió ver a su esposo, al que consideraba un libertino. Miriam consiguió la anulación y ahora, a sus veinte años recién cumplidos, estaba libre para volver a pasar por el altar.

Además de su extraordinario parecido físico, Lola y Miriam tenían mucho en común. Ambas eran ambiciosas, fuertes y decididas, y eran muy conscientes de su poder de seducción. La condesa quedó cautivada por la joven y poco después de conocerla le escribió una cariñosa carta en la que le confesaba el «enorme placer que le daba su compañía» y deseaba ofrecerle «un auténtico amor de hermana, puro y entregado». A mediados de enero de 1857, Lola se mudó a la residencia de la familia Follin en Stuyvesant Place. Fue Susan quien la invitó porque «no podía aceptar que continuara viviendo en un modesto hotel cuando ellas tenían una espaciosa casa donde alojarla». Fue entonces cuando a la condesa se le ocurrió que Miriam podía acompañarla en una gira teatral interpretando el papel de su hermana menor, «Minnie Montes». La idea le pareció bien a la joven, que vio la oportunidad de huir de casa y del control de su madre. La señora Follin, por su parte, no puso ninguna objeción, al contrario; le alegró ver a su hija ilusionada y llevarse tan bien con la célebre artista.

La gira comenzó el 2 de febrero en el pequeño Teatro Green de Albany. Allí actuaron una semana y Minnie Montes debutó en los escenarios con la obra *El chico de la cabaña*, un melodrama en dos actos donde ella tenía un pequeño papel. El día del estreno se vendieron todas las localidades y el público quedó encantado con la vivacidad y belleza de la «pequeña Montes». La gira continuó por Providence, donde interpretaron la misma obra durante cinco noches consecutivas en el Teatro Forbes. Una vez más la presencia de Minnie Montes no pasó desapercibida. Un crítico escribió: «La hermana menor tiene una personalidad tan atractiva como se esperaba, y se desenvuelve bien sobre el escenario para ser una principiante».

Pero el idilio de la artista con su querida «hermana pequeña» duró apenas dos meses. Lola estaba muy ilusionada con continuar juntas la gira por distintas ciudades de América, pero Miriam tenía otros planes. Aquella vida ambulante, saltando de un teatro a otro, no iba con ella. Pronto la condesa descubrió que no era «una señorita tan ingenua e inocente» como parecía. Una noche, al finalizar la función en la que ambas actuaban, Lola la vio en su camerino besándose con un admirador. Cuando le reprobó su conducta, ella le respondió con duras palabras:

—Lola, no eres quién para darme lecciones de moralidad. No eres mi madre ni mi hermana. Sé muy bien que atraigo a los hombres y solo deseo cazar a un rico marido que me dé todos los caprichos.

—Querida, sabes cuánto te quiero y lo importante que eres para mí, pero no te engañes, el dinero no te dará la felicidad. Podrán cubrirte de joyas, pero si no amas de verdad, serás muy infeliz. Te lo digo por mi propia experiencia, Miriam; estás a tiempo de elegir el buen camino.

—Tonterías. Tú has llegado a lo más alto, has tenido poder y riqueza, has amado a muchos hombres, incluso a un rey y...

—Sí, es cierto —la interrumpió Lola, pensativa—, pero si pudiera volver atrás, cambiaría muchas cosas porque he hecho daño a mucha gente. Ni el dinero ni el poder me han dado la felicidad, pequeña mía.

Miriam no hizo caso de sus consejos y, tras cumplir con los compromisos previstos en Providence, sus caminos se separaron. Unos meses más tarde supo que el presidente de un banco de Nueva York y excongresista, casado y de intachable reputación, había comprado a su nombre un apartamento en el centro de Manhattan para sus encuentros íntimos. La joven acabó llevando la misma vida frenética y disoluta de

Lola. Acumuló un puñado de maridos y amantes, ganó una fortuna, la perdió y consiguió un título nobiliario.

Lola completó su gira de tres meses y regresó a Nueva York antes de lo previsto. No se encontraba bien de salud y estaba cansada por el largo viaje. Cada día le costaba más bailar, había perdido flexibilidad y los ensayos le resultaban muy duros. Tarde o temprano tendría que abandonar la danza y aunque la comedia ligera le gustaba, no había buenos papeles protagonistas para las mujeres maduras como ella. El espejo reflejaba un rostro pálido y demacrado con marcadas ojeras debido a la fatiga y la enfermedad. Se había cortado su larga y rizada melena y ahora lucía un corte a lo *garçon* que endurecía sus facciones.

En aquellos días en los que se planteaba cómo podría ganarse la vida, un encuentro fortuito le abrió un nuevo horizonte. Lola reanudó su amistad con el reverendo Charles Chauncey Burr, clérigo de la Iglesia Universalista y periodista de éxito al que había conocido en su primer viaje a Nueva York. A sus cuarenta años, era un hombre muy apuesto, alto y enérgico, de ojos vivaces y larga barba, que editaba varias publicaciones y escribía discursos políticos para el Partido Demócrata. Fue él quien la animó a dar un giro en su vida artística. Una tarde el reverendo fue a visitarla a su casa preocupado por las noticias que le llegaban sobre su delicada salud:

—Mi querida Lola, he oído rumores de que no te encuentras bien y que abandonas para siempre los escenarios. Espero que sea una de tus bromas porque estás en lo mejor de la vida.

—No, Charles, no es una broma. Los artistas tenemos que saber retirarnos a tiempo y aunque añoraré los escenarios, sé que hago lo correcto. De la famosa Lola Montes que conociste ya no queda nada. Antes solo era una pecadora, hasta que Jesús llamó a las puertas de mi corazón.

—Dios es amor y nunca condena a los que tienen buen corazón como tú, Lola. Has emprendido el camino adecuado renunciando a tu vida anterior, pero aún te quedan muchas puertas abiertas. Estos días he estado pensando en ti y creo que podrías triunfar como conferenciante. Hablar en público se te da muy bien y no exigiría de ti grandes esfuerzos. Yo te ayudaría a preparar los discursos y a mejorar tu dicción.

—No lo sé, nunca he dado un discurso. Pero reconozco que la idea me agrada... Quizá podría evocar mi vida en París, donde conocí a George Sand, a Alejandro Dumas..., o hablarles de la falsa moralidad de la Inglaterra victoriana o de la tiranía de los jesuitas...

—Por supuesto puedes hablar de lo que quieras —le interrumpió con delicadeza—, pero al principio mejor no tocar temas polémicos. El público que acude a estas charlas quiere instruirse y pasar un rato entretenido. Lola Montes es aún una celebridad y la gente deseará conocer tu opinión sobre grandes temas universales como el amor, el éxito o la belleza.

A Lola le gustó la idea de convertirse en oradora y salir de gira con sus discursos. Ahora podría dirigirse al público femenino y hablarles de la moda, el uso de los cosméticos o el arte de seducir. Si funcionaba bien, ganaría bastante dinero y ya no tendría que ensayar con una orquesta, viajar con una compañía y con sus pesados baúles a cuestas. Todo resultaría más fácil y económico. Una vez hubiera cubierto el coste de alquilar la sala, el resto eran ganancias a repartir con su agente.

Durante el cálido verano de 1857, Lola no perdió el tiempo y se preparó a fondo. Cada día se reunía un par de horas con el señor Burr y juntos daban forma al contenido de sus primeras charlas. Aunque el periodista le sugería ideas, era ella quien escribía los discursos de su puño y letra. Ya en el pasado había demostrado sus buenas cualidades de escritora en los cientos de cartas al director que llegó a mandar a los periódicos de todo el mundo, en respuesta a las críticas que le parecían injustas.

Lola Montes se estrenó como oradora en la ciudad de Hamilton, Ontario, la tarde del 29 de julio de 1857. Para su debut eligió un tema que conocía muy bien, «Las mujeres hermosas». La sala no estaba muy concurrida pero demostró sus dotes innatas como conferenciante. Con gracia e ingenio, comenzó discutiendo la subjetividad de la belleza y a continuación se dispuso a hablar de mujeres célebres en la historia por su hermosura, algunas de las cuales ella había conocido cuando vivía en la corte de Baviera. Lola también resaltó que los tres requisitos esenciales de la belleza femenina eran la moderación, el ejercicio y la higiene. Recomendaba no beber alcohol, no abusar del café cargado y evitar las comidas pesadas. Del tabaco no mencionó nada porque ella seguía fumando mucho a pesar de que el médico se lo había prohibido. En cuanto al ejercicio, ensalzó los beneficios de las largas caminatas al aire libre y aprovechó su discurso para animar a los presentes a tener uno o varios perros en casa porque eran el mejor antídoto contra la soledad y la melancolía.

La artista se entregó con afán a su nueva profesión. Con el reverendo Burr, al que nombró su agente, formaban una extraña pero compenetrada pareja. Juntos comenzaron una exitosa gira por Nueva York y las principales ciudades de Nueva Inglaterra. Dos días más tarde repitió la misma conferencia que en su debut en el American Hall de Buffalo y atrajo a una gran multitud. En cada nueva aparición iba mejorando el tono de su voz, el ritmo de lectura y su puesta en escena. Se presentaba en público vestida siempre de manera muy sobria y elegante, con el cabello recogido en un moño, sin apenas maquillar y sin lucir joya alguna. Sus discursos duraban aproximadamente una hora y por entonces ya había abandonado toda impostura, incluido su exótico acento español. Los críticos se asombraban de la claridad y nitidez de su perfecta dicción. El corresponsal del *Boston Post*, que asistió a una de sus primeras conferencias, escribió: «No puedo evitar pensar que Lola Montes habla mucho mejor de lo que baila, y en mi opinión ella comparte este mismo parecer. Su charla fue un entretenimiento decididamente agradable y provechoso. Le auguro un gran éxito en esta nueva faceta artística».

Cuando Lola llegó a Boston, a principios de octubre, su carrera como oradora ya estaba consolidada y le reportaba buenas ganancias. Uno de los críticos más temidos de la ciudad le dedicó estas palabras: «Es considerablemente más delgada dc lo que aparenta en las imágenes que habíamos visto, pero ningún artista puede hacer justicia a la expresión de su rostro y al brillo de sus ojos. Su porte es elegante y femenino, y pronunció su charla con una gracia y una perfección en su dicción que pocas veces hemos visto igualadas por las actrices más consumadas». Otros periodistas se mostraron igual de entusiastas y la artista no dio crédito al leer en la portada del *Boston Bee* el siguiente titular: LOLA MONTES, LA INCUESTIONABLE REINA DE LOS SALONES DE LA ORATORIA. Con su habitual sentido del humor, pensó que no había conseguido ser la reina de Baviera pero que aquí, en América, la acababan de coronar «reina de la oratoria».

Un mes más tarde llegó a Filadelfia. Era tal la expectación por escuchar a la condesa de Landsfeld que el local se quedó pequeño y hubo que habilitar un salón con mayor capacidad. Fue en esta ciudad donde estrenó su conferencia dedicada a la «Galantería» y donde por primera vez recordó en público la figura del rey Luis I de Baviera. «No solo es uno de los caballeros más refinados y elegantes de la vieja escuela de los buenos modales, sino que también es uno de los hombres más cultos e inteligentes de toda Europa», dijo en tono alto y solemne. Como Lola no admitía preguntas al final de sus charlas, evitaba tener que dar explicaciones sobre su vida privada. Y aunque en un primer momento eran muchos los que acudían a sus conferencias atraídos por su mala reputación, tras escucharla todos se asombraban de su talento e ingenio.

Al finalizar la gira Lola regresó a mediados de diciembre a Nueva York para descansar y recuperarse de una afonía que la había obligado a anular alguno de sus compromisos. Tras haber superado otro ataque de bronquitis, seguía tosiendo mucho y dormía mal. A pesar del agotamiento, se sentía a gusto en su nuevo papel y en las semanas siguientes comenzó a redactar otras conferencias sobre temas que le interesaban. Una de ellas la tituló «Ingenio y mujeres de París» y otra «Heroínas de la Historia», en la que repasaba las vidas excepcionales de mujeres como Cleopatra o Catalina la Grande. Lola no tuvo ningún reparo en incluirse en esta lista de reinas valientes y poderosas, destacando su papel en la lucha contra los jesuitas en la corte de Baviera. Ahora contaba con una manera rápida de ganar dinero y no olvidaba las palabras del *New York Herald*: «Madame Montes promete ser una de las oradoras de mayor éxito de nuestra época».

Pero entonces Lola fue de nuevo noticia por un asunto ajeno a su éxito. Un periódico sensacionalista publicó la siguiente nota:

> Tenemos que declarar, con gran satisfacción, que este es el fin de la carrera de Lola Montes como oradora pública. No rompemos ningún voto de confianza ni nos entrometemos en la intimidad de su vida privada al mencionar que esta mujer bella y dotada está a punto de pasar de nuevo por el altar. Se propone salir de viaje a París dentro de diez días y regresará a nuestra ciudad en la primavera, seguramente del brazo de su flamante esposo.

Lola se indignó al leer la noticia y culpó a su agente Burr de haber filtrado esta información a la prensa. Solo él conocía un secreto que había guardado con mucho recelo.

En los últimos meses la artista había retomado el contacto con Ludwig Johann Sulkowski, un noble austríaco de cuarenta y tres años, al que había conocido en Berlín en 1843. En sus cartas el príncipe le confesó que seguía muy enamorado de ella y que quizá ahora, en la madurez de su vida, aceptara ser su esposa. Entonces residía en el norte del estado de Nueva York y se había convertido en un rico granjero. Sulkowski la convenció para verse en París y pasar juntos unas románticas Navidades. Aunque Lola se lo pensó mucho, finalmente aceptó la invitación. Hacía tiempo que no se tomaba un descanso y la idea de ser cortejada en París por un príncipe, galante y educado, que además tenía buenas intenciones, era una oferta muy tentadora. Así que hizo su equipaje y en la fría mañana del 12 de diciembre partió a bordo del vapor *Fulton* rumbo al puerto de El Havre. Cuando llegó a la ciudad se alojó en su hotel preferido de la place Vendôme y se registró con el nombre de señora Heald. París en aquellos días parecía el decorado de un cuento de hadas, con sus concurridos mercadillos navideños, plazas y calles iluminadas con miles de luces, banderolas y guirnaldas. Allí, en esa ciudad que tantos recuerdos le traía, Lola esperó ansiosa a que su admirador contactara con ella. Pero pronto advirtió que algo no iba bien. Por mediación de un amigo periodista supo que el señor Sulkowski no solo no se encontraba en la ciudad sino que además era un hombre casado. Alguien le había querido gastar una broma muy pesada y jugar con sus sentimientos. Cuando el propio príncipe fue informado de lo ocurrido, escribió una nota a los periódicos aclarando que se trataba de un error: «Conocí a madame Montes hace años en Berlín pero no he vuelto a tener contacto con ella. Soy un hombre felizmente casado y padre de cinco hijos. Ruego que se respete mi buen nombre y el de mi familia».

Lola regresó a Nueva York desilusionada y enferma. Tuvo que guardar cama unos días porque volvieron las jaquecas y se sentía muy abatida. Había sufrido una de las peores humillaciones de su vida y no quería ver a nadie. «¿Quién me odiará tanto para hacer algo tan cruel e inhumano con una mujer sola e indefensa? He sido una completa estúpida y he perdido todo lo que tenía», se lamentó. Aunque podía haber informado a la policía para que investigara a la persona que le había mandado aquellas cartas con una falsa identidad, prefirió olvidar lo ocurrido. Cuando se encontró más recuperada, se mudó a una pequeña habitación en el 25 de Bayard Street, donde otro conocido suyo, Otto von Hoym, vivía con su familia. Este director teatral alemán, al enterarse del mal momento de la artista, se ofreció a alojarla en su vivienda situada en el corazón de Chinatown. Antes de partir a París la bailarina había donado a la caridad muchas de sus pertenencias y se había gastado casi todos sus ahorros en el viaje. Para mayor disgusto, la prensa americana informó a su regreso, erróneamente, que se había casado en secreto en París con un rico príncipe austríaco. Herida en su orgullo, no quiso desmentir nada y solo más adelante reconoció a un periodista que «ella había cancelado la boda porque descubrió que el príncipe estaba viajando por la costa Oeste con una célebre cantante que presentaba como su esposa». Tiempo después, en sus conferencias se referiría al príncipe Ludwig Johann Sulkowski como un antiguo prometido y reconocía el desengaño que había sufrido aunque quitando importancia al asunto: «Todas las mujeres tienen derecho a ser un poco tontas en los asuntos del matrimonio y Lola Montes, por desgracia, también lo fue».

A principios de febrero de 1858, reapareció como oradora en la Hope Chapel con su conferencia sobre «Las mujeres hermosas» y una vez más consiguió atraer «a uno de los públicos más numerosos que jamás se hayan reunido dentro de los muros de este edificio». También hizo las paces con su agente, el señor Burr, que le aseguró que él nunca había hablado de su viaje a París y que podía contar con su total discreción. Ambos se necesitaban y Lola prefirió correr un tupido velo sobre lo ocurrido y centrarse en sus siguientes proyectos. Ahora el avispado reverendo, que estaba ganando mucho dinero a su costa, le había propuesto que escribiera una serie de conferencias contando la historia de su vida. Burr estaba convencido de que estas charlas autobiográficas tendrían mucho éxito porque la historia de la condesa de Landsfeld era extraordinaria. Durante unas semanas y a través de largas entrevistas, la ayudó a recuperar los sucesos más relevantes de su intensa vida. El problema era que el señor Burr ignoraba que la mayor parte de lo que la artista le contaba eran sus propias fantasías. Aunque Lola se había propuesto ser una buena cristiana y corregir los errores del pasado, seguía mintiendo sobre su infancia y el origen de su familia.

Lola cambió su año de nacimiento a 1824, y aunque reconocía haber venido al mundo en Irlanda, aseguraba que su madre provenía de la noble familia española de los Montalvo. Solo los sucesos que tuvieron lugar durante su estancia de dos años en la corte de Baviera eran algo más fidedignos. Por supuesto, presentó su relación con el rey Luis como de amistosa y de mutua admiración. El monarca podía estar tranquilo porque Lola en sus conferencias no estaba dispuesta a airear sus intimidades. Por el contrario, solo tenía palabras de elogio y admiración hacia el que consideraba «el rey más cultivado de Europa».

La bailarina estrenó sus charlas sobre Lola Montes en el Teatro Broadway a finales de mayo de 1858. Siempre daba estas conferencias sobre la historia de su vida en tercera persona. Esto le permitía ironizar sobre sí misma y distanciarse del personaje. Generalmente arrancaba con estas palabras:

> Varias personas me han pedido en más de una ocasión que prepare una conferencia sobre Lola Montes, y como se supone con acierto que conozco a esa «excéntrica persona» como la que más en este país, la tarea ha recaído finalmente en mí. Debo reconocer que no es del todo una empresa agradable porque por intrépida o, si lo prefieren, imprudente que pueda ser al expresar mi opinión y defender mis derechos, debo confesar que me cohíbe en gran medida el hablar de alguien que me es tan cercana como Lola Montes.

Al final de su charla, que fue muy aplaudida, sugirió que pronto regresaría a Europa, donde tenía pensado hacer una gira por las principales capitales «si la salud se lo permitía».

En aquella primavera, algunos periódicos neoyorquinos publicaron extractos de las conferencias en las que Lola Montes contaba los detalles de su apasionante vida. Fue entonces cuando Maria Elizabeth, la esposa de Isaac Buchanan, uno de los más destacados floristas de Manhattan, descubrió que en su niñez había estudiado en el mismo colegio de Montrose que esta célebre artista. La señora Buchanan, algo mayor que Lola, recordaba muy bien a su compañera de clase, entonces llamada Eliza Gilbert. Una niña muy vivaz y traviesa de pelo negro rizado y llamativos ojos azul oscuro, cuyo padrastro, Patrick Craigie, la había enviado con sus abuelos a ese pueblo de Escocia. Maria Buchanan le escribió una cariñosa carta para invitarla a visitar su casa en la calle Diecisiete, justo al lado de Broadway, y envió un adorno floral para decorar el estrado en la primera noche en la que debutó como oradora en el Teatro Broadway. Lola le respondió agradeciéndole el detalle y unos días más tarde fue a tomar el té a su casa. Hacía más de veinticinco años que las dos mujeres no se veían, pero simpatizaron de inmediato. A su antigua compañera de colegio no le extrañó que Lola se dedicara al mundo del espectáculo porque ya de pequeña era una niña muy imaginativa y diferente a las demás. Tras aquel encuentro estrecharon su amistad y Maria Buchanan se convirtió en una figura importante para ella en sus últimos años de vida.

Ante el éxito obtenido, Lola alquiló el teatro para una segunda serie de conferencias que se prolongaron hasta principios de junio. Solo una noticia ensombreció por un instante aquel momento dulce: Lola se enteró por la prensa de que su tercer marido, el periodista Patrick Hull, había fallecido a los treinta y cuatro años tras una larga y dolorosa enfermedad. Aunque Lola no guardaba buenos recuerdos de él, sintió su pérdida y, como era de naturaleza supersticiosa, pensó que pesaba sobre ella una maldición: «Todos mis maridos, menos el primero, y mis jóvenes amantes han muerto de manera trágica e inesperada. A veces me pregunto si Alejandro Dumas no tenía razón cuando dijo que traía mala suerte a todos los hombres que se acercaban a mí».

La llegada del verano interrumpió toda actividad cultural en Manhattan y la artista se retiró a una casita muy al norte de la ciudad, en el popular barrio de Yorkville. Su nueva vivienda, situada en lo alto de un montículo, le recordaba su cabaña de Grass Valley y tenía un pequeño jardín de flores. Entonces comenzó su carrera como escritora. En los últimos meses se había dedicado a reunir los textos de sus conferencias y una modesta editorial neoyorquina la animó a publicarlos en forma de libro. Aunque en esta ocasión los críticos consideraron que los discursos eran «muy superficiales», el libro se vendió muy bien y pronto salió una segunda edición a la calle. Lo que no esperaba era que algunos periódicos pusieran en duda la autoría de sus discursos. Eran muchos los que creían que estas conferencias las había escrito el señor Chauncey Burr y que además eran un plagio de otras. Lola se defendió enviando cartas a los periódicos más importantes, como el *New York Herald*, pero quien más la ayudó fue el editor del *Cleveland Plain Dealer*. En su editorial publicó el siguiente artículo exculpando a la artista:

> Lola Montes es una mujer enormemente cultivada y notablemente dotada, con independencia de sus defectos privados, y decir que no es capaz de redactar los discursos que recita es al mismo tiempo absurdo y mezquino. El que suscribe estas líneas jurará que en una ocasión vio cómo la gallarda condesa tomó recado de escribir, se sentó ante un buró y redactó de su puño y letra una carta, brillante y llena de ingenio, en la que cierto editor quedó lindamente retratado. El incidente tuvo lugar en Cincinnati. ¿Que Lola Montes no escribe? ¡A otro perro con ese hueso! Sabe incluso componer tipos.

Lola había comenzado con suerte su carrera de escritora y pronto se animó a publicar un segundo volumen bajo el título de *Las artes de la belleza o secretos del tocador de una dama, por Madame Lola Montes, Condesa de Landsfeld.* La autora confesaba en el prólogo que había procurado escribir un libro útil a la vez que entretenido. Esta obra contenía infinidad de trucos prácticos sobre belleza e higiene. También ofrecía sus propias fórmulas magistrales para elaborar cremas faciales y gran variedad de tratamientos para evitar las arrugas, aumentar el pecho, curar los labios agrietados o eliminar las pecas. Todo a partir de productos naturales, porque Lola consideraba que los cosméticos industriales eran muy dañinos. El aire fresco, el ejercicio, una higiene escrupulosa y la moderación en las comidas garantizaban, según ella, una vida saludable y una belleza duradera.

La primera edición neoyorquina de *Las artes de la belleza* tuvo muy buena acogida en Estados Unidos, donde vendió más de setenta mil ejemplares en unos pocos meses. Tras este éxito la obra fue traducida a varios idiomas, pero Lola no pudo evitar que se publicara sin su autorización en otros países. Algunos editores sacaron hasta tres ediciones simultáneas, con un tamaño y un precio que se adaptaban a todos los bolsillos. Aunque la autora podía haber ganado mucho más dinero por sus ventas, no podía quejarse. Entre sus discursos y sus libros había recuperado su maltrecha economía y podía permitirse seguir alquilando en verano su casa en Yorkville, donde vivía rodeada de sus mascotas y una pequeña corte que la visitaba semanalmente.

Aunque Lola intentaba convertirse en una buena cristiana, le costaba renunciar a algunas de sus viejas costumbres. En aquel verano de 1858 comenzó a rodearse de pintorescos personajes de paso por Nueva York. Según algunos testigos, «no eran el tipo de invitados en cuya compañía debería ser vista una mujer religiosa en su madurez». Lola, ajena al escándalo, daba la bienvenida en su casa a una colección variopinta de artistas bohemios, nobles venidos a menos, librepensadores y miembros del movimiento espiritista de liberación sexual. Pronto se extendió el rumor de que la artista estaba organizando una comuna de amor libre en su residencia y varios periodistas se acercaron hasta Yorkville para entrevistarla. En realidad Lola se dedicaba en estas reuniones a su mayor pasatiempo, el arte de la conversación, del que era una maestra indiscutible. Sus invitados eran de lo más extraño porque, como le confesó a un reportero, «me encanta conocer y tratar a todo tipo de personajes peculiares y la gente normal me aburre bastante».

Lola presidía estas reuniones informales sentada en un sillón de seda azul instalado en medio del salón, y liaba cigarrillos para todos de una bolsa con tabaco que colgaba de su asiento. Saludaba a los recién llegados con gran entusiasmo, les ofrecía una copa de brandy o vino y proponía un tema del que se podía hablar sin ningún tipo de censura. El interior de su vivienda estaba decorado con muchas flores y plantas, delicadas alfombras orientales cubrían los suelos de madera y había aparadores llenos de objetos traídos de todos los rincones del mundo. En aquellas veladas le gustaba iluminar toda la casa con velas y crear un ambiente íntimo propicio para la conversación relajada. El talento y el ingenio de Lola como narradora asombraba a todos. Un invitado a una de estas reuniones escribió: «No había posibilidad de hacer nada salvo escuchar cuando ella hablaba. Puedo afirmar con certeza que no había tema alguno, al menos que se encontrara a mi alcance, en el que ella no pudiera conversar con algún sustento de sus lecturas y experiencias personales».

A principios de noviembre comenzó los preparativos de su gira de conferencias por Gran Bretaña. Se encontraba mejor de salud y el reverendo Burr la animó a visitar su Irlanda natal. Unos días más tarde embarcaba en el vapor *Pacific* rumbo a Dublín. Lola guardaba recuerdos borrosos de su infancia, pero no había olvidado los espléndidos paisajes naturales del condado de Sligo, sus bahías de abruptos acantilados y sus largas playas de arena. Hacía tiempo que deseaba regresar a esos escenarios y reencontrarse con familiares a los que no había vuelto a ver desde que abandonó su pueblo siendo apenas una niña. El viaje desde Nueva York a través del Atlántico duró dos semanas y fue muy accidentado. El barco tuvo que afrontar fuertes marejadas y vientos helados. Desde la cubierta, la visión de enormes y peligrosos icebergs flotando a la deriva mantuvo en vilo a la tripulación.

Habían pasado más de veinte años desde que Lola abandonara Irlanda por última vez rumbo a Calcuta. Entonces era una colegiala romántica y caprichosa casada con un apuesto teniente de la Compañía de las Indias Orientales. Mientras se acercaba a la costa los recuerdos de aquellos años se agolparon en su mente. Todo un mundo que creía desaparecido resurgía ahora en su memoria. Pensó en su madre Eliza, a quien no había vuelto a ver. En más de una ocasión había estado a punto de coger la pluma y escribirle una carta, pero entonces su madre no le inspiraba ninguna ternura. Ahora, en su madurez, Lola creía que ya era demasiado tarde para superar sus diferencias. Pero su ausencia había marcado su vida. «Me equivoqué, madre, y te hice mucho daño. Fugarme con Thomas fue el gran error de mi vida. Lo he pagado caro, muy caro. Sé que nunca me perdonarás y que te avergüenzas de mí. Pero si me hubieras dado un poco de tu amor, quizá habría sido mejor persona», se lamentaba Lola.

Cuando el 23 de noviembre el vapor *Pacific* atracó en el muelle de Galway, un grupo de admiradores la esperaba para darle la bienvenida. Lola regresaba a su tierra como una celebridad y la prensa estaba ansiosa por entrevistarla. La artista descendió por la pasarela luciendo un elegante vestido de seda negra con volantes y protegiéndose del frío con una capa de piel. Ya en tierra firme, atendió a la prensa con una sonrisa y declaró emocionada: «Siento un gran afecto por Irlanda, mi tierra natal, que siempre he llevado en mi corazón. Estoy ansiosa por visitar mi lugar de nacimiento, que abandoné cuando no era más que una niña».

De nuevo Lola se dejaba llevar por la imaginación. A lo largo de toda su vida se había hecho pasar por española y nunca había reconocido sus verdaderas raíces. Pero ya no ocultaba que era irlandesa aunque por sus venas «corría sangre del Sur». Tras responder a las preguntas de los periodistas, Lola y el reverendo Burr tomaron el tren hacia Dublín y se alojaron en un hotel del centro de la ciudad. Aunque Grange, el pueblo donde había nacido, se encontraba a unos doscientos kilómetros de la capital, Lola no quiso visitarlo. Tampoco viajó a Cork, donde vivía una tía suya con sus dos hijos. Temía remover dolorosos recuerdos y no ser bien recibida por su familia materna.

Durante la gira Lola pasaba mucho tiempo en la compañía del señor Burr, que se había convertido en «su secretario, amigo, confidente y representante». Cuando la actriz estaba inspirada, escribía los textos de un tirón, y luego los corregían juntos. Sin embargo su relación no era solo profesional. Ambos tenían largas y profundas conversaciones sobre temas religiosos. Fue el reverendo quien la animó a rezar y a meditar para alcanzar la paz interior. Lola comenzó a llevar un diario donde plasmaba sus hondas preocupaciones espirituales. En una de sus páginas se podía leer:

> ¡Oh, no me atrevo a pensar en el pasado! ¿Qué no habré vivido? Solo vivía para satisfacer mis propias pasiones... ¡Qué no daría por conseguir que mi experiencia, terrible y espantosa, se ofreciera como horrenda advertencia para espíritus como el mío! Y aun así, cuando la gente, e incluso mi madre, me dio la espalda y negó conocerme, Jesús llamó a las puertas de mi corazón. ¿Qué me ha dado a mí el mundo? (Y he conocido todo lo que el mundo puede ofrecer, ¡todo!) Nada más que sombras que han dejado una herida en mi corazón muy difícil de curar; una oscura decepción.

El 8 de diciembre Lola Montes se estrenó como oradora en Dublín, donde dio una conferencia: «América y su gente».

El reverendo Burr había hecho bien su trabajo y el salón estaba lleno de un público elegante y atento. Cuando se colocó frente al atril forrado de carmesí, recibió un prolongado aplauso. Muchos asistentes se quedaron sorprendidos al ver que aún tenía buena presencia y aunque su rostro había envejecido, sus magníficos ojos azules aún llamaban la atención. Ante las buenas críticas y con un público entregado, la artista prosiguió su gira por Escocia, donde actuó en las principales ciudades. Su agente la mantenía muy ocupada y cada semana ofrecía entre tres y cuatro charlas distintas. Burr realizaba una intensa labor publicitaria y Lola siempre actuaba ante auditorios abarrotados de público. La única queja era que las charlas eran demasiado breves para el alto precio que cobraban. Los asientos de primera fila para sus conferencias a menudo costaban más de tres chelines, mientras que las localidades de las lecturas ofrecidas por el célebre escritor Charles Dickens solo valían dos chelines. Lola Montes estaba ganando mucho dinero gracias a su legendaria fama y a la acertada elección de los temas.

A principios de abril de 1859, tras cuatro meses extenuantes de viaje, Lola llegó a Londres, destino final de su gira. Aún contaba con buenos amigos en los círculos artísticos de la ciudad y se alojó en una bonita casa junto a Portland Place. El señor Burr alquiló el elegante salón Saint James, junto a Piccadilly Circus, para sus primeras apariciones públicas. Las charlas de la condesa de Landsfeld no despertaron gran interés en la prensa inglesa, pero un crítico reconoció su capacidad para atraer la atención de la gente: «A los tres minutos del comienzo la condesa había tomado completa posesión de su auditorio». El público la escuchaba embelesado y se marchaba satisfecho por haber pasado «unos minutos de lo más entretenidos». Durante las siguientes semanas y a pesar de la persistente lluvia, Lola consiguió vender todas las localidades. Para su satisfacción, en las charlas tituladas «Aspectos cómicos de la elegancia» y «Heroínas de la Historia» contó con la presencia de un público en su mayoría femenino, y en las primeras filas reconoció a algunas famosas sufragistas que luchaban por lograr el voto para las mujeres.

Tras su última conferencia, el reverendo Burr regresó a América, pero Lola quiso quedarse unas semanas más en Londres. Unos amigos la animaron a alquilar una mansión amueblada en el exclusivo barrio de Mayfair. Era una residencia de estilo colonial y dos plantas rodeada de jardín, a un paso de Hyde Park. Lola no pudo evitar la tentación y aunque había emprendido un camino de humildad y arrepentimiento, tenía suficiente dinero para llevar un buen tren de vida. Contrató a varios sirvientes, un cochero, un jardinero y se permitió el lujo de renovar su desgastado vestuario. Su idea era obtener una buena renta alquilando parte de la casa a huéspedes distinguidos mientras disfrutaba de un agradable retiro.

Pero los planes de Lola se torcieron desde el primer instante. Aunque se esmeró en mandar tarjetas de visita a viejos conocidos y miembros de la alta sociedad británica, todos le dieron la espalda. Nadie estaba dispuesto a echar por tierra su reputación alojándose en la casa de una mujer marcada por el escándalo. Para hacer frente a los gastos que le ocasionaba su nueva residencia, ofreció dos conferencias en el salón Saint James, pero asistió poco público. La artista seguía siendo incapaz de administrar bien el dinero y en apenas unas semanas comenzó a acumular deudas. Se peleó con el servicio doméstico y dejó de pagar el alquiler de la vivienda. Fue demandada por el propietario y debido al estrés cayó gravemente enferma. Cuando se ejecutó la sentencia, le embargaron todos sus bienes y finalmente consiguieron desalojarla por la fuerza. Podía haberse quedado en la calle de no haber sido por la generosidad de una anciana pareja que había oído hablar de su difícil situación; la invitaron a vivir en una finca en el campo, en el condado de Derby.

En medio de un paisaje de montañas, jardines y lagos, Lola recuperó pronto la salud. Vivía en una casita de gruesos muros de piedra cubiertos de madreselva y tejados de pizarra empinados. Cada día daba gracias a la Providencia por haber encontrado a unas personas bondadosas que la salvaron de acabar en la indigencia. Había vuelto a tocar fondo, pero hacía mucho tiempo que no se sentía tan feliz y en paz consigo misma. El campo le sentaba bien; se entretenía trabajando en la huerta, recogiendo bayas y haciendo excursiones. También dedicaba unas horas a la meditación y leía los ensayos religiosos del predicador John Bunyan, cuyos sermones ahora guiaban su vida. Todos los domingos acudía a una capilla metodista donde se sentía muy a gusto por la sencillez del oficio religioso y la amabilidad de los parroquianos. Ya entonces solo ansiaba servir a los demás, visitar a los enfermos y a los pobres, pero, tal como anotó en su diario, «esto ocurrirá cuando Dios lo estime oportuno y cuando Él me crea apta para esta dicha, cuando haya expiado mi ser por completo».

Lola abandonó su idílico retiro en la campiña inglesa y regresó a Nueva York en noviembre. En esta ocasión alquiló un modesto apartamento en el barrio de Brooklyn y allí se instaló con sus perros y aves exóticas. Aunque estaba muy cansada y volvía a padecer terribles jaquecas, no podía retirarse definitivamente porque necesitaba dinero. Durante todo el invierno y de nuevo bajo la supervisión de Burr, continuó dando conferencias en distintos auditorios de Broadway y anunció que se estaba preparando para actuar en las principales ciudades de la costa Este. En aquellos días algunas voces se alzaron contra el reverendo, al que acusaban de explotar a Lola Montes y de someterla a agotadoras giras para enriquecerse a su costa. A pesar de su extrema delgadez, la condesa aún mostraba un buen aspecto; solo el ligero temblor en su mano derecha y la palidez de su rostro delataban que estaba convaleciente. En ocasiones una tos seca la obligaba a interrumpir su charla y un sudor frío cubría su frente. Para muchos que la veían por primera vez era evidente que la condesa de Landsfeld, tras su serena apariencia, trataba de ocultar alguna grave dolencia.

Sin embargo, Lola prosiguió con su larga gira de conferencias actuando en más de una veintena de ciudades. Desde Filadelfia hasta Cleveland siguió llenando auditorios y contando con buena prensa. En aquel crudo invierno su salud no había mejorado, pero resistía a base de gotas de láudano y de belladona, que la ayudaban a relajarse. En una sincera carta que escribió a su amiga Maria Buchanan, le confesaba que se sentía exhausta y soñaba con regresar pronto a Nueva York:

> Tengo que llevar una vida muy monótona, encerrada en mi cuarto durante el día o viajando en coches y dando discursos por las noches ante un montón de gente que no está interesada en mí. Estoy deseando regresar a Nueva York, puesto que es la única ciudad de América donde quiero vivir. Llevo cuatro semanas aquejada de unas dolorosísimas migrañas en el lado izquierdo de la cara, lo que me causa un

gran padecimiento, pero ahora comienza el hermoso clima primaveral y ya me siento mucho mejor. Por todas partes la prensa canta alabanzas sobre mí, lo cual resulta muy agradable, aunque en realidad no me preocupa mucho lo que digan.

Tras meses de gira a un ritmo frenético, Lola volvió a Nueva York a finales de abril de 1860. Había conseguido ahorrar algo de dinero y se permitió alquilar un apartamento en Greenwich Village, donde se instaló bajo el nombre de señora Heald. Esta ciudad parecía hecha a su medida y sentía que era su verdadero hogar. Tras su último viaje a Londres había descubierto que una mujer liberal e independiente como ella no encajaba en la rígida y clasista sociedad inglesa. Aquí contaba con buenos amigos y comenzó a asistir a una iglesia metodista. Sentía que por fin había echado raíces y la llegada del buen tiempo la animó.

En junio el calor en Nueva York se había vuelto insoportable con temperaturas por encima de los cuarenta grados. Un sábado por la mañana Lola se levantó de la cama y cuando estaba preparando el desayuno comenzó a sentirse mareada. Regresó al lecho y la habitación le daba vueltas. Tenía un fuerte dolor de cabeza y no podía mover la parte izquierda de su cuerpo. Su sirvienta Annie, que acudía algunos días a su casa a limpiar, al llegar la encontró bañada en sudor y jadeante. Aunque la joven, muy azorada, le preguntaba si tenía dolores y trataba de reanimarla, Lola apenas la oía y no podía hablar. Tumbada en la cama, con los ojos nublados, no sentía absolutamente nada. Annie enseguida llamó al médico, que al comprobar que había sufrido una embolia solo pudo acomodarla mejor en la cama y esperar su evolución. En los dos días siguientes Lola no dio señales de alivio. Seguía sin poder hablar y tras el ataque la boca se le había quedado torcida en un horrible rictus. El martes amaneció con los ojos cerrados y el cuerpo frío. Parecía haber entrado en coma y el médico consideró que era muy poco probable que sobreviviera a esa noche.

Aunque ya todos la daban por muerta, unas semanas más tarde Lola tuvo una ligera mejoría. Todavía tenía el lado izquierdo del cuerpo paralizado y no podía comunicarse, pero lo peor de la crisis había pasado. El matrimonio Buchanan, preocupado por su situación, comenzó los preparativos para trasladarla a su casa de verano en Long Island. Allí la instalaron en una confortable habitación y Lola continuó aferrándose a la vida. A todos les asombraba la indomable voluntad que aún tenía. En agosto la condesa había conseguido algunos avances, pero una periodista que la visitó se quedó muy impresionada por su deteriorado estado físico:

> Lola estaba vestida con una bata que nunca se quitaba y se sentaba en un hermoso jardín. Sus mejillas hundidas, los ojos apagados y su delgadez casi cadavérica creaban un singular contraste con las alegres flores que la rodeaban. Era incapaz de pronunciar una sola palabra inteligible y solo lo conseguía tras un gran esfuerzo. Babeaba y se limpiaba inconscientemente como los niños pequeños, pasándose por la cara la manga de su vestido. De hecho, tenía un extraño aspecto salvaje y se comportaba como si hubiera perdido la razón. Era evidente que había desconectado del mundo que la rodeaba. ¡Y así termina su azarosa y genial vida! ¡Qué gran lección sobre la vanidad humana!

Hacía tres meses que Lola se hallaba instalada en la residencia de los Buchanan cuando una mañana de octubre, con grandes dificultades le dijo a su amiga:

—Quiero volver a casa, no deseo ser una carga para vosotros…

—Querida, no digas tonterías —le replicó Maria, sorprendida por sus palabras—, ¿acaso no estás bien aquí?

—Necesito estar sola, aún puedo valerme por mí misma y deseo vivir con humildad para expiar mis pecados.

—Pero, Lola, pronto llegará el invierno —añadió intentando convencerla— y todavía no estás recuperada. No tengas prisa, espera a la primavera y entonces…

—No —la interrumpió—, ya he tomado una decisión. Me iré mañana por la mañana después del desayuno.

La señora Buchanan no pudo hacerle cambiar de opinión y le buscó una habitación en una pensión a unas pocas calles de su casa de Manhattan. Contrató a una enfermera viuda, Margaret Hamilton, para que cuidara de ella y la ayudara en su difícil rehabilitación. Gracias a su disciplina y tesón, Lola cada día conseguía un pequeño progreso.

Lentamente fue recuperando el habla y podía dar unos pasos por la habitación con ayuda de un bastón. Consciente de que su enfermedad no tenía cura y que en cualquier momento podía abandonar este mundo, pidió que se redactara un testamento y lo poco que tenía lo donó a la iglesia del Buen Pastor.

En otoño de 1860, Lola recibió una inesperada visita. Su madre, Eliza Craigie, se había enterado de que su hija estaba a punto de morir y compró un pasaje para viajar a Nueva York. A sus más de cincuenta años, aún conservaba su legendaria belleza y arrogancia. La dama había hecho un largo viaje desde Inglaterra para hacerse cargo de la herencia. Lola no tenía marido ni hijos y ella era su única familia. Había seguido a través de la prensa sus inicios como bailarina con un falso nombre, sus escandalosas aventuras amorosas por toda Europa y su estancia en Munich convertida en la amante del rey Luis. Sentía vergüenza de aquella hija que se exhibía en los escenarios ligera de ropa y se comportaba como una cortesana. Para ella había muerto hacía tiempo, pero tenía derecho a heredar su fortuna. Imaginaba que al final de su vida, para sobrevivir, se habría desprendido de algunas joyas, pero estaba segura de que aún conservaba valiosos regalos del rey y de otros protectores.

Cuando Eliza se encaminó hacia la pensión donde se alojaba Lola, no imaginaba lo que se iba a encontrar. Su hija ocupaba una pequeña habitación del segundo piso que daba a un patio interior. Apenas tenía muebles y las paredes estaban desnudas. Solo poseía una cama, una mesita de noche, un viejo sillón donde descansaba y un baúl cubierto de etiquetas de hoteles y compañías marítimas, el único recuerdo de sus viajes por el mundo. Margaret, la enfermera, la invitó a pasar y se retiró para dejarlas a solas. Eliza contempló distante la frágil figura de su hija y su rostro consumido por el dolor. Su belleza se había evaporado y solo quedaba una sombra de sí misma. Lola no demostró ninguna alegría al verla y con voz firme le dijo:

—No eres bienvenida, madre, ya he pagado por mis pecados, el buen Jesús me ha puesto a prueba y ahora solo espero el momento de reunirme con él. ¿A qué has venido?

—Me enteré por la prensa de que estabas muy grave y deseaba estar a tu lado, es lo menos que puedo hacer.

—No, madre, no mientas. Estás aquí por mi dinero; crees

que soy una mujer rica, pero te podías haber ahorrado el viaje. Tu hija, ya ves, se ha desprendido de todo, no tengo absolutamente nada. Vivo de la caridad de mis amigos y de la Iglesia.

—Veo que no has cambiado —le respondió Eliza, contemplando horrorizada la mísera habitación— y que tu orgullo te impide aceptar mi ayuda, eres...

—Madre, soy una pobre y humilde penitente que cada día pide perdón por sus pecados. Claro que acepto la ayuda de las personas que me quieren y se interesan por mí, pero no la tuya. Y ahora te pido que me dejes sola, estoy cansada y quiero dormir.

Eliza no supo qué responder. La señora Buchanan le había contado que Lola había vendido todas sus joyas y que el poco dinero que le quedaba lo había repartido entre los pobres y lo había donado a la Iglesia. Pero ella no la había creído. Ahora, al ver la austeridad con la que vivía, comprendió que aquella visita había sido un error. No tenían nada más que decirse. Abandonó la habitación y le dijo a la enfermera que se quedaría unas semanas más en la ciudad y volvería a visitarla. También que le daría a la señora Buchanan un dinero para contribuir con los gastos médicos. Nunca regresó a la pensión. A los pocos días, la señora Craigie puso rumbo a Inglaterra y aunque escribió varias cartas a su hija, esta nunca le respondió.

La salud de Lola fue mejorando durante aquel otoño y por las tardes salía a pasear del brazo de Margaret. También asistía a la iglesia y, sentada en el último banco, escuchaba la voz del reverendo y meditaba sus palabras. Se sentía débil y vulnerable, pero la fe la animaba a ser fuerte y bondadosa. Por fin estaba preparada para ayudar a los más necesitados y pidió a la señora Buchanan que dejara que la acompañase en una de sus visitas de caridad al Asilo de las hermanas de la Magdalena. Esta asociación ayudaba a las mujeres que trataban de abandonar la prostitución y se encargaba de buscarles un trabajo digno. Lola sintió una gran pena por aquellas pobres marginadas que sufrían el mismo rechazo de la sociedad que ella había padecido. En los días siguientes y cuando su salud se lo permitía, las visitaba y les daba consejos. Con firmeza, las animaba a «volver al redil» y a abandonar aquel mundo de pecado donde solo encontrarían infelicidad.

Gracias a una admirable fuerza de voluntad, Lola consiguió caminar por sí misma y solo se le notaba una leve cojera. A mediados de diciembre sus más próximos estaban convencidos de que lograría salir adelante. El día de Navidad amaneció frío y ventoso, pero se animó a dar un paseo por la Quinta Avenida. Las calles, muy concurridas, estaban adornadas con miles de luces de colores y abetos decorados con bolas y guirnaldas. Se detuvo en los lujosos escaparates de las tiendas de moda y se tomó un chocolate caliente en una cafetería cercana a la pensión. Por la noche, al regresar a su habitación, comenzó a encontrarse mal. Tosía mucho, tenía fiebre alta y escalofríos. Se metió en la cama vestida y apenas durmió. Lola, que tenía los pulmones delicados, había cogido una neumonía. Su estado era muy grave.

La señora Buchanan pidió al reverendo Francis Hawks que visitara a Lola y le diera consuelo espiritual porque su muerte parecía estar próxima. Este carismático clérigo de la Iglesia Episcopal del Calvario aceptó el encargo con cierto escepticismo. Aunque no la conocía personalmente, había oído hablar de la famosa Lola Montes, una artista excéntrica y de vida desenfrenada, de belleza tan seductora que los hombres perdían la cabeza por ella. Dudaba de que aquella mujer pudiera estar realmente arrepentida de sus pecados y temía que al verse al final de su vida, y llevada más por la desesperación que por la fe, quisiera el perdón divino.

Sin embargo, la tarde que el reverendo conoció a Lola sintió una gran compasión por ella. Nada quedaba de la hermosa mujer que había tenido el mundo a sus pies. Se la encontró tumbada en la cama, leyendo a la tenue luz de una lámpara un ensayo sobre «la vivencia de la fe». Por toda la habitación había citas de la Biblia escritas en letras de gran tamaño. Cuando el clérigo le preguntó el motivo, Lola le respondió: «Son la palabra del Señor y me dan aliento para afrontar la muerte, que creo me llegará pronto». Tras pasar un rato con ella y leer juntos las Santas Escrituras, el reverendo Hawks se quedó convencido de que su arrepentimiento era verdadero: «En el transcurso de mi larga experiencia como pastor cristiano no creo haber visto nunca una humildad y una penitencia más profundas, una contrición del alma más auténtica y unos reproches más amargos a una vida pasada que los que esta pobre mujer ha mostrado».

Todos los días, tras el oficio de la mañana, Hawks aparecía sonriente por la puerta de la habitación donde Lola le esperaba impaciente. En el curso de estas visitas, conmovido por su fervor religioso, le hablaba con sencillez del amor de Cristo y ella escuchaba sus palabras embelesada. Agradecía su compañía porque ya no tenía fuerzas para acudir a la iglesia. «¿Quién me iba a decir a mí que al final de mis días acabaría encontrando el consuelo en un pastor de la Iglesia?», pensaba cuando se quedaba sola.

El jueves 17 de enero de 1861, una suave nevada caía sobre Manhattan y el cielo amaneció con grandes nubarrones.

El reverendo estaba a punto de oficiar la misa cuando le avisaron para que acudiera de inmediato a la dirección donde vivía Lola. Al llegar se encontró a la señora Buchanan de rodillas junto a la cama de su amiga, rezando. La enferma yacía con los ojos cerrados y el cuerpo rígido.

—Querida, me ausento un rato —le dijo con lágrimas en los ojos—, el pastor acaba de llegar.

Hawks se sentó junto a la moribunda y, cogiendo su mano, alzó la voz:

—Sé que me escuchas, estoy a tu lado. Hazme una señal si tu alma está en paz y si todavía sientes que Cristo puede salvarte.

Se hizo un silencio y Lola asintió con la cabeza. Después comenzó a leer un pasaje de la Biblia y al cabo de unos minutos ella abrió los ojos como si despertara de un largo sueño. Mirando fijamente al reverendo, le susurró:

—Luis, ¿estás ahí? Perdóname, perdóname.

Aquellas fueron sus últimas palabras. Lola Montes aún no había cumplido los cuarenta años cuando emprendió el gran viaje para el que se había preparado como una penitente durante los últimos meses. Libre al fin de ataduras y sufrimiento, ya era una leyenda.

Tal como había prometido a su amiga en el lecho de muerte, la señora Buchanan escribió una carta al rey Luis I de Baviera en la que le informaba de que Lola Montes había fallecido como una auténtica cristiana y que nunca había olvidado su generosidad. A sus setenta y cuatro años, el anciano monarca vivía retirado en Niza, donde llevaba una vida tranquila alejada de las presiones de la corte. Su esposa, la reina Teresa, había fallecido siete años antes víctima del cólera y nunca superó su pérdida. Ahora, al recibir aquella inesperada carta con membrete negro desde Nueva York, donde una desconocida le contaba que su antigua amante había muerto, sintió una gran tristeza y le embargó la nostalgia. Desde que sus caminos se separaran había tratado de olvidarla con otras conquistas, pero Lola había dejado una huella profunda en su corazón.

Mientras leía una vez más aquellas líneas no pudo evitar emocionarse y suspiró afligido: «¡Ay, mi amada Lolita! Fuiste mi locura y mi perdición, pero no merecías un final así. Solo deseo que encuentres la paz y el consuelo que no tuviste en vida».

Nota de la autora

Los hechos narrados en este libro son reales, así como las cartas, testimonios y recortes de prensa que aparecen en él. Solo he recreado algunos diálogos para hacer más amena la narración. Lola Montes fue una gran impostora y engañó a todos con sus mentiras y fantasías. No me hubiera sido posible reconstruir su vida sin la inestimable ayuda de Bruce Seymour, un abogado de California que llevó a cabo una minuciosa investigación sobre una de las mujeres más célebres del siglo XIX. Bruce publicó la primera biografía seria sobre este personaje y donó generosamente todo el material de su investigación a la Biblioteca Bancroft de la Universidad de California, en Berkeley. Esta extensa documentación y las conversaciones que mantuve con él han sido las principales fuentes de mi libro. También la correspondencia entre Lola Montes y el rey Luis I de Baviera que se conserva en los Archivos de la Biblioteca Estatal de Baviera. Para recrear algunos de los escenarios donde vivió, viajé a París, Munich y San Francisco. En California recorrí las ciudades mineras de Sacramento, Nevada City y Grass Valley, donde aún se la recuerda con admiración.

Lola Montes está enterrada en el cementerio de Green-Wood en Brooklyn, Nueva York. Solo al final de su vida reconoció su verdadera identidad. En su lápida puede leerse:

MRS. ELIZA GILBERT

Fallecida el 17 de enero de 1861

Apéndice

Extracto de la correspondencia entre Lola Montes y el rey Luis I de Baviera

CARTAS DE FEBRERO DE 1848

Carta de Luis a Lola fechada el 10 de febrero de 1848
y respuesta de Lola.

Munich, 10 de febrero (21.30)

*Muy querida Lolitta:**

Acabo de recibir una nota de Berks en la que me informa del inmenso descontento que reina en la ciudad. Si no llega a ser por la firmeza de la policía y la ayuda de un escuadrón de coraceros habrían asaltado tu casa. «Mañana será un día muy peligroso», me escribe, y si te quedas allí no estarás segura. Te lo ruego encarecidamente, si alguna vez me has amado y aún me amas, abandona la ciudad. Lo mejor sería que partieras a primera hora, sin decir palabra a nadie, hacia el lago de Starnberg; te insisto: sin decir palabra a nadie. Si te es posible dime la hora a la que puedo ir a verte a tu casa antes de tu partida. Al día siguiente podrás regresar. Aunque es mejor que partas esta misma noche. Sé que no le tienes miedo a nada, ya me lo has demostrado. Yo no temo por mí sino por ti. Si se derrama sangre en tu nombre el odio explotará y tu situación se volverá insostenible. Hay que impedir que esto ocurra. Sabes que nada en el mundo puede separarme de ti. Te ruego que sigas mi consejo. Lolita siempre amará a su

fiel *Luis*

*Todas las cursivas marcan texto escrito en español en el original.

Munich, la noche del 10 al 11 de febrero de 1848

Mi querido Louis:

Te ruego que envíes desde Augsburgo dos escuadrones de la caballería ligera que te es leal. Spraul te entregará esta carta. Los coraceros que tienes aquí no valen para nada. Te ruego que consideres la idea.

Tu muy fiel Lolitta

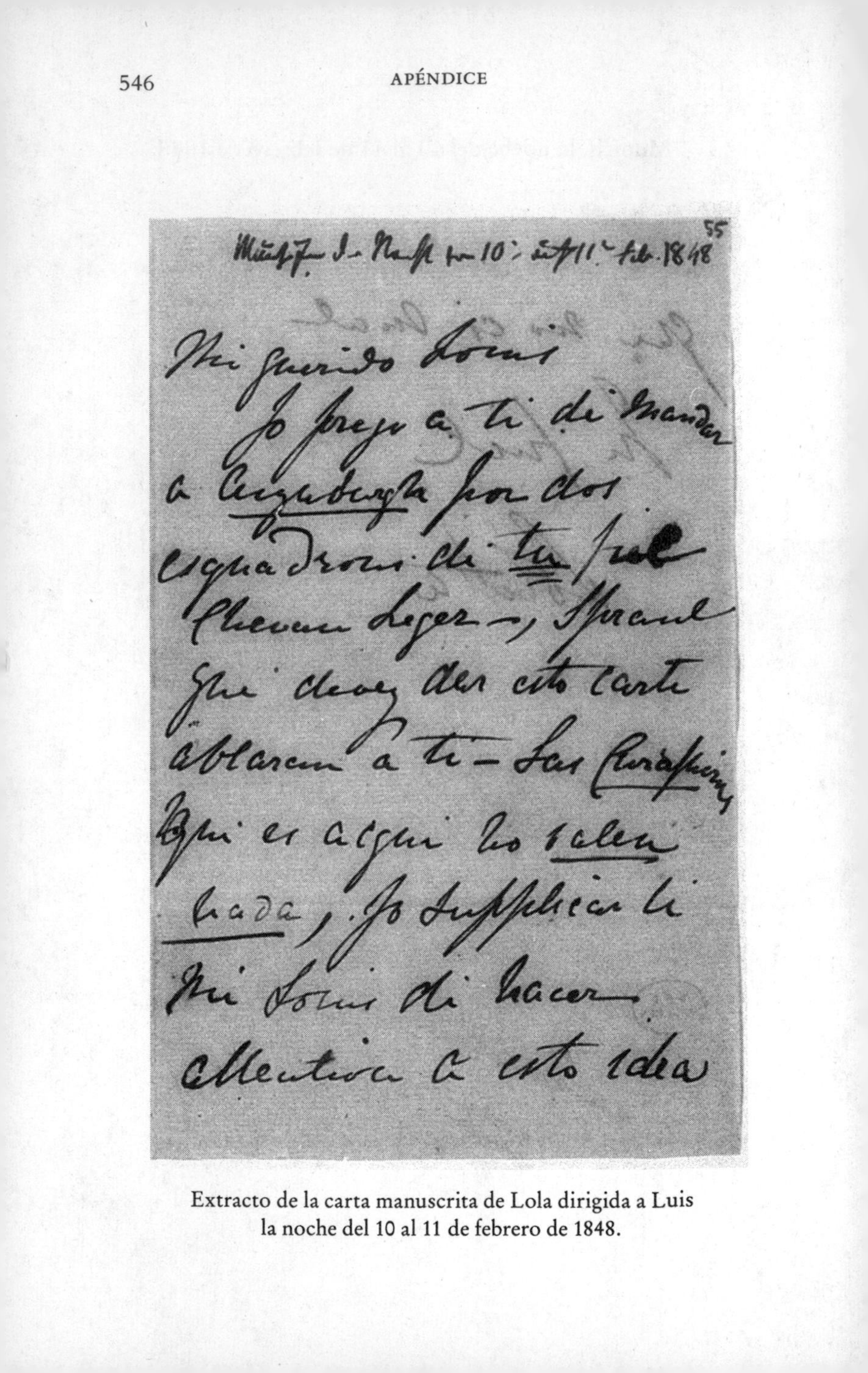

Extracto de la carta manuscrita de Lola dirigida a Luis la noche del 10 al 11 de febrero de 1848.

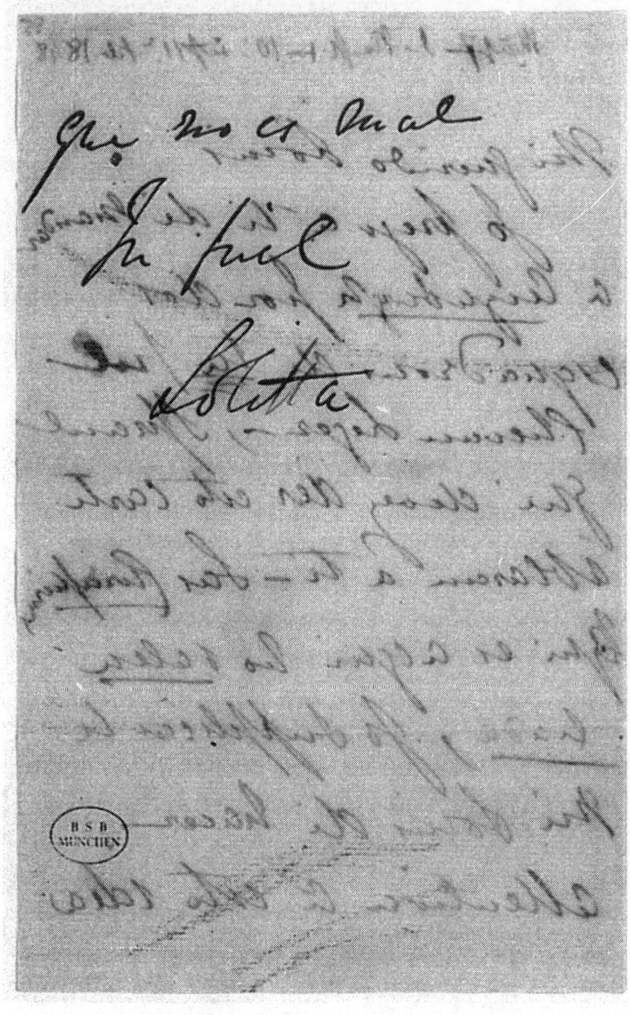
Que no es mal
mi fiel
Lolita

CARTAS DE ABRIL DE 1848

Carta de Lola a Luis fechada el 5 de abril de 1848
y respuesta de Luis.

Ginebra, 5 de abril de 1848

Mi muy querido Louis:

Ayer y anteayer estuvimos todo el día buscando una casa. Después de haber visto todas las que se podían arrendar, encontramos una muy pequeña... Todas las casas de aquí son muy caras, y esta es la más barata que pudimos encontrar... y para mí la zona es muy buena. El director del hotel, un pariente de Shoemaker, te conoce y te es leal. Tuvo una audiencia contigo a causa del asunto de Shoemaker. Peel, Meller y él me han ayudado en la búsqueda y consideran que debería arrendarla hasta que puedas venir y dar tu conformidad. Lo mejor sería que fueses directamente a la casa, aunque también puedes hospedarte en un hotel, si quieres. De manera que hoy la arrendaré antes de partir hacia Berna. Salgo dentro de una media hora. Estando aquí he ido una vez al teatro. Actuaban un par de los mejores artistas de París, pero no me interesó. He olvidado decir que el precio de venta asciende a 140.000 francos suizos, pero espero poder conseguirla por 130.000, el precio normal. Eso es aquí lo más barato y lo más pequeño. Espero verte el día 15. No te haces una idea de lo bonita que son la ciudad y las vistas desde aquí...

Tu fiel Lolitta

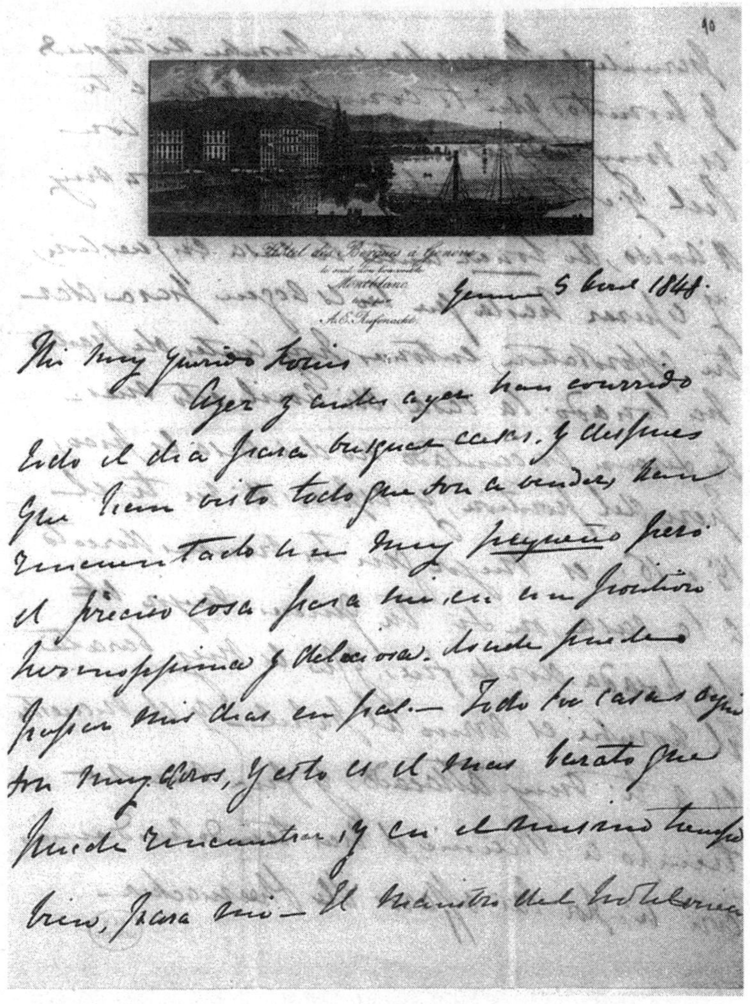

Genova 5 Avril 1848.

Mi muy querido Luis
Ayer y antes ayer han corrido
todo el dia para buscar casas. y despues
que tiene visto todo que son a vender, han
encuentrado uno muy pequeño pero
el precio cosa para mi es un [illegible]
hermosissima y deliciosa. donde puede
pasar mis dias en paz.— Todo las casas aqui
son muy caros, y esto es el mas barato que
puede encuentrar, y en el mismo tiempo
bien, para mi— El Ministro del Inglaterra

Extracto de la carta manuscrita de Lola dirigida a Luis
del 5 de abril de 1848.

Munich, 10 de abril de 1848

Muy querida Lolitta:

Acabo de recibir de manos de Whitbread tu carta del día 5. No tengo nada en contra de que te instales en Ginebra, pero no estoy en situación de comprarte una casa. Tu casa de aquí tiene un valor aproximado de 30.000 florines. Con su venta obtendrás dinero. Ya te he escrito que no puedo ofrecerte más de lo que recibes todos los meses. Dentro de una semana estaré en tus brazos. ¡Qué alegría más indescriptible!... No sé durante cuánto tiempo podré ausentarme de Baviera... Ahora no puedo enviarte dinero fuera del país, pero la seguridad de tus ingresos es muy importante para mí...

Tuyo hasta la muerte, *Luis*

CARTA DE AGOSTO DE 1848

Carta de Lola a Luis fechada el 17 de agosto de 1848.

Ginebra, 17 de agosto de 1848

Mi siempre querido Louis:

En tus últimas cartas se expresan muchas dudas sobre mí, a pesar de que sabes que siento por ti el amor más ardiente y afectuoso, que eres el único hombre de este mundo por el que profeso sentimientos de amor. Los demás no son más que traidores y gente falsa. No solo te amo, sino que te aprecio y te respeto. Entre los demás y tú existe una gran diferencia. Sigo creyendo en mi gran amor por ti... El buen Dios, que todo lo sabe, es testigo de esa verdad... Siento placer cuando la gente habla de ti, cuando relatan las nobles ideas y las acciones de mi amado Ludwig. De todos es sabido que la gente de este lugar y también los extranjeros te respetan mucho. Con ello me causan una gran alegría, y dicen que tu famoso nombre pasará a la historia gracias a tu abdicación. Y eso es una gran verdad.

Mi pobre caballo Abdelkader ha muerto a causa de una enfermedad, una gastritis, lo cual es una lástima. Gracias a Dios que el otro, que también ha estado muy enfermo, se encuentra ya algo mejor, pero sigo desconsolada. El señor Rufenacht no es tan abierto y honrado como dicen. Mejor no escribirle a él. No es digno de ese cometido. Para él, ahora mismo, solo existe una cosa: dinero, dinero, dinero. Él es quien más deudas me ha hecho contraer.

Hace poco me ha visitado un hombre muy agradable, el *señor* Papon, aunque esté a favor de los jesuitas y al servicio de Austria. Vino con su madre, la *marquesa* de Sarde, y me contó que Rufenacht le dijo que dentro de unos días yo partiría de viaje para encontrarme contigo en Malans. El hombre es un caballero y no es capaz de convertir eso en ningún tipo de historia, pero estaba horrorizado de que Rufenacht le contara esas cosas a un extraño. Aun así, me ha dado su palabra de honor de que no hablará de ello con nadie. Rufenacht también ha escrito una carta de lo más infame.

Sabes que esa Petitpierre no era digna de estar en mi casa, y todo esto lo han hecho entre los dos, ella y Rufenacht. Su amigo fue muy desagradable conmigo. Me hizo darle más dinero para ella. No fue justo, pues ya le había pagado a la chica seis meses de trabajo antes de que entrara a mi servicio. Y se marchó tres meses después, de modo que tiene dinero mío para tres meses más. Me parece a mí, igual que al mundo entero, que ese comportamiento del señor Rufenacht no ha sido correcto.

Mi amado Ludwig, tengo la intención de vivir de una forma más sencilla que ahora. Puesto que esta casa es muy cara, estoy buscando una más pequeña y barata. También quiero prescindir de algunos criados, lo cual me parece mucho mejor. Aunque supone un gran sacrificio abandonar esta casa, tu Lolitta es muy sensata, y sin Rufenacht ya lo habría hecho hace tiempo.

Le he pedido al señor Papon que te escriba y te remita esa bonita carta del señor Rufenacht. Es algo que cuesta de creer. Dios mío, la gente es tan falsa, en el mundo no hay nadie más que tú que sea honorable y digno de crédito. Me parece que será mejor que no le escribas más al señor Rufenacht, se ha vuelto turbio y es también muy indecoroso. Piensa en enviarme dinero para el viaje, con mil francos suizos bastará. No tengo ni un penique en casa. No quiero perder tiempo, mi amado Ludwig, para poder llegar el 2 de septiembre; ya queda poco para entonces. Confío en la suerte de volver a verte. Tú verás que Lolitta siempre está a tu disposición y que te ama más que antes. La distancia hace crecer el amor cuando uno se ama, y para mí la distancia que me separa de ti es un motivo de tristeza. Pero espero que dentro de poco todo esté más tranquilo y ordenado, y que tengas más libertad de acción.

Te aprecio muchísimo. *Adiós, querido, muy querido Louis.* Te envío, mi amado Ludwig, un beso de mi boca

[dibujo de la boca]

Te ruego que la beses. Es el beso de un corazón que está muy unido a ti.

Tu fiel y afectuosa Lolitta

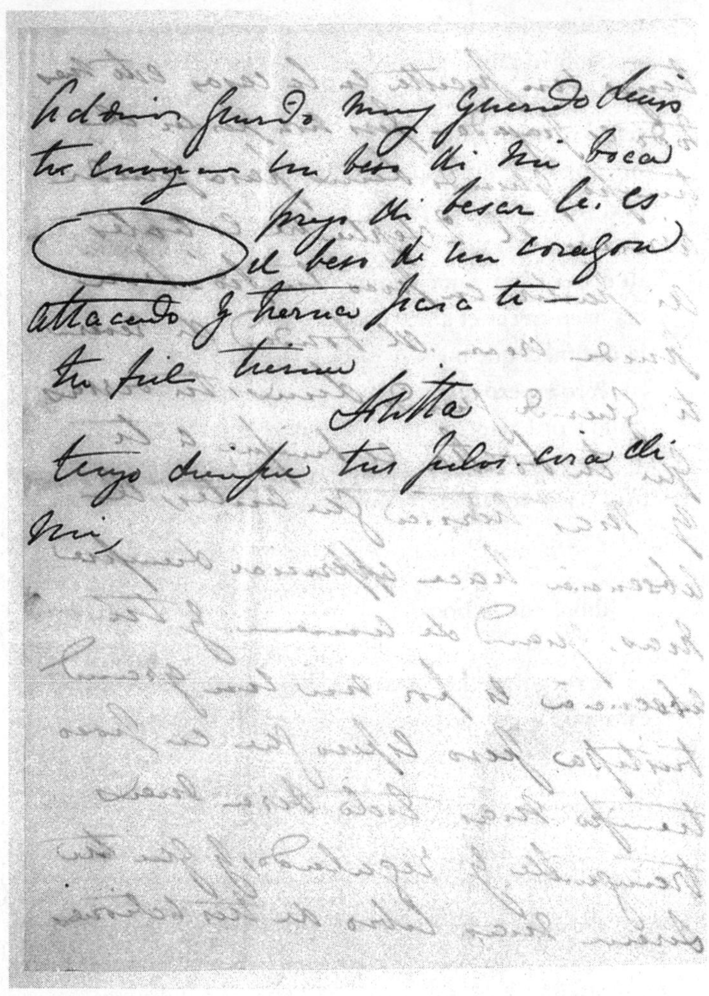

Extracto de la carta manuscrita de Lola dirigida a Luis del 17 de agosto de 1848.

CARTA DE JULIO DE 1849

Carta de Lola a Luis fechada el 16 de julio de 1849.

Londres, 16 de julio de 1849

Mi muy querido Louis:

Te escribo por algo muy importante. Deseo ante todo guiarme por tu opinión. Hace algún tiempo, un joven oficial de la guardia de corps, uno de los regimientos más apreciados de Inglaterra, me dedicó numerosas atenciones. Sin embargo, puesto que mucha gente actúa conmigo de igual manera, no me fijé demasiado en ello. Pero hace tres días vino a mi casa y me pidió formalmente que me casara con él. He hablado al respecto con lord Bessborough y lord Brougham. Ambos me han ofrecido el mejor consejo en mi interés. Desde que renuncié a mi propio país en favor de Baviera he perdido todo derecho a llamarme española. Y puesto que también tú te viste obligado a revocar mi nacionalidad bávara, me encuentro en una situación muy desagradable y muy desafortunada. No puedo obtener pasaporte de ningún país por medios legales. Si viajo, siempre estoy obligada a hacerme pasar por otra persona y debo procurarme un pasaporte de manera ilegal. Además de ello, necesito protección. Lord Bessborough considera que debo hablarte de todo esto con franqueza, de mi desafortunada situación en el mundo, tan sola. Cree que lo mejor para mí sería un matrimonio honorable con alguien de buena familia, que sea conocido en Londres como un hombre respetable. Dista mucho de ser rico. Su patrimonio asciende a 800 libras esterlinas anuales. Mi corazón siempre te amará con gran afecto. Eso fue lo primero que le dije, antes que ninguna otra cosa. Te amo y siempre te amaré tanto que estaría dispuesta a morir por ti. Si me casara, tú seguirías enviándome el dinero que me pasas ahora durante el resto de mi vida, que ya no me parece que vaya a ser larga. De otro modo no puedo casarme, es imposible, la familia no lo permitiría. Vivir sin dinero es horrible. Él me ha prometido que, si nos casamos, no se inmiscuiría en nuestra relación. De ello debe dar fe un notario. Como también de que esa pensión que recibo de ti es solo dinero mío, que él no tendrá derecho sobre esa cantidad y que no podrá entrometerse. La proposición que me ha hecho es respetable y buena. Este caballero, aunque sea pobre, es conocido en Londres como un joven muy honorable y de buena familia. Si me casara con él, me presentaría ante su familia y yo dejaría de ser la paria que soy ahora. Bessborough dice que debo casarme para protegerme. Siempre me dice que es imposible vivir sin protección. Pero primero me ha hecho prometer que te escribiría para que puedas prometerme (y tu palabra vale tanto como el oro) que recibiré hasta el final de mis días la misma renta que ahora. Quién sabe lo que sucederá. A veces actúa uno con buenos o malos resultados. Deseo poder conservar mi independencia si algo ocurriera. Todos mis amigos me dan el mismo consejo que mi leal amigo Bessborough. Tienes que creerme, lo juro ante Dios. No estoy enamorada de ese caballero, es algo totalmente diferente. Le respeto por su carácter y tiene una buena posición, y gracias a ello no estaré sola sin protección, amenazada por cualquiera que quiera perjudicarme. Ahora depende de ti. Querido Louis, si no quieres que me case, dímelo. Te amo lo suficiente para renunciar a este matrimonio. Aunque para mí resultaría muy ventajoso. Ese caballero es conocido en los mejores círculos sociales. Todos mis amigos lo conocen como un hombre de buen corazón y muy honorable. Pero, si me permites que me case, nuestra relación será igual que siempre. Yo jamás podría cambiar lo que soy para ti. Mi vida solo a ti te pertenece y soy tuya con toda mi alma. Un esposo no cambiaría el amor que siento por ti y que no me abandonará hasta la muerte. Por favor, no tardes en escribirme; sin tu permiso y tu promesa de garantizar mi renta vitalicia, la familia de este joven caballero no consentirá el matrimonio. Pero lord Brougham, que los conoce, les ha asegurado que eres noble y digno de llamarte rey. Y yo, que te conozco mejor que nadie en este mundo, también lo sé. Miles de besos y el amor eterno de

tu Lolitta

Extracto de la carta manuscrita de Lola dirigida a Luis del 16 de julio de 1849.

CARTAS DE MARZO-MAYO DE 1850

Carta de Luis a Lola fechada el 13 de marzo de 1850 y respuesta de Lola de mayo de 1850.

Munich, 13 de marzo de 1850

Una vez te escribí que el mundo no tiene poder para separarme de ti. Pero tu conducta ha transformado mis sentimientos, esa es mi respuesta a tu carta del 8 de marzo, que me ha llegado hoy. Adjunto las asignaciones de abril, mayo y junio. Escríbeme el mes anterior para decirme a dónde puedo enviar una asignación más a principios de julio. Espero recibir de inmediato las cartas que te has ofrecido a devolverme.

Luis

Si mis cartas no llegan antes, de ningún modo se enviará una asignación para julio.

París, 26 de mayo de 1850

Hace ocho días que me levanté de la cama. Es la primera vez que puedo escribir desde hace tres meses. Tenía y sigo teniendo los mismos sofocos que en Bad Brückenau y Munich, solo que mucho peores. Y además he sufrido una enteritis. Mi vida es desgraciada, muy desgraciada. El señor Heald es peor que un tirano conmigo. Y a fin de cuentas no puedo abandonarlo, porque no tengo con qué vivir. No tengo ni un solo penique. Me encuentro en una situación espantosa. Me has rogado que te devuelva tus cartas. Pero me habías jurado y prometido enviarme toda la vida esas pequeñas mensualidades, y ahora quieres quitármelo todo. Nadie que tuviera corazón, ni el más pobre, sería capaz de hacer eso. Si yo fuera independiente, sabe Dios que no diría nada. Sin embargo, en la crítica situación en la que me encuentro, resulta muy duro y cruel por tu parte. Sufrí tantísimo en tu país, y de todo lo que me diste ya no me queda nada. Debo decírtelo. Constantemente me insultan como si fuera una mujer perdida de la calle. Durante todo el tiempo que he estado en cama, el señor Heald no se ha ocupado de mí. Es más, se ha pasado todo el tiempo fuera de casa, en los teatros, y divirtiéndose con otras personas.

Ya ha sido un éxito que accediera a pagar los medicamentos para mi enfermedad. Los sofocos han sido graves de verdad. Todos los días tomaba 28 gramos de quinina, y ahora tomo 15 gramos diarios. No tengo tanto para abrigarme como antes. Ese hombre pasa mucho tiempo con otra gente y, cuando le pido que me dé algo, me dice que no tiene. Ahora, *Luis*, debes ver por ti mismo si no ha llegado el momento de cumplir tu palabra. Muchas personas (porque aparece en los periódicos, no sé cómo, tal vez a través del señor Heald) dicen que me has retirado la pensión. Algunos dicen que debería vender tus cartas para que las publiquen, pero a mí me resultaría terrible traicionarte. Prefiero mucho más poder leer para mí tus cartas y recordar esa época que ha pasado para siempre. Te ruego que no me retires la pensión. Es lo único que tengo. No puedo estar segura de mis medios de subsistencia de un día al siguiente. A fin de cuentas mi situación es muy difícil. Por eso te ruego que continúes realizando esos pagos de los que me hiciste creer que durarían el resto de mi vida. Ninguna otra mujer en el mundo te sufre más que yo, se ve más perseguida que yo. Y todo porque estuve contigo en Munich. Y ahora, pese a todas tus riquezas, ¿no quieres ofrecerme ni una pequeña pensión que para ti no supondría ningún perjuicio? A fin de cuentas te ruego que continúes con esos pagos para poder tener siempre algo que sea mío.

Ahora vivo en una casa preciosa, pero no es nada. El señor Heald posee mucho, siete caballos, pero nada para mí. Solo con extremadas dificultades consigo comprarme un par de fruslerías. Y lo que es peor, no quiere entregarme ni una pequeña cantidad para mi seguridad y mi independencia. Sin embargo, a pesar de todo, mi salud ha mejorado. Me he encontrado mucho mejor durante varios días. Son los mismos sofocos que tenía en Bad Brückenau y Munich, solo que peores. Mi salud es muy mala y frágil. El médico, el señor Duchene, dice que mi estado es peligroso y que son necesarias la mayor tranquilidad y muchas otras cosas para que recupere la salud. De tanto escribir me canso mucho. Espero que pronto me informes en todo detalle de tu salud. Y también un par de palabras cariñosas más en tu carta. Soy, como fui siempre y seré durante toda la vida, la que tanto te ama,

Lolitta

Escribe a: 3 Rue de Beaujon, Champs-Élysées, Paris.

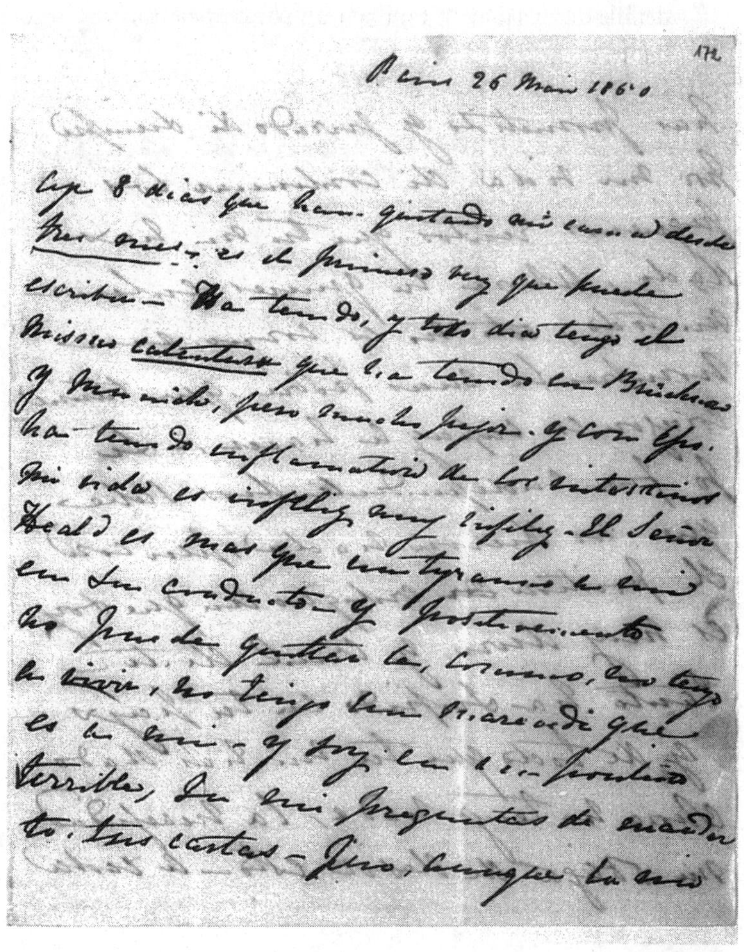

Extracto de la carta manuscrita de Lola dirigida a Luis del 26 de mayo de 1850.

has prometido y jurado di siempre
por mi vida di continuar los
pequeños Rentos, que tu mi has
dado, Ahora tu quieres cortar
mi todo, esto no es como, un
hombre la mas pobre, que tiene
corazon es capaz le hacer. — Si
yo fue independiente, Dios sabe
que no diera nada, pero con
el positivo [illegible] castigo en que soy
es muy duro y cruel de tu —
tanto ha sufrido en tu pays
y de todo que tu mi has dado
Ahora no tengo nada, la necesidad
mi obliga de hacer esto — la cada

momento y en presencia de
gentes estrangeros soy insultado
como son los mugeres perdido
que passan en la calle - todo
el tiempo que estuve en mi cama
el Señor Heald no es benido dos
beses aver mi - y casi todo
su tiempo es passado fuera de
la casa a los theatros, y con todo
gentes - Es mucho que el ha con
sentido di pagar los medicamentos
que fue necessario por mi maladia
y todo fuerte fue el calentura
que ha bebido cada dia 98 granos
de quinina, y ahora cada dia tomo

Palabras tiernas en tu carta
Soy como estuve y como yo
Seran en esta vida por siempre
Ella que te quiere muchísimo
Lolita
Para escribir me - os No 3 Rue de Beaujon
Champs Elysées
Paris

Bibliografía

Aguilar, C., *Max Ophuls*, Ediciones JC, Madrid, 1992.

Albert, A., *Como las hojas... Lola Montes*, Horta, Barcelona, 1944.

Allende, I., *Hija de la fortuna*, Plaza & Janés, Barcelona, 1999.

Argenta, F., *Los clásicos también pecan*, DeBolsillo, Barcelona, 2010.

Augustin-Thierry, A., *Lola Montès*, Bernard Grasset, París, 1936.

Auriange, D., *Le rêve brisé*, Gerard, Vervier, 1967.

Bac, F., *Louis Ier de Bavière et Lola Montès*, Louis Conard, París, 1928.

Blackburn, J., *El desierto de Daisy Bates*, RBA, Barcelona, 2002.

Bloch-Dano, E., *Flora Tristán*, Maeva, Madrid, 2002.

Brands, H. W., *The Age of Gold*, Doubleday, Nueva York, 2002.

Bromfield, L., *Noche en Bombay*, Ediciones del Viento, La Coruña, 2007.

Buraya, L. C., *Mata-Hari*, Edimat, Madrid, 2005.

Cannon, M., *Lola Montes*, Heritage, Melbourne, 1973.

Castellanos, S., *Mujeres perversas de la historia*, Norma, Bogotá, 2008.

Cendrars, B., *El oro*, Rosa de los Vientos, Barcelona, 1942.

Certigny, H., *Lola Montès*, Gallimard, París, 1959.

Chalmers, C., *Grass Valley*, Arcadia, Charleston, 2006.

Chartier, J., y Euss, C., *Gilded Girls*, Twodot, Guilford, 2003.

Colombani, R., *Bellas indomables*, Narcea, Madrid, 2001.

Conte, E., *Ludwig I. von Bayern*, Knaur, Munich, 1979.

Cordingly, D., *Mujeres en el mar*, Edhasa, Barcelona, 2003.

Costello, C., *Lola Montes*, AHR, Barcelona, 1956.

Craveri, B., *Amantes y reinas*, Siruela, Madrid, 2006.

—, *La cultura de la conversación*, Siruela, Madrid, 2003.

De Mirecourt, E., *Les Contemporains*, Gustave Havard, París, 1857.

Eden, E., *Up the Country*, Virago, Londres, 1983.

Foley, D., *The Divine Eccentric*, Westernlore, Los Ángeles, 1969.

Foster, E. M., *Pasaje a la India*, El Mundo, Madrid, 2002.

Ghose, I., *Memsahibs Abroad*, Oxford University, Oxford, 1998.

Gilmour, D., *La vida imperial de Rudyard Kipling*, Seix Barral, Barcelona, 2003.

Goldberg, I., *Queen of Hearts. The Passionate Pilgrimage of Lola Montez*, John Day, Nueva York, 1936.

Griffin, S., *Las cortesanas*, Ediciones B, Barcelona, 2007.

Heman, D., *The Story of a Penitent: Lola Montez*, Protestant Episcopal Society, Nueva York, 1867.

Hermary-Vieille, C., *Lola Montes*, Martínez Roca, Barcelona, 1995.

Hodgson, B., *Opium*, Seuil, París, 1999.

—, *Señoras sin fronteras*, Lumen, Barcelona, 2006.

Hojer, G., *Die Schönheitsgalerie König Ludwigs I.*, Schnell & Steiner, Regensburg, 2006.

Holdredge, H., *The Woman in Black*, G. P. Putnam's Sons, Nueva York, 1955.

Jourcin, A., y van Tieghem, P., *Diccionario de las mujeres célebres*, Plaza & Janés, Barcelona, 1970.

Keay, J., *With Passport and Parasol*, BBC, Londres, 1989.

Kipling, R., *Kim*, Alianza, Madrid, 2012.

Knapp, L., *The Shirley Letters*, Heyday, Berkeley, 1998.

Lapierre, D., y Collins, L., *Esta noche, la libertad*, Plaza & Janés, Barcelona, 1975.

Maillier, Ch., *Trois Journalistes Drouais*, Promotion et Édition, París, 1968.

Mann, G., *Ludwig I.*, Oreos, Schaftlach, 1989.

Markessinis, A., *La historia de la danza desde sus orígenes*, Esteban Sanz, Madrid, 1995.

Merimée, P., *Carmen*, Alba, Madrid, 1998.

Montez, L., *The Arts of Beauty*, Dick & Fitzgerald, Nueva York, 1858.

—, *Lectures of Lola Montez*, Rudd & Carleton, Nueva York, 1858.

Moro, J., *Pasión india*, Seix Barral, Barcelona, 2005.

Morton, J., *Lola Montez*, Portrait, Londres, 2007.

Ondaatje, M., *El paciente inglés*, El Mundo, Madrid, 2003.

Papon, A., *Lola Montès. Memoires accompagné de lettres intimes de SM le Roi de Bavière et de Lola Montès*, J. Desoche, Nyon, 1849.

Pasolini, P. P., *El olor de la India*, Península, Barcelona, 1996.

Reiser, R., *König und Dame*, Buchendorfer, Munich, 1999.

Roberts, N., *Sacramento*, Zanel, Sonoma, 1994.

Robinson, J., *Unsuitable for Ladies*, Oxford University, Oxford, 1994.

Roy, A., *El dios de las pequeñas cosas*, Anagrama, Barcelona, 1998.

Saint-Laurent, C., *Lola Montes*, Caralt, Barcelona, 1986.

Seagraves, A., *Women Who Charmed the West*, Wesanne, Hayden, 1991.

Seymour, B., *Lola Montez a Life*, Yale University, New Haven, 1996.

Shipman, P., *Mata Hari*, Edhasa, Barcelona, 2011.

Stefano, M., *Cortesanas célebres*, Zeus, Barcelona, 1961.

Tejera, P., *Viajeras de leyenda*, Casiopea, Oviedo, 2011.

Thurman, J., *Secretos de la carne*, Siruela, Madrid, 1999.

Urraca, M., *Lola Montes*, MRUPSA, Barcelona, 1940.

Vallejos, S., *George Sand*, Longseller, Buenos Aires, 2001.

Varley, J. F., *Lola Montez*, Arthur H. Clark, Spokane, 1996.

Volkhardt, I., *Begegnungen, Bayerischer Hof*, Condé Nast, Munich, 2011.

Walker, A., *Franz Liszt. The Virtuoso Years*, Knopf, Nueva York, 1983.

Wilmes, J., y Prézelin, J., *Lola Montès*, Rencontre, Lausanne, 1967.

Wyndham, H., *The Magnificient Lola Montez. From Courtesan to Convent*, Hillman-Curl, Nueva York, 1983.

Zweig, S., *Momentos estelares de la humanidad*, Juventud, Barcelona, 2014.

Agradecimientos

Escribir esta biografía de Lola Montes habría sido imposible sin el apoyo y la colaboración de un buen número de personas e instituciones. En primer lugar agradecer a Bruce Seymour su gran generosidad al responder a todas mis dudas sobre este fascinante personaje que nos ha unido de por vida. También al personal de la biblioteca Bancroft en la Universidad de California en Berkeley, especialmente a David Kessler, por facilitarme todas las gestiones para acceder a sus fondos y a la documentación de Lola Montes que guardan catalogada. En mi viaje a San Francisco no puedo olvidar a Ana Lara que no solo me acompañó en mi recorrido por los escenarios donde actuó y vivió la bailarina «española», sino en la ardua tarea de selección y traducción de cartas, recortes de prensa y demás documentos depositados por el señor Seymour en la Universidad de California. Y al Harvard Theatre Collection, en Cambrigde, por cederme algunos de los daguerrotipos que se conservan de Lola Montes durante su estancia en América.

En Munich, mi agradecimiento a Annemarie Kaindl, del departamento de manuscritos y documentos antiguos de la

Biblioteca Estatal de Baviera que me facilitó el acceso a la correspondencia de Lola Montes y el rey Luis I de Baviera que se guarda en sus archivos; a Anke Palden y Nicole Losch-Maute, de la Colección de Pinturas del Estado de Baviera por orientarme en la búsqueda de los cuadros que se conservan de la bailarina. Y al doctor Gerhard Immler, director de los Archivos Reales Secretos, por su buena disposición y ayuda en la ardua búsqueda de material histórico de la época. También quiero agradecer a Ulrike Barcatta, directora de Relaciones Públicas del Bayerischer Hof en Munich y a Marta Maroñas, del grupo The Leading Hotels, sus facilidades para poder alojarme en este hotel legendario, escenario de la historia de amor entre el rey y la bailarina.

A mis editores David Trías y Cristina Lomba, por su constante ánimo y entusiasmo. Y a mi querida Emilia Lope, con la que tan buenos momentos he compartido en el pasado. Y a Leticia Rodero, del departamento de prensa, que con tanto empeño y profesionalidad trabaja en mis promociones. Sin olvidar a Lola Delgado, por mejorar mi manuscrito. Y a Rebecca Beltrán por conseguir que mis libros lleguen cada vez a más lectores a través de las redes sociales.

Mi gratitud también a Esther González-Cano y a KLM-Air France por su colaboración en mi viaje de investigación a San Francisco.

A la periodista Gemma Nierga y a la actriz Juana Andueza por compartir esta aventura literaria.

A Belén Junco y a Mamen Sánchez por su amistad y apoyo a todos mis proyectos.

A Érika Gabaldón, Susana Venegas y Ana Belén Burguillo, mis «tres mosqueteras», por cuidar de la salud de la autora.

También a mis amigas que me han soportado estos últimos años por su ánimo constante y especialmente a Pilar González.

Finalmente, doy las gracias a mi esposo José Diéguez por su valiosa colaboración en la investigación y traducción de documentos y por sus sugerencias durante estos largos años de escritura. A mi hijo Alex, que ha demostrado una gran paciencia con su madre. Y a mi hermana Maite Morató por estar siempre a mi lado.